复旦大学通识教育专用教材

言语交际与人际沟通

（第三版）

第三版修订得到复旦大学本科课程教材建设项目经费支持

吴礼权 —— 著

复旦大学出版社

序

　　吴礼权教授是语言文字学研究领域海内难觅的奇才,是中国修辞学的第一位博士学位获得者,2014年被选为中国修辞学会会长。吴礼权教授的古汉语功底非常深厚,中国古典文献与中国古代文学方面的造诣卓尔不群,同辈望尘莫及,许多前辈学者也自叹弗如。礼权教授还谙熟英语与日语,熟知东西方语言学与文学研究的前沿领域。这种独特的知识结构使他写出了《中国语言哲学史》《中国修辞哲学史》《中国笔记小说史》《中国言情小说史》等拓荒之作,成为这四个学术领域的开拓者与学科奠基人。至于他在修辞学研究领域的突出成就,在学术界更是人所共知的。

　　礼权教授思辨酝酿了十多年,完成了《言语交际与人际沟通》这部语言学理论著作。该书直面中国人的语言生活现实,独具慧眼地观察了人们日常言语交际与人际沟通的方方面面,从语言表达的实际出发,高屋建瓴地把言语交际与人际沟通的指向类别区分为"上行沟通""平行沟通""下行沟通"等三大类,周密细致地把言语交际与人际沟通的目标类别区分为"请托""示好""传情""宣泄""博弈""讽刺"等十二小类,把言语交际与人际沟通的过程划分出"称谓""上题""言事""收结"等四个因子,论述了言语交际与人际沟通所要关注的四大情境要素:"角色""时机""场合""心理",提出了言语交际与人际沟通的三个基本原则:"知人论事""友善合作""讲究策略"。为了验证该书建构的理论及其体系的科学性与实用性,作者特设三章,分析了三十个具体案例,以"解剖麻雀"的方式分析文本,既具体印证了自己的理论,又让读者从中真正领悟到言语交际与人际沟通应把握的规律与应遵循的基本原则,达到"活学活用,立竿见影"的目标。

可以说,礼权教授《言语交际与人际沟通》一书建构的言语交际学理论体系非常严密,也是独一无二的:既不同于目前中国高校《普通语言学》课程的理论体系,也不同于目前流行的西方语用学体系,更与汉语修辞学体系拉开了距离。这种崭新的学术体系,是礼权教授十多年独立思辨的结果,这一学术体系的诸多支撑理论,也是礼权教授提出的创新成果,踔厉风发,无复傍依。礼权教授联系汉民族日常言语交际与人际沟通的实际,又总结了中国古代贤达的语言实践经验,因而理论创新的基础特别扎实,说服力特别强。该书提出的一系列理论观点,由于都是深深植根于汉民族的语言生活,所以其强大的生命力毋庸置疑,必将有力地推动语言学理论与语言实践的结合,促进中国语言学理论创新与语言学教学理念的革新。

礼权教授是语言学家、修辞学家,同时也是中国古典文学研究专家和历史小说作家。在中国学术界,礼权教授优美生动的文笔,是一般学者难以企及的,因而我们读他的书,既能时时受到其闪光的学术思想的启发,为其见解之精辟而击掌赞叹;又能从其优美的文笔中领略到汉语之美与语言表达的智慧,获得美的享受。我相信,读者阅读之后会感到我此言不虚。

以上是我 2013 年 8 月 28 日在为此书第一版所写的序中所言。三年不到的时间,果然如我原来所言,礼权教授的这部著作受到了学术界的广泛好评,成为全国各大高校竞相采用的大学通识教育专用教材,嘉惠了全国万千学子。2015 年底,礼权教授根据全国各高校教师反馈的信息,对这部著作进行了较大的修改,增加了一些中外现代言语交际与人际沟通的鲜活例证。因此,我在 2016 年 3 月 31 日为此书第二版所写的序中说道:此次修改,除新增了大量的课后练习外,还增加了十二个中外现代的案例分析,使原先的三十个案例分析增加到三十六个,展示面更广,且古今中外兼顾。我相信,这次的修订将会更有利于教学,将深受全国大学师生的欢迎。今天我敢在这里再次预言,要不了多少年,礼权教授的这部《言语交际与人际沟通》将会有第三版、第四版或更多版问世,有望成为全国大学通识教育的一流教材与经典教材。

2020年初,复旦大学基于此书在学术界与中国高校教材中的深远而广泛的影响,立项资助此书的修订,准备出版第三版。经过两年的努力,礼权教授完成了修订工作,复旦大学出版社也通过协调与努力,将此书的出版权由暨南大学出版社移转至复旦大学出版社。现在第三版的编辑工作已经基本完成,将于2022年下半年正式出版面世。

我跟暨南大学出版社有缘,跟复旦大学出版社也很有缘分,曾多次应复旦大学出版社之约,为礼权教授的《现代汉语修辞学》("十二五"国家级规划教材、教育部立项"面向21世纪课程教材")的多个版本审稿与作序。2021年12月8日,北京大学王力语言学奖揭晓,礼权教授的《汉语名词铺排史》(七十五万字,暨南大学出版社2019年出版,国家出版基金项目成果)获第十九届王力语言学奖(二等奖,本届最高奖)。王力语言学奖是中国语言学界公认的最高奖,获得此奖被视为中国语言学界的最高荣誉。在此可喜可贺的历史时刻,我再次获得复旦大学出版社的邀约,为礼权教授的《言语交际与人际沟通》第三版作一新序,实在是感到非常荣幸。

《言语交际与人际沟通》第二版,经过全国高校近五年的教学实践证明,是非常成功的,也是非常受欢迎的。现在礼权教授本着精益求精的精神,结合教学实践与时代发展的需要,在第二版的基础上又进行了修订。本次修订后呈现给读者的第三版,既有新资料与新案例的增加,也有旧资料与旧案例的更换,篇幅上也有变化,第七、八、九三章的案例分析变化尤大,由原来的每章十五节改为每章十二节。虽然内容减少了,但是典型性、精当性更为鲜明,不仅旧貌换新颜,而且质量上又有所跃升。因此,我相信,第三版将产生更为深远的学术影响,对全国高校相关课程的教学也更具促进作用。

马庆株

2022 年 2 月 8 日

于南开大学龙兴里小区寓所

注:马庆株先生,中国著名语言学家,北京大学朱德熙先生的得意弟子,中国修辞学会终身名誉会长,南开大学文学院教授、博士生导师,西南交通大学人文学院特聘讲座教授,西南科技大学特聘教授,中国语文现代化学会原会长,中国修辞学会原会长。

目 录

序 / 1

第一章　绪论 / 1
　　一、言语交际 / 2
　　二、人际沟通 / 13
　　三、言语交际与人际沟通的关系 / 19
　　四、本课题研究的意义 / 25
　　五、本课题研究的主要内容 / 32
　　思考与练习 / 35

第二章　言语交际与人际沟通的指向类别 / 36
　　一、上行沟通 / 36
　　二、平行沟通 / 44
　　三、下行沟通 / 50
　　思考与练习 / 57

第三章　言语交际与人际沟通的目标类别 / 59
　　一、求托 / 60
　　二、讨饶 / 64
　　三、说服 / 69

四、示好 / 77

五、取悦 / 79

六、娱乐 / 83

七、传情 / 85

八、拒绝 / 90

九、宣泄 / 96

十、调侃 / 101

十一、博弈 / 107

十二、讽刺 / 116

思考与练习 / 123

第四章 言语交际与人际沟通的过程划分 / 128

一、称谓 / 129

二、上题 / 136

三、言事 / 143

四、收结 / 150

思考与练习 / 159

第五章 言语交际与人际沟通的情境要素 / 167

一、角色 / 167

二、时机 / 174

三、场合 / 180

四、心理 / 189

思考与练习 / 200

第六章 言语交际与人际沟通的基本原则 / 210

一、知人论事 / 210

二、友善合作 / 219

三、讲究策略 / 228
思考与练习 / 235

第七章　言语交际与人际沟通案例分析之一：上行沟通 / 241

一、今章遇桀纣者,章死久矣:晏子一语谏景公 / 242

二、螳螂捕蝉,黄雀在后:少孺子妙喻谏吴王 / 246

三、以楚国堂堂之大,何求不得:优孟建议楚庄王以人君之礼葬马 / 251

四、若不阙秦,将焉取之:烛之武一舌敌万师 / 257

五、陛下好少而臣已老:颜驷对汉武帝发牢骚 / 264

六、昔子罕不以玉为宝:甘后稽古劝夫 / 268

七、不才明主弃:孟浩然向唐玄宗求官 / 273

八、汝为县令,独不知吾天子好猎耶:敬新磨的双簧戏 / 277

九、向外飞则四国来朝,向里飞则加官进禄:金章宗优伶的见解 / 281

十、我也面临同样的处境:伽利略跟父亲诉苦衷 / 287

十一、不要一说海军就"我们":马歇尔谏说罗斯福 / 290

十二、感到血液跳动:女病人妙答医学家 / 293

思考与练习 / 296

第八章　言语交际与人际沟通案例分析之二：平行沟通 / 300

一、事有不可知者三,有不可奈何者亦三:王稽说范雎 / 300

二、君子之交淡如水:贫士的祝酒词 / 308

三、我便吃得,你却舍不得:塾师认为鸡有七德 / 312

四、大自然好,苍蝇还往厕所跑:周恩来妙答尼克松 / 316

五、君子动口,小人动手:张大千自嘲娱人 / 319

六、人类愈演进毛愈少:李德全与冯玉祥论人类进化 / 323

七、绅士的演讲,应当是像女人的裙子,越短越好:林语堂的演讲 / 326

八、再来一客牛排,另外给我一个镇纸:西餐店里的故事 / 330
　　九、打雷之后,必要下雨:苏格拉底的先见之明 / 333
　　十、希望这些勋章能使你永远保持和平:肯尼迪的希望 / 335
　　十一、我的确欠缺经验:阿基诺夫人的竞选演讲 / 339
　　十二、我们两个都当了叛徒:莫洛托夫的自白 / 341
　　思考与练习 / 344

第九章　言语交际与人际沟通案例分析之三:下行沟通 / 350

　　一、寡人不敢以先王之臣为臣:齐王拒用孟尝君 / 350
　　二、将入户,视必下:孟母训子不得休妻 / 354
　　三、诸君必以为便便国家:刘邦忸怩作态做皇帝 / 359
　　四、我们中国人走的是上坡路:周恩来答美国记者问 / 362
　　五、吃掉我之后必须要演讲:林语堂的笑话 / 365
　　六、那你就把下半杯干了:梁实秋的劝酒辞 / 367
　　七、何必认识那个下蛋的母鸡呢:钱锺书拒见英国女士 / 370
　　八、我是醉酒之翁不在意:老先生的幽默 / 374
　　九、请多些亮光,少些声音:林肯给记者讲惊雷的故事 / 376
　　十、你必须同你的小狗商量一下:萧伯纳的回信 / 379
　　十一、小姐非常漂亮:卡特母亲善意的谎言 / 381
　　十二、吃过了你很快又会饿:斯威夫特告诉仆从的道理 / 384
　　思考与练习 / 386

主要参考文献 / 391

后记 / 393

第二版后记 / 398

第三版后记 / 401

第一章 Section 1　　绪　论

众所周知,人是社会的人,不是孤立存在于世界上的。任何一个人要想生存于世界上,都必须融入社会,与他人打交道。事实上,任何人都是社会的一分子,从生到死,都离不开社会。因此,为了融入社会,就必须与人沟通交流。唯有沟通交流,个人才能获得相关资讯,获得他人的帮助,与他人展开协同行动,由此推动事业发展、社会进步,获得人生幸福。

那么,如何实现与他人的沟通交流呢？方法与途径有多种,但是最直接、最有效的方法恐怕还是语言(包括记录语言的符号体系——文字)。因为"语言是人类最重要的交际工具",早已成为人们的共识。

既然"语言是人类最重要的交际工具",那么我们如何运用这一工具与人沟通交流,就成为一个重要的人生课题。可惜,长期以来面对这一人生重要课题而展开的学术研究却并不充分,甚至可以说是被忽视了,最起码也算是重视不够。正是基于对这一现状的认识,早在二十多年前我们就萌生了一个想法:在大学教育阶段开设一门独立的通识课程,这门课程就是《言语交际与人际沟通》。

由于这是一门全新的大学通识课程,无复傍依,除了要解决相关的理论体系建构问题,首先还要界定相关学术概念的内涵,建立一套属于这一学科的专业术语。从某种意义上说,就是要对一些容易混淆的专业术语予以"正名",廓清其与非专业术语之间的差异。

一、言 语 交 际

本教材既以"言语交际与人际沟通"为名,那么,首先就要讲清"言语交际"这一概念的特定内涵。而在讲"言语交际"这一概念的内涵之前,我们先要对"交际""交际者""受交际者"等概念予以界定,才能水到渠成地讲到"言语交际"概念本身。

1. 交际

"交际",是我们经常要提到的一个常用词汇。比方说,在日常生活中,我们常听人说:"这个人非常善于交际","交际也是一种能力",等等,其中都用到一个词:"交际"。又比方说,大学生,尤其是中文系的学生,在大学阶段都会修读《语言学概论》《现代汉语》等语言学课程,教学中老师会频繁说到一句话:"语言是人类最重要的交际工具。"其中的关键词就是"交际"。

虽然"交际"是一个常用词,很多人都会准确地使用这个词,但它的确切含义是什么,作为一个学术术语,它究竟应该怎么解释,则很少有人想过。为了讲清这一概念,也为了准确而具权威性,我们不妨先翻检一下大家都认可的《辞海》与《现代汉语词典》,看看它们是怎么界定其含义的。

《孟子·万章下》:"敢问交际,何心也?"朱熹注:"际,接也,交际谓人以礼仪币帛相交接也。"后泛指人与人的往来应酬。(《辞海》)[1]

【交际】jiāo jì 动 人与人之间往来接触;社交:语言是人们的~工具 | 他不善于~。(《现代汉语词典》第7版)[2]

由此可见,"交际"就是人与人之间的往来接触或应酬。换言之,就

---

[1] 《辞海》(缩印本),上海辞书出版社,1990年,第396页。
[2] 《现代汉语词典》(第7版),商务印书馆,2016年,第646页。

是"人际交往",或曰"人际互动"。也许称之为"人际互动",更加准确。

那么,"互动"些什么呢?从逻辑上说,同时也是从事实出发,"互动"主要包括三个方面。一是"言"的方面,就是"言语应酬"或曰"言语应答"。比方说,二人之间的相互问候,或是二人或多人为某一问题而进行的问与答(或讨论)等。二是"行"的方面(事实上,很多"行"与"行"之间的"互动"是同时伴随着"言"与"言"的"互动"),包括的面比较广。最为常见的,如送礼与回礼。中国人逢年过节的相互走动,朋友之间的拜访或回访等,不一而足。三是"言"与"行"的"互动"。比方说,别人帮你做了一件事,你用言语表达谢意,这就是"言"与"行"的"互动";又比方说,别人用言语请求你一件事,你用行动予以回应,这也是"言"与"行"的"互动"。以上三种情况,都是我们本书所讲的"人际交往"或曰"人际互动",亦即"交际"。

2. 交际者

所谓"交际者",简单来说,就是在某场或某次人际交往、人际应酬或人际互动活动中占据主导或主动地位的一方。前文我们说过,"人际互动"(即"交际")有三种情况,因此"交际者"也分为三种类型。

如果"人际互动"的形式局限于"言"的方面,那么首先挑起"话题"(topic)的人,便是"交际者"。比方说,老朋友、老熟人相见,第一个打招呼的,便是"交际者"。在公共场合,因事主动与人搭讪的人,也是"交际者";在一个陌生的地方,一个人向当地人问路,这问路者就是"交际者";打电话,拨号呼叫别人的,也是"交际者"。如此等等,不一而足。在西方语言学中,对于局限于"言"方面的"人际互动",一般称"互动"的主动者(即"交际者")叫作"communicator"。本书因为是专门讲"言语交际"的,所以后文我们讲到"交际者"时,都是专指"communicator"这个概念的。

如果"人际互动"的方式是以"行"的形式出现(上文我们说过,事实上很多"行为互动"是同时伴随着"言语互动"的),那么主动发出行动的人就是"交际者"。比方说,送礼与回礼,送礼者是"交际者";拜访与回访,拜访者是"交际者";中国人酒席上杯觥交错,你来我往,其中敬酒者便是"交际者";日本人见面喜欢鞠躬致敬,那首先弯腰的便是"交际者"。

如果"人际互动"的方式是以"言行互动"的方式(即一方用言语,另一方用行动)出现,那么主动说话者,或是主动付诸行动者,便是"交际者"。比方说,我们在公交车上主动给一位老人或怀抱婴儿的妇女让座,对方会用言语答谢,做出让座动作的,便是"交际者"。又比方说,我们请求别人帮忙,用言语表达出来,对方用行动回应。其中,用言语提出请求者便是"交际者"。

3. 受交际者

所谓"受交际者",简言之,就是在某场或某次人际交往、人际应酬或曰人际互动活动中居于被动地位的一方。前文我们说过,"人际互动"(即"交际")有三种情况,"交际者"也分为三种类型。"受交际者"与"交际者"是相对应的概念,因此"受交际者"也有三种类型。

"人际互动"的形式若是以"言言互动"(即言语互动)的形式出现,对首先抛出"话题"(topic)者的话语予以回应的人,便是"受交际者"。比方说,日常生活中二人交谈,发话者是"交际者",接话者是"受交际者";二人问答,提问者是"交际者",回答者是"受交际者";二人通话,打电话的是"交际者",接电话的是"受交际者",不一而足。对于"言言互动",西方语言学对参与"互动"的"受交际者"也有一个专门术语,叫作"communicatee"。本书所讲内容乃"言语交际与人际沟通"问题,着重点在"言语交际"(即"言言互动")方面,所以后文我们说到"受交际者",一般都是特指"communicatee"这一概念。

"人际互动"的方式若是以"行行互动"(即行为互动)的形式出现(事实上很多"行为互动"是同时伴随着"言语互动"的),首先对付诸行动者的行为予以回应的,便是这场"行行互动"的"受交际者"。比方说,中国人过年时,长辈给晚辈红包,晚辈对长辈鞠躬致谢,这鞠躬致谢者,便是"受交际者";记者采访某位名人,那位名人便是"受交际者";现在很多人见面打招呼,不用语言,而是以点头或招手的方式,后点头或后招手的,便是"受交际者"。

"人际互动"的方式若是以"言行互动"的方式(即一方用言语,另一方用行动)出现,那么被动应答者,或是被动以行动回应者,便是"受交际者"。比方说,在乘坐电梯时,西方男士见到女士,都会主动退让到一旁,伸手示意让其先行,女士则表示感谢,这鸣谢的女士就是"受交际者"。我们冬天坐公交车,车窗开着,冷风吹进来,有人对坐在窗边的乘客说:"请将车窗关一关,好吗?"坐在窗边的乘客立即将车窗关了起来。这关车窗的乘客,便是"受交际者"。一位老太太走路时,拐杖突然失手掉了,她对旁边经过的年轻人说:"帮我把拐杖捡起来,好吗?"年轻人一边答应"好",一边弯腰捡起拐杖递给了老人。这个年轻人,就是"受交际者"。总之,不论是言语在先,还是行为在先,或是言语与行为同时,凡是言语或行为发生于后的,都是"受交际者"。

这里特别需要予以说明的是,以上我们对"交际者"与"受交际者"的定义,是就简单的一个话轮的"言言互动"而言,而且只是基于言语行为先后的视角定义的。如果这是一个复杂的、多话轮的"言言互动","交际者"与"受交际者"的角色身份就有可能转换。如果以说话者为视角,那么"交际者"与"受交际者"的角色,就会随着话轮的转换与视角的转换而有所不同了。

4. 言语交际

讲清了"交际""交际者""受交际者"三个概念的内涵,现在我们就可以界定"言语交际"的概念内涵了。

所谓"言语交际",就是上面我们已经讲到的"言言互动",它是特指交际者与受交际者之间通过言语进行的交往或互动。

"言语交际"的形式,主要有两类:一是"口语交际",二是"书面语交际"。

"口语交际",从形式上再加区分,又可以分为如下两种情况:

一是"你一言,我一语"式,即由交际者与受交际者通过平等对话形式而进行的双向言语互动。比方说,我们日常生活中与他人之间的寒暄,为了某种事情而与他人进行的谈话,等等,都是属于此类。

二是"我说你听"式,即由交际者说,而受交际者听,交际是在非对等的模式下进行,属于一种单向言语交际。如演讲报告会上的演讲、学校课堂上的讲课,都是属于此类。

"书面语交际",就是交际者将所要与受交际者沟通的事情(包括情感等),通过书信、报告等文字形式表达出来,以此让受交际者了解其观点、思想、主张或情感等。

"书面语交际",从形式上再加区分,一般说来可分为如下两类:

一是"你写我复"式,即交际者将所要表达的思想、情感或是要协商解决的问题通过书信、报告等文字形式传递给受交际者,受交际者阅读后针对其内容给交际者以文字回复。很明显,这种交际模式也是属于双向互动的言语交际,只不过不像对话那样具有"即时性"而已。不过,随着现代科技与互联网技术的发展,如今"你写我复"式书面语交际,也具有了"即时性"。手机短信、微信都有回复功能,就像面对面对话一样,时间差几乎可以忽略不计。

二是"我写你读"式,即交际者将自己的思想、情感、理念、主张等通过文字形式写出来并予以发表或出版,让广大读者阅读,从而了解自己的思想与情感等。这种情况的"言语交际",明显是单向的,受交际者不是特定的,而是广泛而潜在的。但是,现今通过微信公众号等平台发表的文字,往往会有读者评论,就不是传统的单向性质了。

"你写我复"式的"言语交际",虽然发生频率不及"口语交际"高,但在实际语言生活中并不少见。比方说,我们工作中给领导写报告,古代大臣给皇帝写奏章,朋友之间书信往来,恋人之间情书往来,封建时代文人士大夫之间的诗文酬答等,都是属于此类。这种"言语交际"模式,虽然在人际沟通上不像口语交际那样具有"即时性",但就其效果而言,并不比口语交际差,有时候甚至可能比"面对面"的对话交流更能达到人际沟通的预定目标。因为书面表达有足够的时间让交际者(即写作者)从容思考每一个词句,而不像口头交际时没有足够的时间字斟句酌。如：

臣密言：臣以险衅，夙遭闵凶。生孩六月，慈父见背；行年四岁，舅夺母志。祖母刘愍臣孤弱，躬亲抚养。臣少多疾病，九岁不行，零丁孤苦，至于成立。既无伯叔，终鲜兄弟，门衰祚薄，晚有儿息。外无期功强近之亲，内无应门五尺之僮，茕茕孑立，形影相吊。而刘夙婴疾病，常在床蓐，臣侍汤药，未曾废离。

逮奉圣朝，沐浴清化。前太守臣逵察臣孝廉，后刺史臣荣举臣秀才。臣以供养无主，辞不赴命。诏书特下，拜臣郎中，寻蒙国恩，除臣洗马。猥以微贱，当侍东宫，非臣陨首所能上报。臣具以表闻，辞不就职。诏书切峻，责臣逋慢；郡县逼迫，催臣上道；州司临门，急于星火。臣欲奉诏奔驰，则刘病日笃，欲苟顺私情，则告诉不许。臣之进退，实为狼狈。

伏惟圣朝以孝治天下，凡在故老，犹蒙矜育，况臣孤苦，特为尤甚。且臣少仕伪朝，历职郎署，本图宦达，不矜名节。今臣亡国贱俘，至微至陋，过蒙拔擢，宠命优渥，岂敢盘桓，有所希冀！但以刘日薄西山，气息奄奄，人命危浅，朝不虑夕。臣无祖母，无以至今日；祖母无臣，无以终余年。母、孙二人，更相为命，是以区区不能废远。

臣密今年四十有四，祖母今年九十有六，是臣尽节于陛下之日长，报养刘之日短也。乌鸟私情，愿乞终养。臣之辛苦，非独蜀之人士及二州牧伯所见明知，皇天后土，实所共鉴。愿陛下矜愍愚诚，听臣微志，庶刘侥幸，保卒余年。臣生当陨首，死当结草。臣不胜犬马怖惧之情，谨拜表以闻。（晋·李密《陈情表》）

上面这段文字，就是被南朝梁昭明太子萧统选入《文选》的千古名篇《陈情表》，是三国蜀汉旧臣李密于蜀亡后写给晋武帝的辞职奏章。全文的意思，大致如下：

微臣李密报告皇上：臣因命运不佳，少小即遭遇诸多不幸。出生后才六个月，家父便离臣而去。年仅四岁，舅舅又强迫家母改变了一个女人应有的志节。幸有祖母刘氏怜悯臣孤苦伶仃、弱小无依，亲自担负起抚养臣的责任。臣自小多病，九岁时尚不会走路。从出生到长大成人，一直都是孤苦伶仃，既无叔伯，亦无兄弟。门庭衰落而少福泽，年纪很大方得子嗣。外无一个亲近可靠的亲戚，内无一个看家应门的小僮。孤独无依，形单影只。而祖母刘氏很早就已沉疴在身，终年卧床。臣每日侍奉汤药，从未离开过她一步。

等到圣朝一统天下，臣得以沐浴清明教化，深感万幸。刚开始时，太守逵举臣为孝廉，后来، 益州刺史荣又荐臣为秀才。臣因祖母无人侍奉，均婉谢而不敢从命。没想到，蒙皇上不弃，特下诏拜臣为郎中。未久，再蒙浩荡皇恩，拜臣为太子洗马。以臣如此卑贱之人，而当侍奉太子之大任，实乃臣杀身捐躯亦无以报答于皇上。因此，臣向皇上奏请，辞谢而不就职。然而，诏书言辞急切严厉，责备臣轻慢皇命；郡守县令奉命逼迫甚急，不断催臣速速上路；州衙官员天天登门，促行之命急于星火。臣深荷皇恩，也想奉诏奔赴皇命，然而祖母刘氏病情日益加重，臣欲苟且而徇私情，但报告诉求又得不到批准。现在，臣实在是进退维谷，处境狼狈。

不过，臣又想，圣朝是以孝治天下的。大凡前朝一般旧臣，尚蒙皇上怜悯而供养，何况像臣这样孤苦无依，遭遇坎坷之人呢？再说了，臣年轻无知之时仕蜀汉旧朝，曾在郎署做过小官，本意是想沿着仕途往上走，以求显达的，所以臣原本就不是一个自标名节的清高之人。而今，臣不过区区一个亡国贱俘，地位低微卑贱无以复加。承蒙皇上不弃，过分拔擢，拜为太子洗马，恩荣至极，待遇优厚，臣岂敢再有借口徘徊不进，而另有所图？只不过是因为祖母病笃，奄奄一息，就像行将西落的夕阳，能活着的日子不多了。臣无祖母，不会活到今天；祖母无臣，难以终其天年。臣祖孙二人相依为命，不能相弃。正是基于这种特殊的情感，所以臣此时不能弃祖母而去。臣今年四十四岁，而祖母刘氏则已九十六岁高龄。以此观之,臣尽忠于陛下之日尚长,而侍奉祖母之日已经不多。乌鸦尚有反哺其亲的孝心,臣岂能不尽孝于祖母,而请求陛下开恩,准许臣为祖母养老送终。

臣的辛酸苦楚,不仅是蜀地人士以及梁、益二州的长官都非常清楚明白的,就是天地神祇也是能够察知的。希望陛下能够体察怜悯臣愚昧至诚之心,成全臣这点小小的愿望,以使臣祖母侥幸而终天年。若蒙陛下成全,臣活着愿杀身奉献,死后愿结草报答。今臣怀犬马一般戒慎恐惧之心,将以上心情奉表上达于陛下。

李密这封信(实则是辞职报告)上达晋武帝司马炎后,深深地感动了受交际者晋武帝。最终,晋武帝同意了交际者李密的请求,没有让他离蜀赴京就任太子洗马,而是在家侍奉祖母刘氏。直到刘氏寿终正寝,李密完成了尽孝使命后,晋武帝才让他重新出山,就任太子洗马之职,以践前诺。后来,李密官至汉中太守。

众所周知,在中国封建社会,读书人都非常向往做官,都幻想着"朝为田舍郎,暮登天子堂",希望通过各种途径实现由民到官的身份转换。因为"官本位"的思想在中国古代是根深蒂固的。但是,中国古代是封建帝王集权的时代,"伴君如伴虎"的现实利害关系,也让很多人对做官心存戒惧,所以才会出现诸如李密这样辞官不做的人。可是帝王专权独裁的时代,想做官固然不易,但若是皇帝让你出来做官,你却不肯,那也由不得你。因为早在先秦时代就有一句话:"溥天之下,莫非王土;率土之滨,莫非王臣。"(《诗经·小雅·北山》)既然人都是帝王的,他让你出来为国家服务,你岂有讨价还价的份?所以封建时代的官员年老想退休(那时叫"致仕"),就要给皇帝打报告,叫"乞骸骨"(就是请求皇帝将他这把老骨头还给他,让他埋回家乡的土地里)。晋武帝是在灭吴、蜀而结束三国鼎立局面后,重新实现中国大一统的皇帝,当然他与中国古代其他皇帝一样,有权要求天下所有读书人为他开创的大晋王朝效力。所以,当晋武帝司马炎征召李密出山为太子洗马时,李密作为蜀汉的亡国之臣心里正在滴血,李密不敢公开说不愿意效力,只能找借口推托。皇帝让一个亡国之臣出来做官,亡国之臣想要找借口并不是那么容易的。但是,李密是聪明的,他找到了一个冠冕堂皇的借口:"伏惟圣朝以孝治天下。"既然皇帝以孝治天下,为天下人做孝子贤孙的表率,那么他就不应该阻止天下之人包括亡国之臣李密做孝子贤孙。当交际者李密给受交际者司马炎写报告,以尽孝于祖母为借口拒绝出山做官时,受交际者司马炎就不得不恩准。"圣朝以孝治天下"就像是交际者李密致送给受交际者晋武帝的一顶硕大而华丽的帽子,他戴上之后就不能脱下。既然受交际者司马炎不能脱下这顶大帽子,那么交际者就可以凭借这顶特制的大帽子遮风挡雨了,即要求尽孝祖母,不出山任太子洗马之职。这封辞职报告除了战略高明外,战术上也有颇多高妙之处。如奏章开头一段对自己悲惨的童年极尽渲染铺张,结尾时又充分陈述祖母不能离开自己,以情动人。让受交际者晋武帝在奏章开始与收结之时心灵都受到震撼,深切感动,从而与交际者产生情感共鸣,同情其遭遇,答应其请求。又如奏章开头,当交际者李密说到自己的父亲与母亲时,运用了"讳饰"修辞法。说自己父亲的死是"见背",写其母改嫁为"舅夺母志"。这样写无疑会让受交际者晋武帝先入为主,觉得交际者李密对父母偏护有加,是一个难得的孝子。很明显,这种细节上的细密安排,无疑与全文强调突出交际者与其祖母相依为命的主旨起到了主次呼应的效果,从而放大了交际者李密在受交际者晋武帝心目中的孝子贤孙的形象。正因为如此,这封辞职报告让受交际者晋武帝不能不批准。

说到这里,我们不得不强调一句,如果交际者李密与受交际者晋武帝进行言语交际不是采用"书面交际"而是采用"口语交际"的形式,即交际者李密是与晋武帝"面对面"沟通请辞,那么沟通效果肯定达不到呈送奏章的效果。因为"口语交际"时,交际者不可能从容斟酌字句,推托婉拒的表达策略就不会那么高明。可见,有时候面对特殊的受交际者,或是为了达到特定的人际沟通效果,采用"书面交际"的形式更有优势。

下面我们再说"我写你读"式的"言语交际"。这种方式的言语交际,虽然没有受交际者的反馈与互动,但在交际者内心或潜意识中是有特定的受交际者的。比方说,作家写小说、散文、诗歌,等等,创作时内心应该有一个假想的受交际者(即读者)群体。也就是说,交际者(即写作者)的作品是写给哪些人看的,意识中是有所预设的,心里也是有期待的。所以,这样的"言语交际"仍是以一定的受交际者群体为互动对象的。相对来说,小说、散文等在此方面表现得可能更为明显些,诗歌则要弱些(除叙事诗外,诗大多重在抒发自己的情感)。即使是诗歌,有时也仍能发挥言语互动与人际沟通的独特效果。如:

曹衍,衡阳人。太平兴国初,石熙载尚书出守长沙,以衍所著《野史》缴荐之,因得召对。袖诗三十章上进,首篇乃《鹭鸶》《贫女》两绝句,盖托意也……《贫女》云:"自恨无媒出嫁迟,老来方始遇佳期。满头白发为新妇,笑杀豪家年少儿。"太宗大喜,召试学士院,除东宫,洗马、监泌阳酒税。(南宋·吴曾《能改斋漫录》卷十一)

上引这则野史杂记,说的是这样一个故事:北宋初年,衡阳有个读书人曹衍,学问应该说是不错的,但不知为什么,就是科举考试过不了关。结果,只能与千千万万落第的士子一样,人生陷入了困顿,仕进无门,郁郁不得志。中国自古便有一句老话:"万般皆是命,半点不由人。"意思是说,一个人的穷通都是命运决定的,个人的力量无能为力。命好,即使没本事,不须努力也能一生飞黄腾达;命不好,即使再有能耐、非常努力,也是困顿而不能翻身。曹衍应该说是属于命好的一类,因为他有一个好朋友石熙载,当时正在朝中做大官。当然,朋友做大官,并不意味着自己就一定能沾光,跟着飞黄腾达。因为有些朋友是肯帮人的,有些朋友则不然。而曹衍遇到的这个朋友呢,则是属于前者,这就是曹衍的福气了。太平兴国(宋太宗建元年号,公元976年—984年)初年,曾在宋太祖赵匡胤朝中得意,官至尚书(中央政府部长)的石熙载,奉新君赵光义(宋太宗)之诏,出任长沙太守。石熙载知道,此次外放虽是封疆大吏,手中握有更大的实权,但毕竟不再处庙堂之高,没有机会接近皇上了,也就更没有机会为朋友曹衍争取仕进之事了。于是临行前,他将曹衍郑重地向宋太宗做了推荐,并将曹衍所著的《野史》呈上。没想到,宋太宗竟然对这本《野史》感兴趣。一高兴,就传诏曹衍来见,让他应对,考考他的学问到底如何。曹衍作为一介书生,一个没有身份的平民,能见皇上,那当然是高兴坏了。但是高兴归高兴,他头脑却是清醒的。他知道,此次觐见皇上,自己的前途都在其中了。那么,带什么见皇上呢?想来想去,他觉得自己一个穷书生,也没有什么好带的,最终决定按照读书人的规矩"秀才送礼纸半纸",送给皇上几首诗,一来表达对皇上的崇敬之意,二来也好借此展现一下自己的才学。主意打定,曹衍就从自己平时写好的诗作中挑选了三十首自认为最好的作品。到了京城,曹衍没有立即见到宋太宗,就先托人将这三十首诗呈送皇上。宋太宗看了其中的首篇,是两首绝句,分别是《鹭鸶》《贫女》,皆为托物言志之作。其中,《贫女》有曰:"自恨无媒出嫁迟,老来方始遇佳期。满头白发为新妇,笑杀豪家年少儿。"宋太宗读后,大为高兴,遂立即决定在学士院召见并考察曹衍。召见考核后,宋太宗觉得曹衍确实有才,乃授之东宫洗马(即太子洗马,侍奉太子,太子出行时为之前导)之职,并监管泌阳酒税。

读了上面这则故事,大家一定会纳闷:为什么曹衍的一首《贫女》诗就让宋太宗那么高兴,立即封之为东宫洗马的高官呢?如果仔细分析一下这首诗,我们会发现它虽不是一首水平很高的诗,却是一首最能讨受交际者宋太宗欢心的诗。这首诗的高妙之处在于运用"双关"修辞法,"表层语义是说一个女子因为无媒而迟嫁,白发时才为新妇,为年少人所笑;深层语义是说自己虽然有才,可是因以前无人引荐,所以至今未能得官,为国家效力,一展平生抱负。诉说的是自己怀才不遇的怨情,但却表达得婉转含蓄,怨而不怨,让宋太宗思则得之"[①]。那么,交

---

① 吴礼权:《语言策略秀》(修订版),暨南大学出版社,2013年,第5—6页。

际者曹衍表情达意为什么不直白本意,而要迂回曲折,故意在自己与受交际者宋太宗之间制造"距离"呢?这便是曹衍作为一个交际者的高明之处,他的这个"距离"留得太有水平了。因为"一来臣下与皇帝之间有身份地位的'距离',臣下对皇上说话特别是抱怨,直白而锋芒毕露,这是不礼貌的;二来表达者借贫女晚嫁来委婉地表达心意的主要目的是要在皇上面前露一手,使皇上知道自己确是有才,不是凭空发怀才不遇的牢骚;三来表达者委婉其辞而不直白本意,也是表明他相信皇上是有才的英主,能够意会到其话外之音的。这实际上是对皇上才能的肯定。由于这个'距离'留得恰到好处,接受者心领神会,意会到了表达者的'言外之意'、'弦外之音',从而在内心深处感受到一种'余味曲包'的含蓄美"①。如果交际者曹衍与受交际者宋太宗进行言语交际时不是通过献诗这种特殊的"书面语交际"形式,而是以一问一答的"口语交际"形式进行,那么人际沟通的效果未必就有这么好。如果"口语交际"时交际者因为受交际者是皇上而心情紧张,一时出言不当,那么不仅官职求不到,恐怕小命亦不保。可见,有时诗歌在言语交际与人际沟通时所发挥的作用是别的文体或是"口语交际"所难以比拟的。

以上我们对"言语交际"形式所作的系统阐述,只是基于逻辑的严密性而进行的,目的是为了理论体系建构的完整性。不过,这里应该强调的是,本书所要讨论的主题是"言语交际与人际沟通",因此对于"言语交际"所要涉及的范围,我们还是人为限定于"面对面"的、双向的"口语交际"的层面,非双向的"言语交际"暂不讨论。在此,预先作一个明确的说明。

二、人 际 沟 通

"人际沟通"与"言语交际"是本书的两个关键词,也是相互联系的两个方面。前面我们已经讲清了"交际""交际者""受交际者""言语交

---

① 吴礼权:《委婉修辞研究》,山东文艺出版社,2008年,第207页。

际"等相关概念及其内涵,这里我们同样也需要讲清如下几个相关的概念及其内涵。

1. 沟通

"沟通",亦与"交际"一样,也是我们日常语言中的常用词,而且人人都会用这个词。在如今到处都在讲"和谐"的时代氛围下,这个词的使用频率就更高了。但是,"沟通"一词原来是什么意思,现在又表示什么意思,原义与今义是什么关系,这些恐怕都不是一般人所能了解的。为此,这里我们就需要讲清楚"沟通"一词的概念及其内涵。

为了使概念界定具有权威性,我们不妨先引大家都认可、认同的《辞海》和《现代汉语词典》的解释,然后在其基础上再对"沟通"的概念及内涵予以重新界定。

沟通 开沟使两水相通。《左传·哀公九年》:"秋,吴城邗,沟通江淮。"后泛指使彼此相通。如:沟通东西文化。(《辞海》)[1]

【沟通】gōu tōng 动 使两方能通连:～思想｜～中西文化｜～南北的长江大桥。(《现代汉语词典》第7版)[2]

由《辞海》的释义,我们知道"沟通"一词的原义乃是指"开沟使两水相通"。由《现代汉语词典》的释义,我们知道"沟通"一词的今义乃是指"使两方能通连"。《辞海》释义补充说"后泛指使彼此相通",说的也正是这个意思。从《现代汉语词典》所举的三个例证来看,"沟通"一词的原义现在已经不用,今天我们日常语言中说到"沟通"一词时用的都是今义,是通过原义比喻引申而来的。

因此,综合《辞海》与《现代汉语词典》的释义与举例,我们现在似乎可以给"沟通"作一个更完备的概念界定了。

---

[1] 《辞海》(缩印本),上海辞书出版社,1990年,第1012页。
[2] 《现代汉语词典》(第7版),商务印书馆,2018年,第460页。

所谓"沟通",原指"开沟使两水相通",后经过比喻引申,词义发生了变化,现指"使彼此相通""使两方能通连"。亦即使原本没有联系的人、事、物联系起来,从而实现交流交通,增强彼此活力。

这里,我们要强调的是,"彼此相通""两方通连",从理论上说,所"通"的方面应该包括"人""事""物"三个方面。

"人"的方面,主要是指人与人之间通过言语(口头或书面)交际而相互了解,从而实现思想、情感等的互动交流。当然,也不能忽视非语言的"通连",如表情、手势、体态等都能实现人际思想或情感交流或互动。另外,一些社会习俗与礼仪制度,虽不用语言,但也是人际"通连"的一个途径。

"事"的方面,主要是指不同国家在物产(主要通过商业交易)、文化等方面的"通连",还有不同民族因杂居通婚而实现的人种与习俗等的"融合",等等。这一点,我们就不必在此赘述了,因为许多有关中西文化交流史、中外交通史以及民族史等著作中,都有详细记载与论述。其实,从某种角度看,"事"的"通连"实际是人与人之间相互"通连"的放大。

"物"的方面,主要是指两个彼此区隔的空间位置之间的"通连"。比方说,江、河、湖、海(主要指岛陆之间的海域)、溪流两岸之间通过桥梁、船舶实现"通连",不同国家、不同城市通过铁路、公路、飞机实现"通连",等等,都属于这一类。

另外,需要提及的一点是,对于"通连"的"两方",我们要有正确的认识。所谓"两方",并非是指两个对等的个体,也许是一个个体对一个群体。比方说,汉唐时代,中国国力可谓盛极一时,如日中天,当时周围小国都要仰汉唐帝国的鼻息。因此,所谓文化交流,多是单向的学习而已。那时,汉唐王朝与周围诸国的文化交流,事实上就是以中国为一方,以周围诸多国家为另一方的。也就是说,当时的中外"通连",是个体(中国)与群体(周边诸国)的"通连",并非是一对一的双向"通连"。

又比方说,一个中心城市作为交通枢纽,有很多条铁路、公路、飞机线路通往周围各个城市。这个作为交通枢纽的中心城市与其他城市之间的"通连",也不是个体对个体的。如此等等,不一而足。再比方说,听一场演讲会,演讲者是一人,而听众则是一群人。演讲会的讲与听是一次"通连",但"通连"的"两方"并非个体对个体。其实,不仅是演讲会、上课之类的人际"通连","通连"的"双方"不是对等的,即不是个体对个体,就连日常朋友闲聊时,"通连"的"双方"也有可能出现个体对群体的情况。如:

有一天,参政员开会休息时,三三两两坐着闲谈,有人讲了些嘲笑胡子的笑话,说完还对沈老(沈钧儒)发笑,沈老是有一口不算小的胡子的。他立即笑着说:"我也有一个胡子的笑话可以讲讲。"大家很诧异。沈老接着说:"当关、张遇害之后,刘备决定兴兵伐吴,要从关兴、张苞二人中选一个当正先锋,叫他们当场比武,结果不分胜负,又叫他们各自讲述他们父亲的本领。关兴说他父亲过五关、斩六将;斩颜良、诛文丑,杯酒斩华雄,讲了一大套。张苞也说他父亲如何一声喝断灞陵桥,如何三气周瑜芦花荡等等,说得也有声有色。关兴急了,说:'我父亲丹凤眼,卧蚕眉,一口长髯,飘到胸口,人称美髯公,你爸爸比得了么?'正讲到这里,关羽忽然在空中'显圣'了,横刀怒目对关兴说:'你老子有这么多长处你不说,单提老子的胡子做什么?'"自然,大家听完也是哄堂大笑。(徐铸成《旧闻杂忆续篇·王瑚的诙谐》)①

在这个例子中,沈钧儒所讲的关羽"显圣"骂关兴的故事,明显是临时编造出来的,运用的是修辞学上的"讽喻"法。说话者表面上是在讲故事娱乐大家,实际上是巧妙地借着故事中的人物关羽之口批评那些拿自己胡子取笑的参政员们。这里的说话者沈钧儒是这场言语交际与

---

① 此例转引自谭永祥:《汉语修辞美学》,北京语言学院出版社,1992年,第430页。

人际沟通的交际者,而被嘲弄的众位参政员们则是受交际者。交际者是个体,而受交际者则是群体。可见,在人际"通连"中,"通连"的"双方"并非是一对一的,即非个体对个体,而可能是个体对群体。

2. 人际沟通

所谓"人际沟通",就是专指人与人之间的"通连"。"通连"的方式,之前我们在讲"沟通"的三个方面时已经提及,主要有两个方面:一是通过"言语交际"实现人际"通连";二是通过"行为交际"实现人际"通连"。

通过"言语交际"实现人际"通连",主要是指通过口语与书面语两个形式实现的人际"通连"。通过口语进行的人际"通连"形式非常多。比方说,领导与属下的谈话、朋友之间的闲聊、熟人之间的相互寒暄、求人办事的电话、演讲会上的讲与听、辩论会上辩论双方的唇枪舌剑、记者会上的问与答,等等,不一而足。除此之外,还有现今新媒体视频通话、微信通话,虽然不是面对面,但明显也是属于口语性质的人际"通连"。通过书面语形式进行的人际"通连",其形式也很多。比方说,上传下达的公文报告,朋友之间的书信往来、恋人之间谈情说爱的情书、作家写作品与读者读作品,等等,都是此类。另外,现今流行的手机短信、微信交流等,虽也是书面语形式的人际"通连",但在"即时性"方面优于传统的书面语"通连"。

通过"行为交际"实现人际"通连",主要是指以表情、手势、体态等非语言手段而实现的人际"通连"。这种人际"通连",主要存在于非正常人之间,如聋哑人之间所用的手语,就是最典型的形态。当然,正常人若要与聋哑人实现人际"通连",也是需要用这种手段的。而正常人之间,一般是不会通过表情、手势、体态等肢体语言或是类似于聋哑人所用的手语来实现人际"通连"的。因为在这种"通连"形式中,由于用于表意的"非言语"因素在语义内涵上存在着诸多不确定性,受交际者的理解可能与交际者的表达存在出入。因此,通过"行为交际"而实现的人际"通连"是有局限性的,表达简单意思尚可,复杂的意思或深刻的思想就难以精确呈现了。因此,语言学上称这类肢体语言为人类的辅

17

助语言。既然是辅助语言,那么它在我们进行人际"通连"时只能起指代、强调等作用,而不可能起主导作用。

虽然一般来说,通过"行为交际"而实现人际"通连"的情况不是人际"通连"的正常状态,但我们也不能因此而否认它的作用与在人际"通连"中的独特效果。下面我们不妨看一个中国古代的例子。

一僧号不语禅,本无所识,全仗二侍者代答。适游僧来参问:"如何是佛?"时侍者他出,禅者忙迫无措,东顾复西顾。又问:"如何是法?"禅不能答,看上又看下。又问:"如何是僧?"禅无奈,辄瞑目矣。又问:"如何是加持?"禅但伸手而已。游僧出,遇侍者,乃告之曰:"我问佛,禅师东顾西顾,盖谓人有东西,佛无南北也;我问法,禅师看上看下,盖谓法平等,无有高下也;我问僧,彼且瞑目,盖谓白云深处卧,便是一高僧也;问加持,则伸手,盖谓接引众生也;此大禅可谓明心见性也。"侍者还,禅僧大骂曰:"尔等何往?不来帮我。他问佛,教我东看你又不见,西看你又不见;他又问法,教我上天无路,入地无门;他又问僧,我没奈何,只假睡;他又问加持,我自愧诸事不知,做甚长老,不如伸手沿门去叫化也罢。"(明·乐天大笑生《解愠编》)

上面这个故事虽然是乐天大笑生编的一个笑话,但却说明了一个问题:通过"行为交际"而实现人际"通连",即通过肢体语言来实现人际沟通,有时效果并不比"言语交际"差。特殊情况下,可能效果会更好。

尽管如此,本书仍不拟将诸如上述这类通过"行为交际"而实现的人际"通连"(即沟通)纳入讨论的范围。因为前文我们已经明确指出,本书的主旨只涉及"言语交际与人际沟通"问题,所以讨论"人际沟通"问题时,我们将只着眼于交际者与受交际者之间通过言语而进行的互动。这样,就必然排除了任何"非言语"因素的人际互动。也就是说,通过表情、手势、体态等肢体语言而进行的人际沟通,将被排除在本书论述的范围之外。

三、言语交际与人际沟通的关系

前面我们已经分别谈过"言语交际"与"人际沟通"问题,为什么这里还要专设一节谈"言语交际与人际沟通"问题呢?这是因为实现"人际沟通"的目标并非只有"言语交际"一途,事实上还有"非言语交际"(即"行为交际",如表情、手势、体态等肢体语言的交际),也能实现"人际沟通"的目标。但是,本书是以"言语交际与人际沟通"为主题的,所以只能专注于一个主题而进行深入的探讨,不拟纳入"非言语交际"(即"行为交际")的内容。正因为如此,这里我们要专设一节,对"言语交际"与"人际沟通"的关系问题略作论述。

"言语交际"与"人际沟通"的关系,说到底就是手段与目的的关系。也就是说,"人际沟通"是"言语交际"的目的,"言语交际"则只是达成"人际沟通"目标的手段而已。正因为二者是这种关系,所以我们认为,只要是一个正常的交际者,他与受交际者进行"言语交际",其目的肯定是要实现其特定的"人际沟通"目标的。换言之,"人际沟通"好比是主人,"言语交际"则是仆从。仆从是为主人服务的,所以,"言语交际"要时刻围绕"人际沟通"这个特定目标而展开。

虽然"言语交际"与"人际沟通"之间有主次之分,"言语交际"居于次要和服从的地位,但是,我们绝不能轻视"言语交际"。因为目标的实现需要手段、方法,手段与方法是通往目标的必由之路。因此,为了实现"人际沟通"的特定目标或既定目标,就要重视"言语交际",即讲究其方法或曰策略,从而拓展其路径,使通往目标的路径成为一条康庄大道,而非羊肠小径。

正因为"言语交际"是一种积极的、"有所为而为"的语言活动,是为"人际沟通"的目标而进行的,所以我们平时说话、写作时要有"目标"意识,时刻牢记"言语交际"所要达成的预定目标,即"人际沟通"的预定任务。

虽然这个道理是很多人都懂得的,但是事实上,"言语交际"乃是为

19

了"人际沟通"这种明确的"目标"意识,并非是所有交际者都有的。现实生活中,我们常见有些人口无遮拦,"说话不经大脑",结果弄得人际关系紧张,人生境遇窘迫。如果他们有"言语交际"的"目标"意识,对自己将要说的一番话或是将要写出来的文字到底是要达成什么样的"人际沟通"任务,事先考虑清楚了,同时在"言语交际"时注意表达策略及相关技巧,那么一般说来其欲达到的人际沟通目标都是能够达到的。

不过,应该指出的是,上述这番道理虽然很多人都是懂得的,但一到现实生活中,不仅一般人做不到,就是满腹经纶、妙笔生花的文人学士,有时也会出状况。这里我们不妨看一个中国古代名人的例子。

陶谷奉使吴越,忠懿王宴之,因食蝤蛑,询其名类,忠懿命自蝤蛑至蟛蚏,凡罗列十余种以进。谷曰:"真所谓一蟹不如一蟹。"宴将毕,或进葫芦羹相劝,谷下箸,忠懿笑曰:"先王时,庖人善为此羹,今依样馔来者。"谷一语不答。(明·何良俊《语林·排调第二十七》)

上面这段文字记载,讲的是这样一个故事:陶谷奉命出使吴越国,吴越国之王钱俶设国宴盛情款待。吴越国多江多湖又临海,不仅淡水鱼虾之类特别丰富,而且海鲜产品也很多。所以,吴越王钱俶考虑到陶谷是北方人,大概从未尝过南方的海鲜,为了表示对大宋特使陶谷的尊崇之意,也为了要尽地主之谊,吴越王钱俶让御厨准备了很多高级海鲜。宴席开始后,陶谷一看这么多稀奇的食物,真是开了眼界。很多海鲜,他不仅从未吃过,甚至都没见过和听说过。所以,吃到蝤蛑(现代学名为青蟹,生活于浅海中)时,陶谷就忍不住问起蝤蛑的名称,并询问到其同类海鲜的情况。吴越王钱俶一一为之介绍,并令御厨从蝤蛑到蟛蚏(亦为蟹类),一共上了十多种,差不多是一个蟹宴了。对于主人的热情款待,作为客人,也作为大宋的特使,理应表示感谢。可是,陶大使却不然。他吃着吃着,突然放下筷子,感慨地说道:"真是一蟹不如一蟹!"吴越王钱俶是何等聪明之人,当然听得懂陶谷的话外音。虽然心里非常不快,但还是忍住了,没有说什么。等到蟹宴快要结束时,御厨做好的葫芦羹被端了上来。吴越王钱俶见此,立即心领神会,遂笑逐颜开地连忙热情地招呼陶谷道:"这葫芦羹是先王时御厨最拿手的汤羹,今日让御厨依样做来,想必味道不比当年味道差吧。"一听吴越王这话,又见其面带诡异的笑容,原来一直谈笑风生的陶大使突然沉了脸,低下头,一言不发了。

读完这个故事,也许大家都会纳闷,为什么陶谷宴席上说了一句"真所谓一蟹不如一蟹",吴越王钱俶就不高兴了呢?而当吴越王钱俶说了一句"先王时,庖人善为此羹,今依样馔来者"时,陶谷则一言不发呢?

要破除其中的奥秘,还得先从这场对话的交际者与受交际者说起。因为只有先了解了交际者与受交际者的背景,才能洞悉其话语的微言大义或曰弦外之音,把握其说话和听话时的心理状态,等等。这就与我们后文将要论及的言语交际与人际沟通需要遵循的"知人论事"的原则大有干系了。下面我们就先介绍一下交际者陶谷与受交际者钱俶其人其事。

先说陶谷。陶谷(903—970),字秀实,本姓唐,因避后晋开国皇帝石敬瑭名讳而改姓陶。邠州新平(在今陕西境内,治所在今彬县)人。他在中国历史上之所以有名,固然与他的学识有关,但更与他会做官有关。他历仕四朝,屹立不倒,而且官还越做越大。他走上仕途是在后晋,在石敬瑭手下混事时,曾先后做过著作佐郎、集贤校理、监察御史、虞部员外郎、知制诰等职。石敬瑭死后,在晋出帝(又称少帝)朝中,先后出任仓部郎中、太常少卿、中书舍人等职。过了三年,刘知远代晋,建立后汉政权,陶谷又在新朝担任给事中。又过了四年,郭威代汉,建立了后周政权,陶谷再转东家,在太祖郭威手下又做起了右散骑常侍。又过了三年,郭威死,柴荣继任为后周之帝,号曰世宗。陶谷在世宗朝,先为户部侍郎,后为翰林学士。后因论"平边策"为世宗赏识,被调任兵部侍郎(相当于今之国防部副部长),又加翰林承旨。又过了不久,世宗又加其为吏部侍郎(相当于今之中央组织部副部长)。

　　按理说,世宗待陶谷不薄,陶谷当报其知遇之恩。但是,结果却不然。显德六年(公元 959 年),世宗柴荣因病驾崩,其子柴宗训继任为帝,号曰恭帝。恭帝年幼,由符太后代摄政事。第二年,即显德七年(公元 960 年,恭帝还没来得及改年号),时任后周殿前都点检(大约相当于今之首都卫戍司令)的赵匡胤,见符太后与恭帝孤儿寡母尚不能驾驭局面,觉得有机可乘,遂在部将石守信、赵普等人的暗中策划下,谎报军情,说北汉与辽挥师南下,欲攻大周,请求符太后发兵北上防御。符太后不知是计,乃允赵匡胤之奏请。可是,兵出大梁(即今之河南开封),行军至陈桥驿(在今河南封丘东南)时,赵匡胤却授意部下为其披上黄袍,拥立他为皇帝。这便是历史上著名的"陈桥兵变"。兵变成功后,赵匡胤要想坐上皇帝宝座,按照中国封建时代的规矩,还得履行一个手续,这便是要举行一个禅让大典。这事来得突然,加上赵匡胤及其手下一帮兄弟如石守信之流都是武夫出身,他们哪里知道怎么办禅让大典。符太后是女流之辈,周恭帝还是个孩子,他们哪里知道这些事。这样,到了黄道吉日,禅让大礼举行之时,竟然在位者与篡位者都没有人想到要准备一份禅文。结果,禅让大典开始后,大家都傻了,赵匡胤就更是尴尬。就在这关键时刻,陶谷从容不迫地从怀里掏出一份早就替周恭帝拟好的禅让诏书,帮助赵匡胤演完了一场戏,顺利坐上了皇帝的宝座。

　　赵匡胤坐上皇帝宝座后,建立了新朝宋。陶谷自以为是新朝功劳最大的人,所以就有些居功自傲,曾跟人说自己的头骨相法不同寻常,命中当戴貂蝉之冠,意谓将得到宋太祖赵匡胤的重用。哪知这话传到赵匡胤耳中,更引起赵匡胤的反感。因为在禅让大典上陶谷代周恭帝拟禅让诏书的事,已让他打心眼里鄙视陶谷的为人。所以,赵匡胤就跟别人说:"翰林草制,皆检前人旧本,俗所谓依样画葫芦耳!"意思是说,翰林学士拟诏书只是照抄前代公文而已,并无创见,就像俗话所说"照葫芦画瓢"而已。这话传到陶谷耳里,陶谷差点气死。他没想到,赵匡胤不仅不报答自己拥立之功,竟然还这样糟蹋自己。陶谷生了几天闷气,又奈何不了赵匡胤,遂在画堂(宫中殿堂)之上题了一首自嘲诗曰:"官职须由生处有,才能不管用时无。堪笑翰林陶学士,年年依样画葫芦"。赵匡胤见了,当然知道他这是在发牢骚,遂一笑了之。但仍未升其官职,只是改任他为礼部尚书,仍依前为翰林承旨,充任皇帝机要秘书的角色。

再说吴越王钱俶。钱俶(929—988),初名弘俶,字文德,吴越王钱缪之孙,钱元瓘第九子,忠逊王钱倧之弟,是五代十国时期吴越国最后一代国君。十多岁即任内衙诸军指挥使、检校司空。还外放做过地方官,曾为台州刺史。后晋开运四年(公元947年)六月,忠献王钱佐病逝,钱倧继位。钱俶因此而从台州被召回,参与主持相府工作。但是,忠逊王钱倧继位不足一年,就在同年十二月三十日夜宴将吏时,被三朝宿将胡思进发动政变而废黜。这样,钱俶就被推到了国君的位置上。但钱俶并不情愿,再三谦让后,才勉强于第二年(即公元948年)继位为吴越国之君。从此,开始了长达三十年的执政生涯。在继位为吴越国之王前,钱俶已有足够的从政历练,曾先后任太师、尚书令兼中书令,累授天下兵马大元帅,为元帅三十五年。赵匡胤发动"陈桥兵变"而建立大宋后,钱俶曾出兵策应了宋军平定江南的军事行动,为功甚巨。江南平定后,钱俶虽入朝表贺,但仍为吴越国之王。宋太宗太平兴国三年,钱俶洞悉天下将归于一统的大势,乃主动献吴越国所辖十三州归宋。宋太祖、宋太宗两代君主都对钱俶恩礼甚厚,并累封其为邓王。作为一代国君,钱俶不仅执政颇有政绩,使吴越国成为当时南方强国,而且为人也深受人们敬重。当年胡思进发动政变,废黜忠逊王钱倧后,他几次要求胡思进务必保全其兄性命,并预作准备,挫败了胡思进派刺客暗杀忠逊王钱倧的阴谋。另外,钱俶还是一位有才学与才华的国君,颇知书,雅好吟咏,有《政本集》传世。可见,钱俶无论是事功,还是识见,或是做人,都是值得称道的,不失为一代明主。

了解到上述故事中交际者与受交际者其人其事,那么对于故事中陶谷与钱俶各自话语中的微言大义也就易于破解了。陶谷说"真所谓一蟹不如一蟹"这句话,是在吃了很多道海鲜之后,因此这话表面上听来好像是在埋怨主人所上的菜色一道不如一道。事实上,并非如此。交际者陶谷的这句话运用了一个叫"双关"的修辞策略,深层语义是在嘲讽吴越国的国君是一代不如一代。这明显是在骂人,是蔑视吴越王钱俶,所以受交际者钱俶听了陶谷的话才心中不快而一言不发。但是,等到葫芦羹上来后,吴越王钱俶这位原来的受交际者开始反转角色,借主人劝菜的机会,巧妙地化身为交际者,"以其人之道,还诸其人之身",同样运用"双关"修辞策略,表面是说新上的葫芦羹是按照先王时的方法烹饪的,深层语义则是在嘲弄受交际者陶谷曾被宋太祖赵匡胤讥讽为"依样画葫芦"的庸人。正因为受交际者陶谷听懂了这层意思,心底的最痛处被触动,所以他才羞愧得一言不发。

陶谷出使吴越国,在正史与野史(包括上引这个故事)中都没有明确的时间记载,我们不知道是在宋太祖平江南之前,还是之后。但是,不论是在平江南之前还是之后,陶谷作为大宋使臣出使到吴越国,面对吴越王钱俶热情的宴请,却说出"一蟹不如一蟹"的话,不论是从表层语义看,还是从深层语义看,都是有失身份的,而且是有失厚道的。因此,我们认为,作为交际者,陶谷的言语交际非常不得体,完全忘记了此次吴越国之行的使命,忘记了与吴越王钱俶进行"人际沟通"的目标,压根儿就是文人好逗口舌之快劣根性的暴露。

如果陶谷出使吴越国是在平江南之前,那么他奉命出使的目的肯定是为了结交吴越王钱俶,希望在即将开始的平江南战争中得到吴越国的策应。也就是说,在此前提下,交际者陶谷与受交际者钱俶所要达成的人际沟通目标就是友好增信。为了达成这一目标,交际者在与受交际者进行言语交际时就应该讲究表达策略,体现"友善合作"原则(后文我们将专门论述)。如果陶谷出使吴越国是在平江南之后,那么吴越王钱俶作为平江南之役有大功者,交际者陶谷受命出使吴越国,就应该是带着致谢的目的而来。在此前提下,交际者陶谷对受交际者钱俶所要达成的人际沟通目标就是致谢固好。由上述的分析,我们可以清楚地看出,不论陶谷是在何种情况下出使吴越国,他所要达成的人际沟通目标都是为了向受交际者(吴越王钱俶)示好,而不是嘲讽。

所以我们认为,陶谷出使吴越国之所以外交失利,关键因素就是他作为交际者没有牢固树立"言语交际"的"目标"意识,以致将作为手段的"言语交际"与所要实现的"人际沟通"目标脱钩,只顾逞口舌之快,展"言语交际"之技巧,而抛弃了"人际沟通"之目标,这就注定他的这次"言语交际"是无效的、失败的。

四、本课题研究的意义

众所周知,只要是正常的人,都会使用语言表达自己的思想、情感。在文字发明之前,人们有什么喜怒哀乐,有什么要传递的信息,有什么要表达的想法,等等,可以通过"面对面"的"即时"言语交际实现人际沟通;在文字发明之后,人们使用语言的方式有了新的选择,既可以用"有声语言"来进行"即时""面对面"地传情达意,又可以使用"书面语言"(即记录语言的符号系统——文字)来进行"超越时空"的交流交际。有了"有声语言",人类可以即时、及时地传递信息、沟通思想、协调行动,由此开展生产活动,推动社会的发展与进步;有了"书面语言",人类则可以超越时空的限制,将异时异地的人类智慧加以传播或传承。此地的人们可以借鉴学习彼地的人们的生产生活经验,后代的人们可以继承吸收前人所创造的经验与智慧,由此促进人类社会"加速度"地发展。可见,语言在人类生存活动与人类社会发展中所发挥的作用是多么的巨大。

会说话、会写字,并不意味着就有"言语交际"能力。事实上,现实生活中就有不少人说起话来颠三倒四、前言不搭后语,甚至有时还把要说的意思说反了,这就是我们经常所说的"言不由衷"。还有更极端的情况,就是有些人压根儿见人就说不出话来。当然,这与性格有关,但却是没有"言语交际"能力的典型表现。不过,也有另外一种情况,就是有些人说话头头是道,甚至口若悬河、滔滔不绝,但是让他提起笔来,则艰涩而写不出一字。即使能写出来,也不像他口头表达的那么好,往往逻辑、语法与修辞上都出问题。在书面"言语交际"方面有所欠缺,同样也是没有"言语交际"能力的表现,或曰"言语交际"能力不健全的表现。

同样,有"言语交际"能力,并不意味着就能保证实现其预定的"人际沟通"目标。事实上,这种情况在日常生活中非常普遍。比方说,在校的大学生或是中学生,大概都有过这样的经验。因为自己花钱没有计划,有时不到月底就已囊中空空如也,而家中的"经济援助"尚未到达,吃饭就成了问题。这时,他/她只有一个选择,向同学借。如果他/她跟一位关系非常一般的同学说:"某某某,我钱花光了,今天中午就没钱吃饭了,借我两百元。"估计对方一定会找种种借口不借给他/她的。也就是说,他/她的这次"言语交际"所要实现的"人际沟通"目标(即借钱)没有达到。对于这种情况,我们能否说这位借钱的同学没有"言语交际"能力呢?当然不能。因为他/她的话很有逻辑性,要表达的意思表达得非常清楚明白。那么,他/她没能实现其特定的"人际沟通"目标(即借到钱)的原因是什么呢?是"言语交际"时没有分析受交际者的"角色",没有注意表达的策略。如果他/她借钱的对象(即受交际者)是关系非常铁的朋友,那么上述这样的表达基本能够达成"人际沟通"的目标(即借到钱)。因为直来直去的表达,更能体现彼此非常亲密的关系,能让受交际者愉快接受。然而,跟关系一般的同学,说话直来直去,不可能让受交际者情感愉快,所以就难以实现其"人际沟通"的目标(即借到钱)了。又比方说,一个人在家里跟他妈妈说:"妈妈,我饿了,快给我饭吃。"受交际者应该会立即备饭。因为受交际者的"角色"是交际者的母亲,母子之间特殊的关系过滤消解了普通人际关系中的很多"社会性"的因素,言语交际时可以不必讲究表达策略,就能直接达成"人际沟通"的预定目标。但是,如果他到一个亲友家,进门就说:"某某某,我饿了,快给我饭吃。"恐怕就是再好的亲友关系,也未必能立即给他饭吃,即使勉强给一口饭,那也一定是非常不情愿的。也就是说,交际者这样表达,预定的"人际沟通"目标(即求饭)未必能够达到。那么,交际者达不到预定的"人际沟通"目标(求饭),是不是因为他没有"言语交际"能力呢?当然不是。达不到其预定的"人际沟通"目标(求饭),是因为他没有分析受交际者(即亲友)的"角色",没有考虑受交际者的心理,没有注意表达的策略。可见,有"言语交际"能力,并不意味着一定能达成预定的"人际沟通"目标。要想达成预定的"人际沟通"目标,除了具备"言语能力"外,还要学会心理分析、学会必要的语言表达技巧(即修辞策略)。否则,"言语交际"能力再强,也会因为某一环节上的失误而达不成预定的"人际沟通"目标。

说到这里,突然想起中国古代的一个笑话:

昔有富翁生三女:长女、次女俱适秀才,幼女只嫁常人。一日,富翁生辰,三婿齐来上寿。翁见长婿、次婿言谈斯文,小婿村俗相齿。一日,设席,翁曰:"今日卑老,无肴相陪,筵中不许胡言乱道。"酒行数巡,岳父举箸请大婿进食。大婿欠身答云:"君子谋道不谋食。"翁大喜。酒至半酣,举盏请次婿饮酒。次婿起居答曰:"惟酒无量,不及乱。"翁亦喜甚。岳母见夫只劝长婿、次婿二人酒食,遂乃举杯酌酒,请小婿饮酒。小婿昂然欠身起谓岳母曰:"我和你酒逢知己千杯少。"翁怒骂曰:"这畜生如此假乖,说甚么斯文?"小婿掷盏起曰:"我与你话不投机半句多。"(明·无名氏《笑海千金》)

这个故事虽然是个笑话,也许压根儿就是明代文人编造出来的,但是它起码说明了这样一个问题:说话要看对象,即交际者在进行"言语交际"时要分析受交际者的身份角色,然后选择恰当的表达策略表情达意,以期实现预定的"人际沟通"目标。这个故事中的小女婿,当岳母为了照顾他的面子请他喝酒时,他感受到了岳母的善意,所以他心存感激,于是就想将内心的感激之情表达出来。可是,由于先前两个连襟都是秀才,他们与岳父的唱和都选择了"引用"的修辞策略,借引前人名言以表心志，得到了岳父的赞赏，所以他也想依法炮制，以赢得岳父的另眼相看。没想到，他所引的"酒逢知己千杯少"虽是前人名句，但跟岳母说就显得不得体不恰当，所以引得岳父勃然大怒。至于他对岳父所说的话"话不投机半句多"，虽然仍然是引言以表心志，但跟岳父这样说，明显是不妥当的。应该说，作为交际者，小女婿是具备"言语交际"能力的，他知道引经据典以表情达意，就是明证。只是在"言语交际"时没有注意受交际者的"角色"，所以说出的话就显得非常不得体，从而导致"人际沟通"的失败。如果他不拽文，不学两个连襟的做派，不运用"引用"的修辞策略，而是老老实实地用大白话说"谢谢岳母大人"，反而显得质朴自然，亲切可爱，其要达到的"人际沟通"目标（即密切与岳父母的关系），也就能达到了。

　　由此可见，有"言语交际"能力是一回事，能否顺利地实现预定的"人际沟通"目标又是另一回事。为了顺利实现预定的"人际沟通"目标，有时不仅需要我们有足够的"言语交际"能力，更要有足够的适应特定受交际者"角色""心理"的智慧，懂得相关的修辞策略。如此，方可保证"言语交际"的预定目标能够实现，顺利完成"人际沟通"的任务。

　　以上谈的都是"说"的方面，其实"写"的方面也是一样。在现实生活中，有时候"写"的方面存在的问题更多。就以大学里来说，每个学生都面临写论文的问题。本科生为了获得学士学位，必须写毕业论文；硕士生、博士生为了获得硕士、博士学位，就必须完成硕士、博士学位论文。本科生毕业论文存在的问题就不用说了，大家都知道其中的原因。硕士学位论文与博士学位论文，也是问题成堆。每年一到五六月份，身处"象牙塔"中的教授、博导们都头疼不已。学生论文在理论创新上达不到要求姑且不说，就是在文字表达上也少有达到"文从字顺"的基本要求。无论是理科还是文科，许多博士学位论文在文句上不是存在语法问题，就是存在逻辑问题。就我们每年审阅或盲审到的博士论文来看，不仅存在的问题很多，甚至不乏文句不通者，真是让人扼腕叹息。这种沉痛的感受，并非只有我们现今的教授才有，事实上很多老前辈早有切肤之感。据说著名数学家、复旦大学老校长苏步青先生曾经感慨地对人公开说过,假如允许复旦大学自主招生,且只考两门课,那么先考语文,考完就批分,不及格的,下面一门就别考了。苏步青先生之所以说这个话,就是有感而发。因为他看到过很多博士生、硕士生的学位论文中都存在着很多文字表达问题,甚至标点符号都用不对。其实,有这种感慨的并非只有苏步青先生一人,很多自然科学方面的老前辈都有这种感慨与感叹。文科方面的情况,其实并不比自然科学方面好到哪里去,甚至中文系的博士生、硕士生论文中存在的语言文字方面的问题都多的是。笔者每年要指导很多博士研究生,还要评阅全国各大学明审暗审的博士、硕士学位论文,笔者发现这些论文无论是语法学研究方面的,还是修辞学研究方面的,或是语言学理论研究方面的,甚至还有文学研究方面的(因为笔者研究的领域兼及语言学、修辞学与古典文学),都是问题多多。也许是因为笔者在专业性方面太过敏感,对这些学位论文的语言表达问题最感头疼。可以这样说,如果按照笔者的要求,现在学生的论文(包括硕士、博士学位论文)百分之九十以上都难以在语言文字表达上顺利过关的。有的论文恐怕第一页都不必读完,就可以扔进废纸篓里了。现在很多大学研究生院制订的博士论文评阅打分表格上都有专门的项目,就是考察论文的逻辑条理、语言文字表达的。这就说明,大学的学生论文在语言文字表达方面存在的问题是普遍而严重的,不然不可能全国各大学都不约而同地将此项目作为考察学生论文是否合格的硬指标之一。

那么,本科生的学位论文甚至包括硕士生、博士生的学位论文为什么会出现以上诸多问题呢?很多人都在思考这个问题,并试图寻求答案。因为笔者是专门研究语言学的,特别着重于修辞学方向,对于语言文字表达方面的问题尤其关注,所以一直在思考以上这个问题。笔者认为,绝大多数本科生、硕士生、博士生是具备基本的"言语交际"(包括书面言语交际)能力的,能够通过语言文字将自己的学术观点表达出来的。之所以他们在文字表达上出现逻辑伦次不清、语法不合、修辞不当等问题,以致出现与受交际者(即论文阅读者,包括论文作者导师、论文评审者、其他读者)"人际沟通"不畅的问题,主要是交际者(即写作者)在写作时心中没有一个站在对面的受交际者与之进行"即时互动"。因此,他在写了第一个逻辑不通或语法不合、修辞不当的句子后,就会糊里糊涂、"没知没觉"地继续写下去。有了第一个错句,就会有第二个、第三个错句或逻辑混乱的句子出现。结果,越往下写,逻辑条理就越加混乱。最终,一篇洋洋数万言乃至数十万言的学位论文中就到处都是语言文字表达问题了。相反,在"口语交际"中,因为交际者与受交际者是"即时互动"的,交际者第一句说得不清楚或说错了,就会立即被受交际者发现并提问。这样,由于交际过程中有受交际者的互动与不断纠偏,交际者就能顺利地完成与受交际者的"人际沟通"。写作学位论文是一种"书面语交际",因为缺少受交际者(即读者)的"即时互动",交际者(即写作者)若是脑海里没有时刻牢记其特定的"人际沟通"的目标(即让读者清楚明白地了解自己的学术观点),时刻想着对面就站着一个隐形的"受交际者"(即一个或一群读者),那么自然不会顾及受交际者的接受感觉(即意思是否好懂、文字是否好读),势必就会自说自话,结果"满纸荒唐言",成了一篇让人难以卒读的不合格论文。

可见,以书面语进行的"言语交际",要想顺利地实现"人际沟通"的目标,交际者仅有"言语交际"能力(这里主要是指文字表达基本功)是不够的。交际者只有心里时刻装着"受交际者",从他们的立场出发,以他们的视角考虑问题,用他们容易理解、易于接受的方式遣词造句,选择恰当的表达策略,这样才有可能顺利实现特定的"人际沟通"目标(即让受交际者清楚明白自己的学术观点并表示认同)。

就目前中国大学的教育现状来看,绝大多数学生都能通过口语或书面语将自己所要表达的意思表达出来。因为他们都受过从小学到中学再到大学这样一个完整的教育训练,掌握了足够的汉语词汇,熟悉汉语语法规则,也懂得基本的逻辑常识。也就是说,绝大多数大学生都具备基本的"言语交际"能力,硕士生、博士生理论上来说更没问题。但是,事实上,现在很多本科生甚至硕士生、博士生不是写论文时语言文字表达上常出问题,就是毕业时写个求职报告、个人简历,到了工作单位为领导写个报告,都是状况不断,书面的"言语交际"能力捉襟见肘(前些年上海有报纸宣传某高校辅导员的先进事迹,其中提到她替毕业生写了多少封求职信,每次都成功了。这个报道从侧面证明了一个事实,现今的大学生连写个求职信的能力也没有,可见其书面"言语交际"能力之差)。至于口头的"言语交际",情况更是不容乐观。许多本科生,还有硕士生、博士生在求职面试中可能都会因为"言语交际"方面的问题遭遇"人际沟通"上的滑铁卢。走上社会后,他们所面临的状况更多。比方说,跟领导难以沟通而处境尴尬,与同事言语不合而关系微妙,公关任务不知如何完成,等等。这些问题的出现,关键不是"言语交际"能力问题,而是缺少基本理论素养,没有掌握"言语交际与人际沟通"所要遵循的基本原则,不懂得在"言语交际与人际沟通"过程中如何研究受交际者的"角色""心理"等,不知道如何在特定的语境下适应受交际者,再加上在大学阶段没有经过必要的修辞策略训练与表达技巧学习。

正是基于以上的现状与问题,我们认为开展"言语交际与人际沟通"方面的学术研究,在大学开设"言语交际与人际沟通"这门通识教育课程是十分必要的,也是非常迫切的。前文笔者刚刚批评过现在很多硕士、博士学位论文在有限的篇幅内用一章的篇幅论证其课题研究意义的不必要,这里笔者自己却又在费辞地谈"言语交际与人际沟通"这一课题研究的意义,好像前后矛盾,其实不然。笔者以上所谈,实际并未论证本课题的意义,只是客观指陈了目前大学生包括硕士生、博士生在言语交际与人际沟通方面存在的问题。笔者认为,既然问题客观存在,那么我们就要解决问题。如果解决了问题,则就证明这一问题研究的意义。所以,这里笔者不必花费更多的笔墨论证本课题的理论意义或实践意义,只就目前大学里包括本科生、硕士生、博士生论文写作中存在的语言表达问题,现实中口语交际能力欠缺的现实予以指陈,这就足以证明研究"言语交际与人际沟通"这一课题的理论意义与实践价值了,当然更能说明在大学文理各科学生中开设"言语交际与人际沟通"这门通识教育课程的必要性了。

五、本课题研究的主要内容

本课题研究的主要内容,除了对上述相关概念内涵做出明确界定外,还将对言语交际与人际沟通的指向类别、言语交际与人际沟通的目标类别、言语交际与人际沟通的过程进行划分,对影响言语交际与人际沟通的情境要素予以提点并阐释,概括总结言语交际与人际沟通的基本原则。另外一个重要内容,就是对相关言语交际与人际沟通的典型案例进行分析。

对诸如"交际""交际者""受交际者""言语交际""沟通""人际沟通"等相关概念内涵做出明确界定,这是本书开门见山所做的第一件工作。之所以要做这件工作,是为了廓清全书在术语运用时可能遭遇的不必要的概念纠葛,避免理论阐释跟案例分析中发生所用术语和普通词语相混淆的情况。"工欲善其事,必先利其器"。为保证全书理论体系及其术语运用的严密性,正本清源的工作是有必要先做好的。这便是第一章"绪论"所要完成的使命。

对言语交际与人际沟通的指向类别进行划分,这是为了让学习者从整体上把握言语交际与人际沟通的大方向,明白言语交际与人际沟通首要的任务是要看清受交际者的"角色",适应人际交往的伦理要求。解决了这个"大是大非"问题,然后才能谈技巧、策略等问题。中国人常说"见人说话""看菜吃饭""到什么山上唱什么歌",说的道理都与此相通。正是基于这一思路,本书在第二章就对言语交际与人际沟通的指向类别进行梳理,依据受交际者相对于交际者在地位辈分上的尊卑高下,将之区分为"上行沟通"(即受交际者在地位或伦理辈分上高于交际者)、"平行沟通"(即受交际者与交际者在地位或伦理辈分上大致相当)、"下行沟通"(即受交际者在地位或伦理辈分上低于交际者)三种。

由于这一分类坚持了一个标准,所以学习者比较容易把握,可以使其有一个先入为主的印象,了解"见人说话"的重要性。

对言语交际与人际沟通的目标类别进行划分,乃是为了让学习者全面掌握言语交际与人际沟通的各个领域各个方面,了解言语交际所要实现的人际沟通目标的复杂性,并通过本书对十二类言语交际与人际沟通目标的举例分析,进而领悟到实现各类人际沟通目标的基本方法与途径,从前人或他人的言语交际与人际沟通实践中学习借鉴有益的经验,从而为自己今后的言语交际与人际沟通实践服务。这便是本书第三章的主要任务。

对言语交际与人际沟通的过程进行划分,是为了说明上的方便,同时也是为了让学习者更好地把握言语交际与人际沟通过程中需要注意的四个关键点,明白"称谓""上题""言事""收结"在"言语交际"中的角色地位,以及它对实现"人际沟通"目标的关键作用。其实,并非每一次或每一场言语交际都一定有这四个过程因子。但是,为了理论体系的严密性,本书将可能出现的这四个过程因子都予以强调并对之进行了论述。这便是第四章的主要内容。

对言语交际与人际沟通的情境要素进行论述,是为了提醒交际者在言语交际与人际沟通中要特别重视"情境"问题。其中,我们对"角色""时机""场合""心理"等四个情境要素予以特别提点,则是希望学习者抓住要点,在这四个方面予以特别关注,从而抓住主要矛盾,使学习者在"言语交际"能力或表达技巧不足的情况下仍能保证"基本面"不受损失,从而顺利实现"人际沟通"的目标。这是第五章的理论思考。

对言语交际与人际沟通的基本原则进行概括与论述,是本书第六章的使命。前文我们说过,言语交际与人际沟通是一个非常复杂的语言活动。因此,我们不可能将所有的情况都总结归纳出一个可行的操作模式,然后再一一教给学习者。事实上,即使能够做到,这也不是科学研究的最高境界。我们在教学上常说一句话,说要"授人以渔",而不是"授人以鱼"。意思是说,教会学习者一种解决问题的方法,远比教会他如何解决几个具体问题要有用得多。正是基于这一思路,本书专设了第六章,对我们所总结概括出来的言语交际与人际沟通的三个基本原则进行了较为详尽的论述,目的是让学习者掌握这三个基本原则后,能够在今后的言语交际与人际沟通实践中娴熟地予以运用,从而真正活学活用,起到立竿见影的效果。

言语交际与人际沟通的相关典型案例的分析,则是配合本书前六章所建立的理论体系的实证分析,这部分内容将让学习者学到相关的"临床经验"。通过本书提供的"上行沟通""平等沟通""下行沟通"三大类三十六个典型案例的"解剖分析",学习者可以从前人或他人言语交际与人际沟通的实践中学习到切实有用的经验,在潜移默化中领悟到言语交际与人际沟通的真谛之所在,从而在借鉴前人或他人成功经验的基础上有所创造,使自己在今后的言语交际与人际沟通实践中游刃有余。

这里,我们还需要补充交代的是,本书无论是第七章至第九章的言语交际与人际沟通案例分析部分,还是前六章理论建构部分,所举例证,从性质上来看,皆以口语交际的材料为主,书面交际的材料为辅;从时代性来看,则都是以古代为主,现代为辅。对于这一点,也许读者可能不理解。其实笔者这样安排是有自己的考虑的。例证之所以以口语交际的材料为主,书面交际的材料为辅,倒不是因为口语交际的材料好找,而书面交际的材料难找。事实上恰恰相反。涉及语言学的研究,绝大多数学者都喜欢用书面材料,因为书面材料比较容易收集,而口语材料需要研究者亲自进行田野调查或采集,难度较大,很多学者都有畏难情绪而不愿为之。笔者因为认识到口语材料的重要性,同时考虑到这样一个事实:对"言语交际与人际沟通"这一课题进行研究,最适合的切入点就是以口语交际为对象。因为"口语交际"与"书面语交际"比较,在人际互动方面最为直接,互动的"即时性"也最高,所以最能展现出"言语交际"对"人际沟通"目标实现的影响效果。正是基于这种认识,笔者在书中大量使用了自己多年来一直留心备下的口语交际的语料作为分析的例证。至于书中古代例证较多，现代例证较少的问题，这也与笔者的理念有关。笔者认为，本书引到的古人言语交际与人际沟通的例证，都是比较经典的，将之拿来作为"临床解剖"的实验样本，可能更为典型，说服力也比较强。再说，无论是选用古代例证，还是选用现代例证，关键都是为了说明问题，让学习者能够从例证分析中领悟到言语交际与人际沟通的真谛，学习到前人或他人言语交际与人际沟通的有益经验，以此对自己今后的言语交际与人际沟通实践有所助益。这就好比我们从国外进口飞机，如果欧洲的"空中巴士"性能优、价亦廉，那我们为什么一定要从美国进口"波音"呢？产品制造商是谁并不是关键，产品的性价比才是硬道理。这就是本书多用古代经典例证的原因所在，在此特作说明。

思 考 与 练 习

一、"交际"的确切内涵是什么？"交际"具体包括哪几种情况？

二、何谓"交际者"？何谓"受交际者"？两者的角色是否可以转换？

三、"言语交际"的内涵是什么？它可以分为哪几类？每一类又可细分为哪几小类？

四、何谓"沟通"？"沟通"应该包括哪几个方面？

五、"人际沟通"的确切内涵是什么？它有几种方式？

六、言语交际与人际沟通的关系是什么？请简要说明之。

七、研究"言语交际与人际沟通"问题的意义何在？请谈谈你自己的看法。

八、"言语交际与人际沟通"问题的研究应该关涉到哪几个方面的内容？

第二章 Section 2　言语交际与人际沟通的指向类别

我们都知道,通过言语交际实现人际沟通,这是针对性很强的语言活动。因此,言语交际与人际沟通的指向性非常明确。"见什么人,说什么话",或曰"见人说人话,见鬼说鬼话",恐怕在实际语言活动中都是可能的。因为言语交际并非目的,而是手段。通过言语交际,实现人际间的沟通,才是真正的目标。因此,言语交际必须首先考虑言语交际与人际沟通的指向问题。说得简单点,交际者(即沟通者)通过言语表达与受交际者(即被沟通者)进行沟通时,必须立足于社会现实,考虑社会伦理,明确沟通的指向类别。也就是说,说话者(或写作者)首先必须考虑受话主体的身份地位,他是长辈、上级,还是平辈、同事、同僚或朋友,或是晚辈、下级。只有在思想理念上解决了这个问题,才能通过言语交际成功地实现人际沟通的目标。

根据言语交际时受交际对象的身份地位,我们可以从逻辑上将言语交际与人际沟通的指向类别作如下的划分。

一、上行沟通

在言语交际中,交际者与受交际者有时并不是处于同等地位。如果在交际活动中,受交际者的社会地位或伦理辈分高于交际者,那么言语交际者(即沟通者)通过言语交际意欲实现的人际沟通,便是一种"上行沟通",因为交际者沟通的对象是上指的。

"上行沟通",在人类社会中始终是存在的。虽然存在"众生平等"的口号,但事实上人类社会过去、现在或未来都是存在着等级的。即使能撇开这一层,人类社会还有一个社会伦理辈分的存在。因此,只要人类社会还存在,只要人际沟通还需要,那么,言语交际中的"上行沟通"就会存在。

"上行沟通",从逻辑上看,主要包括晚辈与长辈的沟通、下级与上级的沟通两大类。从言语交际与人际沟通的实际情形来看,一般说来,晚辈与长辈之间进行的"上行沟通",相对来说是比较简单的,只要坚持"真诚"与"礼貌"原则,这种"上行沟通"一定会很顺畅的。反之,可能再亲密的关系,也会发生沟通不畅的情况。下面我们不妨看两个日常生活中正反相对的例子,各是一个小学生与其母亲的对话:

[傍晚6:30,母亲正在厨房炒菜。]

女儿(嗲声嗲气):妈,您正在忙啦!想跟您说个事呢。

母亲:乖女儿,说吧。

女儿:下个礼拜学校要去春游,您说我要不要参加?

母亲:哦?好事啊,怎么不参加?出去走走,看看"满园春色关不住,一枝红杏出墙来",多美啊!

女儿:妈真有学问!不过,美是美,老师说每人要交一百元钱。

母亲:没关系,交啊!

女儿:那……

母亲:我这正忙着,你自己到抽屉里去拿吧。

女儿:谢谢妈!

母亲:好好写作业,待会儿爸爸回来就可以吃饭了。

[星期天,母亲正在家里打扫卫生。]

儿子(粗声粗气):妈,拿一百块钱来。

母亲(不满地瞅了儿子一眼):又要买点卡了?你的成绩都垫底了,还要玩游戏呀?

儿子(高声):谁说我要买点卡了?

母亲:那你要钱干什么?

儿子:下个礼拜学校要去春游,大家都要交费呗!

母亲:那你早说呀?

儿子:你让我说了吗?

母亲:如果你刚才跟妈说,妈,学校要春游,每人要交一百元钱,我能不答应你?

儿子:……

母亲:找你爸去拿,我正忙着呢。

儿子(嘟囔着):不就一百块臭钱嘛,不给就算了,我不去还不行吗?

上面这两个例子,是笔者在一次初一学生家长会中跟人说起男生与女生的差别时,两位家长现身说法,谈到自己孩子小学时的事情,是典型的"上行沟通"例证。

我们看第一例,会发现那个小女生跟其母亲的"上行沟通"非常顺畅,也非常愉快。但是,第二例中的小男生为了同样一件事与其母亲进行的"上行沟通",则是相当不顺畅、不愉快。那么,这是为什么呢?

仔细分析一下上面二例的情景对话,我们就会发现其原因。第一例的交际者,即那个乖巧的女儿,第一句话不是要钱,而是先提及妈妈的辛苦,然后再以商量的口吻试探性地提出要求,所以一开口就赢得了母亲的好感。这样,接下来的进一步沟通(即要钱),自然就变得容易多了。与此相反,第二例中的交际者,即那个叛逆的小男生,由于平时在母亲眼里印象不好,加上沟通时第一句话使用了祈使句,以命令的口吻让其母亲拿钱,违背了社会人伦规范,结果造成母亲的不快,由此产生母子误会,遂使一件简单的小事沟通起来变得非常困难。

由上面二例,我们可以看出,"上行沟通"特别是家庭成员间的"上行沟通",说简单也简单,说复杂也复杂。但是,如果作为交际者的晚辈在言语交际中始终坚持"真诚""礼貌"原则,即"真诚"地陈述事由,"礼貌"地出言措辞,那么家庭成员之间的"上行沟通"一定会非常顺畅。反之,可能比非家庭成员之间的"上行沟通"还要困难得多。因为家庭成员之间的"上行沟通",一般都是发生于母子、父子、兄妹、姐妹等之间,而他们之间都存在着一种天然的血缘关系。所以,在言语交际与沟通中就会因这种非常亲密的关系而导致在"礼貌"原则的把握上有所轻忽,以致造成不必要的困扰。

"上行沟通"中的第二类,是下级与上级的沟通。这类"上行沟通",相对于有血缘关系的家庭成员之间,或是无血缘关系的上下辈之间的沟通,事实上要复杂得多,而且也难得多。因为如果处理得不好,就会影响到交际者与受交际者的关系,进而影响到处于弱势地位的交际者的前途命运。如果交际者是在公司、工厂等企业单位工作,"上行沟通"不顺畅,会影响其饭碗;如果是在官场或事业单位供职,则会影响到职位升迁。因此,上下级之间的"上行沟通"就显得格外的重要,任何身处其间的交际者都必须慎重对待。

上下级关系的"上行沟通"比较复杂,对于交际者来说要处理得好是有难度的。因为在现代社会中,社会越来越民主,越来越开放,越来越多元化,权威早已消解殆尽。然而,上下级之间的关系本来就比较微妙,尤其是在中国这种历史文化悠久、传统观念根深蒂固的社会环境中。因此,交际者稍不注意,就会因为对上级内在的抵触或不屑情绪而产生言语龃龉,进而影响"上行沟通"的顺利进行。尽管如此,但只要交际者自觉坚持"内存敬意"与"外出婉言"的原则,上下级之间的"上行沟通"还是能够顺畅进行的。

下面我们就来看看两个结果完全相反的案例:

职员:经理,今天我有点急事,不来了。
经理:今天公司有很多重要业务要处理。
职员:但是,我今天确实是有急事啊!
经理:那你昨天怎么不事先打招呼呢?不然,我会事先安排别人顶
　　　替你的业务。

职员：不是急事嘛？我又不是神仙，怎么能未卜先知？

经理：如果大家都以有急事为借口，公司还要不要运转了？

职员：谁家里能没点急事？

经理：当然。那你就以家为重吧。（重重地扔下电话）

职员：经理，您好！非常抱歉，今天家里有点急事，实在没办法，只能向您请假了。

经理：可是，今天公司有一项非常重要的业务要你处理啊！

职员：经理，这个我知道。不过，经理啊，我的情况您也知道，不是万不得已，我是从不在紧要关头向您开口请假。您一向都非常关照我，我也不忍心在紧要关头给您添麻烦。

经理（犹豫了一下）：那这样吧，你给小王打个电话，将你准备好的材料发给她，我再跟她打个招呼，让她辛苦点，今天替你挡一阵。

职员：经理，您真是体贴下属的好领导！太感谢您了！改天请您吃饭。

经理（愉快地轻笑了一声）：别拍马屁了。那就这样吧，拜拜！（轻轻地挂下电话）

以上两例，是笔者一次跟几位朋友喝茶闲聊时，谈到"60后"与"80后"两个年龄段的人在为人处世上的差异，一位朋友说到自己那位在一家世界五百强公司的大中华区做高级主管的太太当初还是部门经理时跟属下两个女职员的电话沟通事例。这两例的内容都是有关职员向经理请假的事，情节也一样。两个职员都是女性，所面对的则是同一个经理。只是前一例中的女职员是一个"80后"的新职员，后一例中的女职员则是"60后"的老职员。

其实，下级向上级请假，乃是稀松平常之事。不论是公司，还是机关或事业单位，都是会天天碰到的。下属与上司"上行沟通"，更是绕不过去的事。为此,每个身处下属地位的交际者,都必须重视"上行沟通"。如果言语表达不得体,那么"上行沟通"就会出现问题,即使是请事假这点小事,也极有可能会不顺利甚至出现非常糟糕的结果。反之,如果言语表达得体,"上行沟通"就会非常顺畅,事情就会办得顺利。

仔细分析一下上面两例职员向主管经理请事假的案例,我们就会发现,第一例中的职员与其主管经理的"上行沟通"是非常失败的,第二例则是非常成功的。之所以出现两种截然不同的结果,究其原因,主要是两个交际者(两个女职员)在坚持"内存敬意""外出婉言"的原则时表现有所不同。在前一例的情景对话中,那位"80后"新职员由于没有摆正自己的社会角色地位,跟经理说话时直来直去,而且说话的口气太过生硬(也就是没有"外出婉言"),这就给受交际者(经理)一种错觉,以为她目中无人,最起码是认为她跟自己说话时没有"内存敬意"。因此,作为受交际者的经理必然心生抵触情绪,使"80后"新职员的这次"上行沟通"出现了阻碍。与之相反,第二例中的"60后"老职员与经理沟通时,未言事而先道歉,让经理无由生发抵触情绪。中国有句老话,叫作"伸手不打笑脸人"。下属未说出请假事项时,她已经明白请假的不妥,作为上司即使要驳她的不对,也难以启齿了。当老职员又叹苦经("不是万不得已"),又表感激("您一向都非常关照我")时,作为受交际者的经理更被交际者(老职员)的"外出婉言"所软化,不得不同意她的请假要求,因为交际者(老职员)的"外出婉言"体现出了对受交际者(经理)的"内存敬意"。更妙的是,当交际者(老职员)的"上行沟通"顺利完成后,又说了一句:"经理,您真是体贴下属的好领导!太感谢您了!改天请您吃饭。"从言语交际学的角度分析,这话绝对不是画蛇添足,而是锦上添花。虽然受交际者(经理)明知她是在"拍马屁",但这个言语行为本身却鲜明地体现了交际者(老职员)"内存敬意"的心态,这当然会让居于上位的受交际者(经理)心里非常舒坦。洞悉人性的弱点,攻破他人的心防,"上行沟通"何难之有?

事实上,只要掌握好上述两个基本原则,"上行沟通"并不是很难。

因为在现代社会中,随着人们观念的更新,等级观念的淡化,人际交往与沟通都显得较为轻松了。应该说,在现代社会中,不论是晚辈与长辈之间的"上行沟通",还是下级与上级之间的"上行沟通",相对来说还是较为容易的。这与中国古代的情况完全不同。在中国古代,由于极权制度下的等级观念非常明确,封建礼法制度非常严格,因此晚辈与长辈的"上行沟通",下级与上级,尤其是臣对君的"上行沟通",就困难得多了。不过,应该指出的是,即使是在中国封建时代那种"君叫臣死,臣不得不死;父叫子亡,子不得不亡"的交际背景下,如果掌握好"上行沟通"的基本原则,仍然会有很好的沟通效果。例如:

上尝罢朝,怒曰:"会须杀此田舍翁!"后问为谁。上曰:"魏徵每廷辱我!"后退,具朝服立于庭,上惊问其故。后曰:"妾闻主明臣直,今魏徵直,由陛下之明故也。妾敢不贺!"上乃悦。(宋·司马光《资治通鉴》卷一九四)

这段历史记载,就是一个非常典型的臣与君"上行沟通"的例子。它讲的是这样一个故事:一次,唐太宗李世民退朝回到后宫,恨恨地说道:"一定要杀掉这个乡巴佬!"长孙皇后一听,觉得奇怪,就问要杀谁。唐太宗说:"还能有谁?就是魏徵呗,他老是不给朕面子,在朝堂之上当着文武百官的面侮辱朕!"长孙皇后听了,没说什么,默默地退到一边,回到内室。过了一会,她穿了一套举行大典时才穿的礼服,站在了后庭,出现在唐太宗面前。唐太宗大吃一惊,忙问缘故。长孙皇后见问,遂从容不迫地回答道:"妾听说,君主开明,大臣就正直。而今魏徵正直,诤言谏君,这都是因为陛下您开明的缘故啊!主明臣直,妾怎敢不表示祝贺呢!"唐太宗一听,顿时大为高兴。

从这个故事中,我们可以清楚地看到两个事实:一是魏徵与唐太宗的"上行沟通"不成功,让唐太宗起念要杀他;二是长孙皇后与唐太宗的"上行沟通"非常成功,不仅救了魏徵的性命,而且让唐太宗非常高兴,从此对魏徵信用有加,并非常倚重,这对唐太宗后来开创"贞观之治"的盛世局面无疑有着重要的促进作用。

那么,为什么面对同一个受交际者(communicatee)唐太宗,交际者(communicator)魏徵的"上行沟通"失败了,而另一个交际者长孙皇后却成功了?造成这两种截然不同的人际沟通结果,其原因究竟是与受交际者有关,还是与交际者有关呢?

众所周知,唐太宗李世民是中国历史上有名的开明之君,也是有为之君,其所开创的"贞观之治"历来为人所津津乐道。对于"贞观之治"的盛世局面得以开创的原因,历史学家们大多倾向于认为,这与唐太宗知人善用、察纳雅言有极大的关系,尤其是与魏徵的直谏关系密切。熟悉历史者皆知,魏徵曾是太子李建成的幕僚,多次建议李建成先发制人除掉李世民。玄武门之变后,李世民即位为帝后,非但没有诛杀魏徵,反而对他信用有加,任之为谏官,并经常主动向他询问政事之得失。

由此可见,魏徵与唐太宗的"上行沟通"失败,责任肯定不在受交际者唐太宗一方,而在交际者魏徵一方。事实上,也确实如此。魏徵生性耿直,唐太宗李世民对他又特别信任。他对唐太宗执政中的得失知无不言,言无不尽,唐太宗以前都能坦然受之。这样,说话本来就不会婉转其辞的魏徵,就必然会在唐太宗的"纵容"下说话直来直去,以致有时忘了君臣之份,进"忠言"而"逆耳",让为君者李世民颜面尽失。如果魏徵在进"忠言"时,言语交际讲究点策略,那么以唐太宗之开明,肯定会欣然接受,不至于气得牙痒,起念要杀他。

同样是面对唐太宗李世民这个受交际者,另一个交际者长孙皇后的表现就完全不一样了。她与李世民是夫妻关系,就感情的亲密度而言,肯定超过李世民与魏徵的关系。但是,她是一个懂得分寸的女人,她知道李世民虽是与自己同床共枕的夫妻关系,但同时也是君与臣的关系,君臣之份不可逾越。再则,她也知道女人不能干政的规矩,所以她在劝谏丈夫李世民饶恕魏徵时,就特别谨言慎行。她没有倚仗自己与李世民的夫妻关系,直言进谏:"魏徵是个直性子,他说话难听点,但都是为了您好,为了国家好,您不能怪他。"如果是这样说了,这便是犯了女人干政的大忌,不但保不了魏徵,恐怕自己的皇后地位也难保。长孙皇后的聪明之处就在于,她没有这样直来直去地进言,而是先穿礼服,让唐太宗觉得奇怪而问她,然后被动回答,采用"折绕"的修辞策略,通过表扬唐太宗的开明来为魏徵的正直与直言开脱,从而让唐太宗从情感上欣然接受她的说法。这就是我们平时所说的,"道理只有一条,但讲道理的方法却有无数条"。会不会讲道理,事实上是需要技巧的,也是要有智慧与策略的,尤其是古代臣与君的"上行沟通"更是如此。

时代不同了,人的观念也不同了。现在没有皇帝了,也没有绝对不可冒犯的权威了,但是"上行沟通"仍然还要继续。既然如此,那么就必须要把握好"上行沟通"的原则,注意言语交际的策略,讲究表达的技巧。

二、平 行 沟 通

在言语交际中,如果交际者与受交际者在社会地位上平等、在辈分上相当,这种情况下交际者与受交际者通过言语交际而进行的人际沟通,便是"平行沟通"。

在我们每个人的日常生活中,相对于"上行沟通"与"下行沟通","平行沟通"恐怕是出现频率最高的。因为在日常生活中,我们跟他人打交道最多的,或是家中的兄弟姐妹,或是年龄辈分相仿的同学同事,或是情投意合的亲朋好友;而绝不是长辈、领导(除非他/她是专门侍候老人的儿女,或是领导的秘书),或是晚辈、下属(除非他/她是整天与学生打交道的老师,或是至高无上的领导,所有人都是他的下属)。

正因为"平行沟通"在我们的日常生活中出现的频率最高,所以重要性也就更大。但是,事实上,很多人对此认识都有不足。因为"平行沟通"发生在平辈、平级和朋友之间,交际者与受交际者都从思想深处放松了人际关系中绷紧的"彼此有别"的弦,内心不存敬畏之念,率性而为,口不择言,结果往往造成"平行沟通"中的诸多不畅。如家庭中兄弟姐妹之间、夫妻之间、妯娌之间、姑嫂之间、单位里同事之间、同僚之间,生活中亲朋好友之间,都常常因为交际者与受交际者彼此之间"不见外"的密切关系,言语交际时不重视适当语言策略与技巧的运用,结果闹出很多"平行沟通"中的"肠梗阻"来。这是众所周知的事实,不必在此赘述。

尽管实际生活中"平行沟通"最容易出问题,但只要交际者从思想上引起足够的重视,掌握"平行沟通"中两个最基本的原则:"展诚意""给面子",注意言语交际的策略技巧,那么顺畅地实现"平行沟通"并非难事。下面我们不妨看看中国台湾修辞学家沈谦教授所讲的一个真实的故事。

王大空替张晓风的《幽默五十三号》作序,提到一件事。

曾经有人问张晓风:

"你的文章写得那么好,真是不简单,一定有什么秘诀,能否透露一二?"

张晓风神秘一笑:

"没有啦,哪有什么秘诀?不过每当我提起笔来的时候,不由得想起,我现在所使用的语言,正是当年孔子、孟子、李白、杜甫曾经所使用过的同样语言,下笔就不得不格外谨慎小心了!"

事实上,我们都知道,张晓风话并没有说完,她省略了一句:"文章就不得不格外精彩了!"

张晓风如此回答当然精彩,令人佩服。我怀疑她的句式是有来历的,后来当面请教典出何处。她犹疑了一下,我立即再加上:

"杜诗无一字无来历,你一定有所本,能否详言之?"

张晓风终于明言是仿自幽默大师萧伯纳的《窈窕淑女》:

"你话说得如此漂亮,有什么秘诀?"

"没有啦!只不过我所使用的语言,正是莎士比亚、弥尔顿这些天才们所使用过的同样语言,所以不得不精彩!"(沈谦《张晓风不得不精彩》)

故事中的交际者是沈谦教授,受交际者是中国台湾著名作家张晓风。就社会地位而言,二人旗鼓相当;就辈分而言,二人属于平辈的朋友。因此,沈谦教授试探张晓风妙语来历的语言行为明显属于"平行沟通"。众所周知,张晓风的散文不仅在台湾地区有非常广泛的影响力,在大陆也为广大读者所喜爱。她的散文之所以深受读者喜爱,其中一个重要原因就是她善于经营文字,讲究炼字锻句。沈谦教授作为修辞学者,自然就格外关注她。因此,他在看到张晓风回答别人问话的一番妙语后,就出于修辞学者的职业习惯与敏锐洞察力,想一探张晓风那段妙语的来历。可是,受交际者张晓风并不想透露底细,这也是人之常情。在这种情况下,作为交际者的沈谦教授并未就此作罢,而是补了一句:"杜诗无一字无来历,你一定有所本,能否详言之?"结果,受交际者张晓风愉快地道出了真情,交际者沈谦的"平行沟通"顺利实现了。

　　从上面故事的叙述中,我们可以清楚地看出,沈谦与张晓风的这次"平行沟通"开始并不顺利,差点"无疾而终"。幸亏交际者沈谦是修辞学家,妙语生花,最后追补的一句话发挥了"起死回生"的作用。那么,这句话何以有这样的效果呢?仔细分析一下,我们不难发现,这句话的表达极其巧妙,它是运用了"折绕"修辞法,通过赞扬唐代大诗人杜甫"无一字无来历"的佳话,不露痕迹地将张晓风与杜甫联系起来,从而抬高了受交际者张晓风的地位,打消了她向自己透底(即承认自己的话有来历,并道出具体来历)的顾虑,让她觉得妙语有来历乃是文坛佳话,模仿别人的文字并不是不光彩的事。沈谦作为交际者,之所以要说这句话,其意是要让受交际者张晓风解开心结,愉快地接受自己的修辞理念:文学家模仿他人字句乃是一种修辞行为,只要模仿得好,还能产生一种点铁成金、化腐朽为神奇的效应。张晓风作为受交际者,之所以最后愉快地接受了沈谦的观点,坦言了自己妙语的来历,那是因为沈谦的话符合"平行沟通"中"展诚意""给面子"的原则,听了心里舒服。如果沈谦求教张晓风妙语来历受挫后就作罢,不再坚持而追补最后一句,那么就难以展现其"当面求教"的"诚意";如果沈谦不注意表达策略,没有巧妙地将张晓风与杜甫相提并论,那么就难以让张晓风在"面子"的作用下最终"就范"。

可见,"平行沟通"是否能够顺利实现,既与交际者是否注意了言语交际的技巧有关,又与其是否落实"展诚意""给面子"原则的自觉意识有关。以上文沈谦与张晓风的"平行沟通"为例,如果交际者沈谦在向受交际者张晓风探听其妙语来历时,没有坚持"展诚意""给面子"的原则意识,不注意言语交际的方式方法(即讲究表达的技巧),自以为与受交际者张晓风是老朋友关系而"不见外",直来直去地说:"张晓风,你那番话说得很妙,大概是有所本吧,不知是模仿谁的说法",那么受交际者张晓风肯定心里不爽,觉得交际者沈谦没给自己面子,也没有求教的诚意,那么这场"平行沟通"就不可能顺畅。

分析至此,我们似乎可以就此得出结论:在"平行沟通"中,交际者仅有讲究语言表达技巧的意识是不够的,还必须在字斟句酌的措辞中体现"展诚意""给面子"的原则。这样,才能使"平行沟通"的目标得以顺利实现。如果仅有讲究语言表达技巧的意识,表面上体现了"给面子"原则,而内里丢掉了"展诚意"原则,那么"平行沟通"的目标仍然难以实现。下面我们不妨来看两个鲜活生动的例子。虽是取材于小说,但也能说明问题。因为文学是社会生活的一面镜子,是现实生活的反映。小说中所描写的人物言语交际与人际沟通的细节,其实都是来源于现实生活中人们言语交际与人际沟通的经验。

这里宝玉又说:"不必烫暖了,我只爱喝冷的。"

薛姨妈道:"这可使不得:吃了冷酒,写字手打颤儿。"

宝钗笑道:"宝兄弟,亏你每日家杂学旁收的!难道就不知道酒性最热?要热吃下去,发散的就快;要冷吃下去,便凝结在内,拿五脏去暖他,岂不受害?从此还不改了呢。快别吃那冷的了。"

宝玉听这话有理,便放下冷的,令人烫来方饮。

黛玉嗑着瓜子儿,只管抿着嘴儿笑。可巧黛玉的丫鬟雪雁走来给黛玉送小手炉儿,黛玉因含笑问他,说:"谁叫你送来的?难为他费心。那里就冷死我了呢!"

雪雁道:"紫鹃姐姐怕姑娘冷,叫我送来的。"

黛玉接了,抱在怀中,笑道:"也亏了你,倒听他的话!我平日和你说的,全当耳旁风;怎么他说了你就依,比圣旨还快呢!"(清·曹雪芹《红楼梦》第八回)①

众所周知,《红楼梦》中的林黛玉与薛宝钗都爱着贾宝玉,情感上有一种"瑜亮情结"。因此,林黛玉看到贾宝玉那样听薛宝钗的话,就不免心里吃酸。于是,就借雪雁奉紫鹃之命送手炉之事,运用"双关"修辞法中的"对象双关"(也就是俗语所说的"指桑骂槐"),不露痕迹地讽刺了贾宝玉没主见、薛宝钗小题大做。就言语交际技巧而言,林黛玉的这番话可谓是一箭双雕,讽刺艺术不可谓不高。但是,就人际沟通的效果来说,却并不算成功。

作为交际者的林黛玉,与受交际者贾宝玉、薛宝钗是同龄人,他们之间的言语交际与人际沟通属于"平行沟通"。既然是"平行沟通",那么就要体现"展诚意""给面子"的原则。可是,事实上交际者林黛玉在言语交际中没有很好地体现这两个原则。她的话虽不乏表达技巧,传情达意也很婉转,在一定程度上符合"平行沟通"的"给面子"原则,但却违背了"展诚意"原则,让受交际者贾、薛二人觉得很受伤。如果在雪雁送手炉来时,林黛玉从正面借题发挥,说:"多谢紫鹃体贴,能这么善解人意,时刻关心我的冷暖",这话虽也能让贾、薛二人从中听出她吃酸的"微言大义",但不会产生负面的抵触情绪。相反,还可能让贾、薛二人由此反省自己的言行,觉得他们冷落了林黛玉而自生内疚之感。《红楼梦》中的林黛玉之所以给人以尖刻、小心眼的负面印象,在很大程度上是与她不善于"平行沟通"有关的。当然,这是小说作者为了塑造人物

---

① 此例转引自陈望道:《修辞学发凡》,上海教育出版社,1997年,第102页。

形象而有意为之。

说完了《红楼梦》中的林黛玉与情人贾宝玉、情敌薛宝钗"平行沟通"失败的教训,我们再来看看现代小说《喜盈门》中所描写的现代姑嫂之间的"平行沟通"情况:

院子里,强英在喂猪。

水莲和仁芳哼着歌子回到家里。

强英白了她们一眼,挖一勺猪食骂一句:"死东西,哼呀哼的,看把你们自在的!"两头猪抢食吃,她用勺子敲黑猪,骂道:"再叫你这张狂嘴称霸道!"又用勺子敲白猪,骂道:"再叫你大白脸耍心眼!"

水莲皱皱眉头没吱声。仁芳气鼓鼓地瞪了强英一眼,刚要发作,水莲向她使个眼色,拉她进堂屋。

强英拿一把青草,填进兔窝,又骂起来:"一窝狐狸不嫌臊,又挤鼻子又弄眼,明天就给你们分开窝!"

仁芳忍无可忍,又从堂屋跑到院子。怒气冲冲地质问强英:"大嫂,你骂谁?"

强英头一扬:"骂兔子骂猪骂畜牲!你心惊什么?"

仁芳:"有意见公开提,指桑骂槐我不爱听!"(辛显令《喜盈门》)①

这个故事中的交际者是嫂子强英,是一个勤劳持家、思想传统的女子;受交际者则是小姑子水莲与仁芳,是两个追求时髦、不安心劳动的女子。因为姑嫂观念不同,对家庭的责任心也有差别,所以就产生了矛盾。从做事的角度看,我们应该同情嫂子强英;但是,从做人的角度看,我们却反而同情水莲与仁芳,觉得强英说话尖刻、蛮不讲理。之所以会有这样的结果,完全是缘于交际者强英不善于通过言语交际进行人际的"平行沟通"。作为交际者的强英,看见水莲与仁芳唱着歌回家时,如

---

① 此例转引自汪国胜等编:《汉语辞格大全》,广西教育出版社,1993年,第427页。

果这样跟她们说:"你们的歌唱得越来越好了,好听。哎,我这忙不过来了,你们二位来帮我一下吧。"相信受交际者水莲与仁芳一定欣然答应。因为这样的言语表达,既体现了"给面子"的原则,又体现了"展诚意"的原则,让受交际者水莲与仁芳深受感动,觉得强英是个任劳任怨而又宽厚大度的好嫂子。试想,受交际者水莲与仁芳能有这样的认识,岂能与交际者强英处不好关系?可见,小说中的嫂子强英吃力而不讨人欢喜,原因就在于她不是一个善于"平行沟通"的交际者。事实上,现实生活中这样的人很多,小说中的人物强英正是这样的艺术典型。

应该指出的是,在"平行沟通"中,交际者的言语交际能够同时体现"展诚意""给面子"的原则,那只是一种理想状态。在实际语言生活中,能够很好地体现其中的一个原则,那么"平行沟通"也就基本成功了。比方说,一个人突然在经济上发生了困难,需要找朋友或是同学、同事、同僚帮助。如果二人关系很好,交际者不妨开诚布公,实话实说,直接向受交际者求助,相信受交际者一定会在力所能及的范围内慷慨解囊。因为这种"平行沟通"体现了"展诚意"的原则,朋友之间有什么比坦诚相见更可贵的呢?对人有诚意,才能取信于人,让人感动。如果二人关系一般,交际者不妨多注意一下言语交际的技巧,多赞美受交际者平日乐于助人的美德,然后婉转地表达出求助的意思,相信受交际者在能力所及的情况下也会欣然相助。因为这种"平行沟通"很好地体现了"给面子"的原则,容易让受交际者产生情感上的愉悦。

三、下 行 沟 通

在言语交际中,交际者一方在社会地位或伦理辈分上高于受交际者,那么言语交际者(即沟通者)通过言语交际意欲实现的人际沟通,便是一种"下行沟通",因为交际者沟通的对象是下指的。

相对于"上行沟通"与"平行沟通","下行沟通"从理论上说应该是相对容易的。因为"下行沟通"的交际者是长辈或上级,受交际者是晚辈或下级,所以在言语交际与人际沟通中,交际者便有了地位或社会心理上的优势,对受交际者说些什么事或提出什么批评意见,表达方式上无论是直来直去,还是婉转其辞,一般说来受交际者从心理上都不会太排斥。因为晚辈尊崇长辈、下级服从上级,乃是社会伦理的规约,是天经地义的。不过,应该指出的是,作为"下行沟通"的交际者,从理论上来说可以不必顾虑沟通时的言语交际技巧,但从实践上来说却不能不顾及沟通的实际效果。因为沟通的效果好不好,不是取决于"下行沟通"的交际者,而是取决于"下行沟通"的受交际者。如果交际者不注意言语交际的方式方法,不顾及受交际者的面子,那么受交际者可能表面上对交际者的话顺从,但内心却有抵触情绪。只有"口服"而没有"心服"的"下行沟通",无论如何都算不得是成功的"下行沟通"。因此,我们认为,在"下行沟通"中交际者同样需要注意言语交际的技巧,体现"给面子"的原则。下面我们不妨看两个例子。

第一个例子,是笔者一次在外地参加学术会议时,会议之余跟一位朋友闲聊,彼此问到各自孩子的近况,慨叹教育孩子的不易。于是,那位朋友就给笔者讲了下面这样一个故事,告诉笔者:教育孩子需要有耐心,更要懂孩子心理,讲究方法。

有一次,我参加一位朋友发起的聚会。其中,有一位朋友是夫妻一起来的,还带了一个五岁的男孩。宴席开始前,几位朋友好久不见,都很兴奋,于是热烈地聊了起来。那个小男孩特别活泼,又特别喜欢说话,见他父亲跟我们说得高兴,没有关注他,就上前扑在父亲的身上,用手捂住了他父亲的嘴。其父将他轻轻地抱下来,放到地上,和蔼有加地对他说:"乖,爸爸正跟伯伯、叔叔说事呢,你有什么话,先跟妈妈说吧。"

"不要,我就要跟你说。"小男孩一边固执地说着,一边又爬到其父身上。

如此反复了三次,毫无效果。我们一看,知道这位老兄平时在家肯定没立好规矩,在孩子心中没威严,以致孩子"人来疯"。正当我们看着这对父子第四次"拉锯战"上演而感到手足无措时,就见刚才出去上洗手间的孩子母亲回来了。于是,大家都把目光投向了她。她一见大家的目光,再瞥了一眼丈夫与孩子,就知道怎么回事了。只见她笑靥如花,走到丈夫身边,抱起再次要往父亲身上爬的儿子,走到旁边的一张空桌旁,将儿子先放在一张椅子上坐下,然后俯身神秘地附着儿子的耳朵说了几句,儿子立即安静下来了,回到餐桌上。直到宴席结束,那小男孩都没有再发"人来疯",而是安安静静地吃饭,偶尔跟他母亲耳语几句,窃窃笑几声。

席散时,我怀着好奇心,向那孩子的母亲请教,因为那时我的孩子正在上小学,也是不听话的皮大王,我们常常为教育他的问题而一筹莫展。那母亲将儿子交给丈夫,将我拉到一旁,悄悄地向我道出了原委:

"其实,我刚才也没跟儿子说什么大道理,只是警告他,再闹就要打屁股了。并告诉他,公众场合要有礼貌,说话要轻声细语,要做小绅士。"

我不解,睁大眼睛疑惑地看了她一会,问道:"真的是这样说的?如果是这些话,为什么不当着大家的面跟他说呢?"

她嫣然一笑,道:"小孩子也有自尊,要给他面子呀!"

"小孩子就应该当面教育啊!古人不是有句话,叫作'当面教子,背后教妻'吗?"我不以为然地反驳道。

她莞尔一笑,道:"妻子当然要尊重,要给她面子;可是小孩子也要面子呀!现在都是独生子女,孩子的自尊心都很强,也很聪明。如果不给他们面子,逆反起来,反而不好教育了。"

听她说到这里,我终于明白了其中的道理。之后,我们教育儿子时,也几次借鉴了她的经验,真的还挺有效果。

朋友所讲的这个母亲教子的故事,就是一个典型的"下行沟通"的例子。那个孩子的父亲虽然四次跟儿子沟通,态度也很好,但就是没有效果。倒是他的妻子有办法,没费多少口舌,两句话就搞定了调皮的儿子。这是什么原因呢?稍微思考一下,我们便能明白其中的道理。那个孩子的母亲在与儿子沟通时,既不像丈夫那样一味宠孩子,说好话,也不像一般严厉的母亲那样严辞呵斥儿子,而是讲究言语表达的策略,遵循"给面子"的原则,以附耳叮嘱的特殊方式对儿子软硬兼施(硬的是"打屁股",软的是鼓励他成为"小绅士")。这样,让孩子在甘愿受罚与乐意当绅士两者之间进行自主选择,满足了孩子的虚荣心,让他觉得有面子,自然不再闹了。可见,在"下行沟通"中,言语交际的技巧固然重要,但务须体现"给面子"的原则。

  长幼之间的"下行沟通",交际者需要考虑受交际者的心理,要讲究言语交际的策略,体现"给面子"原则;上下级之间的"下行沟通",则更是如此。因为在这种"下行沟通"中,交际者处于优势地位,受交际者处于非优势的从属地位。如果交际者在言语交际时对受交际者颐指气使,总是以居高临下的口气说话,那么受交际者心里必然反感,结果必然是"口服"而"心不服"。反之,如果处于优势地位的交际者讲究言语交际的策略,给足处于从属地位的受交际者面子,让他有受尊重的受宠感,那么沟通的效果必然很好,受交际者对交际者一定口服心服。几年前笔者曾看到在微信朋友圈内热传的一篇文章《见到大人物激动如狗》,讲很多人见到大人物或名人激动之情难以遏制。大人物一个亲切的微笑,一声和蔼的问候或招呼,都能使很多人激动不已。这种现象,也许有人觉得不可理解。其实,仔细思考一下,这与"下行沟通"中的交际者姿态有着密切关系。身居上位的交际者越是显得和蔼可亲,对身居下位的受交际者谦和有礼,就越能展现自己的魅力,让受交际者觉得受尊重。中国人有句俗话:"人敬我一尺,我敬人一丈。"居下位的受交际者觉得居上位的交际者尊重自己,自然更加尊重交际者,打心底臣服其人格的魅力。可见,"下行沟通"中注重"给面子"的原则尤其重要。

  下面我们看看第二个例子:

  中国台湾电视剧《追妻三人行大运》中有这样一个片断:牛家威是个很花心的男人,有个女子以请他的公司为她的女士内衣新产品做广告为由,来到牛家威的办公室与他厮磨。正在这个当口,负责此项广告策划的小蔡又不识相地进来了。这时牛家威对小蔡说了这样一句话:

两个山字叠在一块叫什么?

接着小蔡就马上退出牛家威的经理办公室了。(吴礼权《语言策略秀》)

故事中的牛家威是公司的经理,上班时间与女客户在办公室暧昧厮磨,这当然是不合适的。而公司的广告策划小蔡为了工作到牛家威办公室请示,也当然没有错。可是,牛家威是上司,小蔡是下属,社会伦理关系摆在那里,是不可改变的客观现实。因此,牛家威明明知道自己行为不当,小蔡做事有理,但他若是对小蔡明言或是呵斥,要他退出办公室,那也无可厚非。但事实上牛家威作为交际者,既没有对受交际者小蔡明言"出去",也没有呵斥他:"谁让你进来了?"而是运用"析字"修辞法,让受交际者小蔡通过两个"山"字的组合,悟出让他"出去"的命令。由于这个不客气的命令不是经由交际者牛家威自己直接说出来的,而是由受交际者小蔡自己悟出来的,小蔡就不至于从心里产生太大的抵触情绪。相反,当他悟出经理的话语内涵时,还会在内心深处产生一种解读成功的心理快慰,自然会心服口服地离开经理办公室。由此可见,交际者牛家威的"下行沟通"之所以非常成功,是因为交际者牛家威的言语交际讲究了表达策略,体现了"给面子"原则。

在"下行沟通"中,交际者若是不重视言语交际的策略,出言措辞中没有体现"给面子"原则,那么"下行沟通"就可能遭遇不畅,甚至会反受其辱。下面我们不妨看一则古代的例子:

晏子将使楚,楚王闻之,谓左右曰:"晏婴,齐之习辞者也。今方来,吾欲辱之,何以也?"

左右对曰:"为其来也,臣请缚一人,过王而行,王曰:'何为者也?'对曰:'齐人也。'王曰:'何坐?'曰:'坐盗。'"

晏子至楚,楚王赐晏子酒。酒酣,吏二缚一人诣王。

王曰:"缚者曷为者也?"

对者曰:"齐人也,坐盗。"

王视晏子曰:"齐人固善盗乎?"

晏子避席对曰:"婴闻之,橘生淮南则为橘,生于淮北则为枳,叶徒相似,其实味不同。所以然者何?水土异也。今民生长于齐不盗,入楚则盗,得无楚之水土使民善盗耶?"

王笑曰:"圣人非所与熙也,寡人反取病焉。"(《晏子春秋》卷六)

上面这个例子,说的是这样一个故事:春秋时代,齐国之相晏婴(即晏子)要出访南方大国楚国。楚王听说了消息,立即对他的左右说道:"晏婴,是齐国很会说话的人,现在就要来我国访问了,我想侮辱侮辱他,你们有什么好主意?"楚王左右一听,立即就有人投其所好,献了一个"妙计"道:"大王,等晏子来时,请求大王让我捆绑一人从您面前经过。届时,大王您就问我:'这人是干什么的啊?'我回答说:'是个齐国人。'大王您再问:'因为犯什么罪被抓起来的啊?'我就回答说:'因为盗窃。'"定"计"之后,楚王就与他的心腹们等着看好戏了。不久,晏子终于越千山、涉万水,克服无数交通险阻来到了楚国之都。楚王闻听,立即接见,并假装隆重地设国宴予以欢迎。宴会开始后,楚王频频殷勤劝酒。待到酒过三巡,楚王觉得差不多了,他自己也喝得耳热意畅,神情也有些飘飘然了。于是,就暗示左右依"计"而行。不大一会儿,就见两个官差模样的人捆押了一个人来到楚王面前。楚王假装惊讶地问道:"这个人为什么被绑呀?他干了什么勾当?"官差说:"他是齐国人,因为犯了盗窃罪。"楚王"哦"了一声,然后装模作样地看看晏子,问道:"齐国人生性就爱盗窃吗?"晏子一听楚王相问,连忙从座位上站起,按照外交礼仪绕席而进,恭恭敬敬地回答楚王道:"我听说有这样一回事:橘生在淮河以南是橘,生于淮河以北,则就变成枳。橘与枳,其实只是叶子相似,果实和味道则都完全不同。那么,为什么会这样呢?这是水土不同的缘故。现在,齐国的小民生长在齐国不盗窃,跑到楚国就犯这毛病,是不是楚国的水土有问题,易使齐国小民入楚就偷盗了呢?"楚王一听这话,知道自己失"计"了,遂连忙借坡下驴,尴尬地自打圆场说:"圣人毕竟是圣人,是不能随便开玩笑的,寡人这是自讨没趣了。"(以上对话为吴礼权译)①

　　这则故事可以从多方面进行解读,从言语交际与人际沟通的角度来看,它是一个典型的"下行沟通"之例。在这场外交活动中,楚王是主人,是言语交际中的主动者,扮演的是交际者的角色,而晏子是客人,是言语交际中的被动者,扮演的是受交际者的角色。从身份地位看,楚王是楚国之君,晏子是齐国之臣。齐楚虽是平等大国,但楚王与齐臣之间还是有伦理地位上的尊卑之分。因此,这场楚王对齐臣的外交博弈,本质上仍属于言语交际中的"下行沟通"(即交际者楚王居上位,受交际者晏子居下位)。按照"下行沟通"的基本原则,交际者楚王应该在言语交际中遵循"给面子"原则,对齐国之相晏子以礼相待,让客人晏子感受到东道主的善意,以期敦睦邦交,促进两国关系的健康发展。可是,交际者楚王从一开始就没有心怀诚意,而是早就存有戏弄之心,结果在招待国宴上出言不逊(即说齐国民风不好,民众天生就是盗贼胚),让晏子感情很受伤。按道理说,晏子作为一国之使,对于东道主楚王的侮辱完全可以采取"针尖对麦芒"式的回应。因为维护国家尊严,不辱使命,乃是出使者的天职。晏子作为齐国之相,当然更有维护齐国尊严的强烈意识。楚王借民风问题侮辱齐国的国格,晏子岂能忍气吞声?可是,晏子作为一个外交家,没有意气用事。他的高明之处就在于他考虑到了在这场言语交际中自己所处的伦理地位,考虑到自己客人的身份,所以舍弃了硬碰硬的反驳策略,聪明地选择了"就近取譬"(比喻)的表达手法,通过"橘生淮南则为橘,生于淮北则为枳"的事实,生动形象地说明了一

---

① 参见吴礼权:《语言策略秀》(修订版),暨南大学出版社,2013年,第6—7页。

个道理：人品的好坏受成长环境的影响，若齐国民众真的在楚国为盗，那肯定是受楚国民风的潜移默化的影响。这样，就以"四两拨千斤"的方式将楚王的诬蔑之词驳了回去，让楚王哑口无言。结果，楚王只好低头讨饶，不仅丢了自己的面子，也让楚国在外交上失了分。如果楚王在接待晏子时心存敬意，注意言语交际的策略，出言措辞体现"给面子"原则，那么这场外交活动就会非常愉快且成功，楚王与晏子的"下行沟通"也就非常顺畅，两国外交关系就会更健康地发展。

以上，我们将言语交际与人际沟通的指向分为"上行沟通""平行沟通""下行沟通"三大类。不过，这种分类是相对的，不是绝对的。也就是说，这种指向关系并非恒定不变的。特别是"上行沟通"与"下行沟通"，如果变换一个观察的角度，指向就完全颠倒了。本书我们所说的"上行沟通""平行沟通""下行沟通"，都只是以交际者为中心来判定的。若是换成以受交际者为中心，那么原来的"上行沟通"就变成了"下行沟通"。相反，原来的"下行沟通"，则就变成了"上行沟通"。本书第七、八、九三章的案例分析，也是以此为标准的，在此特别予以说明，以免引起误解。至于"平行沟通"，则不存在这个问题，因为在"平行沟通"中，交际者与受交际者是以平等地位出现的，所以不管是以谁为中心来判定，沟通关系仍然不变。

思 考 与 练 习

一、"言语交际与人际沟通"的指向可以分为几类？分类的依据是什么？

二、"上行沟通"从逻辑上看可以分为哪几类？

三、"上行沟通"应该坚持哪些基本原则？

四、"平行沟通"应该坚持哪些基本原则？

五、"下行沟通"应该坚持哪些基本原则？

六、"上行沟通"与"下行沟通"之间的关系是否恒定不变？为什么？

七、下面诸例的"言语交际与人际沟通"各属于什么指向类别？为什么?

1. 有一回,我到华视录教学节目,遇见华视教学部主任周奉和,见他笑口常开,在电视台如此复杂的环境里颇得人缘,向他请教有什么妙方,他笑了笑说:"做什么事,采低姿势总是比较安全顺当,飞机低空飞行,连雷达都探测不到!"(沈谦《修辞学》)

2. 影星伊丽莎白·泰勒曾经应邀到中国台湾访问。因应酬繁忙以致腰酸背痛,于是请来了一位盲按摩女为她按摩。

事后那个按摩女高兴地逢人便说:"我从小喜欢泰勒,今天不仅接近了她,而且还亲手摸了她!"

一位听众慨然发笑道:"这真是应验了中国的一句成语,叫作'盲目崇拜'!"(贾斌主编《机智与幽默》)

3. 林语堂曾经应美国哥伦比亚大学的邀请,讲授"中国文化"课程。他在课堂上对美国的青年学生大谈中国文化的好处,好像无论是衣食住行还是人生哲学,都是中国的好。这些学生既觉得耳目一新,又觉得不以为然。

有一位女学生见林语堂滔滔不绝地赞美中国,实在忍不住了,她举手发言,问:"林博士,您好像是说,什么东西都是你们中国的最好,难道我们美国没有一样东西比得上中国吗?"

林语堂略一沉吟,笑呵呵地回答:"有的,你们美国的抽水马桶要比中国的好。"(段明贵编《名人的幽默·美国马桶好》)

4. 中国作家冯骥才访问美国时,一个非常友好的华人全家来访,双方相谈甚欢。突然,冯骥才发觉客人的孩子穿着鞋跳到了洁白的床单上,恰恰孩子的父母又没有发现。冯骥才非常轻松愉快地对孩子的父母说:"请把你们的孩子带到地球上来。"

主客双方会心地一笑,孩子被抱下了床。(段明贵编《名人的幽默·带到地球上》)

第三章 Section 3　言语交际与人际沟通的目标类别

众所周知,言语交际都是"有所为而为",并非"自说自话"。这个道理,墨子早在两千多年前就已经讲过:

是故子墨子曰:今天下之君子之为文学、出言谈也,非将勤劳其喉舌,而利其唇吻也,中实将欲为其国家邑里万民刑政者也。(《墨子·非命下》第三十七)

在墨子看来,治国安民者(即古人所说的"君子",亦即统治者)无论是著书立说(即"为文学"),还是跟人闲话言谈(即"出言谈"),都不是为了逗口舌之快,让嘴巴喉咙过瘾,而是应该想到自己的一言一语都要对国家施政、地方治理、万民教化以及国家刑政的展开有所助益。也就是说,君子说写行为乃是有所为而为。

墨子是墨家的代表人物,而墨家是最讲实用主义的,所以墨子这样强调"言语交际"的目标任务。尽管墨子的话太过功利主义,但对于我们牢固树立"言语交际"的"目标"意识是有益的。

其实,不只是"君子"如此,"小人"(即普通人,非统治者)的说写交际也是如此。可以这样说,一个人,不论其社会地位高低,也不论其年龄大小,或是什么性别,只要是一个思维正常的人,他/她的言语交际都是有一定目的的。作家创作,是想与读者进行沟通,引发他们思想或情感的共鸣,从而让他们接受其所宣导的思想观点或是某种情感倾向;互联网上,现在不论是什么身份,即使再卑微的小人物,也能借助博客或微博,自由发表自己的观点,宣导自己的喜怒哀乐,这些网络上的言语交际同样都是目的性很强的。至于现今流行的微信朋友圈之间的言语交流,同样也是具有特定的目的性,不完全都是戏谑。即使完全是戏谑,也有娱乐朋友圈的意味,同样带有一种潜在的目的性。

以上说的是写的方面,至于说的方面,交际的目的性就更明显了,毋庸赘述。即使是我们日常生活中跟熟人见面时的谈天说地(如"今天天气真冷啊""你吃了吗"之类),看似没有什么目的,实际上也是有潜在目的的。这个目的是什么呢?就是想密切人际关系,为日后的人际互动创造条件。类似于此的,还有前些年最为流行的网络QQ聊天。这种言语交际,因为面对的都是互不相识的陌生人,好像完全没有功利性,比日常生活中熟人之间的谈天说地的目的性还要淡薄。但是,仔细想一想,其实这种看似没有目的性的言语交际仍有潜在的目的性,这便是倾诉内心的喜怒哀乐,是一种情感的宣泄。现今手机微信平台的朋友圈海聊,有些也是陌生人之间的交流。其间的言论表达或对社会现象的评论,大多还是希望博取群友们的赞同或认同,明显也是有目的性的。

总之,大凡一切的言语交际(包括书面与口头),都是有特定的目的性的,只是目的性的隐显程度不等而已。如果要对言语交际的目的性进行归纳,我们认为大体上可以概括为如下十二种情况。

一、求　　托

我们每个人都生活在现实社会中,每个人都是社会的人,不是不食人间烟火的神仙。因此,不可能"万事不求人",不可能不为了种种原因而请托他人。为此,他/她就必须通过言语交际进行人际沟通。

通过言语交际与人沟通,进而实现求托的目标,一般说来,不外乎两种:一是请托别人帮助办某事,二是请托别人提供某种信息。应该强调的是,不管是哪一种请托,都要讲究言语交际的策略。如果受交际者是关系非常好的朋友或亲近之人,不妨直言请托的内容,这样显得彼此

"不见外",受交际者容易受感动,易于达成请托的目标。如果关系非常亲近,而交际者却要吞吐其辞,迂回曲折,对所要请托之事欲言又止,则会让受交际者觉得不受信任,显得彼此生分,这对请托目标的实现反而造成困难。如果交际者与受交际者的关系一般,则需注意言语交际的策略,选择恰当而有针对性的表达方式,婉转、间接地表达出所要请托的内容,这样效果会好些。对于第一种情况,我们日常生活中每天都能遇到,似乎用不着举例了。第二种情况,还要稍微举例说明一下。在此,我们不妨举一首大家都非常喜欢的唐诗:

洞房昨夜停红烛,待晓堂前拜舅姑。
妆罢低声问夫婿,画眉深浅入时无。(朱庆余《近试上张水部》)

朱庆余的诗存录于《全唐诗》中的,只有寥寥几首,但朱庆余在中国诗歌史上却有相当的地位,这与上录这首诗的功劳不无关系,因为这首诗背后有一个千古传诵的文人佳话。

众所周知,唐代是以诗赋取士的时代。当时进士考试尚未实行"糊名"制度,考生的名字考官在批阅考卷时都能看见。因此,考生名字是否为考官所熟悉,这对考生录取是有很大干系的。正因为如此,唐代的科举考试盛行一种叫作"行卷""温卷"的风气。所谓"行卷",就是考生将自己写好的诗文投献给朝廷巨卿显宦,让他们先了解自己的才学。用作"行卷"的诗,自不待说,就是考试时所要考的具备当时格律规范的诗(即当时逐步定型的近体诗)。用作"行卷"的文,就是"传奇"(即小说)。因为传奇"文备众体,可见史才、诗笔、议论,故常用作'行卷'。"(宋·赵彦卫《云麓漫钞》卷八)所谓"温卷",就是"行卷"之后,为了加深受卷者印象再投献诗文的行为。宋人赵彦卫在《云麓漫钞》卷八说得很清楚:"唐之举人,先籍当世显人,以姓名达之主司,然后以所业投献。逾数日又投,谓之温卷。"

上录朱庆余的诗,大概就是属于"温卷"之作。但是,它又与一般

"温卷"不同,因为这首诗的目的不是为了让接受者加深对诗人的印象,而是向接受者打探消息。据《全唐诗话》记载,朱庆余未中进士之前,早就认识了当时著名诗人、官任水部郎中的张籍。张籍颇为赏识朱庆余的才华,遂在文坛与同僚中予以推介,所以朱庆余的诗作颇为人传诵。按道理来说,朱庆余应该对考中进士比较有把握了,因为张籍及其同僚都赏识他的诗作,自然阅卷时就会因为先入为主的印象而处于有利地位。但是,临近考试时,朱庆余还是比较担心,就怕自己的诗文未必能符合其他主考官的要求,于是就写了上录这首诗去试探张籍的意见。张籍读了以后,随即回了朱庆余一首《酬朱庆余》的诗,云:"越女新妆出镜心,自知明艳更沉吟。齐纨未是人间贵,一曲菱歌敌万金。"后来,朱庆余真的高中进士了。由此,中国文坛便多了一则佳话。

读了这则故事,也许很多人会认为朱庆余考中进士有作弊之嫌,其实不能这样说。因为当时唐代的科举制度允许这样做,每个士子都可以"行卷""温卷"。只要投卷人真的有才学,受卷人真的是爱才的伯乐,进士取录的结果并不会受"行卷""温卷"的影响。从上录朱庆余《近试上张水部》诗本身所显现的艺术水平来看,他能被录取亦非偶然,实乃名副其实也。这首诗的高明之处在于"运用了'象征'的修辞手法,诗人将自己比作新娘,将张籍比作丈夫,将主考官比作公婆,把自己所作的诗文比作新娘的梳妆画眉,这样就把自己临考前那种忐忑不安的复杂心情婉约地表达了出来。"① 可谓曲尽其妙,达到了中国古代诗歌所追求的"不著一字,尽得风流"② 的崇高境界。正因为如此,张籍读诗后才非常兴奋,当即回诗一首,以同样的修辞手法不露痕迹却又态度鲜明地表达了自己的喜悦之情与对朱庆余才华的赞赏之情。如果交际者朱庆余向受交际者张籍打探消息时,不以投诗的形式,而当面实话直说:"张大人,您看我的诗文是否符合主考官的要求?今年能否考

---

① 吴礼权:《修辞心理学》(修订版),暨南大学出版社,2013年,第30页。
② 唐·司空徒:《诗品·含蓄》。

中进士?"那么,结果怎么样,大家自然可以想见。因为这不符合当时科举考试的规范,也不符合中国文人说话处事的作风。如果投诗问询意见,但不以象征手法表达,恐怕效果也没有那么好。可见,通过言语交际与人沟通,实现请托的目标,必须注意分析受交际者的心理,讲究表达的策略。

中国古代文人为了自己的功名前程而请托他人,由于表现出了高度的言语智慧,不仅没被人诟病,还被传为千古佳话。现代文人在这方面也不逊色,请托他人也有一手。请看《名人的幽默》中"赵景深索稿"这一则故事:

30年代初,中国著名戏剧史研究家赵景深先生在上海创办《青年界》杂志,向老舍索稿,发去一封信,信纸上写了一个大大的"赵"字,然后画了个圈儿把"赵"围住。意思是:老赵被围,请速发救兵。

当时老舍在山东济南齐鲁大学任文学院长,收信后,立即寄去了两千多字的短篇小说《马裤先生》,并附上了一封非常幽默的信:
景深兄:

元帅发来紧急令,内无粮草外无兵!小将提枪上了马,青年界上走一程。呔!马来!

参见元帅。带来多少人马?两千多个,还都是老弱残兵!后帐休息!得令!

正是:旌旗明日月,杀气满山头!

祝吉

弟舍予鞠躬

对中国戏剧史有所了解的人,都知道赵景深的学术影响;对中国现代文学与翻译文学有所了解的人,也都知道赵景深的大名。他与鲁迅关于翻译问题的论争,在当时是非常有名的。尽管赵景深是文坛名人,同时是复旦大学教授,他为自己创办的《青年界》杂志约稿不成问题,但是要约到像老舍这样层级的作者之稿,也不是那么容易的。众所周知,20世纪30年代老舍在中国文坛已经是相当具有知名度的大作家了,同时又在大学兼有教职,可谓是集名人与忙人于一身。因此,一般情况下要约他的稿,并要他立即提供稿源,恐怕是没有可能的。然而,赵景深只有一个字外加几个线条的一封信,却让老舍立即提供了稿件,而且还附了一封非常幽默的回信。那么,对于赵景深的索稿请托,老舍何以如此欣然应之呢?没有别的原因,是交际者赵景深请托的言语交际技巧太高明了,独出心裁的请托表达让受交际者打心底佩服,所以才会欣然应允,百忙中立即供稿。可见,请托确是一门非常高深的学问,是需要高度的语言表达技巧与智慧的。

二、讨　饶

在现实生活中,每个人都可能做错事、说错话,让受交际者不高兴甚至愤怒。为此,交际者就要通过言语交际与之沟通,向受交际者"讨饶"。如果交际者能够拉下面子,低下头来,直言向受交际者赔礼道歉,那么也许会得到受交际者的谅解,使人际关系得以修复;如果拉不下面子,低不下高傲的头,可以选择巧妙的表达策略,婉转地表达出自己的歉意,让受交际者意会到其诚意,同时佩服其言语交际的智慧,进而谅解其不恭或失误。

做错事、说错话而向人讨饶,这是理所当然的事。但是,交际者讨饶,是否能够取得受交际者的谅解,最终达到交际者内心所希望的目标,还得看交际者言语交际的技巧与水平。如果交际者没有一定的言语表达技巧,或是不注意表达策略的运用,结果恐怕是心存致歉诚意,而受交际者并不领情。反之,如果交际者有足够的言语交际智慧,娴熟高超的表达技巧,即使是犯了不可原谅的过错,也能让受交际者心悦诚服而予以原谅。下面我们看一个例子。

刘公干辩敏无对。既坐平视甄夫人,配输作部,魏武至尚方观作,见刘桢坐磨石,公问:"石何如?"刘因喻已自理,踞而答曰:"石出荆山悬崖之巅,外有五色之文,内含卞氏之珍,磨之不加莹,雕之不增文,禀气坚贞,受之自然,顾其理柜屈纡绕而得申。"公笑释之。(明·何良俊《语林》卷四《言语第二上》)

上面这段文字,讲的是刘桢巧妙向一代奸雄曹操讨饶而获释的故事。"刘桢,字公干,东平宁阳(今属山东)人,东汉末期著名的文学家,与孔融、陈琳、王粲、徐干、阮瑀、应场等六人,号称中国文学史上著名的'建安七子'。尤其以五言诗最负盛名,后人将他与曹植并举,称为'曹刘'。大概因为是山东人的缘故,他生性亢直,还有些文人放荡不羁的作风。据说他特别聪明,辩才犀利无比。曹丕为太子时,因为他也是当时有名的诗人和文学之士,常常喜欢与有名的文学之士聚首。一次,曹丕请诸位文学高士欢会。酒过三巡,喝得耳热意畅,曹丕突然心血来潮,让他的夫人甄氏出来与大家见面。大概有点炫耀自己太太美貌之意,因为这甄氏就是曹操官渡之战打败袁绍后而抢来的袁绍儿媳,据说曹操早就垂涎甄氏美貌绝伦,意欲收为己有,没想到被他的大儿子曹丕捷足先登,曹操心里那个恨哪,是哑巴吃黄连,有苦说不出。这事后来还被孔融拿来寻开心,曹操更是气得要命。甄氏是太子夫人,虽然大家都耳闻其美貌,想一睹风采,但是封建时代这可万万使不得。因此,所有与宴的文学之士都识趣地匍伏在地,不敢平视甄夫人。唯独这个刘桢不知死活,竟然平视甄氏,两眼直勾勾地看了甄夫人半天。这是犯上的大不敬行为,依例是要处死罪的。当时甄氏的老公曹丕倒没有那么小气,也没把刘桢怎么样。可是,老公公曹操听说了此事,怒火中烧,立即就把刘桢逮了起来,本来要处死刑,后免死改送劳动改造。(事见《典略》,其原文曰:'文帝为太子,尝请诸文学,酒酣坐欢,命夫人甄氏出拜。坐中咸伏,桢独平视,太祖闻之,收桢,减死输作。')后来,曹操到尚方(即主造皇室刀剑等兵器及玩好器物的官署)视察工作,看见刘桢正弯着身子在磨石头。曹操见此,就意味深长地问他:'石头怎么样?'刘桢知道曹操说石头的用意,就蹲坐而答说:'石头出于荆山悬崖之顶,外有五色文采,内含卞氏宝玉的内质,打磨了也不会再洁白透明,雕刻了也不会再加文采,这是它的禀气坚贞,受之自然的本性,只是通过打磨可以使它纤曲缠绕不清的文理能够疏通顺畅而已。'曹操一听,就笑笑,把他给释放了。"①

那么,刘桢的一番话何以有那么大的效果,能让曹操化解心中的死结,一笑而泯恩仇呢?这不是因为曹操可怜刘桢而大发慈悲,而是靠刘桢自己妙语生花,自己救了自己。曹操虽是一代奸雄,为人奸诈狠毒,但却非常爱惜人才,敬重有骨气的刚烈之士。刘桢了解曹操的个性,所以他在认识到自己以前的错误,并准备向曹操讨饶时,没有假装可怜而卑辞以求饶,而是继续保持刚正不阿的一贯本色,让曹操打内心敬重他。因此,当曹操问他话时,他并没有按君臣之礼跪拜作答,而是"踞而答"(即张开两腿坐在地上回答,这是古代极其无礼的态度)。虽然态度上非常倨傲,但却在言语表达上巧妙地放低了身段,"通过玉石自比,说明自己性格亢直、不拘小节的作风,是天性本然,无法改变。只是觉得平视甄夫人确是理屈(利用玉之纹理屈曲来一语双关)"②,由此不着痕迹地向曹操认了错,讨了饶,让曹操不得不佩服其骨气与才气,"笑而释之"。

也许有人会认为,刘桢作为交际者之所以能够讨饶成功,一句话解除牢狱之灾,是因为他所面对的受交际者是一个知书达礼、爱惜人才的政治家。其实,并不尽然。如果交际者真的有智慧,善于言语表达,即使面对的受交际者是个完全不讲道理,甚至是杀人不眨眼的强盗,也是能讨饶成功的。下面我们不妨看一个古代的例子。

邢进士身矮,尝在鄱阳遇盗。盗既有其资,欲灭之以除患,方举刀,

---

① 吴礼权:《能说会道:说话的艺术》(修订版),暨南大学出版社,2014年,第72—73页。
② 同上书,第73页。

邢谕之曰:"人业呼我为邢矮,若去其头,不更矮乎?"盗大笑掷刀。(明·姚旅《露书》)

在这个故事中,邢进士作为交际者,面对的受交际者是个杀人越货的强盗,不是一个知书达礼的人,因此根本无理可讲。然而邢进士却一句话说笑了强盗,讨饶成功,让他掷刀而去,捡回了一条小命。

那么,交际者邢进士何以能够一句笑话,就能讨饶成功,让一个杀人不眨眼的强盗饶过了自己呢?这是因为邢进士作为交际者,对受交际者作为鄱阳大盗这个角色有一个清醒的认识,知道他不是一个可以按常理出牌进行言语交际的普通受交际者,而是一个特殊的受交际者。因此,在跟他进行言语交际沟通时,就必须有特殊的表达技巧,方能打动他,以实现讨饶成功的目标。事实上,邢进士成功了。他从自己身矮的事实出发,以"戏推"的修辞手法,说自己本来就矮,若是被砍头,死了岂不是身材更矮了?这种逻辑非常荒谬,从一个进士嘴里说出,则更显得可笑。用今天的话来说,它是一个"冷笑话"。但正是这句"冷笑话",最终却打动了受交际者鄱阳大盗。因为在一般人心目中,读书人是非常清高、自以为是的。考中了进士者,则更是不可一世了。可是,让鄱阳大盗始料不及的是,眼前的这位邢进士却完全不是这样。他不仅没有清高的态度,而且能够直面自己的缺点,贬损自己,拿自己的生理缺陷打趣。这大大出乎鄱阳大盗的心理预期,让他觉得亲切有味,于是在哑然失笑中愉快而爽快地放过了交际者邢进士。

由以上二例,我们可以看出,讨饶既要讲究表达技巧、语言幽默,又要分析受交际者的特点及其心理。否则,说得天花乱坠,也犹如对牛弹琴,毫无效果。

最后,我们要强调一点,讨饶作为言语交际与人际沟通的一个目标类别,在此以前几乎被所有讲言语交际的著作或教科书忽略不提,这是一个非常大的遗憾。早在两千多年前,我们的古人就说过:"人谁无过?过而能改,善莫大焉。"(《左传·宣公二年》)既然犯错是不可避免的,那么认错讨饶便是理所当然的事。中国人由于受儒家传统文化的影响至深,"活要面子死要脸"几乎成了中国人性格中的一大缺陷。正因为如此,日常生活中我们常见很多人做错了事而不肯认错讨饶,致使人际矛盾愈结愈深,影响了自己的发展进步,人生遭际每况愈下,失掉的面子更大。可以说,真正有智慧的人都是勇于向人认错讨饶的。事实上,任何一个位高权重者,或声名盖世者,如果在犯错后能够勇于承认并讨饶,不仅不会失面子,反而会赢得人们的好感,为自己赢得更大的面子。下面我们看一个例子:

人到了迟暮,如石火风灯,命在须臾,但是仍不喜欢别人预言他的大限……胡适之先生素来善于言辞,有时也不免说溜了嘴,他六十八岁时来台湾,在一次欢宴中遇到长他十几岁的齐如山先生,没话找话的说:"齐先生,我看你活到九十岁绝无问题。"齐先生愣了一下说:"我倒有个故事,有一位矍铄老叟,人家恭维他可以活到一百岁,忿然作色曰:'我又不吃你的饭,你为什么限制我的寿数?'"胡先生急忙道歉:"我说错了话。"(梁实秋《年龄》)

上面这段文字提到的齐如山与胡适,都是中国现代史上著名的学者。就知名度与社会地位而言,胡适明显更高。但是,当胡适在齐如山的寿宴上出于讨好之意而说的一番奉承话被齐如山解读成了限制其寿数时,胡适立即当众道歉,这就是胡适的胸怀与雅量。也正因为他有这等胸怀与雅量,他才会获得知识界普遍的尊重。如果胡适依仗自己高于齐如山的社会地位与知名度,抹不下面子当众认错,那么不仅当时寿宴的气氛会受影响,二人的关系也会因此而受影响,胡适的个人形象也会受影响。梁实秋先生之所以要记述这则故事,其中不乏肯定胡适知错就改、勇于认错讨饶的雅量。可见,即使是大人物或名人,在其人生历程中认错讨饶的经历也是必不可少的。

其实,不仅一个人如此,一个国家或一个民族也是如此。如果一个国家或民族做了伤害他国或他民族利益的事,一国领导人或政治家说了有伤他国感情的话,也是要认错讨饶的。不然,就会引发国家之间或民族之间的纠纷甚至战争,让全体民众遭殃。比方说,德国因为第二次世界大战让西方世界与犹太人遭受巨大的牺牲,让受害者切齿痛恨。但是,德国战后对希特勒发动战争的罪行清算反省彻底,认错讨饶到位,最终获得了西方世界的原谅。特别是在1970年12月7日,时任西德总理的维利·勃兰特在波兰华沙犹太隔离区起义纪念碑前的惊世一跪,更是赢得了全世界爱好和平的人们对德国的彻底谅解。因此西方世界有一句话,说"一个勃兰特跪下去,整个德国站起来"。相反,二战中加害中国与亚洲诸国,使中国及亚洲各国甚至大洋彼岸的美国都付出惨重生命与财产损失的日本,战后不仅没有彻底清算军国主义,甚至不肯明确向中国及亚洲各国受害者道歉,结果与亚洲诸国的矛盾至今都不能解开,亚洲的和平局面始终打不开,自身的发展也受到诸多牵制。可见,勇于认错讨饶对于一个国家或民族同样是至关重要的。

三、说　　服

在日常生活中,我们每个人都要通过言语交际与人沟通。沟通的目的有多种多样,但其中必有"说服"一项。因为我们每个人都有自己的思想,有自己看问题的角度。因此,在人际交往或社会活动中,对于某些问题的看法就会出现分歧,观点相左或矛盾在所难免。

既然现实生活中人们的观点不可能趋同一致,思想认识上的矛盾对立在所难免,那么为了解决矛盾,协调行动,推动社会的发展,我们就必须直面矛盾与对立,通过言语交际明辨是非,讲清道理,说服在认识上错误的一方,消弭分歧,在良好的人际沟通中找到解决问题或矛盾的有效办法,从而共同推动社会的发展。

应该说,在人类社会生活中,说服是无时不在的。但是,如何说服,怎样达到说服的目标,则是需要讲究言语交际策略的。如果交际者在言语交际中不讲究策略,没有一定的表达技巧,要想说服受交际者接受自己的观点或理念,或是纠正其错误言行,恐怕并非易事。现实生活中,父子之间、母子之间、夫妻之间、朋友之间,就人际关系而言,可谓亲密矣。但是,一旦出现观点上的分歧和理念上的相左,要想求得统一,交际者若没有非常高明的表达技巧,恐怕沟通的效果也不会理想。如果想要纠正受交际者的言行过失,让受交际者幡然醒悟、口服心服,若是没有高超的言语交际策略与表达技巧,就是父亲说服儿子、母亲说服女儿、上级说服下级,恐怕也未必有什么效果。反之,若是交际者有足够的言语交际智慧,有高妙的表达技巧,即使是说服神圣不可侵犯的国君,也是不在话下的。下面我们不妨看一个例子。

梁惠王曰:"寡人之于国也,尽心焉耳矣,河内凶,则移其民于河东,移其粟于河内;河东凶亦然。察邻国之政,无如寡人之用心者。邻国之民不加少,寡人之民不加多,何也?"

孟子对曰:"王好战,请以战喻。填然鼓之,兵刃既接,弃甲曳兵而走。或百步而后止,或五十步而后止。以五十步笑百步,则何如?"

曰:"不可,直不百步耳,是亦走也。"

曰:"王如知此,则无望民之多于邻国也。不违农时,谷不可胜食也;数罟不入洿池,鱼鳖不可胜食也;斧斤以时入山林,材木不可胜用也。谷与鱼鳖不可胜食,材木不可胜用,是使民养生丧死无憾也。养生丧死无憾,王道之始也。五亩之宅,树之以桑,五十者可以衣帛矣。鸡豚狗彘之畜,无失其时,七十者可以食肉矣。百亩之田,勿夺其时,数口之家可以无饥矣;谨庠序之教,申之以孝悌之义,颁白者不负戴于道路矣。七十者衣帛食肉,黎民不饥不寒,然而不王者,未之有也。狗彘食人食而不知检,途有饿莩而不知发,人死,则曰:'非我也,岁也。'是何异于刺人而杀之,曰:'非我也,兵也。'王无罪岁,斯天下之民至焉。"(《孟子·梁惠王上》)

上面这段文字,讲的是这样一个故事:战国时代的梁惠王(即魏惠王),为了在群雄并起、弱肉强食的乱世使魏国不至于被其他列强所吞并,在与西邻强秦的多次交锋失败后,痛定思痛,意欲改变统治策略,赢得民心,重振魏国在李悝为相时天下独霸的大国雄风,开始实行了一些惠民政策,并陆续显现出一些效果。为此,魏惠王感到非常得意,自以为自己是个明君。一次,周游列国,到处兜售"王道""仁政""保民而王,天下莫御"政治主张的邹人孟轲(即孟子)来魏国游说。魏惠王早就知道孟轲其人,当然更明白他此行的目的是来宣扬其"王者之道"的政治主张,于是不等孟轲开口,就主动摆起自己实行一系列惠民政策的"仁政"来,希望得到孟轲的赞扬。于是,便有如下这段著名的对话。

梁惠王说:"本王对于国家可谓克尽心力了。河套以内的地方发生了灾荒,我就把这里的老百姓迁移河东地区,或是将粮食分拨到河套以内的灾区。河东地区发生灾荒,我也是如此救助。看看邻国的国君执政没有像我这样用心的。可是,邻国的老百姓也没见减少,我的臣民也没因此而增加,这是什么原因呢?"

孟轲回答道:"大王好战,请大王让我以战争作一个比喻吧。咚咚的战鼓敲响了,两军对垒而短兵相接杀开了,于是就有一些士兵丢下铠甲拖着刀枪而逃。他们有的逃出一百步停住了,有的则逃了五十步就停下来了。逃了五十步的人笑话逃了一百步的人,怎么样呢?"

梁惠王说:"那不可以。逃了五十步的人没有资格笑逃了一百步的人,他自己也逃了。"

孟子见自己的比喻奏了效,说服梁惠王的时机已到,遂不慌不忙地推销起自己的"王者之道"和"仁政"思想:"大王既然知道这个道理,那么就不应该希望自己的臣民多于别国了。实行'仁政'的国王,他不会占用老百姓的农耕时间,让老百姓不失农时地耕作,自然会粮食多了吃不了的。他会制定适当的渔猎政策,不让密网入池塘捕获不满一尺的鱼儿,使鱼儿能正常繁殖生长,这样鱼鳖自然会多得吃不完。他也会制定森林保护法,让刀斧按时入林合理采伐,这样林木自然会多得用不尽。粮食与鱼鳖充足得吃不完,木材多得用不完,这样就会使老百姓对生养死葬都没有什么忧虑与遗憾了。供养活着的人,安葬好死了的人都无憾,这是'王道'的开始。老百姓如果在其五亩宅基地上,都种上桑树,那么他们五十岁时就可以穿上丝绸衣裳了。鸡猪狗等家畜的饲养,如果不失其时,七十岁的人都可以有肉吃了。百亩之田的耕作,国王不去占用他们的农时,数口之家应该是饱食无虑的。尽心尽力地办好学校,反复进行'孝悌'(顺从并奉养父母,敬爱兄长)的道德教育,那么道路上就不会再有头发斑白的老人背着、顶着重物在行走了。七十岁的老人都能穿绸吃肉,老百姓温饱无忧,这样的国王还不能一统天下,那是没这回事的。而当今世界的现实又是如何呢?富贵人家猪狗家畜吃了人的粮食,也不知道收检储藏,路上有饿死的人也不知道开仓赈济。人死了,国王却说:'这不能怪我,是年成不好。'这与用兵器杀死了人,却说'不能怪我,要怪应怪兵器',两者有什么区别?做国王的不把责任推到年成上,而是勇敢地负起责任,为人民的温饱而尽心尽力,那么天下的老百姓就会归附于他。"(上述对话为吴礼权译)①

  从上面的故事中,我们可以清楚地看出,这场对话虽是由梁惠王引起,但真正的交际者则是孟轲。作为交际者,孟子此次来魏国的目的就是推销自己的政治主张,说服梁惠王实行自己提出的"王者之道",即"保民而王"的治国理念。他跟梁惠王所说的两段话,如果加以概括,用今天的话来说,就是这样的意思:"'民之所欲,长在我心',真正时刻把人民的温饱和利益记挂在心上,并努力实践之,人民才会拥护;实行'仁政',才能天下归心。如果仅做一点表面文章,就想国强民富,天下太平,那是不可能的。"②然而,孟子在表达这层意思的时候并没有这样直截了当,而是非常注意表达的技巧。他运用了两种修辞策略,将所要表达的政治主张形象生动地呈现出来。"这两种修辞策略,一是'设彀'。

---

① 参见吴礼权:《能说会道:说话的艺术》(修订版),暨南大学出版社,2014年,第112—114页。
② 同上书,第114页。

梁惠王问他，为什么他对国民受灾的救助工作尽心尽力，却并没有产生很大的效果，他的臣民并不比别国多，别国国王对民众疾苦不闻不问，他们的臣民也没有流失减少。为此，他觉得自己很委屈，爱民之心没有得到回报。孟子没有直接驳斥他的话，而是先作了一个战争的比喻：战场上的逃兵一个逃了一百步，另一个逃了五十步，逃五十步者笑话逃了一百步者。然后问梁惠王：这两人比较怎么样？这其实是孟子设下的语言陷阱，梁惠王不知就里，马上跳了下去，回答说：两者的性质一样，都是逃兵。孟子见梁惠王已入套，遂自然收拢绳套，收捕猎物，自然而然，顺水推舟地亮出了自己所要表达的真意：你所采取的仁政只是官样文章，并无实质性的内容，不是真正的仁政，与其他国王的做法性质上还是一样，只不过您比他略好一点而已。从根本上说，都没有实行'仁政'。但是，这番意思，孟子说得非常巧妙，是通过'设彀'诱导，让梁惠王自己把这层意思说出来，然后孟子再接着他的话顺水推舟，自然推出结论，既显得婉转含蓄，给了梁惠王的面子，又言而成理，有不可辩驳的说服力。这还只是'破'，接着孟子'宜将剩勇追穷寇'，又从下面做了'立'的工作。他运用了'示现'修辞策略中的'预言示现'，将真正实行仁政后人民生活的安逸、教育的效果等远景以具体形象的形式一一呈现出来，给人以巨大的诱惑，令人对实行仁政后的理想社会生活心向往之，从而真切地感动受交际者（即接受者）梁惠王，让他毫不迟疑地接受自己所推销的政治理念，下决心实践他所推销的政治主张。"[①]当然，从历史上看，事实上梁惠王最后没有实行孟子的政治主张，因为战国时代是弱肉强食、大棒比胡萝卜管用的"霸道"时代，而非推行"仁道""王道"的时代。但是，就孟子说服梁惠王这一游说事件来说，交际者孟子是成功的，他的游说非常具有技巧，传情婉转而自然，达意生动而有力，诚为深具说服力的话语范本。

[①] 吴礼权：《能说会道：说话的艺术》（修订版），暨南大学出版社，2014年，第114—115页。

下面我们再举一个更早些时候的例子,是春秋时代的事。

晋平公问于师旷曰:"吾年七十,欲学,恐已暮矣。"师旷曰:"何不炳烛乎?"平公曰:"安有为人臣戏其君乎?"师旷曰:"盲臣安敢戏其君乎!臣闻之,少而好学,如日出之阳;壮年好学,如日中之光;老而好学,如秉烛之明。秉烛之明孰与昧行乎?"平公曰:"善哉!"(汉·刘向《说苑》卷三《建本》)

上面这段文字,讲的是这样一个故事:春秋时代的晋平公是一个不学无术的君主,就像一个顽劣的孩子,突然有一天开窍懂事了,年届七旬时终于明白了"少壮不努力,老大徒伤悲"的道理,想起来要读书学习。当然,这确实是太晚了点,晋平公自己也觉得不好意思。不过,最终他还是鼓起了勇气,将自己的想法偷偷告诉了盲乐师师旷,并怯生生地问道:"乐师,您看我都七十岁了,现在想学习,恐怕已经太晚了吧。"师旷不假思索地回答道:"那您何不点起蜡烛学习呢?"晋平公一听这话,顿时生气了,自己一片诚心请教,没想到师旷是这样一种态度。于是,便板起面孔,摆出君主的威仪,毫不客气地正告师旷道:"为人之臣,岂有戏弄国君之理?"师旷一听,知道晋平公误解了自己的意思,遂连忙解释道:"臣乃一盲人,岂敢戏弄国君您呢? 臣听说有这样一种说法:少年好学,就像是旭日之光;壮年好学,好比是正午之光;老年好学,则好比是燃烛之光,虽然光线稍嫌暗了点,但跟摸黑而行相比,哪个更好呢?"这一下,晋平公终于明白了师旷的意思,遂脱口而出道:"说得好啊!"从此,晋平公就开始读书学习了。

那么,师旷何以有如此的能耐,能够说服一个一辈子都不肯学习的君主在古稀之年改变思想,立志读书学习呢?

对先秦历史有所了解的人都会知道,师旷,字子野,虽是一个盲人,但却有一技之长,"善于弹琴,精于辨音。晋平公时铸有一个大钟(即古代的乐器,可敲击为乐),众乐工都认为大钟之铸合乎音律,只有师旷独持异议,认为不然。于是,就请来当时的音乐权威师涓审度,果然不合音律。正因为师旷在音乐上有独特造诣,所以他能以一个盲人之身而在宫廷行走,成为晋平公的乐师。晋平公不仅喜欢听他奏的音乐,似乎也很赏识他的思想见识。所以,他想七十岁有志于学习时,首先就想到跟师旷说说真心话,跟别的大臣说还真的说不出口呢!可见,晋平公跟师旷关系还蛮好,很是信得过他。"①

　　晋平公信得过师旷,师旷则也了解晋平公。因此,当晋平公主动提出要读书学习时,他就立即予以鼓励。但是,师旷的聪明之处,不是直话直说,而是先打了一个比方,说老年时才开始学习,就像是一个人白天没抓紧时间做事,晚上再点灯熬夜补上。见晋平公没领悟到这句话的深意而产生误解时,师旷接着又打了三个比方,将少年好学、壮年好学、老年好学分别比作是旭日之光、正午之光、燃烛之光,一下子就让因长期缺少学习而领悟力较差的晋平公豁然开朗,明白了老年好学的价值。可见,师旷之所以能说服晋平公,与他了解晋平公的个性有关,更与他善于表达密不可分。他知道理性、直接地跟晋平公说理是行不通的,所以他选择了一个非常有效的表达策略"比喻",而且还是个"明喻",通过"以'取譬相成'的方法,把道理说得浅显,说得易懂,表意还很婉转,从而使平公听得懂且乐意听"②。

　　我们古代的说客名嘴很善于说服他人,现代的文人也有善于讲理,说服他人的高手。下面我们看一个例子:

　　有一次,鲁迅替一家书局翻译一本书。这家书局对作家一向很苛刻,文稿的字数完全以实际字数计算,标点和空格都不算数。

　　鲁迅知道这个情况后,便把自己的译稿从头到尾都连接起来,不留一个空格,不分章节,也不加标点。

---

① 吴礼权:《能说会道:说话的艺术》(修订版),暨南大学出版社,2014年,第134页。
② 同上书,第135页。

稿子送去以后,书局又把稿子送了回来,说:"请先生分一分章节和段落,加一加新式标点符号。"

鲁迅于是告诉书局:"既然要作者分段落加标点,可见标点和空格还是必要的。"(段明贵编《名人的幽默·标点和空格》)

鲁迅认为那家书局在稿酬计算上排除书稿的标点符号与空格,是刻薄作家的不正当商业行为,所以他要替作家们讨个公道。于是,他将自己的译稿送给那家书局,故意不分段落、不加标点符号。鲁迅知道自己的稿子他们是求之不得的,一定会收的,但是他们肯定会要求他重新分段加标点。结果,书局收到书稿后果然如此。于是,鲁迅便顺水推舟地说出了"书稿中标点与空格是文章或书稿的重要组成部分,也应该付费"的道理。由于鲁迅讲道理讲得有技巧(运用"设彀"修辞策略),讲得不露痕迹,最终让书局心服口服。由此,还在文坛传为佳话。

诚然,我们中国自古以来就不乏善于讲道理、擅长说服人的高手。但西方人在此方面也不逊色,善于讲理、说服人的高人也是比比皆是的。下面我们看一个例子:

蓬皮杜担任法国总统时,一次友人来访。对他抱怨说,近来常常跟妻子吵架。

蓬皮杜劝了他一番后,说:"我从来没有和我妻子吵过架。因为任何重要的事情都由她决定,例如出去旅行,买什么样的东西,定菜谱,选家具,购书,看戏,看电影等等,都由我妻子决定,我只决定一些细小琐碎的事情。"

他的友人问:"是哪些琐碎的事情?"

总统回答:"不过是肉和蔬菜的价格,工人的工资,武器的出口,法郎贬值什么的。"(段明贵编《名人的幽默·夫妻的分工》)

读了这则故事,大家一定觉得蓬皮杜真是幽默,也真是会讲道理,是个不动声色却最能说服人的高手。那么,他为什么能做到呢?原因是他运用了一种修辞策略叫"倒反"(即我们平时所说的"正话反说"),将"男人应该着眼大事,小事礼让女人"的夫妇之道说得非常生动,不仅让听者心悦诚服,而且还觉得趣味横生,不得不敬佩。西方政治领导人都是通过竞选而走向国家领导岗位的,不会说服人,那是得不到选票的。

四、示　好

前文我们说过,言语交际都是"有所为而为"。但是,应该指出的是,"有所为而为"的"为",在目标追求上是有"直接"与"间接",或曰"眼前"与"未来"之分的。也就是说,有些言语交际与人际沟通是要求立即呈现效果的(如请托别人一件事,总是希望受交际者能当场答应的),而有些言语交际与人际沟通则是着眼长远,交际与沟通的当时并没有立即要实现的"标的",只是为了展现交际者的善意或是表达想与受交际者亲近交好的意愿。这种善意或意愿,便是言语交际与人际沟通中追求的"示好"目标。

"示好"的言语行为,在日常生活中最为常见。只要不是不懂人情世故的人,或是故意标榜特立独行的人,都会在日常言语生活中将"示好"作为人际沟通的一个重要目标。比方说,我们出门见到熟人,总会跟对方打个招呼,说声"你好"之类的话,这就是"示好"。不过,这种"示好"方式不是中国本土的,而是中国人受西方人言语交际模式影响的结果。中国传统的"示好"方式是说"你吃了吗?"或"吃了吗?"这种问候语,每一个中国人都明白其含义,知道问话人(即交际者)这是在关心自己,表达友好的情感,而绝不会误解为是问话人(即交际者)想请自己吃饭。但是,西方人常常对此产生误解,这是因为他们不了解中国传统文化。中国古代数千年一直没有很好地解决百姓的温饱问题,所以中国自古以来就流行一句话:"民以食为天。"因为吃饭问题是中国人最大的问题,所以大家见面时自然而然地要问对方"吃了吗?"虽然现在的中国人并不存在吃不饱的问题,但是很多人见面仍然要说这句话,这是因为"吃了吗"这句话在今天已经"异化",不再具有"字面义",早已转化为一种问候语,其语用功能仅是"示好"。正因为"吃了吗"在汉民族人的言语交际中实际表达的语义与语法意义上的疑问句无关,早已在中国传统文化心理与民族习俗的作用下异化为"示好"的问候语,因此久而久之,见人就说"吃了吗"便成了汉民族人一种"集体无意识"的语言习惯。也因为是"集体无意识"的语言习惯,以致交际者有时会忘了特定的语境,见了熟人就"条件反射"式地脱口而出"吃了吗",以致有时会闹出笑话(比如说,在厕所相见时以此示好就不恰当)。

"示好"不仅发生频率高,在人们的日常生活中最为常见,甚至在有些政治或外交场合中也会出现。下面我们看一个例子:

1979年邓小平访美,在卡特总统举行的宴会上,哈佛大学中国问题专家费正清同邓小平谈得很热烈。

邓小平问:"贵庚?"

费正清答:"七十二岁。"

邓小平说:"我长你两岁。"

费正清感慨地说:"但你仍满头乌发,我却早已谢顶了。"

邓小平打趣说:"这证明你肯动脑子,聪明绝顶嘛!"(段明贵编《名人的幽默·谢顶的证明》)

在这个故事中,交际者与受交际者分别是邓小平与费正清(John King Fairbank, 1907—1991,哈佛大学终身教授,著名历史学家)。邓小平是中国的政治家,费正清是美国最著名的中国问题专家。邓小平问费正清年龄,这是中国式的关爱友好;费正清得知邓小平比他年龄还大两岁后的感慨,则是西方式的恭维逢迎。邓小平最后再度回应,可视为中国式投桃报李的礼貌客套。二人在卡特总统举办的宴会上相聚的这番闲聊,看似没有什么明确的交际目标,实际上则有潜在的交际目标,这就是相互示好,活跃宴会气氛,为建立中美两国友好的关系暗中添柴加温。

五、取　悦

　　日常生活中,我们常常看见有些人很喜欢恭维人,说好话。这就是言语交际与人际沟通中的"取悦"行为。从本质上来说,"取悦"与"示好"都是为了赢得受交际者的好感,为日后的人际沟通的顺利进行做铺垫。用经济学的术语说,叫作"前期投资",或曰"感情投资"。尽管如此,两者的区别还是客观存在的。一般说来,"示好"多出于自然而然,目的性不强,常常带有一种习惯性的礼仪性质;而"取悦"则多出于刻意为之,有较强的目的性。

　　正因为"取悦"就是说恭维话,有赢得受交际者好感的效果,因此从本质上来说,它是一种"感情投资",有为日后的人际沟通目标作铺垫的作用。正因为如此,我们认为言语交际的"取悦"功能也是人际沟通所追求的一个目标。如果我们平时稍微留心一下,就会发现日常生活中言语交际的"取悦"表现无处不在。比方说,一个女人穿了一件新衣服,被她的熟人看见了,如果这个熟人也是一个女的,她一定非常夸张地说:"哟,这件衣服真好看,我还以为自己眼花,看到一个大明星了呢!"又比方说,一个人好多年后突然遇到他的老邻居,看见他的儿子长大成人,往往会情不自禁地感叹道:"一转眼工夫,都长成大小伙子了,越来越像你年轻的时候,帅!"这样的恭维话,无论受交际者是男是女,哪一个会不感到愉悦?这样的恭维话,从本质上说,虽没有直接要实现的"即时性"的交际目标,但却有人际沟通的"取悦"功能,对于人际沟通的长远目标之实现是有重要作用的。

　　说到言语交际的"取悦"功能与人际沟通的长远目标,笔者不禁想起一个古代的故事:

太祖初渡江,至宋石,驻薛妪家。饥甚,坐谷笼架上。问妪此何物,对曰:"笼床。"烹鸡为食,问何肉,曰:"炖鸡。"饭以大麦饭,曰:"仁饭。"太祖嘿喜。盖龙床、登极、人范,皆吉语也。天下既定,召妪赏之,至今有薛家洼云。(明·文林《琅琊漫钞》)

这是明成化进士文林所记的一则野史,说的是这样一个故事:明太祖朱元璋趁着元末乱世迅速崛起,势力做大后,率军由长江北岸南渡,攻打元朝的南方战略重镇集庆(即今天的南京)。大军渡江后,兵至宋石,朱元璋借住在一户薛姓人家。薛家老婆子特别善解人意,当时朱元璋正饥肠辘辘,她就给他备饭。与此同时,朱元璋则坐在谷笼(大约是南方盛放稻谷的叫作稻箩一类的农具)架上休息。因为一直都是生活在北方,朱元璋从未见过南方的这种农具,遂好奇地问薛婆子是什么东西。薛婆子早就察言观色,看出了朱元璋的身份,知道他非普通人。她大概还知道,朱元璋率领的这些军队是造蒙古人的反,汉人大将军肯定都有登基坐殿的野心,遂有意讨好地回答说:"笼床。"朱元璋一听,大为高兴。过了一会,薛婆子将炖好的鸡肉送上来。朱元璋大概没见到她杀鸡的过程,所以不知道端上来的是什么肉,遂顺口问了一句。薛婆子乃乘机回答道:"炖鸡。"朱元璋听了,更是高兴。待朱元璋吃完了鸡肉,薛婆子又端来一碗大麦饭。朱元璋又问,她回答道:"仁饭。"朱元璋听了更是心里窃喜,嘿嘿直笑。因为他知道,薛婆子说"笼床""炖鸡""仁饭"乃是谐音双关"龙床""登极""人范",而这些词都是吉利语。等到朱元璋打下天下,登上皇帝宝座后,立即召见了薛婆子,并重赏了她。薛婆子所住的薛家洼,至今犹在。

对中国历史稍有常识的人都知道,大明王朝的开国帝君朱元璋本是乞儿与小和尚出身,"元至正十二年(公元 1352 年)参加郭子兴的起义军,后自立一军。元至正十五年(公元 1355 年)曾与韩山童一起倡导起义的红巾军另一首领刘福通,迎韩山童之子韩林儿至安徽亳州(即今亳州市),拥立韩林儿为小明王(因韩山童起义之初即牺牲),国号为宋,建元龙凤。韩林儿称帝时,任朱元璋为左副元帅,从此朱元璋势力坐大。龙凤二年(公元 1356 年)朱元璋率兵攻下元朝重镇集庆(即今天的江苏南京),由此正式奠定了自己的地位,为日后的帝王霸业打下了基础"①。如果是对明史有研究的,也许还会知道,"朱元璋这个人是个非常刻薄猜忌的人,在中国历史上以最没良心、过河拆桥而出了名的"②。但是,上面这则故事所讲朱元璋一饭必酬的事,似乎让人觉得朱元璋是个有情有义的人。因此,对照历史,也许很多人就会生出疑问:"朱元璋做了皇帝后,杀了无数功臣名将,不记他们的功劳,却能唯独记得薛婆子的鸡饭之恩,真是令人奇怪!"其实,懂得中国历史的人,就会觉得这并不奇怪。"很多帝王或是政治人物常常是不念大恩而记小德。因为对他有大恩的人(比方说开国元勋等),恐怕也是他政治上潜在的强有力的对手,他为了自己的地位与利益,只能狠起心肠除之而恐不尽,至于这样做了夜深人静时是否感到心中有愧,只有他自己知道。而对于故人小的情义恩德,他倒是记得很深刻,也很念叨着。这些人一般不会对他的政治生命构成任何威胁,他对这些小人物故人旧德的报答,不仅可以使他获得一种成就感,让对方感恩戴德,还能在社会上造成一种他这个大人物是个君子念旧恩的好印象,这对他靠沽名钓誉稳定自己的统治,只能增加正面的积极影响。朱元璋是何等人物,这些道理,他比谁都懂。除此之外,朱元璋在做了帝王之后,最令他忆取薛婆子的,除了一饭之恩外,还有薛婆子当年的吉利话,如今都应验了,他怎能不高兴呢?所以朱元璋记得要赏薛婆子,是在情理之中的事。"③

对于朱元璋其人,不同的人可能会有不同的看法,对他的评价很难有定论。但是,对于这则故事中的薛婆子,相信大家对她都会有一致的

---

① 吴礼权:《能说会道:说话的艺术》,暨南大学出版社,2014 年,第 41—42 页。
② 同上书,第 42 页。
③ 同上书,第 42—43 页。

评价,这就是"聪明",不仅眼光独到,而且非常会说话。她虽是一个没有见过世面的乡下妇女,却有须眉男人也没有的独到的识人眼光,竟然看出草莽英雄朱元璋的不凡来,"并猜测到他的心理,投其所好,利用'笼床'与'龙床'、'炖鸡'与'登极'(即帝位)、'仁饭'与'人范'(即帝王是世人的典范)在发音上的相近相谐,让朱元璋听得心花怒放"[1]。这种语言智慧,这种恭维人的妙语,恐怕是很少有人能企及的。

其实,"取悦"不仅在普通百姓的言语交际与人际沟通中常见,就是自命清高的文人有时也不能免俗。下面我们看一个例子:

湖南中国工笔画独具特色,陈白一先生是湖南工笔画创作的首创者。

1991年10月初,漫画家方成到长沙拜访陈白一,看陈白一的作品感到处处新颖。陈白一运用熟练的传统工笔线描技法刻画劳动妇女,神态优美健康,线条结构疏密有致,设色淡雅,使人物更显清秀端庄之美。

方成笑着对陈白一说:"小伙子看到你画的妇女,会把他吸引到湘西来找对象的。"(段明贵编《名人的幽默·白一画湘女》)

上例中的方成是众所周知的著名漫画家,他到湖南专程拜访陈白一,自然是非常敬佩其工笔画的成就。在亲眼看了陈白一的工笔画作品后,方成有感而发,称赞了一句,这也是人之常情。但是,方成没有直言"您画的湘西女子优美逼真,栩栩如生",而是说:"小伙子看到你画的妇女,会把他吸引到湘西来找对象的。"这是运用"折绕"修辞策略,绕着弯子婉转地夸赞陈白一的工笔画画得好。虽然夸得不露痕迹且语带幽默,但取悦陈白一的用意还是非常明显的。

---

[1] 吴礼权:《能说会道:说话的艺术》,暨南大学出版社,2014年,第43页。

六、娱　　乐

前文我们说过,言语交际与人际沟通有"即时性"追求目标与"潜在性"追求目标。如通过言语交际与人际沟通,以实现"求托""讨饶"的,就是人际沟通的"即时性"追求目标;通过言语交际与人沟通,以实现"示好""取悦"的,就是人际沟通的"潜在性"追求目标。其实,通过言语交际实现人际沟通中的"潜在性"追求目标,还有一种情况,就是"娱乐"。如在公共场合给大家讲笑话,看起来是一种完全没有功利目的的言语活动,实则是一种隐藏很深的有目的性的言语交际与人际沟通。这种公共场合的说笑,可以活跃气氛,娱乐受交际者,极容易感染受交际者,使其对交际者产生一种亲近感或好感。这样,就为交际者日后与受交际者的接近或接触埋下了伏笔,做了"前期投资",就像是进行项目投资前的基础工程建设一样。

"娱乐"作为言语交际与人际沟通的一个目标类别,其性质跟"示好""取悦"一样,其追求的目标都不具有"即时性",而是具有"潜在性",是为今后的人际沟通作铺垫的,是一种情感的"前期投资"。但是,它跟"示好""取悦"还是有区别的。相对来说,无论"示好",还是"取悦",都是面对单一的受交际者,而"娱乐"则一定是面向多位受交际者,是在公共场合进行的言语行为。

以"娱乐"为目标的言语交际与人际沟通,在日常生活中乃是"司空见惯浑闲事"。无论是普通交际者,还是特殊身份的交际者,都会有所表现的。下面我们看一个例子:

1964年10月15日,陈毅元帅来到湖北鄂州,省长张体学陪同他到西山参观。当观看寺庙时,元帅发现其中有一个菩萨的腿裂开了,他拍着塑像笑道:"怎么啦?这个菩萨两条腿不太健康呀!它要下来走路,还要用拐杖吧!"(段明贵编《名人的幽默·菩萨的双腿》)

上例中的交际者是陈毅元帅,受交际者是湖北当时的省长张体学及全体地方陪同官员。地方领导陪同中央首长参观游览,一般都会有所拘束的。这样,游览时气氛就会比较凝重,与游览这种本该轻松的活动不相适应。所以,陈毅作为中央首长,为了减轻地方官员的心理压力,活跃气氛,遂主动作为,借寺庙中的菩萨塑像腿部开裂说事打趣。很明显,陈毅元帅作为交际者,其幽默打趣的话语没有别的微言大义,跟指导工作没有关系,只是纯粹为了娱乐随行陪同的地方官员,活跃游览时的气氛,通过增加大家的乐趣而密切上下级关系,为日后工作的开展奠定情感基础。陈毅元帅之所以深受中国人民的喜爱,包括广大各级干部的喜爱,让人有即之也温的亲切感,事实上跟他经常在公共场合善于开玩笑而又言语幽默有关。

可见,言语交际的"娱乐"功能确实是存在的,对实现人际沟通的长远目标也是有助益的。因此,我们在日常言语交际活动中,千万不要只注意言语交际与人际沟通的"即时性"效果,还要有放眼未来的"战略远见",以实现"潜在性"的言语交际与人际沟通目标。

在中国,固然不乏善于交际,在公共场合娱乐他人的活跃分子。但是,相比而言,性格更趋外向的西方人在此方面恐怕更突出些,公共场合娱乐他人的言语交际行为更显平常。下面我们来看一个例子:

1952年10月,卓别林夫妇前往巴黎参加《舞台生涯》的首映典礼,并利用空闲时间分别拜访了他的一些法国老朋友。

有一天晚上,当他们来到毕加索家时,正遇上停电,屋里一片漆黑,什么也看不清楚。

卓别林突然叫了起来:"小心点,奥娜!刚才你在一百万美元上踢了一脚!"

卓别林一本正经的声音吓了奥娜一跳,她还以为自己犯了什么大错误呢!

立刻有人擦燃打火机。大家这才看清楚,原来那"一百万美元"是

一幅塞尚的画,不由一起哈哈大笑起来。(段明贵编《名人的幽默·踢百万美元》)

上例中的卓别林是20世纪西方最著名的电影导演与喜剧演员,他携妻奥娜拜访的毕加索则是被誉为西方现代艺术的创始人与现代派绘画的主要代表人物。可见,这次拜访是一次高规格的上流社会交际活动。可是,在这样的交际活动中,作为喜剧演员的卓别林仍然不忘娱乐大家。当其妻奥娜黑暗中碰触了毕加索所收藏的塞尚(法国著名画家,被誉为现代艺术之父)名画而遭遇尴尬时,他立即抓住机会,即兴发挥了其作为喜剧演员的急智,不失时机地娱乐了大家一把。他不说其妻踢到了塞尚的名画,而是说她踢到了一百万美元,让其妻大吃一惊,让其他人神情为之一振。待到有人揿亮打火机而弄清原委后,大家不禁为之哈哈大笑。很明显,卓别林的这番话只是为了博大家一笑,活跃一下气氛而已,没有什么别的功利目标。尽管如此,事实上卓别林的这次言语交际还是实现了其"潜在性"的交际目标,即提高了他在法国上流社会交际圈中的声望(这个故事被传为佳话本身就说明了这一点),为今后与毕加索等法国艺术界名流的进一步交际沟通暖了身。

七、传　　情

我们都知道,人是感情动物,有喜、怒、哀、乐、爱、恶、欲等"七情"。情动乎衷,就要形乎言。所以,在言语交际与人际沟通中,"传情"乃是最为重要的一个目标。

当我们感到高兴时,除了手舞足蹈外,还会形诸语言,将内心之喜传达出来,以此感染别人,与他人分享。如唐代大诗人杜甫在得知"安史之乱"即将平定,唐军收复河南河北时,兴奋地写下"却看妻子愁何在,漫卷诗书喜欲狂""白日放歌须纵酒,青春作伴好还乡"(《闻官军收河南河北》)的诗句,其目的就是要抒发自己心中难以抑制的喜悦之情,同时想将自己的内心喜悦传达给天下所有饱受战乱之苦的人们,这便是"传情"。如唐代诗人孟郊历经无数挫折,终于在四十三岁考中进士时,抑制不住狂喜,奋笔疾书,写下"春风得意马蹄疾,一日看尽长安花"(《登科后》)的诗句,不仅仅是为了抒发自己苦尽甘来的快乐,更是要为天下"十年寒窗无人问,一举成名天下知"的士子写心,同样也是为了"传情"。

当我们感到愤怒时,除了咬牙握拳外,还会形乎语言,将内心的愤恨传达出来,以此让对方或他人了解自己的不满与否定态度。如夏朝末年人民切齿痛恨暴君夏桀而诅咒他的誓言:"时日曷丧,予及汝皆亡"(《尚书·汤誓》),意思是说:"你这个太阳为什么不毁灭?如果你毁灭,我宁愿与你一同毁灭",抒发的是人民痛恨暴君的愤怒之情;南宋抗敌英雄岳飞的《满江红》词:"怒发冲冠,凭栏处,潇潇雨歇""靖康耻,犹未雪。臣子恨,何时灭?驾长车,踏破贺兰山缺。壮志饥餐胡虏肉,笑谈渴饮匈奴血",抒发的是对外族侵略者的仇恨,也是"传情"。

当我们感到悲哀时,除了哭泣与低首蹙眉外,还会形诸语言,将哀伤之情表达出来,以此纾解内心的压力,让别人予以深切的同情。如盛唐诗人李白《将进酒》诗:"君不见,高堂明镜悲白发,朝如青丝暮成雪",抒发的是诗人揽镜自照,感叹功业未成、早生华发的悲哀之情;晚唐诗人司空曙的诗句:"雨中黄叶树,灯下白头人"(《喜外弟卢纶见宿》),则是感叹年老无助、生命行将结束的悲哀,也是"传情"。

当我们爱一个人时,除了痴迷沉醉之外,还会形诸语言,将强烈的情感展露出来,以求打动对方或感动所有人。如《诗经》中有诗曰:"一日不见,如三秋兮"(《王风·采葛》),唐人李商隐诗"春心莫共花争发,一寸相思一寸灰"(《无题》四首其二),卢照邻诗"得成比目何辞死,愿作鸳鸯不羡仙"(《长安古意》),金人元好问词"问世间,情为何物,直教生死相许"(《迈陂塘》),等等,都是抒发男女真情的文字,也是"传情"。

当我们讨厌或厌恶一个人、一件事时,除了咬牙切齿、摇头否定外,还会形诸语言,必欲痛骂一顿而后快。如孔子看不惯那些花言巧语、献媚讨好的小人,情不自禁地脱口而出"巧言令色,鲜矣仁"(《论语·学而》)。《诗经》里也记载有上古先民痛斥摇唇鼓舌、逸言误国、厚颜无耻的小人的话:"巧言如簧,颜之厚矣。"(《小雅·巧言》)看不惯某件事或某种社会现象,人们有时也会形诸语言。如战国时代的屈原看不惯当时楚王朝中是非不分、黑白颠倒、小人得志、君子见黜的黑暗现实时,曾写下这样的诗句:"蝉翼为重,千钧为轻;黄钟毁弃,瓦釜雷鸣"(《楚辞·卜居》);汉末社会政治混乱,用人制度黑暗,人民有歌谣曰:"举秀才,不知书;察孝廉,父别居"(《时人为贡举语》)。这些也是在"传情"。

当我们有某种欲望(包括生理或心理上的)时,除了有行为上的冲动外,还会有言语上的表现。如一个人饿得慌,看见别人吃东西时,他除了垂涎欲滴外,还会情不自禁地跟人说:"给我吃一点好吗?"又如鲁迅小说《阿Q正传》中的主人公阿Q,因为贫困而一生未娶。但是,他毕竟是个男人,自然就有男人的生理需要。所以,当他见到小尼姑时,会情不自禁地伸手在其头上摸一把。看见吴妈时,不仅有生理上的强烈冲动,而且还脱口而出:"吴妈,我要和你困觉"。这也是在"传情"。

说到这里,我们需要指出的是,人是感情动物,有情欲就要展露并用语言来表达。但是,用言语作为交际工具进行表达时,就是一种社会交际行为,是一种人际沟通。因此,"传情"时就必须注意方式方法,追求人际沟通的良好效果。如果我们的"传情"仅仅是为了情欲的宣泄,愤怒不满时就破口骂人,高兴快乐时就谈笑风生,悲伤忧愁时就怨天尤人,那么势必就会破坏人际沟通的社会规约,结果导致人际沟通的不畅。

正如我们上面所说的,感情有多种,因此人们日常生活中所要传达之情也不一样。但是,这里我们要特别强调一下男女之情的传达。这是为什么呢?其实,道理很简单。当你高兴快乐时,你可以手舞足蹈,也可以"吾口言吾心"或"吾手写吾口",想怎么表达都不要紧,表达得不好,顶多不能感染别人,不能让人分享你的喜悦之情,不至于影响人际关系;当你悲哀忧伤时,你可以痛哭流涕或是唉声叹气,也可以尽情地诉说内心的苦痛,表达得不好,顶多不会感染别人而博得他人的同情,不至于对人际关系产生负面效果;当你愤怒反感时,你可以对某人大打出手,也可以就某件事情或某种现象破口大骂,顶多让人觉得你没有修养。如果是因为路见不平,出于公义,也许你的这种表现还会为人所赞扬,说你疾恶如仇,树立的是正面形象。但是,若你爱上一个人,要表达你的爱悦之意,并希望也得到对方的爱,恐怕就没那么简单了。假如你是一个男人,爱上某个女人,你想向她"传情",不管关系如何,熟悉程度如何,都不可能像西方人那样说"我爱你"或是"你嫁给我吧";假如你是个女人,你爱上了某个男人,你可以用各种方式向他示爱,但是你绝不能直言"我爱你"或"你娶了我吧"。因为这样直道本心的直接式"传情",在中国这样的文化传统语境下是行不通的。若你执意这样表达,不仅不能顺利地实现目标,而且还会被人认为是"花痴",是神经错乱,或被认为是"犯贱"。因此,在中国传统文化语境下,要想顺遂地传男女之情,并顺利实现其目标,就得讲究表达策略。

说到这里,突然想起一则有关男女相爱的故事:

我与她曾八年同窗,此期间接触很少,相遇时也只打个招呼,点点头。我们都很年轻,踌躇满志而又矜持骄傲。

后来,我们都踏上了工作岗位。时光悠然逝去,我成了大小伙子。偶然的机会我得知她仍然是个老姑娘。于是我冒昧给她去了一封信:

小莉:你好!听说……对吗?若真的话,我想……

你的同学 萌雅

过了15天,我终于收到她的回信:

萌哥:您好!也听说……对吗?若是的话,我也想……

你的小妹 莉

这就是我的初恋。(萌雅《初恋》)①

上面这则故事刊载于《月老报》1986年第十六期,是一则真实的恋情故事。男主人公萌雅用了十个字加两个省略号就打动了女主人公小

---

① 此例转引自谭永祥:《汉语修辞美学》,北京语言学院出版社,1992年,第47页。

莉,而小莉则用了十二个字加两个省略号就将自己的心思婉约地表达出来了,而且赚足了面子。如果用经济学的术语来说,二人都是以最少的投入而赢得了最大的利润——一生的幸福。如果男主人公萌雅给女主人公小莉写信表达感情时不注意"传情"的技巧,实话实说,直来直去地说:"听说你还没找到对象,对吗?若真的话,我想跟你搞对象",那么女主人公小莉一定觉得感情上很受伤,认为是老同学萌雅在同情自己,将她看成了嫁不出去的"处理品"。这样,小莉即使原来有心要与男主人公萌雅发展婚恋关系,在自尊心的驱使下,也不会答应。如此,这场婚恋便不可能开场并走向成功的。同样,小莉回复男主人公萌雅的信如果不讲表达技巧,直来直去地说:"也听说你至今还没找到对象,对吗?若是的话,那我就跟你谈对象吧",那么男主人公萌雅感情上也肯定会受伤,认为是小莉可怜自己找不到对象,施舍给他爱情。这样,男主人公萌雅即使原来想与女主人公小莉婚恋,也会在男人自尊心的作用下坚决拒绝与女主人公小莉交往。如此,好不容易续起的同学关系与美满姻缘就此断送了。

男人讨老婆,"传情"需要讲究技巧;女人钓金龟婿,"传情"自然也是要讲技巧的。下面我们就看一个名女人与一个名男人是如何"传情",并最终成功的。

1923年秋,冯玉祥将军在任"陆军检阅使"时,原配夫人刘德淑因病逝世,曹锟曾想招他为婿,因见他的生活过分刻苦而作罢。这时候,有些原来抱独身主义的北京姑娘,却放弃了永不嫁人的主张,想成为陆军检阅使夫人。冯玉祥择偶的方式很特殊。他采取当面考试的办法以定成否。他和她们谈话,首先问对方:"你为什么和我结婚?"

有的姑娘答:"因为你的官大,和你结婚,就是官太太。"

有的女士说:"你是英雄,我爱慕英雄。"

对这样的回答,冯玉祥一律摇头,表示不满意。

后来,马伯援介绍李德全与冯玉祥见面,冯将军照例问:"你为什么愿意和我结婚?"

李德全调皮地说:"上帝怕你办坏事,派我来监督你!"

这带辣味儿的回答令冯将军频频点头,他认定这是个不凡的女子,后来便与李德全结为伉俪。(段明贵编《名人的幽默·才女的答复》)

在这则故事中,那些想嫁冯玉祥而未能成功的女子,之所以求婚不被接受,不是因为她们心意不诚,而是因为"传情"没有技巧,不能感动冯玉祥。而李德全的"传情"则显得相当睿智,表达不按常规。她既不从个人利益的角度立论,直道本心地说自己爱慕冯玉祥官大;也不从女人的情感出发,说自己是美人爱英雄;而是以代表全体中国人民的面目出现,以上帝的名义义正辞严地告知冯玉祥,自己之所以愿意嫁他,是为了天下苍生的幸福。这样的立意,自然境界就不一样了。因此,在冯玉祥听来就觉得特别的崇高,立即认定她是一个不平凡的女子。而他心里想找的理想伴侣,正是这样脱俗的奇女子。可见,女人要想嫁个好男人,"传情"的技巧与智慧是不可或缺的。

由上述二例,我们可以清楚地见出,男女之间的"传情"并不是一件很简单的事,而是需要技巧的。不讲究言语交际的策略,要想拨动对方的心弦,沟通情感,发展关系,那是不可能的。其他方面的"传情",同样也面临技巧问题,需要交际者在言语交际策略上用心。

八、拒　　绝

在日常生活中,我们每个人都绕不过一件事,就是如何拒绝别人的要求或请求。虽然拒绝别人并不是什么难事,但是我们每个人都是社会的人,不是生活于真空中,必须与他人互动或相处。如果因为一次拒绝而让对方不快,那么势必会产生人际关系的负面影响,使我们日后与对方的言语交际与人际沟通发生困难。因此,如何巧妙地"拒绝",也就成了我们言语交际与人际沟通中一个重要的目标。

说到"拒绝",我们每个人,即使是还未走上社会而身处校园的大学生,都会有切身体会,既有拒绝别人时的为难,也有被他人拒绝时的尴尬。比方说,大学同学之间难免相互之间要借点东西,最常见的是借钱。现在的大学生大多是独生子女,从小被父母宠爱,花钱不知节制。上了大学后,成了天之骄子,每个月被父母花钱供着,更是不知体谅父母的辛苦。他们中的很多人,由于平时大手大脚惯了,花钱毫无计划,以致常常出现学生之间广为传播的那则笑话所说的情况:"书到用时方恨少,钱到月底不够花。"其实,"书到用时方恨少",那是走上社会以后的事,在校园里还可以不管它;而"钱到月底不够花",则就有了生存危机。毕竟"人是铁,饭是钢,一顿不吃饿得慌",任你是什么英雄好汉,饿你三顿,保证你什么志气也没了。所以,同学之间常常发生相互借钱的情况。本来同学之间就应该相互帮助,别人有点困难,有能力帮助一下理所当然。可是,事实上就是因为这点事儿,同学之间常常会发生人际关系的矛盾。笔者上大学和读研究生时,都看见过不少同学因为借钱问题而明里或暗里闹矛盾。犹记得在笔者大学一年级时,有一次一个北方同学到月底时断炊了,向一个南方同学借饭票。那是1982年,国家还实行大学生供给制,每月粮食都是定量的,每人每天一斤粮食,发到各人手上是一斤饭票。你可以用这一斤饭票买面食,也可以买米饭类,反正一天就是这个量。因为那是一个商品短缺的时代,纵使你再有钱,也买不到粮食和某些物品。大概是那个北方同学饭量大,加上没有计划,没有合理安排每天的饮食量,没有注意饭菜的搭配,所以出现了月底前断炊的情况。既然是同学开口,那位南方同学就爽快地借给了那个北方同学。度过了断炊期,迎来了学校发饭菜票的时刻。那位南方同学满以为那位北方同学领到饭菜票后的第一件事是还他借的饭票,可是等了几天也没见那位北方同学有归还的意思。于是,那位南方同学就背后跟别的同学说起此事,别的同学劝他说:"可能是他忘了,再等等,等他想起来再说。"可是,等到快月底了,那位北方同学不仅没想到要还饭票,反而又向那位南方同学借饭票了。那位南方同学就推说,自己这个月也不够吃。没想到那位北方同学说:"你们南方人吃得少,怎么会不够呢?"那位南方同学此时再也憋不住了,回道:"你上次借我的饭票还没还呢,我怎么够吃呢?"北方同学不屑地说道:"你们南方人真是小气,这点小事还记得这么清楚。"南方同学觉得受到侮辱,也就毫不客气地说道:"我最看不起北方人,'好借好还,再借不难'的道理都不懂,还振振有词,理直气壮,借人东西不还还有理。"北方同学腾地一下火上来了,就跟那位南方同学打了一架。从此,两人反目成仇,四年也没说过一句话。这起同学之间的矛盾,究其原因,就是因为那位南方同学不懂得"拒绝"的艺术。如果他懂得"拒绝",可以客客气气地跟那位借饭票的北方同学说:"不好意思,我本来是够吃的,只是上个月有个同学向我借了饭票,不知什么原因,也许是他忘了,反正至今他还没还我,所以这个月我的吃饭恐怕也有些问题了。"如果这样拒绝,那位北方同学只要没得健忘症,一定会想起自己借过南方同学饭票的事。如果真的健忘,那他也能听懂那位南方同学的弦外之音,从而回忆起自己向南方同学借饭票之事。如果那位北方同学没得健忘症,也听懂了南方同学的弦外之音,那么就一定会明确承认自己没还南方同学饭票的事,并承诺下月一定归还。退一万步说,即使那位北方同学有心要赖账,听了南方同学旁敲侧击的话,也完全可以知难而退,从此不再向南方同学借饭票。这样,同学之间的矛盾也不至于激化,更不会发展到打一架的程度。

其实,因为借东西而引起人际矛盾,并不是只发生于校园之内,社会上这种事更是常见。正因为如此,很多人为了避免东西被借而不情愿的尴尬,索性有言在先,或是干脆写个告示,让有心要借的人知难而退。既然别人没有开口相借的机会,自己也就避免了不愿出借的为难,想借的人也不会有借而不得的尴尬。以前有一个故事,说学术界有位学者藏书很丰富,但又爱书如命,怕朋友借书,更怕有朋友借而不还,所以就写个告示贴在书橱上:"老婆与书,概不出借。"虽然少了人情味,但却因此避免了借书与索书引发的很多人际矛盾,反而在学术圈内传为佳话。几年前,笔者开车时看见前面一辆车上贴着一个时尚的贴条,上面赫然写着:"老婆不借车不借。"大概是想仿效上面我们所说的某学者不借书的佳话,不想朋友向他借车而出现尴尬吧。

众所周知,人是社会的人,不是不食人间烟火的神仙。因此,生活于现实社会中的每个人都不是完全自由的,或多或少都会受到一定的社会关系的制约。《红楼梦》中的王熙凤曾说过一句名言:"大有大难,小有小难。"民间也有一句话,说的意思与此相同:"家家有本难念的经。"其实,不仅是家家都有一本难念的经,事实上每个人都有一本难念的经。做学问的,有借书与被借书的尴尬;做百姓的,有借钱借物与被借钱借物的苦恼;而做大人物的,看上去高高在上,其实,他们也有常人不能体会的苦恼。比方说,掌握国家机密特别是军队或国家安全机密的高官,他们的苦恼就不是一般人所能体会的。他们虽然地位显赫,但与普通人也没有两样,他们有亲人,也有朋友。他的亲人或朋友中,如果有人好奇心特别强,想向他打听些机密的事,他说还是不说呢?说了,就犯了泄露国家机密罪;不说,又被亲人或朋友说成是不通人情、假装正经。如果你有幸或不幸身处这样的位置,你如何拒绝亲人或朋友的刺探呢?对此,恐怕很多人都会一筹莫展的。不过,有智慧的人,还是能够找到巧妙的拒绝方法的。比方说,美国前总统罗斯福就很有办法。

据说,罗斯福在当总统之前,曾在海军里担任要职。一天,一位朋友向他问起海军在加勒比海的一个岛建立潜艇基地的计划。

罗斯福向四周看了看,压低声音问:

"你能保密吗?"

"当然能。"

"那么,"罗斯福微笑着说,"我也能。"(李春生等编《世界名人幽默精品》)[①]

---

① 此例转引自高胜林:《幽默技巧大观》,上海科技文献出版社,2002年,第140页。

读了这则故事,大概没有人不佩服罗斯福拒绝的艺术,相信故事中那位被罗斯福拒绝的朋友也会心悦诚服,没有理由怨恨罗斯福的。

　　我们都知道,"好奇和爱打听秘密是人类的天性,上述故事中罗斯福的朋友向罗斯福打听美国是否有在加勒比海一个岛上设立潜艇基地的计划,这也是人之常情。但是,罗斯福是军人,因此他无法放弃自己作为一个军人应该保守军事秘密的基本原则。可是,直通通地断然拒绝朋友的问题,又不近人情,朋友面子上也过不去。这实在是个不小的难题!然而,罗斯福毕竟是罗斯福,他通过运用'设彀'修辞策略,先神秘地问朋友'你能保密吗',朋友以为罗斯福会告诉他秘密,但希望他能保守秘密,不要把他说出的秘密再传出去,所以他就爽快地答应说:'当然能!'既然如此,罗斯福就自然而然地顺着朋友的话说出'我也能!'婉约地告诉朋友'你有保守秘密的原则,我作为军人更不能放弃保守军队秘密的原则了,你就不要为难我了。'朋友虽然最终没有获得罗斯福告知的秘密,没有满足自己的好奇心,但罗斯福的一番话说得婉约自然、新颖生动,化解了双方可能遭遇的尴尬,自然在接受心理上没有了抵触和不愉快的情绪,相反还对罗斯福的智慧和幽默而感到心悦诚服"①。可见,在言语交际与人际沟通中,交际者并不是不能拒绝受交际者的要求或请求,关键是交际者要有拒绝的艺术。

　　像罗斯福这样拒绝朋友刺探军事情报的情况,在一般人的生活中是难得发生的。但是,像男女相互间的爱悦情感问题,则就不一样了。无论是名人或普通人,都可能遇到爱与被爱时被拒绝或需要拒绝的问题。这时候,对当事人的智慧就是一个考验了。下面我们看一例名人拒绝他人求爱的故事。

　　20世纪初风靡欧美的美国舞蹈家邓肯曾狂热地追求萧伯纳。她给萧伯纳写信说:"如果我们俩结合,生下的孩子,有我美丽的仪表,而

---

①　吴礼权:《传情达意:修辞的策略》(修订版),暨南大学出版社,2014年,第189页。

有你智慧的头脑,这该多妙!"

萧伯纳复信道:"如果孩子仪表像我,头脑却像你,那该有多糟!"(段明贵编《名人的幽默·仪表和头脑》)

萧伯纳拒绝邓肯的求爱,虽然意思说得非常明白,但表达却充满智慧,拒绝对方显得婉转而幽默。因此,当事人邓肯尽管感情很受伤,但也说不出什么。因为萧伯纳的表达运用了"仿拟"修辞策略,模仿邓肯的句式表意,却将语序做了互换,顿时使白天鹅变成了土鸡,不露痕迹地暗示出这样的一层意思:"我不喜欢徒有其表而头脑简单的女人。"让当事人觉得既刻薄又幽默,爱也不是恨也不是。

西方人在拒绝他人时颇有智慧,表达也富有幽默感,令人敬佩。但是,中国人在此方面也有高手,丝毫不输给他们。下面我们看一个例子。

30年代,著名作家曹聚仁夫人王春翠为《芒种》《涛声》等刊物写了二十余篇文章。曹聚仁拟给她结集出版。适鲁迅前往曹府,王春翠恳切地对鲁迅说:"拙作不堪入目,请周先生斧正,赏个书名。"

鲁迅笑道:"家有鲁班,何必再请木匠?"(段明贵编《名人的幽默·何必请木匠》)

曹聚仁夫人王春翠仰慕鲁迅(周树人)文名与影响力,想请他为自己即将出版的文集题个名,这是人之常情。但是,没想到鲁迅会拒绝。按理说,这会让王春翠及其丈夫曹聚仁都觉得没有面子。可是,事实上却不是这样。与此相反,曹聚仁夫妇不仅没有觉得有失面子,反而觉得非常高兴。如果他们觉得没面子,这事就不可能在文坛传播开来,成为当时的文坛佳话了。由此可见,鲁迅的拒绝是有技巧的。那么,技巧表现在哪里呢?原来鲁迅是运用了"折绕"修辞策略,既巧妙地拒绝了为王春翠文集题名的要求,又趁机恭维了曹聚仁(说曹是鲁班,自己是木匠),这如何不让曹聚仁大感快慰,让王春翠脸上有光呢?可见,在言语交际与人际沟通中,拒绝他人并不一定就会带来负面效果。如果真有表达的技巧与智慧,不仅不会让人心生不满,反而让人心花怒放。

九、宣　　泄

我们每个人都会承认,人与人是有差别的,特别是在修养与涵养上更是差别明显。因为每个人成长的环境有所不同,所受的教育也有差别,后天的修炼更是不一样。但是,我们也得承认,不管一个人的修养有多好,涵养有多深,他都不可能完全没有脾气,没有情绪,对于难以忍受的人或事无动于衷,就像修炼到炉火纯青地步的得道高僧那样"不怒亦不嗔""无喜也无忧"。事实上,我们绝大多数人都是平常人,修养与涵养不可能到达这种境界。所以,在日常生活中,我们常见到有人因为看不惯某些人的所作所为而怒不可遏地予以痛斥,看不惯某些事或某种社会现象而痛心疾首,甚至破口大骂。

唐代大文学家韩愈曾经说过:"大凡物不得其平则鸣。"(《送孟东野序》)因此,一个人心有不平,或心有郁结,通过言语将其情绪宣泄出来,让受交际者了解自己的想法或情感态度,实属正常。因为心理学的实验证明,喜怒哀乐都是一个人心理失衡的表现。一个人心有不平或心有郁积,自然也是一种心理失衡的表现,是某种心理能量郁积的结果。因此,为了获取新的心理平衡,就必须将郁积的心理能量予以释放,以此获得新的平衡。一个人愤怒了,发了一通脾气后就会平静下来,悲伤时大哭一顿后便会安静下来,正是心理能量释放后获得新的平衡的表现。可见,"宣泄"乃是人的一种心理需要,也是保持身心健康的重要途径,更是言语交际与人际沟通中所要追求的目标之一。

不过,应该强调的是,任何人都可以有脾气,有情绪,也可以宣泄。但是,当他通过言语予以宣泄时,需要考虑后果。也就是说,在言语交际与人际沟通中,"宣泄"需要讲究方式方法,讲究表达的技巧。如果不讲表达技巧,直来直去,极有可能出现人际沟通中的障碍,产生人际关系的负面效果,甚至大祸临头。如果表达得巧妙,则既能宣泄自己的情绪,使身心得到纾解,又可清楚地表明自己的情感态度,让受交际者知所进退。下面我们不妨看三个例子。

朱虚侯年二十,有气力,忿刘氏不得职。尝入侍高后燕饮,高后令朱虚侯刘章为酒吏。章自请曰:"臣,将种也。请得以军法行酒。"高后曰:"可。"酒酣,章欲进歌舞,……曰:"深耕穊种,立苗欲疏;非其种者,锄而去之。"吕后默然。(汉·司马迁《史记·齐悼王世家》)

这里所提到的朱虚侯,就是汉高祖刘邦之孙、齐悼惠王之子刘章。上引《史记》中的这段文字,记录的是这样一个故事:"刘章年二十时,正是刘邦死后吕后当权,吕氏家族一手遮天之时,刘家子孙都被废置。刘章为此忿忿不平。心想,江山是自己爷爷打下来的,现在却是吕氏坐江山,刘家子孙倒是没份了,这叫什么事。一次刘章入宫陪吕后宴饮,吕后命刘章为酒吏,也就是相当于今天我们所说的酒桌上喝酒的主持人。刘章就自己请命说:'臣是将门之种,请允许臣用军法行酒。'吕后说:'可以呀!'酒过三巡,喝得耳热脸红之时,刘章想给大家进献歌舞以助兴,并唱了一首《耕田歌》:'深耕穊种,禾苗要稀;不是禾苗,应当锄除。'吕后听了沉默不语。"①

那么,为什么刘章要在酒宴上唱《耕田歌》?他唱完《耕田歌》后为什么吕后会沉默不语?这里原来是有缘故的。因为刘章唱《耕田歌》的本意并不是为了给大家侑酒助兴,而是借此表达刘家子孙对吕氏家族专权独断的不满。他所唱的《耕田歌》运用了"双关"修辞手法,是一个"对象双关"的修辞文本,"表面是说耕种要想收成好,就应该留禾除草;深层语义则是说:要想永保刘家江山,就应该剪除吕氏当政诸王,还政于刘氏。由于这层意思表达得含蓄婉约,虽然吕后心知肚明,但也不能

---

① 吴礼权:《语言策略秀》(修订版),暨南大学出版社,2013年,第73页。

对刘章如何。"①事实上,刘章宣泄了不满情绪后不仅人身安全没受到丝毫影响,而且还提高了自己的威信,在吕后死后"联合周勃、陈平等大臣,尽诛诸吕,果然达成心愿"②。如果刘章在对吕后宣泄不满情绪时不讲究表达技巧,即不运用"对象双关"的修辞策略,而是直话直说,那早就一命呜呼了,哪里还有机会在恢复刘氏天下的大业中发挥重要作用呢?

刘章是古人,是武夫,尚且如此善于"宣泄"情绪,那么现代人特别是文人,其"宣泄"的艺术就可想而知了。下面我们就来看看大学者胡适是如何"宣泄"不满之情的。

胡适揭开文学革命的序幕,提倡白话文学,宣扬民主与科学,推出德先生(democracy)与赛先生(science),鼓动新思潮,开风气之先,居功奇伟。曾经遭受到若干保守人士的攻讦,开始还讲道理,后来演变成人身攻击,胡适虽然修养不错,终究按捺不住,脱口而出:

"狮子和老虎向来都是独来独往的,只有狐狸跟狗才联群结党!"
(沈谦《我的朋友胡适之》)

众所周知,胡适是五四时代的风云人物,也是以提倡民主与科学以及白话文学著名的新派人物。但是,就是这样的新派人物却因为孝顺寡母,奉母亲之命与目不识丁的小脚女人江冬秀结了婚。这可让那些旧派人物抓住了把柄,当他们跟胡适辩论文学、民主科学等问题而不能取胜时,便将矛头指向了胡适的软肋,触到了胡适心中的痛。正因为如此,一向修养与涵养都极好的胡适终于憋不住了,遂脱口而出,说了一句骂人的话,将心中的愤懑痛快淋漓地予以了宣泄。由于胡适的宣泄艺术极为高明,不仅未损他作为一个大学者的形象,而且还彰显了他的

---

① 吴礼权:《语言策略秀》(修订版),暨南大学出版社,2013年,第73页。
② 沈谦:《修辞学》,台湾空中大学印行,1996年,第76页。

优雅、智慧与风度,在文坛传为佳话。

那么,为什么会这样呢?原来胡适的骂人之语:"狮子和老虎向来都是独来独往的,只有狐狸跟狗才联群结党",是以"比喻"修辞法建构起来的一个文本,属比喻中的"借喻"一类。由于比喻的本体(前句为"我",后句为"你们")和喻词("像")都省略了,因此表意就显得相当婉约。这句话若是还原为一个完整的比喻句,则是:"我就像一只狮子或老虎,一向独来独往,行事光明磊落,从不在背后做什么小动作;而你们这帮人就像一群狐狸与狗一样,总是联群结党的,喜欢躲在阴暗的角落干些见不得人的勾当。"如果这样直道本心,将意思表达得如此清楚,虽然情绪宣泄得更为酣畅淋漓,但"势必会招来更多的攻讦。因为这样直说过于粗鲁、刻薄,将自己比狮虎又未免有自高自大之嫌。胡适的修辞文本妙就妙在以'借喻'修辞文本婉约地道出其意,既不授人以把柄,陷自己于泥沼,同时还表现出一个大学者的典雅风范。真是占了便宜又卖乖!"①

其实,不仅古代的武人与现代的文人善于"宣泄",就是现代普通的中国人也是很善于表达的,他们宣泄情绪的艺术一点不输给古人,也不输给现代的文人。谓予不信,请看作家老舍话剧《龙须沟》中的一段人物对话:

丁四　(穿)怎样?
娘子　挺好!挺合身儿!
大妈　就怕呀,一下水就得抽一大块!
丁四　大妈!您专会说吉利话儿!

丁四买了一件衣服,穿上后问他娘子怎么样,他娘子夸好,可旁观者大妈却心直口快,实话实说,认为这衣服下水后会抽纱,到时就既不

---

① 吴礼权:《现代汉语修辞学》(第四版),复旦大学出版社,2020年,第73页。

合身,也不好看了。从客观上说,大妈的话是实话,但实话不好听,所以这就让丁四和他娘子感到了扫兴。于是,丁四就情不自禁地想宣泄对大妈的不满。但是,碍于大妈是长辈,出于人伦规范,丁四不能直截了当地批评大妈,宣泄自己的不满情绪。权衡再三后,丁四找到了一个恰当的表达技巧:"倒反",即正话反说,不直说大妈不会说话,而是反其意而说她"专会说吉利话儿",婉转而含蓄地表达了其对大妈的不满情绪。虽然受交际者大妈能听出交际者丁四的弦外之音,了解其真意所在,但由于达意婉转,面子上就不至于过不去,交际双方都不至于太尴尬。

中国人碍于面子,宣泄不满情绪时注意讲究技巧。西方人虽然比较直爽,但并不是完全不懂人情世故,宣泄不满情绪时也会讲究技巧的。特别是一些政治人物,在此方面更有出色的表现。下面我们来看一个例子。

康拉德·阿登纳刚走出办公室,在花园的小道上散步,科隆博塔夫人又来了。这位夫人老是缠着阿登纳,为她的丈夫说情。阿登纳真不愿见她,但她喋喋不休地要总理回办公室去谈。

"有什么话,你就坦率地说吧!"阿登纳不快地说。

这时,不知从哪里钻出一只苍蝇,嗡嗡乱飞,夫人叫道:"总理阁下,这里有苍蝇呢!"

"没关系,它老是在我身边。你中午再来吧,它中午就到餐厅去了。"(段明贵编《名人的幽默·讨厌的苍蝇》)

康拉德·阿登纳是西德首任总理,是第二次世界大战后使德国重新站起来并与西方国家平起平坐的重要人物。他不仅政治上有一手,在言语交际方面也有一手。科隆博塔夫人为丈夫的事而纠缠他,他虽感到非常讨厌,但碍于身份,不便直言。于是便利用科隆博塔夫人说有苍蝇之事迅速牵连搭挂,说苍蝇老是在他身边,又叫她中午再来,苍蝇会到餐厅的。表面是顺着科隆博塔夫人的话说苍蝇,实则是一语双关

(运用"对象双关"的修辞策略),说科隆博塔夫人就像苍蝇一样让人讨厌。由于表达婉转自然,既畅快地宣泄了自己的不满情绪,又让科隆博塔夫人抓不住把柄。

十、调　　侃

我们都知道,人与人之间的关系是有亲疏之别的。越是关系疏远的,交际者与受交际者之间的言语交际就会越客气;反之,关系越亲密,交际者与受交际者之间的言语交际就显得越随便,甚至要拿对方的缺点或可笑的事调侃打趣,以此显示双方关系的非同寻常。可见,"调侃"其实也是言语交际与人际沟通中所要追求的一种目标。

"调侃"与"讽刺"不同,虽然都是说受交际者的"坏话",在"损"受交际者,但调侃没有恶意。相反,交际者正是要通过这种"坏话"与"损话"来彰显自己与受交际者之间亲密的关系。因此,从本质上说"调侃"作为言语交际与人际沟通中追求的一种目标,其实只是为了活跃人际互动时的气氛,彰显交际者与受交际者之间不同寻常的关系或曰情谊,是另一种人际沟通的良好形式。正因为如此,自古以来在关系亲密的朋友之间,这种"调侃"就从未停歇过。如:

昔一僧在坡公座中,见小儿名僧歌者,戏谓公曰:"公不重佛,安用此名?"公笑曰:"人家小儿,要易长育,往往以贱物为小名,如举羊狗马牛之类是也。"僧大惭。(明·冯梦龙《古今谭概·塞语部》)

这段文字讲的是这样一个故事:一天,苏东坡与一个僧人朋友一起闲坐。僧人见东坡座中有一个小厮名叫僧歌,遂戏问东坡道:"您又不信佛,为什么要为小厮取名带僧字呢?"东坡神秘地一笑道:"一般人家抚养孩子,为了使孩子容易长育成人,往往都要给取一个贱名,比方说阿羊、阿狗、阿马、阿牛之类。"僧人一听,顿时大感惭愧。

那么,僧人听了苏东坡一番话后为什么"大惭"呢?这是因为:"苏东坡调侃僧人的话,表面上是举例说明小儿名僧歌的原因,实则是说僧人就像羊狗马牛之类,是贱物。这层语意内涵并不难推求出来,只要稍有逻辑推理能力的人,都是能够由'小儿用羊狗马牛之类的贱物为名易长育'的前提推出'此小儿用僧歌命名是因为僧是贱物'的隐性结论。东坡的这一调侃虽然委婉,但并不难破译,所以僧人听懂了而'大惭'。"①不过,应该指出的是,这里僧人只是"大惭",并非"大恨",这说明苏东坡的话意在"调侃"而非讽刺。也正因为如此,明人冯梦龙将这个故事收入笑话集中。

苏东坡不仅调侃僧人朋友,甚至连生病中的朋友也要调侃。下面一则宋人笔记,记的就是他调侃朋友刘贡父的事。

>贡父晚苦风疾,鬓眉皆落,鼻梁且断。一日与子瞻数人小酌,各引古人语相戏。子瞻戏贡父云:"大风起兮眉飞飏,安得壮士兮守鼻梁。"座中大噱,贡父恨怅不已。(宋·王辟之《渑水燕谈录》十)

这则故事讲的是这样一个趣闻:苏东坡(名轼,字子瞻)有个朋友叫刘攽,字贡父,在北宋文坛上也是一个重量级的人物。贡父晚年患有风疾(大概是麻风病之类),不仅鬓发眉毛皆脱落了,而且鼻梁也快烂断了。尽管如此,但贡父仍很达观潇洒,该吃就吃,该喝就喝,而且谈笑风生,丝毫没有颓废绝望的意思。一天,东坡与一帮朋友去看贡父。大家无以为乐,便喝酒说笑话,各人都极力地卖弄自己的才学,引古人之语相互调侃。轮到东坡时,他看了看因病烂得面目全非的朋友贡父依然神采飞扬,遂引汉高祖刘邦的《大风歌》调侃道:"大风起兮眉飞飏,安得壮士兮守鼻梁。"结果,一座之人为之笑倒,贡父则为之怅恨不已。

那么,苏东坡的这句调侃语为什么会让一座之人为之笑倒,让贡父

---

① 吴礼权:《委婉修辞研究》,山东文艺出版社,2008年,第186页。

为之怅恨不已呢？这是因为交际者苏东坡运用了一种高妙的表达策略——仿讽。所谓"仿讽",乃是一种"故意仿拟前人名句名言(甚或全篇)的结构形式而更换以与原作内含语义大相径庭的内容,使原作与仿作在内容意趣上形成高下迥异的强烈反差,从而获致一种幽默诙谐、机趣横生效果的语言表达策略"①(与"仿拟"策略不同)。这种表达策略很能产生幽默诙谐效果,堪称制造调侃效果的"速配剂"。值得提起的是,苏东坡在运用这种表达策略时,并非机械地照搬,而是有自己的创意。我们都知道,汉高祖刘邦的《大风歌》一共有三句:"大风起兮云飞扬。威加海内兮归故乡。安得猛士兮守四方?"是刘邦"平定天下后回到故乡与父老乡亲一起喝酒,酒酣意畅时,即兴唱出的。它充分表达了刘邦一统天下后的那种志得意满的万丈豪情,同时也表露了对于寻求猛将守护江山的深切思虑。这首歌的主题意趣充分展现了一代开国帝王的风流,读之令人不禁顿起'大丈夫当如此也'的万丈豪情"②。而苏东坡仿用时只引其开头一句与结尾一句,从而仿拟出一个新的语篇:"大风起兮眉飞飚,安得壮士兮守鼻梁。"由于仿篇"在内容与格调意趣上与刘邦原作形成强烈的反差,高下之别不可以道里计,幽默诙谐之趣油然而生,所以一座之人为之'大噱'"③。也正因为一座大噱,交际者苏东坡调侃朋友、活跃气氛、娱乐众人的目标也就实现了。这种调侃虽然让朋友贡父一时有点尴尬,但无伤大雅,不至于影响朋友之间的关系,对日后的人际沟通更无影响。相反,还能增进朋友之间的情谊。

说到苏东坡善于调侃,不禁让我们想起在他之前的隋人侯白,更是幽默滑稽、擅长调侃他人,并且给他人带来快乐的高手。

侯白好俳谑,一日杨素与牛弘退朝,白语之曰:"日之夕矣。"素曰:"以我为牛羊下来耶?"(明·何良俊《语林·排调第二十七》)

---

①②③　吴礼权:《语言策略秀》(修订版),暨南大学出版社,2013年,第119页。

这段文字，记载的是侯白调侃隋朝权臣杨素和牛弘，而让他们觉得很开心的故事。这个故事所呈现的效果，也证明了"调侃"本身即是一种良好的言语交际与人际沟通的策略。

不过，要真正洞悉上述"调侃"语篇的妙处，我们还得先了解交际者侯白以及受交际者杨素与牛弘其人。这叫"知人论事"。侯白，字君素，临漳人。"生性好学，才思敏捷，为人滑稽诙谐，尤其善于辩论。应科举而中秀才后，官任儒林郎(一种学官)。大概因为官不大，所以他常是'通脱不持威仪'(不喜欢摆什么架子)。因为'好为俳谐杂说'(说笑话)，所以人人见了他都愿跟他玩，相互调侃。因为他学问很好，所以隋文帝就安排他在秘书省(国家图书馆、文史馆之类机关)修国史。工作表现很好，也有成绩，隋文帝命'给五品食'(即享受五品官的待遇，约略相当于今天的一个行署专员或地级市市长的待遇)，可是，他这人天生命苦，享受行署专员待遇才一个多月就死了。"①至于杨素，则更是历史上的名人。他字处道，弘农华阴人。"出身于士族大家，长于文章，还写得一笔非常好的草书和隶书(放今天当个全国书法家协会会长，应该没有什么疑义，别人也不会说他是因为'官大学问好'的缘故)。北周武帝(宇文邕)时，官任司城大夫(约略相当于城防司令、市公安局局长之类)等职。他很善于钻营，会看人，与当时的隋国公也是国丈杨坚深相结纳。静帝(宇文阐)幼年即位，杨坚任丞相，大权独揽。静帝大定元年(公元581年)，杨坚取静帝而自代，史称隋文帝，改元开皇，国号隋。隋朝建立后，他屡向杨坚献灭陈之计。开皇八年(公元588年)杨坚命他率水军从三峡东下，次年灭陈，因功封为越国公。后又领兵镇压荆州和江南各地的反隋势力，又为杨坚大隋政权结束南北朝分立局面、统一中国立下了汗马功劳。后官至尚书左仆射(宰相之位)，执掌朝政。文帝开皇二十年(公元600年)参与宫廷阴谋，废太子杨勇，拥立杨广(即炀帝)。

---

① 吴礼权：《能说会道：说话的艺术》(修订版)，暨南大学出版社，2014年，第24页。

文帝仁寿四年(公元604年)杨广杀父称帝,杨素因拥立有功被封为楚国公,官至司徒(宰相)之位。"①而牛弘呢,虽权位不及杨素显赫,但也是朝中的要角。他字里仁,安定人,"隋文帝时历任秘书监(相当于国家图书馆馆长)、吏部尚书(相当于今天中央组织部部长)等职。虽然没有什么显赫的经历,但官职却不小,尤其他所居的吏部尚书,那可是掌管全国的官员升迁、考绩、任免等生杀大权,谁不巴结他?只怕巴结不上呢"②。

不过,不管杨素与牛弘是如何的位高权重,侯白并无攀龙附凤之意,压根儿就没有"力争上游"与削尖脑袋往上爬的欲望,所以并不怎么把"杨总理"与"牛部长"放在眼里。这样,就有了上引文字所叙述的故事:一天,宰相杨素、吏部尚书牛弘入朝议事完毕,联袂走出朝堂。侯白见二人昂昂然,一本正经的样子,遂顿生调侃之心。等到他们走近,便眼望落日,即景生情地说道:"日之夕矣。"(即太阳下山了)杨素一听,立即明白其意,笑着回道:"好哇,你在说我们是'牛羊下来'吧?"

那么,为什么侯白信口感叹"日之夕矣",杨素却认为是在调侃自己与牛弘,将其二人比作是牛羊下山呢?是不是杨素会错了意?其实不是,杨素的解读是对的。因为侯白引《诗经》之句"日之夕矣",并非纯粹地触景生情,感慨"一天又过去了",而是让杨素与牛弘由此及彼,联想到《诗经》接下来的另一句"牛羊下来",以此谐音双关"牛杨退朝下班",调侃二人是牛羊。杨素与牛弘既是大官,也是饱读诗书的读书人,对于中国古代读书人烂熟于胸的《诗经》及其《王风·君子于役》一诗中的句子自然更加熟悉。所以,当侯白"日之夕矣"一句刚刚出口,杨素就知道他想说的下句"牛羊下来"。侯白的聪明之处在于没有将《诗经》中的这两句同时说出,而是只说上一句"日之夕矣",让受交际者杨素与牛弘自己意会他想说的下一句。这是在运用"藏词"和"双关"两种表达策略。他是通过"先说'日之夕矣,牛羊下来'两句的前一句,藏掉要说的后半

---

① 吴礼权:《能说会道:说话的艺术》(修订版),暨南大学出版社,2014年,第24页。
② 同上书,第24—25页。

句,利用读书人个个皆知《诗经》的语境,自然而然地让他们联想到诗的后一句'牛羊下来'。同时,又利用杨素的'杨'姓与'羊'同音,巧妙地将杨素、牛弘联系在一起,以他们二人之姓关合'牛羊'二字,从而与杨、牛退朝下来的情景联系起来,说他们是'牛羊下来',不着痕迹地戏骂了杨素和牛弘两个权臣。但因为骂得无恶意,又排调得诙谐机趣,令被调侃的杨素、牛弘也觉得有趣,自然就不能怪罪于他,而只得佩服他排调水平的高妙了"①。可见,"调侃"得有技巧,不仅不影响言语交际与人际沟通,有时还能增进交际者与受交际者之间的情感,给受交际者带来快乐。

中国古代的文人士大夫擅长调侃,现代的文人在此方面也不逊色。下面我们看两个例子。第一个例子是:

香港有个作家写了篇有关钱锺书的文章,文章说钱锺书有三位夫人。

锺书先生闻讯,一点也不生气。但见熟人,便神秘地说:"香港有位先生送给我三个老婆。"(段明贵编《名人的幽默·送三个老婆》)

这里钱锺书先生对熟人所说的一番话,与上述诸例有所不同,他调侃的不是朋友,而是自己。这种调侃既有娱乐朋友的意味,又有自我解嘲的意味,同时也包含了对中国香港那位作家的批评。正因为如此,读来更是让人觉得意味无穷,幽默风趣。

第二个例子是:

一次,漫画家华君武接王朝闻打来的电话。拿起话筒,华君武说:"你又吸烟了,一嘴烟味儿!"(段明贵编《名人的幽默·一嘴烟味》)

王朝闻是著名美学家,因为烟瘾大,华君武作为他的好友,出于爱

---

① 吴礼权:《能说会道:说话的艺术》(修订版),暨南大学出版社,2014年,第25页。

护他身体的善意对他提出批评,这是可以理解的。但是,与众不同的是,华君武没有像一般人那样,一本正经或语重心长地劝说王朝闻,而是在接电话时说他一嘴的烟味儿,这就令人为之喷饭了,因为电话只能传声而不能传味。很明显,华君武这是在调侃王朝闻,是通过搞笑的方式劝朋友戒烟。由于表达方式新颖独特,故在文坛传为佳话。

十一、博　　弈

　　人是动物之一种,因此人也有一般动物的本性,就是好斗。但是,人类的好斗,与一般动物稍有不同,他们之间的争斗并不仅止于斗力,而是还要斗智、斗勇、斗嘴。斗嘴,就是言语博弈,从心理上打击对方,凸显其才智与口才。可见,"博弈"也是言语交际与人际沟通中所追求一个重要目标。

　　言语博弈在我们日常生活中时常能够见到,不论交际者与受交际者是什么身份,总会有跟他人进行言语交际与人际沟通时发生"博弈"的情况。至于文人、政治家或外交家,因其特殊的身份,人际"博弈"更是自古及今未曾消歇过。

　　下面我们先看一则古代文人之间的"博弈"。

　　孔文举年十岁,随父到洛。时李元礼有盛名,为司隶校尉;诣门者皆俊才清称及中表亲戚乃通。文举至门,谓吏曰:"我是李府君亲。"既通,前坐。元礼问曰:"君与仆有何亲?"对曰:"昔先君仲尼与君先人伯阳有师资之尊,是仆与君奕世为通好也。"元礼及宾客莫不奇之。太中大夫陈韪后至,人以其语语之。韪曰:"小时了了,大未必佳。"文举曰:"想君小时,必当了了。"韪大踧踖。(南朝·宋·刘义庆《世说新语·言语第二》)

　　这则故事中的孔文举,就是孔子的二十世孙孔融,后被曹操所杀。如果没有读过《三国志》,相信读过历史小说《三国演义》的,都知道孔融其人。孔融长大了,脾气有点怪,虽然不为曹丞相所喜欢,但他少年时代还是蛮聪明的。他年仅十岁时,跟随其父到了东汉的京师洛阳。"当时,洛阳有一个大名人叫李膺,字元礼。东汉桓帝宠信宦官,政治腐败。元礼为司隶校尉(校尉在西汉时是仅次于将军的武职。汉武帝时的校尉就是统率一校之军官,每校人数少则七百,多则一千二百人),官不大,但因为与太学生首领郭泰等人结交,反对宦官专权。这在当时要有很大勇气,所以当时太学生们有一句口号,叫作'天下楷模李元礼'。因为元礼有盛名,到李府的人都是些才俊名流,或是元礼的中表亲戚,其余闲杂人等,一律无由进得李府大门,要见到元礼,不容易。也难怪,什么时代不这样?只要一成为名人,哪个不要摆个臭架子?孔融听说元礼如此牛气,就越发想见识这位大名人,看他到底有什么了不得的能耐!于是,孔融自己就跑去了。与其他的慕名而来的求见者一样,门卫一看是个小孩子,自然不让他进门,大人不够条件老爷还不让进呢,你小孩子还见什么李大人?不行,走!孔融见此,就说:'我是李大人的亲戚。'这样,够条件了,自然就进了门。进了门就是客,元礼就问:'您说您跟我是亲戚,到底是什么亲戚呀?'(元礼这点还不错,对小孩子也用敬称,称'君',大约相当于今天我们所说的'您')孔融回答说:'从前我的先祖仲尼(即儒家创始人孔夫子,名丘,字仲尼)与您先祖伯阳(即道家创始人老子,姓李名耳,字伯阳)有师生之谊(相传孔子曾问礼于老子)。所以我与您算得上是一代接一代的通家之好。'元礼和家中的满座高朋宾客对这小孩子的话无不震惊。太中大夫(中央政府的高级官职,其地位大约当在各内阁部长之上)也来拜访元礼。因为来晚了,于是就有人转述孔融的话。陈大人自视甚高,不仅没表扬孔融,反而讽刺说:'小时候聪明,大了未必有什么出息。'孔融一听这老头怎么这么说话呢?于是就反唇相讥,不客气地反驳了他一句:'以此推知,想必陈大人小时候一定很聪明。'陈大人一听,知道自己吃了大亏,但又不得不佩服!真是站也不好,坐也不是,很是尴尬。"① 由此可以见出,孔融小时

---

① 吴礼权:《能说会道:说话的艺术》(修订版),暨南大学出版社,2014年,第37—38页。

候还真是聪明过人。他年仅十岁与自视甚高的太中大夫陈韪言语"博弈",竟然完胜,让陈韪为之"大踧踖"(一种既恭敬又不安的神情)。

那么,孔融在与陈韪言语"博弈"时何以一句话就让陈韪为之"大踧踖"呢?细究起来,我们不得不佩服这孩子在言语交际方面的天赋。他知道陈韪是长辈,又是朝中高官,自己是个小孩子,陈韪可以批评自己,但他不能批评陈韪。否则,就有违人伦规范,有辱孔门家风。因此,他选择了"借力使力,反转因果"的表达策略。"陈韪说'小时聪明,长大了未必聪明'。孔融顺着他的话,按照他的逻辑,进行反转因果的逻辑推理,说'想必您小时一定很聪明'。这话是借着陈韪的逻辑来骂陈韪,说陈韪现在是个很笨的人。但骂得巧妙,骂得自然,婉转有韵致,令人拍案叫好,令陈韪哭笑不得。"①由此,在士林中传为佳话。虽然孔融后来表现并不怎么样,人生结局也很悲惨,但就他小时候与陈韪的言语博弈来看,他是成功的。

孔融死后十二年,曹操也死了,曹操的儿子曹丕代汉而称帝,从此正式开始了三国鼎立的时代。三国鼎立时代开始后,曹魏统治的北方颇是平静,但南方的孙权与西蜀的刘备所建立的吴蜀政权之间的矛盾却日益突出了。两国不仅在战场上兵戈相向,杀得眼红,而且在外交上也交锋不断。下面的这则故事,说的就是吴蜀二国的外交博弈。

> 张君嗣在益州,为雍闿缚送孙权。武侯使邓芝使吴令言次从权请裔。裔自至吴,流徙伏匿,权未之知,故许芝遣裔。裔临发,乃引见,问裔曰:"蜀卓氏寡女,亡奔相如,贵土风俗,何以乃尔?"裔曰:"愚以为卓氏寡女,犹贤于买臣之妻。"(明·何良俊《语林·排调第二十七》)

这则故事中提到的张君嗣,即张裔,字君嗣,蜀郡成都人,乃蜀国名臣。"据《蜀志》记载,张裔是专门研究《春秋公羊传》等先秦史的,但也

---

① 吴礼权:《能说会道:说话的艺术》(修订版),暨南大学出版社,2014年,第38页。

博涉《史记》《汉书》等汉代历史,是个学富五车的大儒。东汉末年,董卓用兵夺权后,自任太师,专断朝纲。当时,董卓手下有个吏部尚书(专门掌管官员任免选拔的中央政府行政长官,约略相当于今天我们的中央组织部部长)叫周毖,尚书郎(约相当于副部长)叫许靖。许靖,字文休,很有政治头脑,他便与周毖共谋,利用掌管官员选拔任免大权秘密选拔物色贤才,以作匡正朝廷之计。后来,许靖与周毖各自举兵想杀掉大奸董卓。结果失败,周毖被害。许靖幸得一命,后来辗转到了蜀中(即四川),并做了广汉太守。刘备占领四川,并以此为基础建立蜀汉政权而称帝后,以许靖为太傅(即皇太子的老师),当时许靖已经七十岁了。许靖因为是做组织工作出身,十分喜欢提拔后辈,爱举人才,喜欢清谈,品评人物优劣,当时是蜀汉德高望重的一位,即使是丞相诸葛亮也是对他敬重有加的。正因为如此,凡经许靖称道的人,大致都是优秀的,丞相诸葛亮也是十分器重的。"[①]在许靖称道的人物中,其中就有上文提到的张裔。据说,许靖当初一入蜀中,就觉得张裔机敏能干,认为他是钟繇(在曹魏时代曾官至太傅,书法与王羲之齐名,时人并称为"钟王"。他的儿子钟会,则官至曹魏政权的丞相)之流的人才。"因为张裔名望很大,刘备打下益州后,就任命他为益州太守。张裔奉命前往益州就职,不意却被雍闿捉住,缚送给了东吴的孙权。丞相诸葛亮知道后,立即派专使邓芝到东吴,让他想方设法说服孙权,把张裔给要回来。诸葛亮为什么要派邓芝专门跑这趟呢?这一来是因为张裔是个重要人才,二来孙权不一定肯放人,说服工作非邓芝不可。说到这邓芝,可是蜀汉了不得的外交人才。据《蜀志》记载,邓芝,字伯苗,义阳新野人,是东汉邓禹之后。因为逃避东汉末年的战乱,避到蜀中。刘备占领蜀中后,任命他为广汉太守。后来,刘备中道而崩,诸葛亮怕孙权变卦,改变两国联盟的关系,因为刘备是东吴的女婿,是孙权的妹婿,不管好歹,刘备健在,孙权即使为了江山,也得看着郎舅关系。而现在刘备一死,诸葛亮

---

① 吴礼权:《能说会道:说话的艺术》(修订版),暨南大学出版社,2014年,第165页。

就特别担心。于是,就派邓芝为特使出使东吴。邓芝果然是外交奇才,最终与孙权达成共识,双方签订了友好同盟条约。条约签订后,孙权就跟他说:'若天下太平,二主分治,不亦乐乎?'意思是说:'如果我们共同打败曹魏,我们两国共分天下,不也很好吗?'邓芝回答说:'夫天无二日,土无二王。如并魏之后,大王未深识天命,君各茂其德,臣各尽其忠,将提枹鼓,则战争方始耳。'意思是说:'天无二日,一个国家不能有两个国君,刘备才是汉室正宗。如果灭亡曹魏后,大王您看不清天命所在,一定要与我们蜀汉的皇帝争天下,那么我们两国的国君就各修其德,我们两国的臣子就各尽其忠。这样,两国的仗就有的打了。'孙权一笑,说:'君之诚欸乃尔耶?'意思是说:'你很诚实呀!'临走孙权又给诸葛亮写了封信,其中特别提到:'和合二国,唯有邓芝。'意思说,今后我们两国能够和平共处,要赖邓芝从中发挥作用的。"①当然,这些都是后话了。

却说蜀相诸葛亮闻说张裔奉命往益州就职途中被蜀国叛将雍闿捉获,并送给了孙权,大为震惊,遂立即调来邓芝,让他出使东吴,跟吴国之主孙权交涉,务须要回张裔。邓芝到了东吴,见到孙权,也没过多的客套,径直跟孙权要人。但是,孙权却说他不知道有这么个人。邓芝以为孙权这是在推托,或是外交辞令。事实上,孙权还真的不知道有这么一回事儿。因为张裔被雍闿捉送到东吴后,吴国君臣并不了解他的重要性,所以张裔就在吴国到处流迁,隐姓埋名过日子。所以,孙权不知道张裔在吴国,这也是事实。要知道,在那个时代,信息本来就不怎么灵通,吴国的情报人员大概工作也不怎么得力,以至像张裔这样杰出的蜀国名臣被捉到东吴后,根本就没人向孙权报告。正因为孙权不知有这回事,更不知张裔是何许人也,所以当邓芝跟他一提要带回张裔时,孙权想都没想,就一口答应了。因为在孙权看来,两国交好,人员相互

---

① 吴礼权:《能说会道:说话的艺术》(修订版),暨南大学出版社,2014 年,第 165—166 页。

引渡本是平常之事,没有什么大不了。但是,考虑到张裔是蜀相诸葛丞相派特使来要回的人,所以在张裔临走前,孙权就礼节性地召见了他。召见时,孙权以为张裔只不过是个普通的蜀国人,不算个什么人物,于是就没话找话,随口说道:"听人说你们蜀地以前有个寡妇,好像是姓卓,竟然跟司马相如私奔了,寡人不明白,贵乡的风俗怎么会这样呢?"张裔一听孙权这话,知道孙权这话不是随便说的,其意是在嘲笑蜀汉民风不淳。出于自尊心,更是出于维护蜀汉的国家尊严,张裔也就不客气,遂不卑不亢地回敬了孙权一句:"臣以为鄙国卓氏寡女,比起贵国的朱买臣之妻子,似乎还要强点吧。"孙权听了张裔的话,肯定是悔恨交加。悔的是自己怎么这么没眼光,竟然这么轻易地就把蜀国的人才给放了;恨的是自己以一国皇帝之尊,竟然在外交上失利了,输给了蜀国的臣子。后来的事实证明,孙权确实是要后悔不迭的。"张裔回国后,即被诸葛亮任命为参军(重要幕僚,即高级参谋、顾问之类),署府事(代理相府日常行政事务),累加辅汉将军。"①可见,张裔确实不是平庸之辈,乃是蜀汉英才。放了张裔,实乃吴国的损失。

由上述故事,我们可以清楚地见出,孙权与张裔的对话,其实是一场吴主对蜀臣的外交博弈。博弈的结果,则是吴国之主孙权输了,蜀国之臣张裔赢了。作为一个外交事件看,这次是吴国外交失利了。

那么,蜀臣张裔为何能赢吴主孙权呢?为什么孙权是言语交际的主动方(即交际者),掌握着这场言语交际的主动权,最后却还输给了言语交际的被动方(即受交际者)张裔了呢?关于这一点,我们不妨对孙、张二人的言语交际文本做一番分析。孙权的话"蜀卓氏寡女,亡奔相如,贵土风俗,何以乃尔",乃是一个"用典"修辞文本。它的内容涉及这样一个典故:西汉时,蜀地临邛(即今之四川邛崃)有一巨富,名曰卓王孙。卓王孙膝下有一女卓文君,不仅善鼓琴、擅棋画,非常有才情,而且长得非常美貌,"眉色远望如山,脸际常若芙蓉,皮肤柔滑如脂"。凭着

---

① 吴礼权:《能说会道:说话的艺术》(修订版),暨南大学出版社,2014年,第166页。

姿色与才情,卓王孙将其许配给某一皇孙。不料,文君命运多舛,未成婚皇孙即离世。于是,文君只得寡居在家。其时,司马相如虽早已是著名的辞赋家与音乐家,但却因家贫而不得志,正寄住在好友、临邛县令王吉处。王吉与卓王孙有往来,因而司马相如得以结识卓王孙。有一次,卓王孙在家宴请县令王吉,请司马相如作陪。卓王孙虽是商人,却也有附庸风雅之好。席间,主客免不了要奏乐作赋。相如早就闻知卓王孙之女有才有色,遂演奏了一曲《凤求凰》。卓文君早已慕相如之才,又闻知其风流倜傥,遂为其琴声挑动了芳心。于是,二人就互生了爱慕之心。但是,卓王孙坚决不允,百般阻挠。最后,卓文君无奈,只得与司马相如私奔,随相如逃到了成都。到了成都后,二人无以为生,于是就在成都开起一个小酒店,文君亲自当垆卖酒。卓王孙闻之,深以为耻,只得给了女儿一笔钱,并将女儿与司马相如接回临邛。司马相如与卓文君的爱情故事,在今天的人们看来觉得非常浪漫,也觉得他们为了爱情勇敢冲破封建阻力难能可贵。但是,在三国时代,在孙权与张裔看来,这样做是非常可耻的。因为在中国古代人的观念里,一个女人死了丈夫,要么殉情,要么守节,根本就不应该再嫁人。因为"烈女不嫁二夫",乃是社会习俗。而新寡的文君竟然爱上了别的男人,甚至还跟他私奔,这让当时的人们无论如何都难以接受。正因为如此,孙权要翻出这个典故,目的就是要出蜀汉的丑,讽刺蜀汉民风不淳。因为司马相如与卓文君都是蜀汉中人。

  交际者孙权的用典之意,受交际者张裔当然明白。其实,他不仅明白,而且深知这场言语交际已经演化成了一场外交博弈,为了蜀汉的尊严,无论如何都是不能输给孙权的。于是,张裔"用其人之道,还治其人之身",也以"用典"的修辞策略创造了一个文本,回了孙权一句道:"愚以为卓氏寡女,犹贤于买臣之妻。"这句话用的是这样一个典故:西汉时,会稽吴(今属江苏)人朱买臣(字翁子),乃一介寒儒,家贫无以为生,每日靠上山打柴卖柴艰难度日。虽然生活艰难,但他从不气馁,对自己的未来充满信心。每日食不果腹,但仍行歌诵书,不以为意。他的妻子是个嫌贫爱富的人,看到自己的丈夫不长进,连妻子儿女的温饱问题都解决不了,却还好意思每天信心满满,摇头晃脑读几卷破书,最后,终于忍无可忍,觉得自己的脸再也丢不起了,日子也过不下去了,就坚决要求跟朱买臣离婚。但朱买臣仍然很乐观,就跟她说:"你要眼光放远点,困难只是一时的,你稍稍忍耐一下,我保证五十岁时一定会富贵发达的。现在我都已经四十岁了,再等我两年,那时富贵了,我会好好补偿你,报答你,好不好?"他的妻子不仅听不进去,而且觉得可笑,认为丈夫是在吹牛,是在做白日梦。于是,继续与丈夫闹,天天缠着他闹离婚。最后,朱买臣没有办法了,只得随了她的心愿,跟她离了婚。朱买臣的妻子离婚后,不久就改嫁给了一个田夫。毫无疑问,这个田夫家肯定要比买臣家境殷实,日子过得比较好。没想到,到了汉武帝时代,朱买臣突然时来运转,得到当时一个大官人严助的极力荐举,由不名一文的穷书生一夜间摇身成为会稽太守。之后平步青云,当了州长的朱买臣,走马上任后的第一件事便是衣锦还乡,但他却是以视察地方工作为名目的。史载,他衣锦还乡时是"乘传入吴"的,即坐着公家的车马回到家乡吴地。坐在车里,他一路走一路看,突然看到正在整治道路,迎接他这个州长的人群中有他的前妻与现任丈夫。于是,买臣便命车夫停下车,"命后车载其夫妇舍园中"。用今天的话来说,就是朱州长命令后面随行的车马把他的前妻及现任丈夫一并载上,带到了一个高级别墅中。朱买臣的前妻被州长大人热情款待了一个月后,越想越惭愧,遂上吊自杀。据历史记载,就是这个朱买臣,后来竟然做到了丞相长史(约略相当于国务院秘书长)的高位,算得上是一个大器晚成者。张裔之所以要提朱买臣的典故,一是因为朱买臣也是西汉时代的人,与司马相如属于同一个时代,二人有可比性;二是朱买臣的家乡在吴地,而吴地正是交际者孙权统领的国土。了解到这一层,张裔述说朱买臣的典故,用意亦就特别明显了:"东吴的民风更坏。我们蜀汉的女子卓文君爱的只是司马相如的才华,悦的是他的风流才情;而你们东吴的买臣之妻爱的却是钱,嫌贫爱富。卓文君自然比买臣之妻品位要高了不少,蜀汉也自然比东吴要强。"①由此可见,张裔的反唇相讥确实比孙权的讽嘲要略胜一筹。在这场言语博弈中,受交际者张裔确实是赢家,而交际者孙权倒成了输家。

中国人固然擅长言语博弈,西方人在此方面也并不逊色。相比而言,可能性格开放、喜欢幽默的西方人在言语博弈方面更胜一筹。下面我们不妨看几个例子。先看第一个例子:

德国大诗人海涅是犹太人,经常因此而遭到一些"大日耳曼主义者"的攻击。

在一次晚会上,一个旅行家讲述他在环球旅行中发现的一个小岛,讲到最后,他不怀好意地瞟了海涅一眼说:"你猜猜看,在这个小岛上,有什么现象最使我感到惊奇?"停了一下,他冷冷一笑说:"在这个小岛上,竟没有犹太人和驴子!"

周围发出一阵刺耳的尖笑声,许多目光一下子集中到海涅身上。

海涅不慌不忙地说:"如果真是这样的话,那么,只要我和你一块到小岛上去一趟,就可以弥补这个缺陷了!"

旅行家面红耳赤,狼狈地溜到一边去了。(段明贵编《名人的幽默·小岛的缺陷》)

故事中的那位旅行家与诗人海涅的对话,从本质上来说都是博弈,是相互对抗的不合作言语交际,人际沟通的目标是相互贬损对方。只是在这场言语博弈中,诗人海涅胜出,而旅行家失败了。因为旅行家的言语表达虽然也有技巧,运用了"讽喻"的修辞策略(即临时编造一个故事来表达所要表达的思想或情感),婉转地骂了海涅和犹太人等同于驴子,但是海涅的回应则技高一筹,他运用了"推谬"法,顺势类比,自然而然地将旅行家归类为驴子。骂人不带脏字,而且不着痕迹,不失大诗人

---

① 吴礼权:《能说会道:说话的艺术》(修订版),暨南大学出版社,2014年,第168页。

的做人风度。

在西方,不仅文人间喜欢言语博弈,政治家之间的言语博弈更是司空见惯,尤其是在参众两院等两党或多党政治斗争的场合,持不同政见者斗嘴的场面简直就像吃饭喝水一样平常。如:

英国议会里的第一个女议员阿斯特曾经对丘吉尔说:"如果我是你的妻子的话,我就在你的咖啡里放上毒药。"

丘吉尔反唇相讥:"如果我是你的丈夫,我就把它喝下去。"(段明贵编《名人的幽默·如果是夫妻》)

丘吉尔与阿斯特的对话,是非常明显的充满火药味的言语博弈。不过,相对而言,丘吉尔的话虽也是恶狠狠的咒人语,但要比阿斯特的话显得婉转。他运用了"折绕"修辞策略,将自己对阿斯特的愤怒之情宣泄而出,不失首相与政治家的风度。如果他直言"你这样的女人,谁做了你丈夫,还不如死了算了",那就有失首相形象了。

十二、讽 刺

言语交际与人际沟通中,并非都是"亲爱合作",一片和谐之声。事实上,有时交际者与受交际者的言语交际不是为了展现善意与合作,而是为了显示非合作的对抗,目的就是为了让受交际者情感受伤,如鲠在喉。可见,"讽刺"也是言语交际与人际沟通中所追求的一种目标。

"讽刺",其实就是骂人。只是相对于赤裸裸的骂人,它要显得婉转点。这样,既使人际关系"斗而不破",又能显出交际者的言语智慧与做人的风度。因此,"讽刺"作为一种言语交际与人际沟通的追求目标,其实并不是那么易于达成的,它需要交际者掌握一定的语言表达技巧,有足够的语言智慧。如果没有表达技巧,没有语言智慧,那就形同泼妇骂街,就算不得是"讽刺"了。下面我们不妨看两例精彩的"讽刺"言语作品。

在一个晚会上,萧伯纳正在专心地想他的心事。坐在旁边的一位富翁不禁感到好奇,就问道:"萧伯纳先生,我愿出一块美元,来打听你在想什么?"

萧伯纳回答说:"我想的东西不值一块钱。"

富翁更加好奇了:"那么,你究竟在想些什么呢?"

萧伯纳幽默地答道:"我在想着您啊!"(王玮编《中外幽默小品选》)①

上引这段文字,讲的是英国著名文学家、幽默大师萧伯纳讽刺商人的一则故事。我们都知道,"商人与文人似乎是一对天敌,文人看不起商人满身的铜臭味和唯利是图、奸诈无文的德行,商人又非常看不起文人的清高自大和穷酸掉文的作派,这似乎是通行于世界的普遍现象"②。正因为如此,这才有了上述故事中的商人炫富与萧伯纳损人这个情节。商人自以为有钱就了不起,所以一看到作家,潜意识中便有了一种优越感,于是情不自禁地又谈起"钱"来。本来在英国上流社会的社交晚会上,大家比的就不是钱,而是身份地位,英国上流社会是最讲这个的,好摆谱。但是,那商人不懂上流社会人的心理,看人看事总跳不出商人"钱本位"的思路,所以当他向萧伯纳打听事情时,开口就是"钱"字,这必然让清高孤傲的文人看不起,觉得他粗俗,打心眼里瞧不起他。但是,萧伯纳是文人,不是粗人,所以他心里虽极度鄙视那商人,却不愿直道本心,因此他选择了一个巧妙的表达策略——"设彀"。先设一个语言圈套:"我想的问题不值一块钱。"让那商人更加好奇,进一步向其设定的语言陷阱迈进。当那商人不知就里,继续往前,踏入陷阱的核心区域,问他"究竟在想些什么"时,他就开始收拢陷阱的罗网,将其捕获,即道出其核心语意:"我在想着您呢。"虽然商人并不擅长语言

---

① 此例转引自谭永祥:《汉语修辞美学》,北京语言学院出版社,1992年,第61页。
② 吴礼权:《传情达意:修辞的策略》(修订版),暨南大学出版社,2014年,第190页。

游戏,但他基本的逻辑推理能力还是有的,当然能够联系前后语境,解读出萧伯纳骂他"不值一块钱"的真意。这种曲里拐弯,兜着圈子骂人的技巧,恐怕是满脑子都是"钱"字的商人做梦都想不到的。可见,骂人也是技术活儿。有技术含量就是"讽刺",无技术含量的则只能算是"骂街",在言语交际与人际沟通中是不被认同的。

英国文学家萧伯纳诚然具有很高的讽刺技巧,但是中国人在此方面的天赋也不输给他。谓予不信,请看下例。

三杨学士当国时,有一妓名齐雅秀,性最巧慧,众谓之曰:"汝能使三位阁老笑乎?"对曰:"我一人就令笑也。"一日,被唤进见,问何以来迟,对曰:"在家看《列女传》。"三公闻之,果大笑。乃戏之曰:"我道是齐雅秀,乃是脐下臭。"即应声曰:"我道是三位老爹是武职,原来是文官。"三公曰:"母狗无礼。"又答曰:"我是母狗,三位老爹便是公猴也。"(明·浮白斋主人《雅谑》)

这是一个笑话,讲的是三杨学士与青楼女子调笑,结果反被其讽刺的故事。故事中的交际者"三杨学士",就是明代著名的"台阁体"诗派的三位代表人物杨士奇、杨溥、杨荣。"杨士奇(1365—1444),名寓,字士奇,江西泰和人。他不是通过科举考试走上仕途的,而是在湖广等做了很多年塾师(即小学教师),于建文帝初年被人举荐进入翰林院,充当编纂官,修《太祖实录》。明成祖朱棣上台后,入内阁典机务。成祖北巡北京,常留他在南京辅助太子,颇是信任。明仁宗执政时,升任礼部侍郎(即礼部的副部长)。宣宗时,升任兵部尚书(即国防部部长)。一生历任永乐、洪熙、宣德、正统四朝内阁,长期辅政,是个很有名的阁老。杨溥(1372—1446),字弘济,湖广石首(今属湖北)人。他倒是正宗的通过科举考试,中了建文帝时代的进士后进入官场的,先任编修官。成祖永乐年间为东宫洗马(即侍奉皇太子之官),后因太子遣使迎成祖太迟,结果账算到他头上,被下狱十年,受尽了牢狱之苦。仁宗上台执政后获释,并官任翰林学士,是个虚职。到宣宗即位后,时来运转,被召入内阁,官至礼部尚书(即正部长)。到了英宗初年,则升为武英殿大学士(实握宰相之权)。杨荣(1372—1440),初名子荣,字勉仁,福建建安(即今建瓯)人。他与杨溥一样,也是建文帝时代的进士,由科举进入仕途。初为编修官。明成祖永乐年间进入文渊阁,因为善谋能断,深得朱棣皇上的重用,多次随皇上北巡。后来升至文渊阁大学士(实是宰相之职位)。与杨士奇一样,一生历任永乐、洪熙、宣德、正统四朝内阁,长期辅政,是老资格的阁老。因为杨士奇、杨溥、杨荣三人年龄相当,都是四朝元老,长期辅政,故历史上将他们三人合称'三杨'或'三杨学士'。"①其实,三杨不仅会做官,官运好,位极人臣,在政坛上影响极大,而且在文学上也有不可小觑的影响。"明代永乐、弘治前后,以三杨为代表的'台阁体'诗派影响,流风所及前后绵历了一百年左右。"②客观地讲,三杨开创的"台阁体"诗歌,在中国文学发展史上并不具有多少积极意义,因为这些诗歌都是一些歌功颂德和粉饰太平之作。"其之所以会产生这种诗体,是因为三杨高居太平宰相的地位,平时除了撰写朝廷诏令奏议之外,便是大量写应制、颂圣或应酬、题赠的诗歌。这些诗作号称词气安闲,雍容典雅,其实陈陈相因,极度平庸乏味。可是,因为三杨位置高,官大学问好,自然诗也好了,所以当时追随他们的人很多,自然就形成了一种时尚与潮流。再者,一般追求利禄的文人在未中进士前致力于八股文,而得官以后,为了迎合潮流顺利爬上高位,自然就模仿'台阁体',逢迎应酬。这无形中又对'台阁体'的盛行起了推波助澜的作用。不过,这也不怪,人在官场,身不由己。从文学自身发展来看,'台阁体'不是什么进步或说好的东西,但其在当时文坛的影响,你不能不正视,它对三杨政治地位和社会影响所发挥的作用不能不说是很大的。"③虽然站在我们今人的立场来看,三杨的政治与文学都玩得不怎么样,因为对推动

---

①② 吴礼权:《能说会道:说话的艺术》(修订版),暨南大学出版社,2014年,第177页。
③ 同上书,第177—178页。

中国社会与文学发展进程都没有多少正面积极的意义。用今天的流行语来说,就是没有多少"正能量"。但是,按照中国人传统的"成者为王,败者为寇"论英雄的标准,我们又不能不承认他们是那个时代的领航者。无论是玩政治,还是玩文学,甚至是休闲娱乐,都是如此。从上面所引故事来看,我们便可清楚地了解到,三杨虽为国家宰辅,日理万机,又在道德上表率万士,但一点也不影响他们"玩时尚"。他们跟当时京城最有名的青楼女子齐雅秀都有联系,足以说明他们是一线的"玩手"。

不过,有趣的是,"玩手"终究也有"失手"的时候。一次,娱乐界的大腕们跟当红名妓齐雅秀闲聊,说到三杨三阁老最是假正经,很少见到他们笑。齐小姐一听,不屑一顾地说道:"我一人就可以让他们三人同时笑。"大家都以为齐小姐自我感觉太好,都不相信。过了几天,三阁老又来齐小姐就职的青楼酒馆休闲消费。三阁老一看齐小姐没来伺候,立即发话。老板哪敢怠慢,立即传令让齐小姐来伺候三位相爷。可是,左等右等,齐小姐就是不到。等了很长时间,齐小姐这才"千呼万唤始出来"。三阁老一见齐小姐,就没好气地质问道:"为何姗姗来迟?"齐小姐轻启朱唇,恭恭敬敬地答道:"在家看《列女传》。"三阁老一听,不禁捧腹大笑。笑够了,三阁老乃调戏齐小姐道:"我以为是齐雅秀,原来是脐下臭。"齐小姐一听三阁老为大不尊,竟然侮辱她的人格,遂应声回道:"我以为三位老爹是武职,原来是文官(闻官)。"三阁老一听,顿时勃然大怒道:"母狗无礼!"齐小姐并不畏惧三阁老的权势,从容回应道:"我是母狗,三位老爹便是公猴了(公侯)。"相信三阁老听了,除了哑口无言,就只有哑然失笑的份了。

齐雅秀是一个执贱业的下层女子,在三阁老眼里是个不足挂齿的玩物而已,那么为什么她一句话就能让道貌岸然的三阁老捧腹大笑呢?又为什么一句话能让三阁老哑口无言呢?

仔细分析一下,我们便能发现奥秘所在。在上面这个故事中,三阁老与齐雅秀的对话就是一个完整的言语交际与人际沟通的过程。在这场言语交际与人际沟通中,交际者是三阁老,齐雅秀则是受交际者。三阁老虽是言语交际的主动者,但在言语交际过程中却总是被言语交际的被动者齐雅秀所掌控。因此,受交际者齐雅秀每次总能化被动为主动,成为言语博弈的赢家。之所以如此,是因为受交际者齐雅秀巧妙地运用了两种修辞策略。一是"设彀",二是"双关"。三阁老唤她,她之所以迟迟不出场,其实是她在"施计",目的是给三阁老下套。当三阁老问她何以姗姗来迟时,实际上就已经入了她的圈套。等到她说出"在家看《列女传》"时,三阁老就不得不捧腹大笑。因为她所说的话在内容境界上与她的身份发生了偏离,让三阁老既始料不及,又错愕不已,稍一回味,便忍不住捧腹大笑。因为齐雅秀是个青楼小姐,不是什么良家女子,不可能读《列女传》。众所周知,"西汉班固所撰的《列女传》,所载都是堪具母仪、贞顺、贤明、仁智、节义等优良品德的女子事迹。这些被列入传记的女子所具备的品德,一般良家女子都很难做到,没有多少人能够学得"[①]。而齐雅秀作为一个青楼女子却说她在家看《列女传》,就让人觉得太荒唐了,所以才让三杨大笑。不过,三杨这一笑就搞活了气氛,实现了齐雅秀预定的交际目标。可见,齐雅秀的语言智慧还真不是常人所可及。

  更难能可贵的是,当三阁老自以为聪明,玩起文字游戏,利用她的名字做文章,企图侮辱她的人格时,她却能巧妙地"以其人之道,还治其人之身",将其弹射回去,并让他们吃了哑巴亏。客观地说,三杨的语言智慧并不弱,但在这场言语博弈中,最终是受交际者齐雅秀占了上风,更胜了一筹。为什么这么说呢?我们不妨比较一下三杨与齐雅秀的修辞文本。三杨所说的"我道是齐雅秀,乃是脐下臭",是一个"双关"修辞文本。它是利用齐雅秀的名字与"脐下臭"在声音形式上的近似,即利用"谐音双关"的修辞手法,说她"不应该叫齐雅秀这样优雅的姓名,而应该叫脐下臭"。很明显,三杨的话虽有一定的修辞技巧,却表意赤裸,

---

[①] 吴礼权:《能说会道:说话的艺术》(修订版),暨南大学出版社,2014年,第179页。

骂人骂得很刻薄,丝毫没有顾及受交际者齐雅秀的人格尊严。这实在与其身份地位不匹配,事实上已经失分了。但是,受交际者齐雅秀则不然。她的话虽也是讽刺,同样也是骂人,运用的修辞手法也是"谐音双关",但在表意上却显得婉转,骂人不带脏字,显得从容而优雅,反显得一个青楼女子的修养与涵养胜过三阁老远矣。因为她的话"我道是三位老爹是武职,原来是文官","表面说的是对三杨身份是'武职'还是'文官'的认识,实际上这'文官'是谐音'闻官'。意思是说:我脐下臭不臭,你们没闻过怎么知道?你们说我是脐下臭,说明你们不仅喜欢干那事,还喜欢下作地闻嗅那个部位,你们才是最下流的人呢!"①正因为受交际者齐雅秀话中巧妙地蕴含了这层意思,让三杨吃了大亏,所以他们才气急败坏地破口大骂她是"母狗"。可是,受交际者齐雅秀并不生气,乃从容接上一句:"我是母狗,三位老爹便是公猴也。"就将三杨打得落花流水了。因为这句话看似简单,实则非常高妙。它与上一句一样,还是原来三杨所使的老"枪法",是利用"谐音双关"的手法来表意的。话中的"公猴"二字"可以作'公侯'和'公猴'两解。如果作'公猴'解,大家都知道这是骂三杨像公猴一样滥交滥发情;如果三杨要板起脸来认真,她又可以辩解说她说的是'公侯',宰相自然是'公侯'大人,这话一点没说错,没骂你,是恭维呀!正因为这话说得如此巧妙高明,所以三杨自然不能拿她怎么样,三杨吃了亏也说不出的,齐雅秀也由此既维护了自己的人格尊严,又痛斥调侃了这帮臭男人,为自己和广大的妓女同胞出了口恶气。真是爽!"②可见,在中国古代做妓女也不容易,除了要貌美如花,还要舌粲莲花。如果客人不上路,不仅要修理他,还不能让他抓住把柄,说你服务态度不好。也就是说,要擅长讽刺的艺术,从而有力地维护自己的人格尊严与合法权益。

其实,讽刺不仅发生于上面我们举到的文人与商人、妓女与官僚之

---

① 吴礼权:《能说会道:说话的艺术》(修订版),暨南大学出版社,2014年,第179页。
② 同上书,第180页。

间,有时甚至会发生于两国最高领导人之间。下面我们就来看一个美国总统讽刺苏联领导人的例子。

美国总统尼克松和苏联领导人赫鲁晓夫举行会谈。

双方经过冗长的讨论后,对一个问题仍无法取得结果。于是,尼克松建议换个问题:"我们已经揍死了这匹马,现在让我们换一匹吧!"

"我同意总统的说法,我们不应当为揍死一匹马花那么长的时间,但我仍然不明白你们国会为什么在这个重要的国事访问前夕通过这么一项决议。"赫鲁晓夫满脸阴云,厉声地喊道:"这项决议名声很臭,就像是一堆刚拉出来的马粪发出的恶臭,没有别的东西比这味儿更难闻的了!"

尼克松决定要反击一下。他想起关于赫鲁晓夫的背景材料介绍,他青年时代曾当过猪倌,于是便以交谈的口吻说:"恐怕主席弄错了,有一种东西却比马粪还难闻,那就是猪粪!"(段明贵编《名人的幽默·比马粪臭的》)

苏联领导人赫鲁晓夫是以言行粗鲁闻名于世的,众所周知。在上述故事中,他与美国总统尼克松举行会谈,外交场合中仍然改不了出言粗鲁的毛病,结果让修养颇好的尼克松实在忍受不了,遂借口不赞成其"马粪"论而巧妙地揭了他早年当过猪倌的老底。不过,由于尼克松的表达技巧高妙,揭赫鲁晓夫身世老底是顺着赫鲁晓夫的话而来,显得自然而不露痕迹,因而让赫鲁晓夫吃了哑巴亏,同时也让苏联在外交上失了分。

思 考 与 练 习

一、言语交际与人际沟通的目标类别,一般说来有哪些?

二、指出下面各例各属于言语交际与人际沟通中的哪一个目标类别?请说明理由。

1. 一官好酒怠政,贪财酷民,百姓怨恨。临卸篆,公送德政碑,上书"五大天地"。官曰:"此四字是何用意?令人不解。"众绅民齐声答曰:"官一到任时,金天银地;官在内署时,花天酒地;坐堂听断时,昏天黑地;百姓喊冤的,是恨天怨地;如今可交卸了,谢天谢地。"(清·程世爵《笑林广记》)

2. 传说清末北洋大臣李鸿章有个远房亲戚,是个花花公子。他去参加乡试,可是由于平时不学无术,试卷到手根本就不会答,胡写乱画,连他自己都不知写了些什么。亏这小子还有点"歪才",心想我写上是李鸿章中堂大人的亲戚,谁敢不取?便在考卷末尾写了一行歪歪斜斜的字:"我是李鸿章大人的亲妻。"可笑他"戚"字不会写,竟写成了"妻"字。

主考官阅后,又气愤,又好笑,干脆将错就错取笑他一番。于是在一旁批了一句"所以我不敢娶"。(文俊编《巧答妙对365》)

3. 梁晓声是知青出身的青年作家。他创作的《这是一片神奇的土地》《今夜有暴风雪》《京华闻见录》等作品,深受广大读者喜爱。

一次,英国一家电视台采访梁晓声,现场拍摄电视采访节目。采访记者四十多岁,是个老练机智的英国人。采访进行了一段时间后,记者让摄像停了下来。走到梁晓声跟前说:"下一个问题,希望你毫不迟疑地用最简短的一两个字,如'是'与'否'来回答。"梁晓声点头认可。遮镜板"啪"的一声响,记者的录音话筒立刻就伸到梁晓声嘴边问:"没有'文化大革命',可能也不会产生你们这一代青年作家,那么'文化大革命'在你看来究竟是好是坏?"

梁晓声一怔,未料到对方提的问题竟是如此之"刁",分明有"诓"人上当之意。他灵机一动。立即反问:"没有第二次世界大战,就没有因反映第二次世界大战而著名的作家,那么你认为第二次世界大战是好是坏?"回答如此巧妙,英国记者不由一怔,摄像机立即停止了拍摄。(文俊编《巧答妙对365》)

4. 你不必害怕,因为你不一定被应召入伍;即使被征召,有可能上前线,也有可能不上前线。如果不上前线,就不必怕!上前线有可能打仗,也有可能不打仗。如果不打仗,也不必怕! 打仗有可能受伤,也有可能不受伤。不受伤当然不必怕! 受伤有轻伤有重伤,轻伤也不必怕! 重伤有的可以治疗,有的就死了;可以治疗的不必怕;至于死了的,更用不着怕了! (第二次世界大战期间美国的一则征兵广告)

5. 有一西人,身服之衣蔽,召裁缝至,问:"汝能制西式衣否?"曰:"有样式,即可以照做。"西人检旧衣付之。越数日,裁缝将新制衣送来,剪裁一切无差,惟衣背后剪去一块,复又补缀一块。西人骇然问故。答曰:"我是照你的样式做耳。"今中国锐意图新,事事效法西人,不求其所以然,而但行其所当然,与此西人所雇之裁缝又何以异欤? 噫!(《辜鸿铭的笔记》)

6. 历史的对比效应,有时很有意思,嘉靖这两位臣下,一个贪赃纳贿,藏镪亿兆;一个家无长物,死无殓资。尽管如此水火不容,但这也能找到共同点,他俩都是进《四库全书》的文人。一为铮铮风骨的文章高手,一为贪赃枉法的词赋名家,舍开人格不论,在文品上,两人倒也旗鼓相当,不分伯仲。要是生在今天,在文协担当一个什么理事之类,不会有人撇嘴,说他们尸位素餐。至少,他们真有著作,这是一;他们有真著作,这是二;比那些空心大佬、附庸风雅、小人得志、自我爆炒者,强上百倍。(李国文《从严嵩到海瑞》)

7. 旧笑话云:昔有孝子,遇其父病,闻股肉可疗,而自怕痛,执刀出门,执途人臂,悍然割之,途人惊拒,孝子谓曰,割股疗父,乃是大孝,汝竟惊拒,岂是人哉! 是好比方;林先生云:"说法虽乖,功效实同",是好辩解。(鲁迅《"题未定"草》

8. 一个雨天,某妇女牵着一条狗上了公共汽车,她对售票员说:"喂,如果我给这条狗买一张车票的话,它是否也能有个座位?"

售票员说:"当然行,太太。不过,它也必须和其他乘客一样,不要把脚放在座位上。"(高胜林《幽默技巧大观》)

9. 一个加罗沃人在一家银行的门口摆摊卖煮老玉米。他的老玉米十分新鲜,前来买的主顾很多,因此,不久便积攒了相当可观的一笔财产。他的一个熟人听到这个消息后,专门跑来,想从他那里借一笔钱去做买卖。

卖老玉米的回答道:"我的朋友,这事照理应该不成问题,不过当年我开始设摊的时候,便已跟这家银行订下合同:彼此决不搞残酷的商业竞争。也就是说,银行不卖煮老玉米,我也绝不经营贷款业务,我怎么能不信守合同呢?"(文雅《世界五千年幽默总集》)

10. 甲女:啊,怎么是你? 真是巧耶! 怎么在这里碰到你?

乙女:是啊! 好久不见了,你还是当年那个样子,风姿绰约的。

甲女:哪里? 我哪里比得上你,总是十八二十岁貌美如花的容颜。走在路上,没少尾随的男人吧!

乙女:说哪里话?

甲女:哈哈!(上海某地铁口两位女子的对话)

11.【早上7点左右,一年轻女子敲隔壁邻居门。】

阿婆(开门):是谁啊?

女子:阿婆,是我呀。

阿婆:哦,是小王呀!

女子:阿婆,不好意思,要给您添麻烦了。

阿婆:别客气,我们是邻居呀! 有什么事吗?

女子:我老公出差两天了,今天我公司有重要的事情,我下班要晚点,孩子没人接了。所以,想拜托您下午4点半左右到幼儿园帮我接一下孩子。

阿婆:没问题呀! 幼儿园又不远,我蛮喜欢你们孩子的。你放心,下午到时间我就去,接回来带到我家玩。你晚上回来后,再来领回去。

女子:那就太谢谢您了。

阿婆:不客气,你快送孩子和上班吧。

女子:好! 阿婆,再会。(上海某居民楼二邻居对话)

12. 1988年的一天,几位画家在同乘赴会的交通车上,谈起漫画的艺术造型问题。

方成说:"漫画人物变形很难掌握好,我就觉得自己画得太老实,不够味。"

一听这话,黄苗子说:"潘天寿讲得好,做人要老实,画画不能老实。方成正相反。"

逗得同座的人大笑。

方成把这个故事写进了《〈陈茶新酒集〉序》。(段明贵编《名人的幽默·方成正相反》)

13. 一位美国朋友商请萧伯纳和太太携手同行,让他为他们拍摄一段生活照。萧翁答应了,挽着太太一道漫步走,让那朋友开机摄影。当他们两口走近镜头的时候,萧翁突然抱着太太亲吻起来。

萧太太感觉丈夫的举动太奇怪,诧异地问:"这是什么意思?"

萧翁微笑道:"你可知道,每部电影都用这一手作结局啊!"(段明贵编《名人的幽默·电影的结局》)

14. 胡适任北京大学校长时,某次演讲,他引用孔子、孟子、孙中山的话,在黑板上写:"孔说""孟说""孙说"。

最后,他发表自己的看法时,引得哄堂大笑,原来他写的是"胡说"。(王政挺编《中外奇辩艺术拾贝》)

15. 清朝某次科举考试时,试卷中有一句叫:"昧昧我思之。"

有一考生误将"昧昧"当成"妹妹",将此句当成"妹妹我思之"。

批卷者不禁哑然失笑,于是挥笔道:"哥哥你错了!"(雪屏编《幽默对联》)

16. 萧伯纳常在他写的戏中揭露资本家的丑恶面目,所以得罪了一些有钱人。一次,有个资本家想在大庭广众中羞辱萧伯纳,他挥着大手说:"人们都说,伟大的戏剧家都是白痴。"

萧伯纳笑了笑,随即回敬道:"先生,我看你就是最伟大的戏剧家。"(陈来生等《名人幽默》)

第四章 Section 4　言语交际与人际沟通的过程划分

　　从理论上说，我们每一次的言语交际与人际沟通都是一个完整的过程，有起始也有结束。如果要对这个过程进行切分，大致可以将之划分为"称谓""上题""言事""收结"四个部分。下面我们先看一个日常生活中的例子：

　　[四月的一个周末，在上海某一公园门口，一个年轻的女子领着一个三四岁左右的小男孩正往公园里走。突然，小男孩看见一堆人正围在一起，就拽住其母往前看热闹。原来，大家都是在看一个老人在做糖人。旁边有几个孩子正手拿各种形状的糖人，一边玩一边舔。小男孩眼睛直勾勾地看着他们，好像口水都要流下来了。]

　　孩子：妈妈。

　　母亲：什么事啊！

　　孩子（指着旁边一个小男孩手里拿的糖人）：这是什么啊？

　　母亲：哦，这是糖人。

　　孩子：糖人是什么做的？

　　母亲：是麦芽糖浆做的。

　　孩子：糖人有什么用处呢？

　　母亲：好看啊！

　　孩子：还有呢？

　　母亲（看见儿子一边说，一边眼巴巴地看着旁边的小男孩津津有味地舔糖人，似有所悟）：还可以吃啊！

孩子：好吃吗？

母亲：好吃，甜。

孩子：那妈妈给我买一个可以吗？

母亲：好啊！

［那母亲立即付钱买了一个，递给儿子。］

孩子：谢谢妈妈！

这个生活场景对话，虽是孩子与母亲的言语交际与沟通，但却典型地体现了言语交际与人际沟通的全过程。孩子作为交际者与受交际者母亲的对话，有"称谓"（开始谈话前叫"妈妈"），有"上题"的过渡话语（问糖人是什么，有什么用，好吃吗），有"言事"的主旨语（即请求语"那妈妈给我买一个可以吗"），有"收结"（即得到东西后的鸣谢语"谢谢妈妈"）。

上述切分出来的这四个"过程组成因子"，以前都未曾有人提起过。这是因为言语交际与人际沟通是我们日常生活的常态，大家平时都从未想过这个问题，更没有仔细想过这个过程究竟要怎么划分，以及划分这个过程有什么意义。

确实如此。其实，不仅我们每个人在日常语言生活中从未考虑过这些问题，就是专门从事言语交际研究的学者恐怕也没人考虑过这些问题。不过，现在我们要将"言语交际与人际沟通"作为一个研究课题，并将以一门大学通识课的形式系统地给学生们讲授，那么就有必要思考这些问题，并从理论层面上予以厘清了。

一、称　　谓

一个人只要有过与他人打交道的经验，就会知道在言语交际与人际沟通中，"称谓"问题是多么的重要。有时候，它可能就是言语交际与人际沟通成功的关键因素。

也许有人认为笔者这是在"自神其说"，故意夸大"称谓"在言语交际与人际沟通中的作用。其实，并非如此。谓予不信，下面我们可以举几个活生生的例子。

第一个例子是笔者1986年开始读研究生时听一个理科女博士生说的一个故事。

在这个女博士生说故事前,我们文理科一大堆人在一起讨论当时大学里研究生如何称谓导师的问题。讨论来讨论去,理科跟文科的人虽然看法不同,但有一个共识,就是在大学里只有能带研究生、职称在副教授以上的教师才有资格被研究生们称为"先生",否则不论年龄老少,一律以"老师"称之。具体是什么原因,我们现在也不清楚了,只知道这是那时候大学校园里的"约定俗成"。

说着说着,突然那个女博士生将话题转到社会上的称谓,说社会上也流行称"先生"。这一点,我们也知道,不过社会上的人喜欢别人称他为"先生",仅局限于男性,是跟外国人学的。女的也跟外国学,喜欢别人称她为"小姐"。她说,有一次,她跟她导师到江西,有人称她导师为"师傅",她导师非常生气,声色俱厉地质问那人道:"谁是师傅?"

那女博士生刚说到这里,一位年龄在四十岁上下的文科研究生立即起而质疑道:"你导师这种思想要不得,是臭知识分子的德行,要是搁在'文革'时期,那一定会被工农兵批得体无完肤,然后再踏上一万只脚,让他这个'臭老九'永世不得翻身。"

话音未落,另一位有些年纪的文科研究生也接上话茬,说道:"你导师思想确实有问题,知识分子被另类看待得都怕了,所以邓小平给知识分子工人阶级的待遇,说'知识分子也是工人阶级的一部分',大家都开心得不得了。你导师却不愿意与工人阶级为伍,他这是旧思想,要是在改革开放之前,恐怕又要倒霉了。"

那女博士生见大家都批评她导师,感到很郁闷。停了一会,她突然说道:"就算我导师有这种思想,也不过分啊!我导师是博士生导师,现在全国有几个,他当然可以与众不同了。"

大家一听这话,觉得也对。因为那时全国确实没几位能带博士生,也只有北大、复旦等几所顶尖的大学里有几位能带博士生。于是,大家不吱声了。

那女博士生见大家被镇住了,遂又说道:"再说,不喜欢别人称'师傅'也不是我导师一个人,就是社会上一般的知识分子也都有这种思想。不信,我讲个故事给你们听听。"

大家一听她有故事,遂连忙催促她快讲。那女博士生见此,倒不急了,顿了顿,看了看大家,这才说道:"有一个做生意的人,三十多岁就发财了。但是,他长得比较苍老。一次,他走在大街上,迎面走来一个男人,向他问路,称呼他为'老师傅'。他大为不高兴,先是板了一下脸,继而满脸笑容,非常殷勤地给那个问路的陌生人指了路。"

"看来这个商人的素质还是不错的,虽然不高兴人家称他为'老师傅',但人家有涵养,没有对别人发脾气,还给别人殷勤指了路,好像比你导师还有修养呢。"那个年纪大的文科研究生不无揶揄地说道。

那女博士生一听这话,立即柳眉倒竖,毫不客气地对那文科老学生道:"你拉倒吧,就他那奸商,能跟我导师比素质?你知道他把别人指到哪里了?"

"指到哪里了?"那老学生反问道。

"他把问路的那人给指到相反的方向了,多坏啊!人家称你'老师傅',你不高兴,对人发个脾气也行啊,但你不能骗人家啊!"

听到这里,大家终于明白了,连连点头,认为那女博士生说得有理。最后大家达成共识,以后到社会上,见到男人不论他是干什么的,叫他"先生"总不会错,起码问路不会被指到相反的方向。

由上述此例,我们可以清楚地看出,在言语交际与人际沟通中,有时"称谓"问题确实是成功的关键,丝毫马虎不得。

说到"先生"的称谓,就不禁让笔者想起相对应的另一个称谓"小姐"。这里也想到一个故事,不是笔者亲自听到的,而是从报纸上看到的。记得很多年前,笔者一次看到一张报纸,说在河南某地,有一个顾客叫店内的一个服务员为"小姐",那服务员上前就抽了顾客一个嘴巴,说道:"你妈才是小姐!"打得这个顾客捂着腮帮子半天醒不过神来,直瞪瞪地看了那服务员半天,然后大惑不解地问道:"你为什么打我?顾客是上帝,你怎么能打上帝呢?我找你领导去。"那服务员对那被打的男人说道:"你为啥叫俺小姐?"那男人更加奇怪了,瞪大眼睛又是半天回不过神来,最后傻乎乎地问道:"叫你小姐,这不是尊重你吗?你咋不知好歹呢?"那服务员回道:"那你回家叫你妈小姐去。"说完气鼓鼓地一扭身就走了。那男人傻在那里,半天也没明白原因。

  当时笔者读到这则故事,也是半天没明白过来。因为在我的印象中,叫"小姐"确是一种对女性的尊称。记得二十多年前,我有一次为朋友办一件事,一个年纪大约有五十的女人接待了我,临走时她给了我一个电话号码,并说道:"过几天你来取件时先打个电话,就说找王小姐就好了。"我不解,问道:"王小姐是谁?"她笑了笑,说道:"就是我呀!"当时,我在心里笑了好几天,都这把年纪了还装嫩,主动让人叫她小姐。不过,从此我便有了概念,知道以后跟女人打交道,开口就叫"小姐"总没错,女人总喜欢别人说她年轻呀! 但是,看了上述一则报道,却让我大吃了一惊,心想,这世道变了? 不久,我问别人,终于明白了其中的原委,"时代不同了,'小姐'也不行了"。早些年,喊年轻女子为"小姐"是尊敬,而今叫"小姐"变成骂人了。因为"小姐"而今变身为 streetgirl 了,所以清白的姑娘都不愿意别人叫她"小姐"了。到这时,我才知道自己这个身在象牙塔中的大学教授是多么的落伍,外面的世界很精彩,社会的变化如此大,自己却丝毫不知不觉,于是大为感叹:真是"塔中三五载,世上已千年"。就在我弄清"小姐"变身的经过不久,有一位韩国教授请吃饭,吃完却不是那教授买单,而是他带来的学生买单。他的这个学生已是在上海做生意发财的商人了。那教授的学生买单时,对服务员招了招手,说:"小妹,买单。"我一听,这才叫汗颜。外国人都比我这个中国大学教授见过世面,了解中国社会的变迁。心想,他都知道叫"小妹"了,要是我今天抢着买单而叫"小姐",他大概背后要跟他老师揶揄我半天的。再过了不久,我到武汉大学开学术会议,在回上海的火车上借看了邻座一位乘客的《楚天都市报》,又开了一次眼界。原来,在武汉的饭店里,"小姐"都叫"翠花"了。至此,笔者终于知道"小姐"真的没有市场了。但是,对于为什么"小姐"都改称"翠花"却大惑不解,为什么不叫"小妹"或"姑娘"呢？回来后,问我六岁的儿子谁是"翠花",他大笑说:"爸爸好'菜',就是翠花上酸菜呀!"说着,他给我唱了那首流行歌曲,这时我才知道"翠花"是东北端酸菜的女服务员。不久,我一个在上海《咬文嚼字》杂志社做副主编的学生约我为他的刊物写一篇小文章。我有感而发,就写了一篇小文章叫《"小姐"为何称"翠花"》,从修辞学上解释了以"翠花"代"小姐"的学理依据。发表后,大家都觉得解释得对。之前谁也解释不了这个语言现象,语法与词汇学都无法解释。于是,不久就接到很多热心读者的电话或邮件,在赞扬的同时,也有人指出其中的错误。因为文中我说"翠花"是出自一首流行歌曲《翠花上酸菜》,所以,有读者就告诉我:"没有《翠花上酸菜》这首歌,正确的歌名应该是《东北人都是活雷锋》。"我才知道我又 out 了。不过,好在不是学术上的,而是因为不时尚,跟不上流行最前线的潮流,所以学界没人能说我什么。我相信,学界肯定还有很多人比我还要 out。

  由此一例,我们又可再次看出,在言语交际与人际沟通中,"称谓"问题是多么重要。称谓不恰当,不但没法跟人交际沟通,还要被赏耳光,那是多么失败的事呀!

  其实,现实生活中有关称谓问题影响言语交际与人际沟通的情形无处不在。比方说,一个人要找一个姓王的副局长沟通,办点事情。如果交际者用"王副局长"这个称谓,一般就会拂逆了这位副局长的心意,肯定引起他情感上的不快。因为在官场上混的人都喜欢自己当老大,一人说话就算数,最恨当副职,整天看正职的脸色行事。现实中他们当不了正职已是恨恨不平了,而别人不把他当回事,称呼他时还刻意提那个他最不喜欢的"副"字,他能高兴吗？所以,现在很多"善解人意"者都懂得这样一条不成文的规矩,称呼副职都是去掉"副"字的,即使是正职称呼他的副手,也是用正职相称的。如称王副局长为王局长,称李副县长为李县长。在大学里也一样,如果一个姓李的副教授,当别人介绍他时,只会说李教授,而绝不会称之为李副教授。特别是在官场上,在社会上,去"副"称"正",最能慰藉受交际者的心,获得受交际者的好感(这大概可以称之为"称谓修辞学")。因此,以此方法称谓受交际者,必然会话好说,事好办,沟通顺畅。反之,必然是脸难看,话难说,交际者要想与受交际者沟通思想,办成事情恐怕难矣。

一般说来,相对于官场,学术界的人对于称谓要达观些。在大学里,学生见到老师,无论他是教授还是副教授,是院长还是普通教师,称之为"老师",大家都很高兴,觉得亲切。但是,走出校园,给老师写信,信封上写收件人时会有一个称谓问题,到底称什么,就是个学问了。早些年,不论收件者是男是女,是老是少,一律称"同志"。但是,现在肯定不行了,时代变了,这种称谓要被人笑话的。一般的处理方法是男的称"先生",女的称"女士"。不过,最近几年好像情况又有变化了。因为随着中国社会"官本位"观念越来越严重,受官场风气影响,大学里的人也开始喜欢称谓官职与职称,如称"院长""主任"或"教授",甚至还有人称"博导"。一开始,大家还觉得有些别扭,但慢慢也就习以为常,被称者还觉得心里非常舒坦,甚至有些学者还很在乎这种称谓。前不久,我有一位朋友跟我说了一个故事,说有一位现在很有影响的学者,早年被人打压,做了很多年副教授,心里非常憋屈。他的一个研究生毕业后给他写了封信,信封上所写的称谓是"某某某副教授"。这位学者收到信后,生了好多天的气,觉得连自己的学生也看不起自己,认为他只是个副教授的水平。这个故事里的那位被称"副教授"的学者为什么那么生气呢?不就是因为一个"副"字刺痛了其自尊心吗?如果他的学生懂得"称谓修辞学",信封上写"教授"而不写"副教授",不就皆大欢喜了吗?可见,对于称谓问题,真的是马虎不得,要做一番心理分析的。

最近几年,我一直在复旦大学给全校各院系的同学上《言语交际与人际沟通》这门通识课。文、理、医等各科的同学都有选课,除了中国学生,还有外国交换生;除了内地学生,还有港澳台学生。在讲到"称谓"问题时,我每次都要问同学们一个问题:"在中国,见到警察怎么称呼?"

有一年上课时，我又照例问了同学们这样一个问题。结果，仍然像以前几次一样，有很多女同学都回答说："叫警察叔叔。"我问她们："你们现在几岁了？怎么还停留在小学生的思维阶段？"又有男同学回答说："叫警察同志。"我告诉男同学说："'同志'一词本来是一个表义非常神圣庄严的词，用作称谓往往具有一种非常神圣而亲切的意味。但是，由于社会发展而导致词义演变，'同志'一词在港澳台地区衍生出了另一种词义，是指'同性恋'。"中国台湾的同学都会心一笑，大陆同学则很多一脸茫然。我这样一说，同学们都不吱声了。冷场了很久，终于有一位同学举手说："老师，我知道怎么称呼警察。"我鼓励他："你快说。"他说："叫长官。"大陆同学大笑。我问那同学："你是台湾地区的同学吧？"他点头称是，说："老师好厉害，您怎么知道我是台湾地区的同学？"我告诉他说："你说出'长官'一词，我就知道你是台湾地区的同学。因为我是最早一批到台湾地区交流的大陆学者，去过台湾地区很多次，也曾在台湾地区生活过很长一段时间。我在台湾东吴大学做客座教授时，所教的一位硕士生，就经常跟我说，他在行政院的长官对他如何如何好。"我又告诉大陆同学："在台湾地区，很多人都是整天'长官''长官'地叫。如果你们看过大陆反映国共内战的电影，影片中的国民党士兵都是称他们的军官为'长官'的。这是国民党时期称呼语的一种沿用而已，一点也不奇怪。"这一下，所有同学都恍然大悟了。最后，那位台湾地区的同学问："老师，那在大陆我们到底应该怎么称呼警察呢？"我告诉他说："你叫'长官'，肯定要吓他一跳。你叫他'警察'，没有问题。如果要让他高兴，沟通起来更顺畅，你叫他'警官'，那是效果最好了。"于是，有大陆同学问："为什么一定要叫'警官'才效果最好呢？"所有同学都向我投来热切的目光，希望我给他们一个答案，其实就是要我给他们一个学理依据而已。我告诉大家说："警察在国家人事体系中并不算是什么级别的官员，但他是公务员的身份，因此称他是'官'也是可以的。但事实上，现实生活中，没有人认为警察是'官'。如果我们称他们为'警官'，不仅将称谓与其职事联系在一起，显得自然得体，而且事实上也认同了他是官员的身份。这样,对于本不算官员身份的警察,从心理上来说是感到欣慰的。至于为什么,你懂的。"同学们大笑。接着,我现身说法,给他们讲了我多次跟警察进行交流沟通的故事,主要是有关开车时跟他人车辆碰擦的事故处理,还有一些到派出所办事的情况。告诉同学们,只要我每次开口闭口都以"警官"相称,每次事情的处理都会顺利得超出我的预期,由此让同学们不得不信服我的"警官"称谓学说。

应该指出的是,言语交际与人际沟通是个复杂的问题,到底用什么称谓,很难有固定的模式。因为交际者与受交际者的关系有亲疏远近,彼此在生活环境、成长背景方面也有差异,所以称谓也因人而异,因关系亲疏而异,因地域特点而异,因人的心理而异。比方说,在上海,你要向一位五十岁的女士问路,你称她为"大娘"或"大姐",那肯定不行,你跟她的沟通必然失败。但是,换作在东北或其他北方乡下,你这样称呼,受交际者肯定觉得亲切,你的沟通肯定顺畅。又比方说,你见到一个男人,他是一个普通知识分子或是高级知识分子,你称他"大哥",那肯定不行。如果这个人是随和点的,也许还没什么;如果这个人是有些知识分子架子的,他心里会想"谁是你大哥,谁愿意跟你称兄道弟",沟通结果肯定不畅。但是,如果换成跟东北或北方农民交际,那你叫声"大哥"肯定让受交际者觉得非常亲切愉快。人们常说"看人说话",其实称谓也是要看人有别的。又比方说,情人之间,可以称"亲爱的",也可以称"坏蛋";妻子称丈夫可以叫"孩子他爹",也可以叫"死鬼",年纪大点可能叫"老不死的"。对方听着,不仅不反感,还会特别顺耳,心里舒坦得很呢。一句话,在言语交际中,交际者为了有效实现人际沟通就必须认真分析受交际者的特点与心理,然后确定一个恰当的称谓。这样,有了一个好的开头,才能保证人际沟通顺畅。

二、上　　题

言语交际的目的,是为了与人沟通。因此,要想实现与他人的有效沟通,就必须注意言语交际的方式方法。这其中既应该注意上面我们所说到的"称谓"问题,还得注意"上题"的方式方法。

"上题"作为言语交际与人际沟通过程中的重要一环,其重要性自然是不言而喻的。因为"上题"不当,可能就要影响言语交际的效果,直接导致人际沟通的失败。因此,为了保证人际沟通目标的顺利实现,言语交际中交际者就必须注意分析受交际者的特点及心理,研究如何"上题"才能有利于实现交际与沟通的目标。

虽然"上题"没有固定不变的模式,但仍有一定的规律可以遵循。一般说来,与平辈交际与沟通,或是与关系较亲近的朋友交际与沟通,可以直接"上题",不必绕弯子,迂回曲折。这样,反而显得人际关系密切,让受交际者觉得自己是被信任的,沟通起来自然会顺畅得多。反之,就会让受交际者有不被信任的感觉,显得彼此之间很生分。这样,原本应该很容易沟通的事也会变得困难起来。关于这一点,我们不妨举两个例子。

第一个例子是老同学之间借钱的事。笔者有一位颇为相熟的年轻朋友,好多年前因为买房首付发生了困难,笔者给他出了一个主意,让他找关系比较好且经济条件也比较好的老同学借点。于是,他便当着笔者的面给他的那位颇具经济实力的老同学打了一通电话,直言其事。下面是他与其老同学的通话。

甲:老同学,求你个事儿。

乙:说什么话呢?老同学之间还用得着说"求"字吗?

甲:是是是。那我就直说了。

乙:就是嘛!

甲:我犹豫了好久,最近还是痛下决心,定下了一套房。原来希望国家宏观调控,房价会降下来,没想到观望了一年,也没见房价往下跌,现在反而往上蹿了。

乙:老同学,我可要说你了。其实,你早就应该下手了。你想想看,上海这种地方,全国有钱人都想来。据说,每年有十万人要进上海。你想想看,上海的地皮是有限的,而想进上海的人是无限的,这房价怎么可能降得下来呢?所以,越是下手晚,越是要吃贵果子的。你现在虽然晚了一步,但总算觉醒了。

甲:觉醒是觉醒了,但现在首付的门槛也提高了,装修的成本也上去了,所以我袋里的这点小钱就无法应付了。付了首付就没钱装修,留下装修的钱,首付又交不上。所以,只得开口向老同学你借点了。

乙:你还差多少?

甲:可能的话借我三十万,实在不行,借个十万二十万也行。

乙:实话实说,三十万我拿不出,二十万我凑凑看。

甲:你也不要太为难,实在不行,我另想办法。

乙:这叫什么话?既然老同学坦然向我开口了,我就是把老鼠洞里的钱找出来,也要凑足二十万给你。你等会儿发个短信给我,将你的账号发到我手机上。我争取一周内将钱汇到你账号内。

甲:那就谢谢老同学了。

乙:又见外了不是?

甲:再见。

乙:再见。

应该说,甲向乙借二十万元不是个小数目,但是,甲给乙打了个电话,开门见山,直接"上题",坦诚相见,所以寥寥数语就让老同学慷慨解囊。可见,平辈之间,若是关系好,直接"上题"不失为一种言语交际与人际沟通的良好方式。

第二个例子是关于一位大学教师为孩子上学的问题与其老同学进行沟通的事。这位大学教师是笔者熟悉的朋友,与笔者曾隔邻而居多年。他做学问非常扎实认真,只是为人过于书生气,面皮子薄,从来不好意思求人。当他的孩子到了上小学年龄时,因为入学测试成绩差了一点,与一所著名小学的入学要求有点距离。其时,他有一位大学同班同学正是那所著名小学辖区的教育局领导。因此他的太太就让他给老同学打个电话,让他想想办法。他开始不愿意,最后经不住太太再三坚持,只得为难地拿起电话,与老同学进行沟通。以下的对话,是他太太后来跟我们学说的。

甲:老同学,好久不见了。
乙:是啊,大概已有一年没有聚了。
甲:那什么时候找大家一起聚聚吧。
乙:好哇。
甲:那你说什么时候合适呢?
乙:这个还真不好说。你也知道,我这里就是无事忙,整天开会,也没个准。啊,对不起,时间到了,我又要去开会了。那我们今天就先说到这里,下次再聊吧。再见!

很明显,这个例子中的那位大学老师(即甲)与其老同学(即乙)之间的沟通是非常失败的,因为他想让老同学帮忙解决的孩子上学的问题还没提出来,就被老同学因事而挂掉了电话。从言语交际与人际沟通的角度来分析,交际者(那位大学老师)的言语交际之所以没有实现人际沟通的预定目标,是因为错失了向受交际者(那位在教育局当领导的老同学)提出请托事项的机会。而之所以会失去请托的机会,乃是因为他"上题"方式不恰当。他不应该绕弯子说废话,而应该根据自己与受交际者老同学的特殊关系直言本事,直接"上题",开门见山,直奔请托主题。那样,让受交际者无可回避,在情面的因素下不得不答应或答应想办法(这里特别声明,笔者举这个例子只是为了说明"上题"的问题,而不是赞成为了一己私利而违反国家相关政策,找关系、走后门,破坏良好的社会规范)。可见,交际者与受交际者关系亲密,绕弯子间接"上题",言语交际与人际沟通的效果反而是不好的。因为这样的"上题"方式会让受交际者有一种不被信任的感觉,事实上不是拉近了彼此的情感距离，而是拉开了彼此原本亲密的距离。结果，当然不会理想。

但是，应该指出的是，如果是关系不是太亲密，特别是交际者与受交际者是有尊卑、上下、长幼的差别时，交际者处于卑、下、幼的地位（即交际者在受交际者面前是社会地位低的一方，或交际者是受交际者的下级或晚辈），那么，"上题"就宜以间接"上题"为妙。说到这里，想到一则古人的故事。

齐人蒯通知天下权在韩信，欲为奇策而感动之，以相人说韩信曰："仆尝受相人之术。"韩信曰："先生相人如何？"对曰："贵贱在于骨法，忧喜在于容色，成败在于决断，如此参之，万不失一。"韩信曰："善。先生相寡人何如？"对曰："愿少间。"信曰："左右去矣！"通曰："相君之面，不过封侯，又危不安。相君之背，贵乃不可言。"（汉·司马迁《史记·淮阴侯列传》）

这则故事讲的是这样一个历史史实：当曾经不可一世的秦王朝在项羽与刘邦等反秦势力的打击下已经分崩离析之时，原本是刘邦手下大将的韩信在进军六国时代的齐国之地时，趁机据有了齐国之地，并自称齐王。刘邦听到消息后，非常生气，心想他自己只不过是项羽所封的一个汉王而已，韩信是自己的部下，竟然也称起王来了，这不是要与自己分庭抗礼、平起平坐吗？所以，他就有心讨伐韩信，但最终被谋士劝止了。因为刘邦的力量不足以对付韩信，如果真的讨伐，反而把韩信推到项羽一边了。所以，最后他就听从谋士的建议，索性做个顺水人情，派人前往齐地明言确认了韩信的齐王封号。却说齐地有一个士人，名曰蒯通，乃是战国时代苏秦、张仪之类的说客兼策士的角色。他非常有智慧、有眼光，也非常会游说。当他看到韩信据有齐地时，就知道机会来了。他认为天下实力最强的应该是韩信，而不是项羽，更不是刘邦。如果说服韩信脱离刘邦而自立，那么韩信夺得天下后，自己就是第一谋士，韩信能当皇帝，他便是一人之下、万人之上的开国丞相了。

蒯通是个行动力很强的人，不像一般优柔寡断的书生，他想到做到。当他想好了一个高妙之策后，就立即动身去游说韩信了。他求见韩信之时，不是以游士的名目，而是以相人的身份。一见面，他就对韩信说："在下曾经跟人学过相面之术。"那时的人都比较迷信这个，加上齐国自古以来就以盛产术士而著名，所以韩信一听，就有了兴趣，当场就急切地问蒯通道："那么，先生您是怎么相人的？"蒯通一听，知道韩信入套了，遂立即接住话头说道："看一个人的命运是贵是贱，这要看骨法；看一个人内心是忧是喜，要看他脸上的表情；看一个人做事的成败，则要看他的决断力。如此三个方面结合，那相人的结果就会万无一失了。"韩信一听，觉得他说得非常有理，遂连忙说道："那么，先生请给寡人相相面，看寡人如何？"蒯通心中狂喜，但却不动声色，看了看韩信周围的部将左右，回答道："大王，是否可以借一步说话。"韩信一听就明白，立即把左右人等支开。蒯通见无他人，只有韩信与自己，遂趋前一步，神秘地说道："大王，相您之面，不过封侯，又危险而不安；但是，相您之背，真是贵不可言。"韩信已经是齐王，贵不可言，他自然知道是什么意思，这是蒯通劝他自立，将来自己做皇帝。可惜，正如大家所知道的一样，韩信虽然听懂了蒯通的话，最后却没有听从蒯通的计谋，没有背叛刘邦而自立。等到刘邦利用他的力量打败了项羽而当了皇帝后，不仅用手段夺了他的王号，使之降为淮阴侯，而且还惨死于吕后与萧何之手。

韩信的结局令人感伤唏嘘，但是蒯通的事迹则令人感叹敬佩。作为交际者，蒯通深知游说韩信背叛刘邦而自立有一定的风险，因为刘邦对韩信有知遇之恩。当年，韩信在项羽手下不被重用，到了刘邦手下，则被筑坛拜为大元帅。而今韩信虽占据齐地而称王，但是否能够忘情于刘邦的恩义，他是心中没底的。因此，他见韩信后就不能开门见山，直奔主题，明言游说韩信背弃刘邦而自立，与项羽、刘邦三足鼎立，然后逐鹿中原，争夺天下大位。正是基于这种考虑，蒯通运用了"设毂"的修辞策略，先说自己曾经"受相人之术"，能够看相而知一个人的未来前程,以此引诱韩信,让韩信主动请求相面。等到韩信真的上套,让蒯通给相面时,蒯通又运用了"双关"的修辞手法,利用"背"有"脊背"与"背弃"二义,一语双关,让韩信明白背弃刘邦自立的远大前程。这样,韩信若是听从了,那么就有做皇帝的可能,自己则有做丞相的机会;若是韩信不听,也抓不住他策反的把柄。因为他完全可以玩文字游戏,说自己所说的"相君之背"没有别的意思,只是就背骨特征谈相法而已。即使韩信感念刘邦知遇之恩,不肯背弃,反而要追究他策反之罪,那也不易。事实上,这次策反虽未成功,但韩信丝毫没有埋怨蒯通之意。只是后来韩信被吕后处死时由感而发,后悔自己当初没有听从蒯通之策而自立,这才将蒯通暴露出来。刘邦知道后,对蒯通切齿痛恨,非要烹了他不可。但是,蒯通凭着三寸不烂之舌,安全过关,毫发无损。后来,还做了丞相曹参的幕僚。

由蒯通游说韩信的故事,我们可以看出,如果交际者是处于社会地位低的一方,或是晚辈,在与地位高、年辈长的受交际者进行言语交际与人际沟通时,就宜采用间接"上题"的方式。这样,拉开彼此的距离,通过礼貌的外在形式来彰显对受交际者的尊崇之意,同时给自己说话留下回旋的余地,人际沟通效果肯定会好得多。

前面我们已经说过,"上题"的方式是采取直接式还是间接式,要视交际者与受交际者之间的关系亲疏,还要看交际者与受交际者之间的地位尊卑、年辈的长幼等具体情况。通过上面的举例分析,我们似乎可以明白这一点了。这里,我们还想强调另一点,就是人的地域性心理特点与言语交际、人际沟通之间的关系。在日常生活中,凡是有过同五湖四海朋友打交道经验的人,大概都会有一个直觉。相对而言,中国的北方人,不论是男是女,似乎说话大都比较直接;而南方人,则不论男女,大都喜欢达意传情婉转其辞。记得我们在大学读书时,同学之间要借点钱或其他什么东西的,北方同学往往直奔主题,毫不转弯抹角;而南方同学,则是先寒暄好一阵子,然后慢慢上题,说出正事。当然,北方人也有性格内向而感情细腻的,也有人喜欢曲里拐弯地说话;南方人也有豪放如李逵似的,说话一竿子到底的。但是,整体而言,南北方人在说话方式上是有区别的。掌握了这个规律,在言语交际与人际沟通时自觉地加以运用,相信是有利而无弊的。

三、言　事

前文我们说过,言语交际与人际沟通一般都是"有所为而为",因此言语交际与人际沟通的真正"标的"是"言事"(包括情感表达、意见陈述、请托之事,等等)。应该说,只要思维正常,有正常的语言能力,任何人都是能够完成"言事"任务的。但是,我们也应该看到,"言事"虽是人人都会的,但"言事"的效果则会有所差别。事实上,在现实生活中,我们常常看到有些人跟别人说件事,说了半天都没把意思说清楚,让受交际者(听话人)不知所云或是抓不住要点。很明显,这样的"言事"就是不成功的。反之,有些人跟别人说事,三言两语就能把意思讲清楚、说明白,让人立即洞悉其主旨要义。很明显,这样的"言事"就是成功的。

一般说来,"言事"有三种境界。第一种境界,是最低的境界,交际者说了半天,受交际者没明白是什么意思;或是虽明白了什么意思,但觉得极其啰唆;甚至不仅没说清意思,反而言不由衷,词不达意,将意思说反了,或是出现了歧义,闹出笑话。第二种境界,是较高的境界,交际者虽只是三言两语,却能简明扼要,将所要说的意思说得极其明白而清楚,受交际者一下子就明白了,并抓住了重点,明白了用意。第三种境界,是最高境界,交际者善用修辞策略,不仅能将易于说明白、讲清楚的"事""意""情"表达得非常清楚、明白,而且还善于将不易或不宜直说的"事""意""情"传达得极其得体,既能让受交际者心如明镜,清楚地了解其用意,又能在情感上愉快地接受。

第一种境界,在日常语言生活中,我们经常能够见到,这主要是因为交际者语言表达能力差。这里想到一个故事,说的是民国时代的军阀、山东省政府主席韩复榘。据说,韩复榘一次到山东省最高学府齐鲁大学演讲,其中说到"大家来得很茂盛,鄙人实在是感冒",结果被传为笑话。为什么成为笑话呢？因为他"言事"时言不达意，将"大家来得很多，鄙人实在是非常感动"的意思说反了。之所以会将意思说反，主要是错用了一词"感冒"。"感冒"一词在汉语中除了指一种常见的上呼吸道疾病外，还有一个语义"反感"。从当时演讲的语境来看，韩复榘说"鄙人实在是感冒"这句话，本意是要表达对齐鲁大学师生来听他演讲的感激之情。但是，因为错用了"感冒"一词，齐鲁大学师生按照汉语常规的语义理解模式来解读，自然会认为他们的"省主席"对他们很反感。很明显，演讲者韩复榘"言事"之所以会出现失误，传为笑谈，主要是因为他是个没文化的武夫，语言表达能力差。

　　没文化，语言表达能力差，固然会使"言事"失败，人际沟通出现障碍；有文化，也有语言表达能力，若是言语交际时不用心，有时也会说溜了嘴，"言事"失误，甚至闹出笑话的。这里也想到一个故事，是一次出差在火车上听朋友说的。说有一个大学的工会主席热心于教工福利事业，每年都要精心安排一些旅游休假活动，让教职员工能够有短暂的放松。一次，他带领一帮教职员工在一个秋高气爽的季节前往某温泉胜地度假。由于人多，温泉池容量有限，包场也解决不了问题。工会主席苦思冥想，终于想到了一个好主意。于是，他召集大家开会，对活动进行安排。人到齐了，主席开口讲话："各位老师，大家好！由于温泉容量有限，宾馆方说我们这么多人全部入场，无法展开。所以，明天上午与下午的活动这样安排。上午女同志洗澡，男同志参观。下午男同志洗澡，女同志参观。"话音未落，在场的老师们已经笑倒一片。但是，这位工会主席还不知大家所笑何为。因为他平时就是能说会道的主儿，不然怎么在大学里当工会主席呢？等到大家笑够了，他突然醒悟过来：原来自己心急嘴快，漏说了一句话"洗温泉与参观景点错开进行"。由于漏说了这一句关键性的话，后面的两句话"上午女同志洗澡，男同志参观。下午男同志洗澡，女同志参观"，便产生了歧义，结果便成了笑话。后来，我在一本杂志上也看到类似的笑话，也许这个故事本来就是有人编造的一个笑话。但不管这个故事是实有其事，还是有人刻意编造的笑话,都说明了一个问题:"言事"需要逻辑缜密,用词造句认真斟酌,不能让字句有歧义,以便将所说的事情说清楚、讲明白,绝不能让人引起半点的误解或歧解。否则,"言事"永远只能停留在第一种境界。另外,还有一个故事,是一个著名语法学家在谈语法问题时举例说到的。说20世纪50年代,北京某单位一个领导开会讲话时,对单位的全体女同志强调说:"明天国庆游行活动,女同志一律不准穿裤子。"结果,引起哄堂大笑,传为笑谈。这个笑谈之所以产生,也不是因为这个领导没有语言表达能力,而是他讲话时思虑不够周密,漏说了其中的关键词,表达不完整,结果造成歧义。如果考虑周密,把话说完整了,说"明天国庆游行活动,为了美观,女同志一律穿裙子,不准穿裤子",那就不会引起哄笑了。可见,即使是整天以讲话为重要职务行为的领导人,如果"言事"时不思虑缜密,脱口而出,也会说溜了嘴,出现错误。

第二种境界,只要是有正常思维能力的人,且具备一定的文化水平,有一定的语言文字修养,开口或动笔时稍微用点心,"言事"一般总能达到准确、明白的境界。应该指出的是,"言事"的第二种境界实际上要达到的目标就是"讲清楚,说明白",观点不躲闪,不含糊,传情达意没有丝毫的歧义,态度明朗,语义清晰。下面我们看一个例子。

民国十五年十月三日,徐志摩与陆小曼在北海公园漪澜堂举行婚礼。五四时代的名流几乎全部到齐,成为二十世纪文坛上最引人瞩目的婚礼。证婚人是梁启超先生,徐志摩对他的老师极为崇敬爱戴。曾经说:"先生之文章矫若神龙之盘空,力可拔山,气可盖世,淋漓沉痛,固不独志摩为之低首慷慨,举凡天下有血性之人,无不攘胜激发,有不能自己者矣。"

梁启超对徐志摩却是既爱又怜,对徐志摩的"宗教信仰"——爱、自由、美,不以为然却又无可奈何,勉强被拉来作证婚人,微笑着说:"我的学生徐志摩,什么都好,就是不该找我当证婚人,希望不要再有下回了!"(沈谦《徐志摩的宗教——爱、自由、美》)

徐志摩与陆小曼的浪漫爱情故事,在中国现代文学史上是人尽皆知的。梁启超的为人与学问,则更是大多数中国人都了解的。梁启超是徐志摩的老师,梁启超很赏识徐志摩的才华,并为有这样一个学生而骄傲,这也是众所周知的。但是,梁启超是个从旧时代走过来的人,虽然思想颇为开明,但多少还有点封建士大夫的意识,因此对于男女结婚、离婚之事还没有彻底解放到可以随便认可的程度。对于学生徐志摩与结发妻子张幼仪离婚,而与有夫之妇的陆小曼结婚,他是打心底不赞同的。因此,当徐、陆最终冲破各种阻力而结合,并公开举行婚礼时,作为主婚人的梁启超就不得不表明自己的态度:"我的学生徐志摩,什么都好,就是不该找我当证婚人,希望不要再有下回了。"这句话是说给徐志摩听的,也是说给参加婚礼的所有人听的,它既表明了他对徐、陆婚姻的态度,也表达了对徐志摩的希望;话中既有赞扬,也有批评。但无论是赞扬,还是批评,都语义明晰,态度明朗,没有任何的含糊。这种话由梁启超以老师的口吻说出来,尽管是在婚礼上,但丝毫不使人觉得有什么不妥或不得体,直接受交际者徐志摩与陆小曼不会有任何情感上的不快,因为晚辈接受长辈的教训乃是理所当然;间接受交际者,即所有参加婚礼的来宾不论是赞成还是反对徐陆联姻,听了都会觉得痛快淋漓,觉得梁启超是个坦荡真诚的君子、仁厚有德的长者,打心眼里敬佩他的正直。

一般说来,交际者若是长辈、上级或是平辈的朋友的身份,"言事"的境界以"讲清楚,说明白"为宜,即在第二种境界上着力比较合适。因为长辈对晚辈直言其事、上级对下级直说其意、平辈朋友之间实话实说,都是非常自然的事,符合社会伦理规范,受交际者比较易于接受,不会有情感上的悖逆。反之,交际者语焉不详,或是欲言又止,反而会让受交际者有不受信任的感觉,情感上会有负面反应。

第三种境界,是在第二种境界的基础上再上一层楼。所以,要达到这种境界,就需要交际者有足够的语言文字修养,又有足够的修辞智慧。唯有二者兼备,才能既将所言之"事"(包括所达之"意"、所传之

"情")讲清楚、说明白,又让受交际者欣然从之,坦然接受,乐于接受;即使是明说出来难以接受的话,也不至于引起受交际者情感上的抵触。关于这一点,在我们的日常生活中,也是时常有所见的。笔者犹记得十五年前的一件事,至今仍是历历在目。那时笔者还没有取得驾照,出门除了叫出租车外,就只有乘公交车。那是寒冷的一月,笔者因事出门,一时叫不到出租车,就上了一辆空调巴士。此时正是上班高峰,车里人满为患,真是挤得大家前胸贴后背。因为人多,又开着空调,车内空气确实不好。不久,坐在车子中间部位一个靠窗座位的年轻女乘客就把车窗打开了。车窗一开,车厢内的空气确实是有改善,但是她的邻座及周边的乘客就不乐意了。最先发难的,是与那年轻女乘客比邻而坐的一个中年男人。他大概对窗外灌进来的寒风感受最切,所以反应也最快。也许是因为邻座是个年轻女士,他似乎有点不好意思,所以犹豫了一会,才侧过身子看了看那年轻女乘客,希望她有所察觉,自觉将车窗关上。可是,那男人侧身看了邻座女子三次,见她仍没有反应,只是神态悠闲地看着窗外。大约忍了十分钟,那男人最终还是没忍住,大声说道:"这么冷的天,你把车窗打开,这忽冷忽热的,大家不都要感冒啊?"

"不开车窗,大家不都要闷死啊?感冒总比闷死好吧。"那女子语似不屑地回敬道。

"大家都不觉得闷,怎么就你觉得闷呢?"男子的语气也生硬了起来。

"那是因为他们不正常。"女子不假思索,脱口而出道。

未及那男子回应,站在旁边的一个老年男人大概是听不下去了,也脱口而出道:"怎么这么说话呢?这大冬天的,大家怕冷都不正常,你开窗吹风就正常了?"

"正常不正常,自己知道。"那女子毫不示弱地回应道。

邻座的男子见此,再次起而反击道:"我们大家都是肉身凡胎,冬天吹了寒风都会感冒生病的,只有不正常的非人类才会与我们不一样。"

"你骂谁呢?一个大男人没本事坐小车、开小车也就算了,坐公交还跟一个女人计较,呸!"

"我们都是没本事的男人,你是有本事的女人,那你去坐小车啊!怎么没人给你开小车呢?"站在旁边的那个老年男人又忍不住说话了。

"那你呢?你都这把年纪了,怎么还挤公交呢?"女子看都没看那个老年男人,撇了撇嘴,非常不屑地说道。

那老年男子被激怒了,情急之中,口不择言,说道:"我活到这把年纪没本事坐上小车,那是我没什么可卖。"

"你妈、你老婆、你女儿、你媳妇,大概都是卖的吧?"那女子也愤怒了,一边说着,一边"霍"的一声从座位上站了起来,伸手就要去揪那老年男人的衣领。

旁边的人见事情闹大了,连忙从中劝解。混乱中,车子到站了,那老年男人与那个中年男子都下了车,不知他们是真的到了他们的终点站,还是为了避让那女子而提前下车。

当时,我看着两个大老爷们狼狈地逃下车去,心里就在想,都是他们不会说话。如果他们会说话,懂得"言事"的技巧,就不至于一大早就在车上闹了个不愉快,在众目睽睽之下弄得如此狼狈。

说到这里,笔者突然想起读研究生时,有一个同学所说的笑话。他在学了语用学后,跟我们"摆龙门阵"说,语用学可以指导谈恋爱。我们觉得可笑,他却一本正经地说我们根本不懂,压根儿没懂语用学中的"会话含义"原理。于是,有同学就反驳他道:"你是说,假如一个人坐在窗边,另一个人坐在离窗较远的地方,他想让那个坐在窗边的人把窗子给关了,就说:'风好大啊!'然后,那个坐在窗边的人就听懂了他的'会话含义',自动把窗子给关上了。是这个原理吧?"那个同学点点头。接着,那反驳的同学又说道:"我们对于语用学的'会话含义'仅此浅薄的了解,从来不知道它对谈恋爱还有指导意义。你是恋爱专家,那就谈谈'会话含义'对谈恋爱的指导意义,也好让我们大家开开眼,早点谈上恋爱。"其实,那个所谓"恋爱专家"最没实践经验。他一见女生就要面红,让他单独与女生在一起,他大概手脚都不知搁哪了。但是,他就是喜欢说,假装内行。他不知同学们都是故意在逗他,以为大家真的公认他是"恋家专家"而向他讨教呢。于是,他便一本正经地举例说明道:"如果一个女生跟你说'好冷啊',那么,就是暗示你,可以抱她了。如果你跟一个女生晚上出去,她说'夜深了',就是暗示你:现在没人了,那你就可以跟她那个了。"他还没说完,我们大家就笑倒了一大片。

虽说笔者的那位老同学的"恋爱语用学"很不靠谱,但是语用学的"会话含义"理论在日常语言生活中还是有用的。就以上述公交车上男女口舌的事来说,假如那年轻女乘客的邻座男士懂点"会话含义"理论,"言事"有点技巧,达意婉转点,就不至于将事情搞得那么复杂,更不会让自己与身边站着的那位老年男人都弄得非常狼狈。如果他见女子打开车窗时,选择如下几种方式表达,那么结果肯定不一样,最起码不至于弄得自己很难堪。

A. "怎么突然这么冷,是不是车子的空调出问题了?"

B. "今天怎么这么冷,车子的空调也打不起来了?"

C. "今天还是蛮冷的,当心着凉哦。"

D. "车里的空气确实不好,应该开开窗户透透气。不过,今天蛮冷,你靠窗坐,要当心着凉。"

E. "窗户是否可以开小点?"

以上五种说法,交际者(那位男子)无论选择哪一种,都不至于激起受交际者(那位开窗年轻女子)的怒火,当然也就不会引发车厢内那不该发生的一幕。第一、二两种说法,交际者采用"折绕"修辞策略,不直言受交际者打开车窗之事,而是以旁敲侧击的方式,以车厢温度骤降的结果来暗示出受交际者已经打开车窗的事实。由于只陈述了车厢内温度骤降的事实,而未言及车厢内温度骤降的原因,就不会直接刺激受交际者(那位开窗女子)的情绪。这样,受交际者意会到交际者的话语含义后,自然会主动关闭车窗或将车窗关小点。第三种说法,虽然已经点明了受交际者打开车窗的事实,但却是以关心她的健康为出发点,体现的是交际者的善意。因此,受交际者(那开窗女子)听了不仅不会反感,反而会心存感激。想到别人能换位思考关心自己,她自然也会换位思考,替交际者(那位男子与所有车厢内的人)着想,主动关闭车窗或关小车窗。第四种说法虽然费辞,但人际沟通效果可能会更好点。因为这种说法先肯定了打开车窗的合理性,让受交际者(那位开窗女子)在言语交际的起始阶段就解除了对交际者(说话的男子)的敌意,让言语交际的大门洞开。等到交际者经由洞开的大门而登堂入室后,再以关切受交际者健康为出发点暗中提醒其关闭车窗时,就让受交际者彻底断绝了拒绝与交际者"言语合作"的可能性。结果,受交际者只能剩下一条可走的路:关闭车窗。第五种说法最为简捷,直接以请求的方式表达,虽然没有什么技巧,但可以展现交际者的诚意,也能打动人心,让受交际者(那开窗女子)"就范":关闭车窗。

中国有一句老话:"一句话说得人一笑,一句话说得人一跳。"由以上的例子及其分析,我们也能体认到这句老话的经典意义,并由此认识到"言事"是需要有一定的修辞智慧这个道理。

四、收　　结

无论是从理论上说,还是从实践上看,言语交际与人际沟通都是一个完整的过程,它有起始,也有收结。良好的起始是成功的一半,而良好的收结则更为重要。因为有效的"收结"是将人际沟通的成果做实的重要一步,或曰是巩固已经完成或接近完成的人际沟通目标的最后一步。比方说,我们约请一位朋友参加一次活动,最后总会说一句:"那就这么说定了。"或是说:"谢谢。"这些话,就是言语交际与人际沟通中典型的"收结",是不可或缺的部分。

从语言实践来看,"收结"事实上分为两种情况:一是"直接收结",二是"间接收结"。所谓"直接收结",就是直接将"言事"主旨再复述一遍,提醒受交际者注意。所谓"间接收结",就是不直接重复"言事"主旨,只是以委婉的表达暗中强调其要复述的"言事"主旨,让受交际者自己意会并予以重视。一般说来,"直接收结"多发生于"平行沟通"的情况下,"间接收结"则多发生于"上行沟通"的情形中。

下面我们先来看一个例子。

师兄:师妹,你好!
师妹:师兄,你怎么今天想起来给我打电话呢?
师兄:想你不行吗?
师妹:当心嫂子听到,你今晚就要跪搓衣板了。嘿嘿。
师兄:师妹,不开玩笑了,说正事吧。
师妹:什么正事?说吧。
师兄:这不都到5月份了吗?我们马上就要进行博士论文答辩了,老师说让你给我们做答辩秘书。
师妹:这样啦!本来这是我义不容辞的责任,不过现在有点问题。
师兄:什么问题?你不会不答应吧?
师妹:师兄,我现在不在上海,而是在原单位上课呢。你也知道,我是在职定向的博士生,这边的事也推不掉的。
师兄:这个我也知道。不过,老师点名要你做我们的答辩秘书啊!
师妹:那怎么办?
师兄:要不要我让老师跟你说?我在老师的办公室,老师就在旁边。
师妹:那倒不必。
师兄:那你就是同意了?
师妹:既然是老师钦点了我,那就是老师信任我,我能不同意吗?我向单位请假,回来给你们当秘书就是了。
师兄:那太好了。老师安排我们6月初的一个周末答辩,你必须在5月底前回来。
师妹:好的。

师兄：师妹，那就这样说定了，你必须赶在5月底前回到学校，还要领许多表格，出海报，事情一大堆，都要你帮忙。

师妹：一定。这是你们的终身大事，我不会耽误你们的大事的。

师兄：好！谢谢！再见！

师妹：再见！

以上的对话，是笔者的两个博士生为了博士论文答辩的事而在电话中进行的一番沟通。其中，师兄最后敲定的一句："那就这样说定了，你必须赶在5月底前回到学校，还要领许多表格，出海报，事情一大堆，都要你帮忙"，就是这场言语交际与人际沟通的"收结"。因为交际者（师兄）与受交际者（师妹）是师兄妹关系，所以属于"平行沟通"。也正因为是"平行沟通"，所以交际者的"收结"就说得很直白，而且清楚明白，没有一丝一毫的含糊。很明显，这种"收结"是得体的，也是有效的。

下面我们再看一个"间接收结"的例子。

赵太后新用事，秦急攻之。赵氏求救于齐。齐曰："必以长安君为质，兵乃出。"

太后不肯，大臣强谏。太后明谓左右："有复言令长安君为质者，老妇必唾其面！"

左师触龙言愿见太后。太后盛气而胥之。入而徐趋，至而自谢，曰："老臣病足，曾不能疾走，不得见久矣。窃自恕，而恐太后玉体之有所郄也，故愿望见太后。"

太后曰："老妇恃辇而行。"

曰："日食饮得无衰乎？"

曰："恃粥耳。"

曰："老臣今者殊不欲食，乃自强步，日三四里，少益耆食，和于身也。"

太后曰："老妇不能。"

太后之色少解。

左师公曰:"老臣贱息舒祺最少,不肖。而臣衰,窃爱怜之。愿令得补黑衣之数,以卫王宫,没死以闻。"

太后曰:"敬诺。年几何矣?"

对曰:"十五岁矣。虽少,愿及未填沟壑而托之。"

太后曰:"丈夫亦爱怜其少子乎?"

对曰:"甚于妇人。"

太后笑曰:"妇人异甚。"

对曰:"老臣窃以为媪之爱燕后贤于长安君。"

曰:"君过矣,不若长安君之甚。"

左师公曰:"父母之爱子,则为之计深远。媪之送燕后也,持其踵为之泣,念悲其远也,亦哀之矣。已行,非弗思也,祭祀必祝之,祝曰:'必勿使反。'岂非计久长,有子孙相继为王也哉?"

太后曰:"然。"

左师公曰:"今三世以前,至于赵之为赵,赵主之子孙侯者,其继有在者乎?"

曰:"无有。"

曰:"微独赵,诸侯有在者乎?"

曰:"老妇不闻也。"

"此其近者祸及身,远者及其子孙。岂人主之子孙则必不善哉?位尊而无功,奉厚而无劳,而挟重器多也。今媪尊长安君之位,而封之以膏腴之地,多予之重器,而不及今令有功于国,一旦山陵崩,长安君何以自托于赵?老臣以媪为长安君计短也,故以为其爱不若燕后。"

太后曰:"诺。恣君之所使之。"

于是为长安君约车百乘,质于齐,齐兵乃发。(《战国策·赵策四》)

上面这则故事,很多人都很熟悉。它说的是这样一个历史事件:周赧王四十九年(公元前 266 年),赵惠文王驾崩,赵孝成王继位。但赵孝成王年纪太小,赵国之政乃由赵惠文王之妻即赵太后代为执掌(古人谓之"代摄"或"摄政")。赵太后执政伊始,素有席卷天下、包举宇内、并吞八荒之心的虎狼之秦,见原来的劲敌赵国正由孤儿寡母执政,觉得是趁机出击,一举消灭赵国的好机会。于是,不等赵太后执政有任何作为,秦昭王就倾起大兵向赵国压境而来。赵太后无计可施,只得派人往东邻大国齐国求救。但是,齐襄王提出了一个出兵的前提条件:"如果让齐国出兵救赵,没有问题,但必须以长安君为人质。"

长安君是赵太后最喜爱的小儿子,所以赵太后想都没想,就一口予以拒绝。

赵国大臣们听说赵太后拒绝了齐襄王的要求后,立即前往进谏,要求赵太后以国家社稷为重,不能儿女情长,舍不得儿子前往齐国为人质。可是,赵太后就是听不进群臣的谏议,甚至后来进谏者多了,弄得她非常烦,于是她索性放出了狠话:"如果再有人谏议让长安君前往齐国为人质,老妇一定将口水唾在他脸上!"

赵太后毕竟是女人,最狠的一招不过是往大臣脸上吐口水,不是杀他们的头。虽说唾面不像杀头那么严重,但男人毕竟是男人,谁也不愿意被女人朝脸上吐口水的。所以,赵太后发狠话后,就没人敢进谏了。

过了几天,已经退休的左师触龙听说了此事,觉得赵太后这种做法不明智,执一国之政,保一国平安,怎么如此任性呢?于是,他决定前往进谏赵太后,好好说道说道。

赵太后听说触龙要来见她,心想:你都退休了,还管那么多闲事干什么?于是,就气鼓鼓地等着他来晋见。

触龙进了宫廷,远远看见赵太后,连忙小步快跑。到了赵太后跟前时,则首先道歉说:"老臣腿脚不好,一向不能快跑,所以很久都没来晋见太后了。虽然私下以腿脚不好而自我原谅,但心里还是时刻记挂着太后,唯恐太后玉体有什么不舒服。所以,想来想去,还是决定要来拜见一下太后。"

赵太后见触龙这样说,只得回应道:"老妇腿脚也不好,行走都是靠车辇。"

触龙见赵太后并没有不睬自己,遂又进一步跟她套近乎,问道:"太后每天的饮食情况如何?食欲没有减退吧。"

赵太后知道触龙是在套近乎,但见他是好意,不便驳他,遂只得回答道:"只是每天喝点稀粥而已。"

触龙看了看赵太后,顺其意思,接口说道:"老臣远不及太后,最近一点食欲也没有。所以,只得每天强迫自己勉强出去走走,每天走个三四里地,慢慢地,就有了点食欲,身体情况也有所改善。"

赵太后听触龙说得诚恳,完全是在拉家常,看来并无进谏之意,遂松了一口气,语气和缓地说道:"唉,老妇就做不到。"

触龙见赵太后说话之时的神色轻松多了,不再像刚才那样板着个脸,一本正经,遂连忙乘机转换话题道:"老臣有个儿子,叫舒祺,排行最末,没有出息。太后,您也知道,老臣的身体是一天不如一天了,但总是放不下这个孩子,私心里还特别爱他,所以希望他能有个职位,穿个宫中侍卫之服,滥竽充数,当个卫士,以保卫王宫。老臣知道这是非分之想,但今天还是冒死向太后请求。"

赵太后一听,原来触龙今天是为其小儿子来求职的,并非是来进谏的。于是,脸色更加和悦了,心情也更加轻松了,遂连忙问道:"好哇!令郎今年多大了?"

"十五岁了。虽然还年少,但老臣还是希望未闭眼前将他托付给太后,这样老臣才算放心。"

赵太后一听这话,立即笑了起来:"原来大老爷们也这么疼爱小儿子啊!"

"比女人还要厉害。"触龙一本正经地答道。

赵太后听了,嫣然一笑,不以为然地说道:"还是女人比男人更疼爱小儿子。"

触龙听赵太后这样说,觉得机会来了,遂连忙接住她的话头,说道:"老臣私下觉得,太后爱燕后,远远要超过爱长安君。"

"您错了,老妇爱燕后,远远比不了爱长安君。"赵太后不假思索地说道。

触龙立即抓住机会,进一步说道:"父母爱子女,一般说来,都会为他们考虑得深远。记得太后当年送女儿远嫁燕国时,握着其脚后跟,为之痛哭,这是心念着她嫁得远而感到悲伤。嫁到燕国后,太后并非不想她,但是每逢祭祀时,太后一定要祷告说:'一定不要让她回到赵国。'这不是太后为她计之深远,希望她的子孙世世为燕王吗?"

"确实是这样。"赵太后肯定地点头道。

触龙见此,遂又接着说道:"从三世以上,一直上推到赵氏由大夫封为国君的时候,赵国历代国君的子孙受封为侯的人,其后嗣继其封爵的,还有存在的吗?"

"老妇没有听说过。"赵太后不假思索地回答道。

触龙看了看赵太后,又语重心长地接着说道:"这就是'近者祸其身,远者及其子孙'的缘故。做国君的,难道他们的子孙就一定都不肖吗?不是这样,而是因为他们地位尊贵而对国家没有尺寸之功,奉养优厚而对国家没有任何功劳,而且还拥有很多金银财宝。而今,太后只是一味尊长安君之位,而封之以膏腴之地,又多予其重器财富,一点都不给他为国立功的机会。这样下去,一旦太后千秋万岁之时,长安君凭什么自立于赵国政坛,治国安邦,表率万民呢?所以,老臣以为,太后爱长安君,其实是远比不上爱燕后的。"

说到这里,赵太后终于明白了触龙的意思,遂连忙点头回应道:"老妇明白了,就依您的意思执行吧。"

于是,赵太后立即为长安君准备了百乘马车,让他到齐国为人质。齐襄王闻之,立即派兵救援赵国,最终打退了秦国的进攻,解了困局。

从上面这个历史故事中,我们可以清楚地看出,交际者(左师触龙)与受交际者(赵太后)的言语交际与人际沟通是非常成功的。交际者触龙是臣,受交际者赵太后是君,因此二人的沟通属于"上行沟通"。由于是"上行沟通",交际者触龙在言语交际时就不可能直言其事,而是要绕着弯子婉转其辞。在言语交际的过程中,他不仅使用了"设觳"修辞策略,以替小儿子求职为诱饵,引诱赵太后与之谈儿女的教育问题,而且"言事"说到根本主旨"让长安君出质于齐以救赵国"时,他也没敢直白地"收结",而是让受交际者赵太后自己说出来:"就依您的意思执行吧('恣君之所使之')。"从沟通的效果看,交际者触龙的言语交际与人际沟通是成功的;其"收结"采用"间接收结"法,也是得体的,因为它保证了沟通的顺畅,有利于言语交际与人际沟通的目标得以实现。

今天虽然没有封建君主了,但是长幼、尊卑的社会秩序仍然存在。因此,在"上行沟通"中采用"间接收结"法,仍然是必要的。否则,会违逆尊者、长者之心,从而导致言语交际与人际沟通的失败。比方说,我们在日常生活中要约请长者或领导某个时间在某个地点见面,或是邀请他们参加某个活动,我们在"言事"已毕后,当然也会有一个"收结"。但是,这个"收结"不能采用"直接收结"法,直言"就这样说定了,不能误事,一定要准时到达"之类,而只能采用"间接收结"法,婉言"那就谢谢了,届时我一定×点在×地恭候您的光临"之类。虽然这实际表达的是让受交际者务必不能爽约的意思,但却让受交际者听来毫无强其所难的感觉。如果交际者是经常举办会议者,或是公关行业的专业人员,想必对于这些是深有体会的。

另外,还要提一句,"收结"并不限于以上所提到的对"言事"主旨的提醒与强调,有时还会附加表达鸣谢的礼貌语;或者干脆只用表示鸣谢的话语"收结",这在日常非正式、非重要的言语交际与人际沟通中最为常见。

前文我们说过,言语交际与人际沟通是一个完整的过程。为此,我们还将其划分为"称谓""上题""言事""收结"等四个"过程因子",并进行了分别论述。其实,这只是理论上的。实际生活中,言语交际与人际沟通的过程并非要求这四个"过程因子"都出现或说都具备,出现两项或三项,缺少一项或两项,都是允许的,而且事实上也是可以的。下面我们不妨看一个例子。

有上司面胡者,与光脸属吏同饭。上台须间偶带米糁,门子跪下禀曰:"老爷龙须上一颗明珠。"官乃拂去。属吏回衙,责备门子:"你看上台门子何等伶俐,汝辈愚蠢不堪重用。"一日两官又聚会吃面,属吏方举箸动口,有未缩进之面挂在唇角。门子急跪下曰:"小的禀事。"问禀何事,答曰:"爷好张光净屁股,多了一条蛔虫挂在外面。"(清·游戏主人《笑林广记》)

在这个故事中,有两个交际者与两个受交际者。两个交际者分别是大胡子上司(即"面胡者")与光脸下属(即"光脸属吏")的门子(相当于今日的首长秘书),两个受交际者则分别是大胡子上司与光脸下属。大胡子上司吃饭时胡须上粘了米粒,他的门子怕自己的老爷形象不佳,遂婉言提醒。但是,在这场主仆之间的言语交际与沟通中,交际者(门子)与其受交际者(面胡者)的言语交际与沟通只有一句话,根本划分不出"称谓""上题""言事""收结"等"过程因子"。如果硬要划分,其中也只有两项:一是"称谓"(老爷),二是"言事"(龙须上一颗明珠)。同样,在光脸属吏与其门子之间的言语交际与沟通中,交际者(门子)与其受交际者(光脸属吏)的言语交际与沟通也只有一句话,也划分不出四个"过程因子",也仅有"称谓"与"言事"二项。不过,应该指出的是,上述这两场言语交际与人际沟通中的"过程因子"都不全,但并不影响沟通,因为两个受交际者都听懂了交际者的意思。虽然如此,但这里我们需要强调的是,在表意明确这一点上,上述这两场言语交际与人际沟通都达到了目标,但是在接受效果上两者却有着明显的高下优劣之分。"面胡者"门子的话,他的老爷听明白了,而且情感上很愉快,听完后欣然从之,立即将粘在胡须上的米粒拂去。而"光脸属吏"门子的话,他的老爷也听懂了,但情感上不舒服,因为他的门子竟然将自己的脸比作屁股,将他未吃进嘴里的半截面条比作是挂在屁股上的蛔虫。从表达技巧上看,这两场言语交际都运用了比喻的修辞策略,但二者在喻体选择上有高下优劣之分。"面胡者"的门子将自己老爷的胡须比作"龙须",将胡须上所粘的"米粒"比作珍珠,虽然从喻体选择的新颖性来看没有多少特色,但是在此特定语境中却非常得体,因此他的言语交际与人际沟通是成功的,赢得了包括光脸属吏的赞赏。而"光脸属吏"的门子,虽然也运用了比喻修辞策略,但选择"屁股"与"蛔虫"作为喻体,在表意上就非常不得体,在语境适应上更是成问题(因为屁股与蛔虫都不应该在吃饭时提)。因此,他的比喻虽然新颖,但表意则言不由衷,成了笑话。

思 考 与 练 习

一、言语交际与人际沟通的过程,从理论上来说可以怎么划分?

二、为什么说"称谓"是言语交际与人际沟通中最重要的一个"过程因子"?请举一个日常生活中的例证予以说明。

三、在言语交际与人际沟通中,"上题"的方式一般说来有几种,各在什么情况下使用?

四、请对下面各个言语交际与人际沟通的案例进行过程划分,指出各有几个"过程因子",为什么会出现这种情况?如果"过程因子"有省略,请指出来,并根据上下文语境予以补充。

1. 一九八七年十一月三日梁实秋在台北中心诊所辞世,十一月十二日《光华杂志》假师大举办"梁实秋先生文学成就研讨会",请五位教授主讲。我以《雅舍小品》中的《女人》和《男人》为例,说明梁实秋的妙语生花,缘于他独具慧眼,能洞察人性的奥秘:他描述女性的吝啬和拐弯抹角,真是诡谲莫测,淋漓尽致;形容男性的懒惰和贪馋脏乱,更是状溢目前,跳脱传神!最后一位发言的张教授,在肯定梁实秋的文学贡献之余,结语颇为惊人:"说老实话,其实梁实秋的文章,自《雅舍小品》出世以来,四十年没有进步!"

顿时,会场空气凝固,主持会议的余玉照兄为化解僵局,特请我再度发言:"刚才张教授说梁实秋的文章四十年没有进步,我完全同意他的看法!不过,在此要补充两点:第一,梁实秋的文章,四十年前已达到朴质真醇,自然高妙的最高境界,不可能再进步了!第二,在座的各位,包括张教授和区区在下,要想达到梁实秋四十年没有进步的境界,恐怕再修炼四十年也不一定能成功!"(沈谦《梁实秋的流风余韵》)

2. 在普及佛教知识的演讲会上,一名女大学生站起来问佛教协会主席赵朴初:"你们佛家主张不结婚,不生育,照这样下去,人类岂不走向灭绝了吗?"

赵朴初微微一笑,从容地反问道:"请问小姐,你想不想出家?"

"哦,我可不想!"女大学生忙不迭地摇头摆手。

"这么说,不是至少还有一个人在肩负着繁衍人类后代的伟大使命吗?你怎么说人类会走向灭绝呢?"(段明贵编《名人的幽默·出家与生育》)

3. 林冲怀中取书递上。王伦接来拆开看了,便请林冲来坐第四位交椅,朱贵坐了第五位。一面叫小喽啰取酒来,把了三巡,动问柴大官人近日无恙。

林冲答道:"每日只在郊外猎较乐情。"

王伦动问了一回,蓦然寻思道:"我却是个不及第的秀才,因鸟气合着杜迁来这里落草,续后宋万来,聚集这许多人马伴当。我又没十分本事,杜迁、宋万武艺也只平常。如今不争添了这个人,他是京师禁军教头,必然好武艺,倘着被他识破我们手段,他须占强,我们如何迎敌。不若只是一怪,推却事故,发付他下山去便了,免致后患;只是柴进面上却不好看,忘了日前之恩。如今也顾他不得。"当上王伦叫小喽啰一面安排酒食,整理筵宴,请林冲赴席,众好汉一同吃酒。将次席终,王伦叫小喽啰把一个盘子托出五十两白银,两匹纻丝来。

王伦起来说道:"柴大官人举荐将教头来敝寨入伙,争奈小寨粮食缺少,屋宇不整,人力寡薄,恐日后误了足下,亦不好看。略有些薄礼,望乞笑留,寻个大寨安身歇马,切勿见怪。"

林冲道:"三位头领容复:小人千里投名,万里投主,凭托柴大官人面皮,径投大寨入伙。林冲虽然不才,望赐收录,当以一死向前,并无诟佞,实为平生之幸。不为银两赍发而来,乞头领照察。"

王伦道:"我这里是个小去处,休怪,休怪。"

朱贵见了,便谏道:"哥哥在上,莫怪小弟多言。山寨中粮食虽少,近村远镇,可以去借;山场水泊,木植广有,便要盖千间房屋却也无妨。这位是柴大官人力举荐来的人,如何教他别处去?抑且柴大官人自来与山上有恩,日后得知不纳此人,须不好看。这位又是有本事的人,他必然来出气力。"(明·施耐庵《水浒传》第八回)

4. 李肃赍了礼物,投吕布寨来。伏路军人围住,肃曰:"可速报吕将军,有故人来见。"

军人报知,布命入见。

肃见布曰:"贤弟别来无恙!"

布揖曰:"久不相见,今居何处?"

肃曰:"现任虎贲中郎将之职。闻贤弟匡扶社稷,不胜之喜。有良马一匹,日行千里,渡水登山,如履平地,名曰'赤兔'。特献与贤弟,以助虎威。"

布便令牵过来看。果然那马浑身上下,火炭般赤,无半根杂毛,从头至尾,长一丈,从蹄至项,高八尺,嘶喊咆哮,有腾空入海之状。后人有诗单道赤兔马曰:奔腾千里荡尘埃,渡水登山紫雾开。掣断丝缰摇玉辔,火龙飞下九天来。

布见了此马,大喜,谢肃曰:"兄赐此龙驹,将何以为报?"

肃曰:"某为义气而来,岂望报乎!"

布置酒相待。酒酣,肃曰:"肃与贤弟少得相见,令尊却常会来。"

布曰:"兄醉矣!先父弃世多年,安得与兄相会?"

肃大笑曰:"非也!某说今日丁刺史耳。"

布惶恐曰:"某在丁建阳处,亦出于无奈。"

肃曰:"贤弟有擎天驾海之才,四海孰不钦敬?功名富贵,如探囊取物,何言无奈而在人之下乎?"

布曰:"恨不逢其主耳。"

肃笑曰:"'良禽择木而栖,贤臣择主而事。'见机不早,悔之晚矣。"

布曰:"兄在朝廷,观何人为世之英雄?"

肃曰:"某遍观群臣,皆不如董卓。董卓为人敬贤礼士,赏罚分明,终成大业。"

布曰:"某欲从之,恨无门路。"

肃取金珠、玉带列于布前。布惊曰:"何为有此?"

肃令叱退左右,告布曰:"此是董公久慕大名,特令某将此奉献,赤兔马亦董公所赠也。"

布曰:"董公如此见爱,某将何以报之?"

肃曰:"如某之不才,尚为虎贲中郎将;公若到彼,贵不可言。"

布曰:"恨无涓埃之功,以为进见之礼。"

肃曰:"功在翻手之间,公不肯为耳。"

布沉吟良久,曰:"吾欲杀丁原,引军归董卓,何如?"

肃曰:"贤弟若能如此,真莫大之功也!但事不宜迟,在于速决。"

布与肃约于明日来降。肃别去。(明·罗贯中《三国演义》第三回)

5. 十月底,又有人从东部传来消息,说齐宣王正在燕国之权对燕用兵,鏖战正酣,楚威王亲率大军乘机向齐国徐州逼近。齐宣王派大将申缚率军迎击,结果齐军不敌楚师,大败于徐州。

张仪一听,知道这就是魏相惠施之计奏效了。心想,惠施果然厉害,这是借刀杀人之计啊!遂不得不从心底佩服惠施。

也因为如此,从此他更加意志消沉了。因为他意识到,在这个乱世之中,确实是强手如林,强中自有强中手,自己看来根本就算不得什么游士。不如趁早收了心,老老实实地种地吃饭。

沉静下来的张仪终于返璞归真,老老实实地跟人学着种起了地。两年下来,他逐渐学会了扶犁耙地,整地锄草,以及春播秋收的全部农活。如今的张仪,从表面上已完全看不出他曾是个读书人。特别是从他那黧黑的皮肤,粗糙如干树皮的双手,没有人不把他视为一个地地道道的日出而作、日落而息的农夫,根本不会把他与整日想凭三寸不烂之舌游说君王,而取卿相尊荣的游士联系起来。

心静如水的张仪,在张城过着平静如水而又心安理得的农夫生活。夏天,农活之余,他会与妻儿一起,躲在田间树荫下,啃一个大大的西瓜,就感到了无比的满足,那种感觉比做君王还要畅快。冬天,寒冷的北风呼啸着吹过屋顶,他与妻儿坐在热烘烘的炕上,围着炕桌嗑点葵花籽儿,那种快乐也是让他满足得不得了。

然而,就如平静的水面总会被风儿吹起涟漪一般。张仪这样平静、安详的农夫生活,才刚刚过了两年多,就突然被一个意外的过客打破了。

周显王三十九年(公元前330年)三月初二,张仪无事可做,正在院子里靠着南墙孵太阳。仲春的太阳懒洋洋地洒满张家破败的院落,洒在他破旧的老棉袄上,洒在他满是皱纹的脸上。他觉得好适意,正眯着眼睛舒服地享受着这人间的至福。

"请问,屋里有人吗?"

突然听到有人这么轻声喊了一句,张仪立即睁开眼睛,慌忙从墙根边爬了起来,走到院门口,发现院外门口正站着一个陌生人。张仪仔细端详了一番眼前的陌生人,觉得他的样子像是个读书人,于是就问道:"客人莫非他乡之士?"

客人见张仪跟自己说话打的是天下通语,且文绉绉的,于是,连忙答道:"正是。"

"仙乡何处?今欲何往?"

客人立即对答如流道:"敝乡赵之邯郸,今欲往秦都游说秦王,过张城,路经府前,口渴求饮。"

"既为邯郸远路之客,若蒙不弃,进来饮壶淡酒何妨。"

"如此,打扰老伯了。"

张仪一听眼前这位游士竟称自己为老伯,不禁莞尔一笑。心想,俺看起来有这么老吗?于是,也不说什么,权充一回老伯,将他引到院中。

院中树下有一张小案,太阳暖洋洋地照着小院,也将金色的光线洒在小案上。请客人在案前坐定后,张仪连忙进屋,从灶间捧出一个大瓦罐,放在案上后,又进屋去拿酒盏。摆放停当,张仪就先给邯郸之士斟了一盏,道:"先生请。"

邯郸之士接盏在手,就先饮了一口,作品尝状,然后赞道:"好酒!"

张仪知道这不是真话,连忙道:"先生见笑,寡味薄酒,不成敬意,望先生海涵。"

"听老伯谈吐,便知是饱学之士。"

"今实乃一农夫耳。"大概是因为很久没有与读书人对饮清谈了,突然有了这种情境与情调,张仪一高兴,不知不觉间便在言语中透出了读书人的口气。

邯郸客一听,不禁面露一丝不为人察觉的得意之色。从张仪的话中,他已然解读出,眼前的这位老伯可能就是自己此次要找的张仪,张仪说今天就是一个农夫,说明以前不是。他今天之所以要讨水喝讨到这里,是因为他已经打听好了,这里就是张仪的府上。于是,他又啜了一口酒,环顾了一下张家的院落,道:"观老伯院落规模,当原为一世家吧。"

张仪一听,不禁叹了口气道:"今非昔比矣。"

邯郸之士接口道:"老伯所言极是。而今天下纷扰,黎庶不宁,我辈读书之人亦举步维艰矣。"

张仪见他如此感叹,乃接口问道:"先生何以舍邯郸繁华之地,而往西秦僻远之国?"

邯郸之士又叹了口气,道:"老伯有所不知,今邯郸乃为一士之天下也。"

张仪不禁好奇地问道:"何等之士,有此能耐?"

"洛阳之士苏秦也。"

"苏秦?"张仪一听,不禁顿然目瞪口呆起来。

邯郸之士立即发现了张仪的这种表情,接着说道:"苏秦,乃齐人鬼谷先生高足。闻秦孝公乃天下明君,遂西游秦都,欲以连横之术说孝公。至秦,孝公卒,乃说秦惠王。书十上,不见用。留秦期年,裘敝金尽,面有菜色。遂含恨离秦,步行数千里,北游于燕。说燕侯以'合纵'之术,燕侯资以金帛车马,南游于赵。说赵王于华屋之下,抵掌而谈,深得赵王之心,乃任之为赵相,爵封武安君。赵王又饰车百乘,资黄金千镒、白璧百双、锦绣千纯,命其往游山东五国诸侯,以成'合纵'之盟。苏秦奉命,乃西游魏、韩,东游齐,南游楚,三年而'合纵'成。遂自任纵约长,并相六国。"

张仪都听呆了,呵呵,苏秦竟然身兼六国之相,这是多么的威风啊!于是,不自觉间便脱口而出道:"苏秦乃吾师兄也。"

邯郸之士一听,终于彻底放心了。心想,眼前的这位,就是自己奉苏秦之命要找的师弟张仪,一点也错不了了。

想到此,邯郸客不禁心花怒放。但是,他忍着了,不让喜悦之情形诸于色。接着张仪的话,不动声色地说道:"老伯既与苏秦为同门兄弟,何不往邯郸与苏秦一见?今苏秦已当道,老伯若往相见,必能获其荐举。"

张仪听了,点点头。

邯郸之士见张仪点点头,知道已经说动了张仪。心想,苏秦交代的任务算是完成了,该走了,言多必失,如果让张仪识破是苏秦激将之计,那么就前功尽弃了。

又喝了几口酒,说了一些闲话,邯郸之士便以要赶路为由,告辞出门去了。(吴礼权《冷月飘风:策士张仪》)

五、称谓在言语交际与人际沟通中有什么特殊的作用?请结合下面的案例进行分析说明。

1. 史密斯医生刚给一位女病人做完检查,证实她怀孕了,便说:"琼斯太太,我有一个好消息告诉你。"

"是琼斯小姐。"年轻妇女更正道。

"噢,琼斯小姐,"于是医生赶忙改口说,"我有一个坏消息告诉你。"

(雅颂编《爱情幽默》)

2. 十九世纪德国剧作家克莱斯特给爱人沃盖尔写的情书:

我的小叶特,我的心儿,我的爱人,我的小斑鸠,我的生命,我的可爱的甜蜜的生命,我的生命之光,我的一切,我的财产,我的宅地、农场、草原和葡萄园,啊!我的生命的太阳、月亮和星星、天和地;我的过去和未来,我的未婚妻,我的女郎,我的亲爱的女友,我的最内层的,我的心血,我的肠胃,我的眼睛;啊,啊,最亲爱的,我该怎么称呼你呢?我的金童,我的珍珠,我的宝石,我的君主,我的女王,我的皇后!你,我心中最珍爱的爱人,我的最崇高的和最宝贵的,我的一切的一切,我的妻子,我的婚礼,我的孩子们的洗礼,我的悲剧,我的千秋万代的光荣!唉,你是比我还好的第二个我,是我的道德,我的功绩,我的希望,我的罪过的赦免,我的未来与幸福……啊,小天女呀,我的上帝的娇儿,我的辩护士,我的保卫天使,我的天神——我是何等地爱你呀!(龚维才《幽默的语言艺术》)

3. 1848年,大英帝国维多利亚女王和她的表哥阿尔伯特公爵结了婚。和女王同岁的阿尔伯特喜欢读书,不大爱社交,对政治也不大关心。

有一次,女王敲门找阿尔伯特。

"谁?"里面问道。

"英国女王。"

门没有开。敲了好几次后,女王突然感到了什么,又敲了几下,用温柔的语气说:"我是你的妻子,阿尔伯特。"

这时,门开了。(段明贵编《名人的幽默·女王和妻子》)

第五章 Section 5　言语交际与人际沟通的情境要素

　　言语交际与人际沟通,是一种复杂的语言活动。因此,要保证言语交际与人际沟通的成功,就必须时刻牢记四个关键词:角色、时机、场合、心理。这四个关键词,便是言语交际与人际沟通的情境要素。把握好这四个情境要素,言语交际与人际沟通就基本成功了。

　　下面我们就对言语交际与人际沟通的四个情境要素分别予以论述。

一、角　　色

　　所谓"角色",是指言语交际与人际沟通中的受交际者一方,亦即言语交际的接受者、人际沟通的目标对象。

　　作为言语交际与人际沟通中重要的一个情境要素,"角色"不仅仅是指一个抽象的人,而是指具有特定身份、地位、职业、文化、爱好、个性的具体的人。因此,交际者在面对这个"角色"时,就必须全面地了解受交际者这个"角色"的方方面面,在言语交际中适应他,以便把话说到他的心坎上,从而顺利地实现人际沟通的既定目标。应该指出的是,有时为了全面地了解受交际者这个"角色",交际者自己还要对自己的"角色"定位有一个清醒的认识。如果对自己的"角色"定位不准确,就有可能导致对受交际者这一"角色"认识的偏差,从而导致言语交际与人际沟通的失败。

　　我们讲言语交际与人际沟通,之所以特别强调"角色"这个情境要素,这是由言语交际与人际沟通的目的决定的。前文我们曾多次说过,言语交际与人际沟通都是"有所为而为"的。我们跟别人说话,或写信、写报告给别人,都是带着某种特殊的交际使命的。这种交际使命,或是宣达表达者(即交际者)的思想观点,或是传达表达者的某种情感,或是释出表达者的某种意愿,等等。但是,我们要清醒地认识到,交际者要表达什么,这是比较简单的,只要交际者是一个具有正常思维、有正常语言能力的人,都是可以基本做到的。因此,我们说交际者将自己所要表达的思想、观点、情感、意愿,等等,表达出来,其实是不难的。难的是交际者所表达出来的思想、观点、情感、意愿,等等,是否能被受交际者接受,从而有效地实现人际沟通,这才是关键的关键。

正因为如此,我们在言语交际与人际沟通时就要特别注意研究受交际者这一"角色"。那么,研究受交际者这一特定对象的什么呢?一般说来,主要是研究受交际者的职业背景、文化水平、个人爱好、性格特点,等等。如果无视这些因素,交际者只顾根据自己的想法而进行表达,其结果必然是以失败而告终。关于这一点,早在两千多年前孔子就曾明确讲过:

可与言而不与之言,失人。不可与言而与之言,失言。知者不失人,亦不失言。(《论语·卫灵公》)

这段话的意思是说,一个可以跟他进行言语交际的人,而交际者不跟他交际沟通,这叫"失人";一个不可以跟他进行言语交际的人,而交际者却硬要跟他交际沟通,这叫"失言"。一个明智的人,既不会犯"失人"的错误,也不会犯"失言"的错误。

由此可见,孔子对言语交际与人际沟通中的"角色"问题是非常重视的,对研究受交际者这一特定对象的意义认识非常充分,可谓是深谙"看人说话"之道。

如果我们对孔子稍微有些了解,可能还会知道,孔子兴办私学,广泛收徒,"有教无类"(即不区分受教育者的身份地位而一律予以平等地受教育的权利),曾将所收学生分为"德行""言语""政事""文学"等四科,相当于今日大学里的四个科系。其中,"言语"科就是专门教学生说话写作的,相当于我们今天的语言学系或是美国的修辞学系。传播孔子思想学说最有力、在孔子众弟子中最有作为的子贡,就是孔子"言语"科的高才生。子贡尤其能说会道,堪称是"言语"科的骄傲。他因为口才很好,加上思维敏捷,曾先后在鲁国与卫国做官,还常常出使诸侯各国,在春秋时代的国际舞台上可谓是叱咤风云的一代杰出外交家。史书上有一种说法,讲子贡出使各国常常与诸侯"分庭抗礼",也就是与诸侯各国之君平起平坐。他之所以能享受这等礼遇,那是因为他特别有能耐,赢得当时各国诸侯的尊敬。史载,一次齐国出兵伐鲁,鲁国面临灭顶之灾。子贡奉命出使,游说吴、齐等国之君。凭着三寸不烂之舌,子贡轻松地说服了吴王,让他出兵伐齐,拯救了鲁国,算得上是"一人之辩,强于百万之师"。后来,子贡弃政从商,也非常有成就。史载,他在曹、鲁二国之间倒腾物品,开创了中国最早的物流业务,发了大财,史书上说他"富至千金"。可见,子贡真的是长于言语交际,善于人际沟通。因为无论是当大使,还是做生意,都离不开言语交际与人际沟通。如果没有高度的语言表达能力,不善于言语交际与人际沟通,出使他国就很难不辱使命,做生意也很难成功。不过,应该指出的是,即使是子贡这样能说会道的人,有时也会遭遇困境,不能圆满完成言语交际与人际沟通的任务。如东汉王充就曾提到过子贡这方面的失败经历:

孔子失马于野,野人闭不与;子贡妙称而怒,马圄谐说而懿。(《论衡·自纪》)

这段话说的是这样一个历史细节:孔子为实现其"克己复礼",恢复"周公礼法,天下大同"的政治理想,带着他的弟子们周游列国,游说各国之君。一次,颠沛周折之中,驾车的马走失了。后经调查,得知是因为马饿了,吃了一个农夫(野人)的庄稼,而被农夫扣下了。孔子知道,在这举目无亲的异国他乡,在这一眼望不见人烟的荒山野岭之间,如果没有马就无法驾车,无法驾车就无法继续上路。不仅不能周游列国,实现自己的政治抱负,甚至还要饿死在这前不着村、后不着店的野外。正是因为知道失马的利害,所以孔子派出了自己最得意的也是最有口才、能说会道的弟子子贡,让他前往交涉,希望尽快把马要回来,以便尽快上路。可是,当子贡找到那个扣了老师之马的农夫,而用自以为最得体、最高妙的话跟他交涉时,农夫不仅没有将马还给他,还愤怒得要揍他一顿。结果,能说会道的子贡没有完成老师交给的任务,垂头丧气地回来了。孔子了解情况后,遂派赶车的马夫前往交涉。不大一会,马夫就牵着马高高兴兴地回来了。原来,他是跟那农夫说了一通插科打诨的笑话,那农夫一高兴,就把马还给了他。

那么,为什么没有文化的粗人马夫能将孔子被扣的马讨要回来,而最擅长言辞并被孔子视为孔门"言语"科最得意弟子的子贡,反而不能为老师讨回被扣的马呢?其实,这个问题并不难回答。因为子贡虽然能说会道、擅长言辞,但仅限于与上层人物打交道。他与上层人物包括诸侯各国的君主、大夫、读书人进行言语交际与人际沟通都没有问题,因为他了解这些社会上层人物的背景包括他们的心理特点,熟悉他们的词汇系统,知道他们所乐于接受的言语表达方式,所以他在与这些社会上层人物的言语交际与人际沟通中常常是战无不胜的。但是,对于像扣押孔子之马的农夫,子贡完全不了解。这种不了解,表现在很多方面。比方说,农夫是什么样的性格,有没有文化,说的是哪种方言,使用的是什么样的词汇,他喜欢什么样的言说方式,他对子贡这种读书人是怎么看的,等等,子贡都一概不知。也就是说,作为交际者的子贡与作为受交际者的农夫完全是两个不同世界的人,彼此互不了解。在这种情形下,交际者子贡完全不能适应他所面对的受交际者,只能用他所习惯的言说方式跟农夫进行交际沟通。交际者子贡自以为自己的言语生动高妙,极有技巧,非常动听,认为应该能够打动受交际者农夫的心,让他将扣下的马还给自己。然而,受交际者农夫完全听不懂交际者子贡的话,更不能欣赏他的绝妙好辞,这样的言语交际与人际沟通,结果只能类同于"鸡同鸭讲""对牛弹琴""饮马以酒"。所以,受交际者农夫愤怒了,交际者子贡只能是无功而返,没有讨回老师的马。相反,马夫则不然,他作为交际者,之所以能够成功地与受交际者农夫进行言语交际与人际沟通,并成功地讨回孔子被扣的马,是因为他与受交际者是同一个阶层的人,了解受交际者农夫的心理特点,熟悉他的词汇系统,所以他用受交际者农夫喜欢的粗话与诙谐语与之交流,自然能博取受交际者农夫的欢心,从而让他在情感愉快的情况下归还了扣押的马。

正是有感于子贡与"野人"交际沟通的失败教训,王充在《论衡·自纪》篇中非常感慨地指出:"俗晓〔形〕露之言,勉以深鸿之文,犹和神仙之药以治鼽咳,制貂狐之裘以取薪菜也。"(其意是说,一般人只懂得通俗浅显的话语,勉强用高深鸿大的文章让他们读,这就好比是调好了神仙之药而治鼻炎咳嗽之类的小病一样,又像是缝制了精美的貂狐之裘而穿着去采野菜一样。)可见,在言语交际与人际沟通中,交际者不适应受交际者这一特定的交际对象,把握不住受交际者这一"角色"的心理特性及其相关背景,选择适当的言说方式,其结果必然会是交际沟通的失败。

由以上的分析,我们可以清楚地看出,子贡与"野人"交际沟通失败,主要原因是对作为受交际者的"野人"这一"角色"缺乏正确的认识,以致在言语交际时没有很好地适应"野人"的文化、职业及个性特点,选择的言说方式不恰当,从而导致交际沟通失败,没有讨回老师被扣的马。还有另一种情况,交际者对受交际者的"角色"认识不正确,导致言语交际与人际沟通失败,是因为交际者对自己的"角色"定位不当所引起的。也就是说,交际者对受交际者的"角色"定位不准确,是由于对自己的"角色"定位不准确而引起,从而影响了言说方式的选择,导致交际沟通失败。这方面的例子,在日常生活中也是常见的,只是大家不太注意而已。下面笔者举一个自己多次亲身经历的事予以说明。

身处大学这座"象牙塔"中的人,大概都了解这样一个事实,就是每年一到五六月份,是中国的大学教授最忙碌的季节,这个季节叫"答辩季"。因为中国大学的"毕业季"都是在七月份,所以大批的博士生与硕士生的论文答辩都赶在五六月份进行,以便答辩通过后领了学位证书离校。只要答辩通过了,学生不管是找到工作单位,还是没找到工作单位,都得怀揣毕业证书与学位证书离开大学,自谋生路去也。笔者虽然一向对于中国大学培养博士与硕士的弊病颇多感慨,不赞成大批量、流水线似的博士、硕士学位"生产模式",但是作为一个体制内的大学教授与博士生导师,笔者也只能被"时代潮流"所裹挟,与时俱进,与世沉浮,情愿或不情愿地参加一场又一场校内或校外的博士生或硕士生学位论文答辩。在答辩过程中,笔者常常听到许多博士生或硕士生在答辩开始的陈述中说这样一句模式化的开场白:"各位专家,各位学者,大家好!"对于这种开场白,笔者每听一次就要心头一紧。但是,笔者每次都忍住没有当场指正。因为考虑到答辩学生会比较紧张,同时要考虑答辩者导师的面子。但是,有一次,当笔者的一个博士生答辩时也说出这模式化的开场白时,笔者再也忍不住了,连忙打断她的话,说道:"先停下,你马上要毕业离校了,临走时我还是应该再给你讲一次修辞学。本来,我不想在未征得主席与各位答辩委员同意的情况下打断你的话而插嘴。但是,我觉得我要讲的这个问题是个普遍现象,还是耽误一下大家的时间说几句。答辩者的角色是学生,他所面对的接受者都是老师,正确的称呼应该是'各位老师'或是'各位评委老师',这才是学生对老师最尊敬的称呼,也是最亲切的称呼。老师是传道、授业、解惑者,今天的答辩会就是各位老师给你传道、授业、解惑最集中的一次,所以你应该称答辩主席与各位答辩委员为'老师'最为合适。'各位专家、各位学者',不是你们学生所能称呼的,至少不是此时此刻最适宜的称呼。'各位专家、各位学者'的称谓,从逻辑上说,应该是在专家、学者之间进行的,是平辈之间的一种相互称谓。因此,你们作为学生,对答辩老师最恰当的称谓应该是'老师',而非'专家'或'学者'。如果修辞学或者语言学的博士生一开口说话在称谓上就错了,那是不应该的。"

对于笔者这番直言不讳的批评,答辩委员会主席与各位答辩委员都深以为然,觉得说出了他们的心声,认为这个问题是应该指出来了,值得所有学生重视。这里,笔者将此事例在教科书中予以披露,目的也就是希望所有学生以后在言语交际与人际沟通时不要犯同样的错误。这个错误的本质,乃是交际者由于主观定位自己的"角色"不当,从而错误地定位了受交际者的"角色",以致出现了言语交际与人际沟通上不顺畅的情况。

与此事例相类似的还有一件事,也是与博士生、硕士生论文答辩相关。有一次,笔者应邀担任一所大学几个博士生的论文答辩主席。有一个答辩的博士生在十五分钟的陈述中,大部分时间都用在了介绍其论文的选题意义与内容简介方面。笔者本欲制止,但考虑到学生会因此更加紧张,于是几次欲言而罢。最后,有一位他们本校的答辩委员出来说话了:"你的论文我们答辩老师都认真看了,十五分钟的陈述应该讲你论文的主要观点与创新点,并简明扼要地陈述提出这个观点的理由和创新点之所以成为创新点的理论依据,以此说服我们答辩委员,觉得你的观点是对的,你的创新点确实是创新点,而且是有价值的。"这位答辩委员的话,指正的问题与笔者指正自己博士生的问题相类似。这位被指正的学生所犯的错误,与笔者的博士生相同,都是因为没有对自己进行正确的"角色"定位,以致错误地定位了受交际者(答辩委员)的"角色",将他们当作是听讲的学生或普通听众,答辩陈述变成了论文内容宣讲。很明显,这是不恰当的,是言语交际与人际沟通失败的表现。因为论文答辩是答辩者(学生)说服答辩委员的言语交际活动,也是一种人际沟通。交际沟通的交际者是学生,受交际者是答辩老师。因此,作为交际者的答辩者(学生)必须正确认识受交际者的"角色",言语交际时要选择恰当的方式,得体地陈述观点、回答问题,这样才能保证彼此的沟通顺畅,也就是答辩顺利进行,从而顺利通过答辩,获得学位。

说到这里,笔者不禁想起我们前文举到的一个例子,就是长孙皇后劝谏唐太宗的历史故事。唐太宗因为魏徵屡次直言相谏,不给他面子而恼火,起念要杀他。长孙皇后知道后,没有因为唐太宗是自己的丈夫就贸然直言相谏,而是正确认识到自己与丈夫唐太宗之间的君臣关系,采取"设彀"修辞策略,引诱唐太宗来问她,然后婉转地将自己的意见表达出来,既避免了女人干政的嫌疑,又巧妙地救了忠直之臣魏徵,使唐太宗开创的"贞观之治"最终得以实现。如果长孙皇后没有正确定位自己是臣的"角色",就不能正确定位受交际者唐太宗的皇帝"角色",进谏方式就可能由于"角色"定位不当(以普通的夫妻关系定位)而出现重大失误,从而危及魏徵甚至自己的性命。

二、时　　机

所谓"时机",是指交际者与受交际者进行言语交际与沟通时的特定时间点。这个时间点可大可小,大者可指特定的时代背景,小者则指言语交际与人际沟通的当下短暂瞬间。

在言语交际与人际沟通中,之所以要强调"时机"这个情境要素,是因为"时机"往往是言语交际与人际沟通显现成效的关键因素。在现实生活中,我们常常都有这样的经验,有些话可以在此时此刻讲,却不能在彼时彼刻说。有些事可以现在说,但在以前却是万万说不得的。有些话可以背后说,但切不可当着众人之面说。这些都是言语交际与人际沟通中最现实、最真实的"时机"问题。如果在"时机"问题上出错,即使交际者有再高妙的言语表达技巧,言语交际与人际沟通也是不能成功的。

关于言语交际与人际沟通要注意"时机"问题,早在两千多年前孔子就曾说过:

侍于君子有三愆:言未及之而言谓之躁;言及之而不言谓之隐;未见颜色而言谓之瞽。(《论语·季氏》)

这段话的意思是说,侍奉在君子(即统治者、领导、上司等)身边,陪他说话,有三种过失需要避免:一是没轮到自己说话时,却冒失地先开了口,这叫急躁;二是该自己说话的时候,却错过时机没有说话,这叫隐瞒;三是不看上司的脸色而自说自话,这叫瞎了眼。孔子这里所说的说话"三愆",前两项都是与说话"时机"有关。可见,在孔子看来,言语交际与人际沟通要特别重视"时机"的把握。否则,就会犯错。

比孔子稍晚的墨子,对于言语交际与人际沟通的"时机"问题也有类似的看法:

子禽问曰:"多言有益乎?"墨子曰:"虾蟆蛙蝇,日夜而鸣,舌干擗,然而不听。今鹤鸡时夜而鸣,天下振动。多言何益?唯其言之时也。"(《墨子·佚文》)

这段对话,说的也是言语交际与人际沟通的"时机"问题。子禽是墨子的弟子,他问墨子:"多说话有没有益处?"墨子告诉他说:"蛤蟆、青蛙、苍蝇日夜叫个不停,叫得口干舌燥,但是没有人愿意听。现在我们看看报晓的公鸡,按时在夜里叫几声,天下都为之震动,所有人都知道天快亮了。可见,多说并无益处,唯有说话切合时机才能发挥作用。"

墨子的这番话说得非常生动,给人的印象也非常深刻,它告诉我们:说话不在多,而在说得适时,也就是要把握"时机"。

那么,说话为什么要把握"时机"呢?仔细想想,这个问题并不难解答。前文我们曾反复说过,我们每个人之所以要说话,大概都不会是为了自娱自乐(除非这个人精神不正常,或是被外力阻隔不能与他人接触而极度孤独),而是"有所为而为",即为了与他人沟通情感或思想,获得他人思想或情感上的共鸣,或是求得他人的帮助、原谅,等等。比方说,一个人做了对不起另一个人的事,当他/她认识到自己的错误而想向对方道歉以求对方的原谅时,他/她不可能不选择适当的"时机"。之所以要选择适当的"时机",这是因为交际者要考虑到言语交际与人际沟通的效果。如果"时机"不恰当,受交际者拒绝与之进行言语交际,那么人际沟通的既定目标就达不到。又比方说,现代夫妻都常常成双捉对地参加一些社交活动,假如在社交活动中妻子或丈夫有些言行举止不当,丈夫或妻子若想指正或批评对方,一般都不会选择当下,而是选择事后某个恰当的时机。如果选择当下指正或批评,必然让另一方颜面尽失,那样事后进行情感沟通与修补,恐怕就很难了。古人有言:"当面教子,背后教妻。"之所以强调教妻要在背后,说的就是这个道理。中国人尤其好面子,对受交际者进行批评或指正时,选择恰当的"时机"无疑是非常重要的。中国有句老话,叫作:"人活一张脸,树活一张皮。"可见,在中国人的观念里,脸面是多么的重要。因此,一旦一个人的脸面被交际者驳掉,即使交际者想跟他进行言语交际,跟他进行思想与情感的沟通,目的是为了他好,即所谓"忠言逆耳利于行",他也会在过激情绪的作用下而拒绝配合。如果这样,那么交际者与之进行言语交际与人际沟通的目标就无法实现。

言语交际与人际沟通的目的,如果是求人原谅,或是出于指正批评别人而让他改正,固然是要选择"时机",这方面的理由上面我们已经说过。如果言语交际与人际沟通的目标指向是请托别人办事,那么就更要注意"时机"了。说到这里,笔者不禁想起将近三十年前的一件往事。那时,笔者是刚留校工作不久的"青椒"(青年教师),按照当时的学校规定,青年教师需要做一任大学辅导员。在大学工作过的人都知道,辅导员的工作很杂,对大学生要管头管脚,当然更要管奖学金的评定等大学生认为非常重要的事。有一天,笔者早晨刚到办公室门口,就看到一个女生等在那里了。这个女生比较内向,一向见人都是怯生生的,见到老师更是不敢主动接近。笔者虽然是她的辅导员,但她却也不怎么亲近,更不会主动找笔者说些什么的。所以,笔者当时一看到她主动找上门来,就知道她一定是有什么重要的事。于是,就连忙请她进了办公室。这样,便有了如下这番师生对话(为了保全学生隐私,姑且隐去真名,称之为小王):

吴：小王，今天上午没有课啊？

王（低声地）：有课。

吴：那你一大早不上课而来找我，一定是有重要的事吧。

王（怯怯地）：是。

吴：那有椅子，先坐下。什么事，慢慢说吧。

王：老师，奖学金的事马上就要定下来了吧。

吴：是，今天上午系里就要开会讨论这事。你是怎么知道的？

王：我是从上个年级的一个师姐那里听说的，好像每年都是这几天开会讨论这件事。

吴：哦，你那师姐消息还挺灵通的。那么，你对奖学金评定有什么意见吗？

王：老师，奖学金评定有什么硬性规定吗？

吴：当然有，不然不乱套了吗？

王：听说有两条标准，一是政治表现，包括当班干部，二是学习成绩，是吗？

吴：基本上是这样，但当不当班干部不是关键因素，品德方面主要还是要看有没有公德心，有没有为大家服务的意识，以及同学们对他的评价。至于学习成绩，那是自己考出来的，摆在那，假不了。评奖学金要公平、公正、公开，没有标准不行啊！

王：这个我知道。

吴：那么，你是否有别的想法呢？不妨说说看，没关系的。你的性格有些内向，今天能主动找老师，是一大进步，今后还可以再大胆点。凡事要大胆地表达自己的看法，不要畏首畏尾。

王（低头）：我对学校评定奖学金的条件与标准没有意见。我知道，自己没有担任班干部，没有为大家服务的机会，所以表现肯定没有做班干部的同学突出，政治表现一般，还有，我虽然学习非常努力，但学习成绩只是中上等。所以，按照学校评奖学金的两个标准，我恐怕这次又没有希望了。

吴：不过，名单还没确定，需要系领导讨论。等到名单确定后，还要向同学们公示，等到同学们确认合理后，才算真正定案。你是否有什么话要说，请不要有顾虑，现在只有我们师生两人，你有什么话尽管说出来。这样，老师才能了解情况。

王（头低得更低了，声音很小）：老师，我今天一大早就来找您，也是下了很多天决心的。之前我向很多同学打听了消息，这才得知今天系里要讨论奖学金人选名单的。我知道，根据我的条件，这次肯定又不能评到奖学金。但是，我真的需要这笔奖学金。

吴：是家庭有困难吗？

王（点点头，沉默了一会）：老师，不瞒您说，我家庭不是一般的困难，是非常困难。

吴：那你怎么不早跟我说呢？我可以向学校给你申请补助啊！

王（红了脸，眼泪也流了下来）：我不好意思向您说。

吴：那你今天就不要再隐瞒了，原原本本地跟老师说出来吧。这样，我好掌握情况，能帮助你的，一定尽最大努力替你争取。

王（抬起头，眼光中带着感激之情）：老师，我家在农村，爸爸因一次车祸，已经失去劳动能力多年了，家里全靠妈妈。妈妈身体不好，经常胃痛。家里每年种庄稼的收入还不够买化肥的，家里的开支主要靠养鸡养猪的一点收入。我每年的学费也有好几千元，都是靠向亲戚东借西借来的……

吴：小王，不必说了，我明白了。我会为你争取的，你现在赶快去上课。今后有什么事，直接来找我说。千万别有事埋在心里不说，你不说，老师怎么知道呢？

这次谈话之后，笔者立即找当时系里负责学生工作的领导反映情况，并在讨论奖学金工作的会议上替这位同学争取，最后给了她一个三等奖，奖学金好像是有一两千元。要知道，这笔钱在三十年前，是够那个同学吃大半年饭的。

上面这个事例中的交际者小王,之所以最终争取到了对她学习生活急需的奖学金,除了"以情动人",以其家庭特殊的困难而感动受交际者(笔者)外,一个非常重要的因素就是她选择了一个非常好的"时机"与笔者沟通。如果晚一天或晚半天,她想与笔者沟通达成的目标就不可能实现;如果时间再早点,距离奖学金定案的日子还远,也许笔者一时而起的情绪冲动会慢慢冷却下去。如果再有相同情况的同学来找笔者,那么笔者冷静之后也许仍要坚持原则。这样,交际者小王恐怕最终就拿不到她最急需的那笔奖学金了。

说到言语交际与人际沟通中"时机"把握的重要性,突然又让笔者想到了另一个与"时机"把握相关的故事。这个故事是笔者的一位朋友讲给笔者听的。那位朋友说,他刚结婚时,学校给他分了一套房子,是以前上海比较流行的直筒式的一室半结构的新公房。他所在楼层共有三户人家,左边一户的青年教师虽与他年龄相仿,却结婚已有多年,孩子都已经上幼儿园了。右边一家的夫妻则比他们年龄稍大,但还没有孩子。那时候,能分到新公房可是了不得的事儿,真是欢天喜地。因为那时还没有商品房一说,住房都得靠单位分配。而上海又是全国住房最紧缺的大城市,所以能分得一套房子,真是不容易。以前上海男人或女人很多都是三十多岁以后才结婚,外地人都以为上海人时尚,不愿意早结婚。其实,并非如此,而是因为他们没有房子结婚。三十年前,我的那位当时三十多岁的朋友及其左右邻居能分得新公房,从此安居乐业,其兴奋劲就可想而知了。也正因为大家心情好,感觉好,所以邻居三户人家的关系都非常亲近。可是,住了一年多以后,左边那户有孩子的人家,夫妻之间不时有吵闹。结果,弄得大家都不像以前那样快乐和谐了。有一天,我那朋友夫妻正好都没有课,夫妻二人就宅在家里看看书,中午还弄了点小酒对饮。正当他们喝得高兴,觉得好有情调时,猛然间听到左邻的女人哭叫起来,接着是男人的咆哮声。我那朋友立即放下酒杯,拖鞋还来不及穿好,就站起来要往外跑。他的太太连忙问他:"你干什么去?"他说:"隔壁男人打女人,我去劝劝啊!男人怎么好打女人呢?"话还没说完,我那朋友又要往外跑。他太太一把拽住他的衣袖,说道:"你知道他们为什么要吵闹吗?"我那朋友说:"不知道。"他太太又说:"你不知道原因,你急着劝什么架?人家夫妻之间的事,你掺和什么?"我那朋友不以为然地反问道:"你这是什么话?"他太太又说:"就是这个话。你有没有听说一句老话,叫作'清官难断家务事'。"我那朋友说:"话虽这么说,但我们是邻居,不能这么冷血啊!"他太太笑道:"这不叫冷血,这叫冷静!"我那朋友又说:"人家女人都被打得哭叫了,我们还冷静啊!"他太太见先生如此较真,缓和了口气说道:"邻居吵架,我们当然应该劝解,但是,此时时机不对。如果你贸然闯进去,又不了解前因后果,怎么劝解?如果人家吵架是有不足为外人道的原因,那人家是跟你说好,还是不搭理你好,或是干脆把你轰出门外好呢?还有一句老话,说夫妻是'床头吵架床尾和'。如果你真想劝解,也得等他们吵完了,冷静下来了,再向他们了解一下情况,然后对症下药,再予劝解,这也不迟啊!"听太太分析得非常有道理,我那朋友终于被说服了,重新回到了座位,继续与他太太喝起了小酒。我那朋友说,大约过了不到一刻钟,他们隔壁那对夫妻不吵了。等到下午他出门时,还看见他们夫妻手挽手在楼下散步呢。

由上述这个日常生活事例来看,言语交际与人际沟通中的"时机"把握确实是非常重要。"时机"把握得恰到好处,言语交际与人际沟通的效果会超乎想象的好;反之,"时机"把握得不好,不仅可能没有效果,也许还会适得其反,将本来可以通过言语交际与人际沟通解决的事情复杂化,甚至会弄僵人际关系,使能够解决的问题永远得不到解决。关于这一点,如果有丰富生活阅历或生活经验的人,相信是有切身体会的,兹不赘言。

三、场　　合

所谓"场合",是指交际者与受交际者进行言语交际与沟通时所处的特定空间。"场合"有大有小,大者可指某一国家或某一地域,小者则指言语交际与人际沟通时的某一开放空间或封闭空间。

我们讲言语交际与人际沟通问题,之所以要特别强调"场合"这个情境要素,这是因为"场合"这一情境要素对受交际者与交际者进行言语交际的情绪、心理等都有影响,因而直接影响到言语交际的效果与人际沟通是否顺畅。关于这一点,早在两千多年前孔子与墨子就已经认识到了,并有专门论述。孔子有言:

邦有道,危言危行;邦无道,危行言孙。(《论语·宪问》)

这句话的意思是说,在一个政治清明的国家,人们可以有话直说,正道直行;而在一个政治混乱的国度,人们不仅行为要端正,凡事小心,而且说话也要格外谨慎,切不可实话实说,更不可直言批评统治者。

这里孔子所说的"邦有道""邦无道",所指乃是一个诸侯国的政治氛围。"有道""无道"之邦,就是最大的"场合"。在不同的国度,言行有所不同,这便是适应不同"场合"而进行言语交际与人际沟通的表现。由孔子的这番话,我们可以清楚地看出,其实孔子是非常清醒的现实主义者,并不是那么书生气,为人还相当世故,深谙处世之道,知道在什么"场合"说什么话,好汉不吃眼前亏,留得有用之身,日后才能干大事。

比孔子稍晚的墨子,对于言语交际与人际沟通需要重视"场合"的道理认识得更为深刻,论述也更详细:

子墨子游,魏越曰:"既得见四方之君,子则将先语?"子墨子曰:"凡入国,必择务而从事焉。国家昏乱,则语之尚贤尚同;国家贫,则语之节用节葬;国家熹音湛湎,则语之非乐非命;国家淫僻无礼,则语之尊天事鬼;国家务夺侵凌,则语之兼爱非攻。故曰:择务而从事焉。"(《墨子·鲁问》)

众所周知,墨子是墨家的代表人物,他生于混乱的战国时代。为了宣传"非攻""兼爱""节用""非乐"等思想,他也与孔子一样,周游列国,到处游说诸侯各国之君。上面这段文字记载,是他回答魏越的话。魏越问他如果见到诸侯各国之君,准备怎么游说他们。墨子就回答道:"大凡进入一个国家,一定要选择最急迫的事情来游说国君,以便帮助他治国安邦,解决民生问题。但是,游说国君首先需要注意一个问题,这就是要了解这个国家的现状。如果那是一个政治混乱的国度,那么就要跟国君谈尊重贤良之才、加强内部团结问题;如果那是一个经济窘迫的国家,民不聊生,那么就要跟国君谈节约开支、丧事从简问题;如果那是一个好乐好酒成风的国度,那么就要跟他们的国君讲沉溺于音乐的害处,讲反对天命的意义;如果那是一个民风淫僻无礼的国家,那么就要跟他们的国君谈敬畏上天、虔诚事鬼的道理;如果那是一个好战成性的国度,就要跟他们的国君讲兼爱、非攻的道理。所以说:游说一个国家要选择最急迫的事。"

这里,墨子回答魏越有关如何游说诸侯的一番话,首先强调的就是游说的"场合"问题。这个"场合"与上面孔子所讲的"场合"一样,也是指诸侯国的现状与政治氛围,所指也是最大的"场合"。在墨子看来,只有适应了游说的"场合"(即所要游说的诸侯国的现状背景与政治氛围),然后再对症下药,选择最急迫的事情予以游说,才能收到好的效果。这一观点,就是我们今天常说的一句俗话:"到什么山上唱什么歌。"也就是看"场合"说话,分"场合"言事。这种看法,无论在什么时代,无论在什么人看来,应该说都是对的。

孔子、墨子都是中国古代的政治家、思想家,同时也是周游列国的说客。因此他们为了游说诸侯,宣扬自己的政治主张,与诸侯各国之君进行言语交际与沟通,当然最关心言语交际与人际沟通"情境"中的"场合"要素(即时代背景、社会现状)。今天,我们生活于21世纪的现代社会,大可不必像孔子、墨子那样为了宣扬自己的思想主张而游说什么特定对象。如果有宣扬自己的思想、理念或主张的需要,我们也不必像孔子、墨子那样辛苦,整天坐着个马车周游列国,满天下颠簸。如果我们能够跟得上时尚的话,只需要用微博发表一个帖子,或用微信发一个朋友圈,就能立即将自己的观点、理念或主张传布全国甚至全世界;如果跟不上时尚,但还有点社会影响力的话,我们可以借助报纸杂志发表文章,也能传播自己的理念与思想主张。最不济的,还可以在免费开放的公园里对一些退休或赋闲的老人们发表一通演说,好歹也是能够有一定的传播范围的。但是,不管说什么,也不管利用什么样的传媒方式,只要是用言语与人进行交际与沟通,就必须要注意"场合"问题。因为不注意"场合",言语交际与人际沟通的效果就不能彰显。前文我们多次说过,我们进行言语交际与人际沟通都是"有所为而为",是带有明确目的的,不是自说自话。因此,有经验的交际者都会特别注意"场合"问题,懂得见"场合"说话、分"场合"言事。

其实,我们每一个人在日常生活中都会有这样的经验:跟他人交际与沟通,有些话可以在大庭广众的场合讲,有些话则宜于在私密的空间讲,这就是见"场合"说话的表现。比方说,与熟悉的人打招呼、聊闲天,这也是一种言语交际与人际沟通的方式。这种性质的言语交际与人际沟通,一般说来,它对"场合"的依赖性不大,因此它可以在公开场合进行,也可以在无第三者在场的场合下进行,自由度比较大。但是,有些言语交际与人际沟通,因为沟通的内容不宜让更多人甚至除受交际者之外的任何人知道,那么交际者就要选择"场合"了,不能在公开场合或有第三者在场时进行。比方说,交际者有一件私密的事情想求托受交际者,这时交际者要与受交际者进行言语交际与沟通,就不能在大庭广众之下说,而要"借一步说话",将受交际者引到避开公众或他人的空间进行。又比方说,交际者与受交际者都是某一单位的领导,二人要对某事的处理或对某人的评价交换意见,这种性质的言语交际与人际沟通,同样也是不能在大庭广众之下进行的,需要选择没有第三者在场的适宜"场合",甚至需要辟室密谈。

从逻辑上说,以上这些道理我们大可不必如此大费周章地在此予以强调,因为这些都是人人应该懂得的基本常识。但是,在我们的现实生活中,事实上是有很多人不懂得"见场合说话""分场合言事"的道理,或曰他们根本没有"场合"的意识,以致常常说话很不得体,言语交际与人际沟通总是失败。

说到这里,笔者不禁想起前些年的一个学期末在复旦大学光华楼电梯里遇到的一件事。当时,正是午饭的高峰时刻,各楼层不同院系的坐班行政人员都下班了,在自己研究室工作的教授也都停止了工作,还有上楼到各院系教务员那里查成绩的学生,这时也都一哄而上,要挤乘电梯下楼,到学校食堂去吃饭。因为光华楼有三十几层,每层都有人要下楼,所以电梯差不多每层都要停,运行速度极慢,而里面挤的人却越来越多。电梯下行到某层时,有一位戴眼镜的男教师进来了。这时,电梯里的一位女生在拥挤的人群中一眼就发现了他。于是,便发生了如下的一幕及一番对话(笔者知道这个女生与那位任课教师所在的院系,但不知他们的尊姓大名。为了说明的方便,姑且以"王"称那位男老师,以"李"称那位女生):

李:王老师。

王:放假了,怎么还不回家?

李:王老师,我刚才到教务室查分数,发现您给我的成绩是 B^+,而不是 A。

王:B^+ 已经是非常好的成绩了啊!

李:可是,老师不是说过要给我 A 吗?

王:我说过吗?

李:当然说过,是当着好几个同学的面说的。

王:考试成绩的评定,都是要看考试的卷面结果。考试成绩给什么等级,老师怎么可能事先答应你们呢?

李:老师可能忘记了吧,那天上课时来的同学特别少,都去参加一个明星的演讲会了。只有我们几个同学准时来上课。所以,老师脱口而出,说要给我们在座的每个同学 A。

王(吃惊地看着那个女生,同时尴尬地扫了扫满电梯的人,板起面孔):我不记得有这件事。

李:老师如果不相信,我可以让那天上课的几个同学做证。

王(非常不满地):A有那么重要吗?

李(认真地):当然重要。我少了这个A,下学期就评不到一等奖学金了。

王(满脸通红地):原来你是为了奖学金而向老师要A的啊!

李(满不在乎的神色):老师为人师表,应该言而有信啊!

王(正当非常尴尬之时,电梯到一楼了):我还有事,找时间再跟你谈吧。

听着这对师生的对话,望着电梯门刚开就狼狈而逃的那位男老师的背影,又看了看身边那位一脸坦然的女生,笔者当时心里是无限感慨的。既感慨那位教师说话太过随意,又感慨那位女生太过无理。不过,感慨之后,笔者马上又陷入了沉思,觉得如果要全怪那位老师,那也是不客观、不公平的。因为在现今的大学里,学生逃课已是司空见惯的事,任课老师不满也是人之常情。但是,由于现行教育体制存在太多的弊端,比方说学校有政策规定,让学生给老师评分,而且还是匿名的。这种政策,必然会让任课老师有所顾虑,因而不得不权衡利弊,迁就逃课的同学,或是对那些"人在曹营心在汉",课堂上不听课而玩手机、平板电脑的学生睁一只眼闭一只眼。由于要迁就学生,不敢得罪学生,这就出现了诸如上例中那位教师不满其他同学逃课,而一时冲动地做出许诺,要给未逃课同学A的情况。若不是因大学的政策,让任课教师有所顾忌,而对违反课堂纪律的同学太过迁就,那么也就没有上面那位任课教师狼狈逃离的尴尬一幕发生。如果那位女生对老师心存敬畏,懂得一点中国传统文化,具备一点中国传统美德,那么也就不至于那样跟任课老师说话,更不敢理直气壮地向老师讨要分数。

感慨归感慨,现实还是现实。我们现在很难再指望大家都重拾中国传统的"温良恭俭让"的美德,也很难指望现在的学生都遵守孔夫子"师道尊严"的信条。但是,我们可以让大家包括老师与学生懂得在现代社会中,如何遵守言语交际的法则,学会言语交际的技巧,从而有效地与他人沟通。就上面我们所举师生对话的例子而言,作为交际者,那位女生可以就成绩的等级问题与任课老师进行言语交际与沟通,但交际与沟通的"场合"不应该不加选择,在人多混杂的电梯中就草率展开。如果那位女生选择"场合",在任课老师出电梯后,在没有第三者在场的情况下跟老师"理论"成绩的等级问题,那么老师一般会欣然接受,从而为以后做出弥补留下空间,最起码不至于当场否认以前的许诺。如果说作为交际者的那位女生,因少不更事而选择了错误的言语交际与人际沟通的"场合",我们还能原谅的话,那么作为受交际者的任课老师,他不能化被动为主动,由受交际者的角色转换成交际者的角色,主动扭转言语交际与人际沟通的被动局面,就不能不令人为之遗憾了。假设那位女生还想继续往下说的时候,任课教师岔断她的话,说:"你什么时候到我办公室来,我们好好聊聊这个问题,好吗?"相信他一定能在自己选择的"场合"中,游刃有余地应对那位女生,化被动为主动,即使不能圆满解决问题,也不至于让自己落得那么尴尬。

也许有很多人都认为,在大学校园里,不论老师还是学生,一般说来都是比较单纯的,不怎么懂人情世故,因此在言语交际与人际沟通时也就不怎么注意选择"场合"。其实,就是在社会上混迹多年,深谙人情世故与处世之道的人,有时也会在情绪的作用下忽略了对"场合"的选择,以致造成了言语交际与人际沟通的不畅,甚至导致人际关系的恶化。说到这里,笔者又情不自禁地想到很多年前在上海徐家汇乘车时于公交车上见到的一幕。当时,笔者坐在车子的最后一排,前面一排坐着一对年纪大约在四十岁左右的中年男女。从坐着的身姿估算,男人的身高应该在一米八左右,头发梳得溜光,算得上是帅哥。而女人呢,虽然人到中年,却颇是风姿绰约,让人一眼看了,就能想象得出她年轻时风华绝代的神采,觉得他们二人还真是很登对,算得上是帅哥配美女了。正当笔者在心里这样想着的时候,就听那男人的手机响了一下,是来短信的声音。男人连忙掏出手机,瞥了一眼就迅速收起了手机。于是,就发生了如下一幕及其对话:

女:谁来的短信?

男:是一个广告。

女:什么广告?让我看看。

男:你又不是不知道,现在的垃圾广告很多,有什么好看的,我删掉了。

女(伸出手):把手机拿来,让我看看。删掉了,我就不看了,没删掉的话,我倒想瞧瞧这广告,看到底推销的是什么?

男(手伸在口袋,握着手机,没有动):真的删掉了,有什么好看的?

女(手仍然伸着):拿来,我有兴趣,行不行?

男(扫了一眼座位前后投来的好奇目光,声音有些生硬):你有兴趣,我没兴趣,行不行?

女(声音也开始生硬起来):你是有什么见不得人的秘密吧?

男(避开前后排和旁边座位投来的众人异样的目光,脸朝窗外):每个人都有自己的隐私权,你凭什么要看我的手机短信?

女(柳眉倒竖,明显生气了):哟,现在你倒是跟我说什么隐私了。当年追我的时候,不是什么都主动秀给我看吗?甚至还将一大堆前女友的肉麻情书秀给我看。那时候,你怎么就不跟我讲隐私权呢?

男(语带不屑):此一时,彼一时。那时我还没有隐私权的意识,这人不都是与时俱进吗?

女(语带嘲讽):哟,确实是与时俱进哦!现在都与时俱进地轧起了姘头。

男(突然转过脸来,睁圆眼睛):谁轧姘头了?

女(并不示弱,直视男人):别跟我装了!你的短信我也看过,你以为我是戆头,看不懂你跟那两个莫名其妙的骚货暧昧的话啊!

男(满脸通红):什么暧昧的话?你别胡说!

女(得意地一笑):看看,心虚了吧,不心虚,激动什么?有贼心,就要放出贼胆来,男人要敢作敢当。既然嫌我人老珠黄而要轧姘头,就应该敢于承认。

男(声音近乎怒吼):你胡说什么呢?

女(非常激动):你有啥本事,说说看。不就是仗着你爷娘给你的一张脸吗?一个大男人,靠出卖色相引诱女人,算啥本事?

男(怒吼):你简直不可理喻。

    正当全车人听得瞠目结舌之时,车上的广播响了,原来汽车已经靠站了。那男人一听,像汪洋中捞到了一根救命的稻草,连忙低头冲出了汽车。女人一看,连忙追了下去。待到汽车开动后,二人便在站台大吵了起来。结果,大家都能想象得到,从此以后这对夫妻的关系肯定不会好到哪里去。

    那么,为什么这样说呢?作为局外人,笔者很难判断那女人说的话是真是假。因为很多女人都有猜疑心、争风吃醋心,因此她们怀疑男人的事,有时是非常不靠谱的。这一点,我们没有必要再讨论下去。回到我们所要讨论的主旨上,就上例中那个女人与丈夫的对话本身来看,笔者觉得作为交际者,那个女人与其丈夫的这番谈话不应该选在公交车上进行。也就是说,女人作为这场谈话的交际者,她可以与其丈夫(受交际者)就手机短信内容进行言语交际与沟通,但应该注意"场合"。毕竟在公交车上的都是外人,他们不了解具体情况,因此不管夫妻二人所说的内容是真是假,都"不足为外人道也"。况且"轧姘头"(上海话,男人在外另结新欢)不是一件光彩的事,即使果有其事,作为妻子也不宜在公众场合揭出老底,让丈夫出丑丢脸。上海人尤其爱面子,男人更是如此。因此,从言语交际与人际沟通的目标看,即使受交际者(那位男子)真有感情出轨之事,交际者(那位女子)也应该选择适宜的"场合",

以恰当的表达方式与受交际者(丈夫)交际与交流,以求消除误解,解开心结,挽救濒临危机状态的婚姻,而不是不分"场合"地宣泄情绪,激化与受交际者(丈夫)的矛盾,将夫妻关系恶化到不可收拾的地步。

由以上两个笔者亲历的现实生活实例,我们就足以清楚地看出,注意言语交际"情境"中的"场合"要素,对于言语交际与人际沟通的顺利进行确有至关重要的意义。

四、心　　理

所谓"心理",从严格的心理学意义上来看,它是"脑对客观世界的积极反映,以及在此基础上对行为的自我调节。是在有机体演化的一定水平上出现的。最初出现的心理现象是简单的感觉。在外界环境的影响下,随着动物神经系统的发展,感觉逐渐分化和复杂化,并由此出现了知觉、记忆、思维的萌芽等。人的心理是心理发展的最高阶段,是在劳动和语言的影响下产生和发展起来的。它是人类社会实践的产物,与动物心理有质的区别,具有自觉的能动性,并受社会历史规律的制约"①。这里我们所说的"心理",是特指受交际者与交际者进行言语交际与沟通时的心理状态,包括情感倾向、情绪状态、个性爱好等因素。

心理学家认为,"心理"有"社会心理"与"个性心理"之分。"社会心理",又称"团体心理",是指某一社会集团或社会团体的人们所共具的心理倾向,它与这一社会团体的文化有着密切的关系。比方说,汉族人民普遍具有一种内敛的心理倾向,在言语表达上崇尚含蓄蕴藉,在为人处事上主张中庸温和,留有余地,这与中国传统文化有关。又比方说,中国的北方人与南方人在心理上的表现也存在着明显的"团体心理"的差别。大体说来,中国北方人普遍表现出为人豪爽直接,说话喜欢直来直去的特点;而中国南方人则表现出为人细致周到,说话喜欢婉转其辞

---

① 《辞海》(缩印本),上海辞书出版社,1990年,第1796页。

的特点。这也是"社会心理"上的差别,与中国历史悠久、疆域广阔、地理条件不同而造成的南北文化差异有关。又比方说,知识分子群体与普通劳动大众群体,在心理上也有差异。相对来说,知识分子群体都有崇尚含蓄的心理倾向,而普通劳动大众则普遍倾向于说话做事都喜欢直来直去,这也是典型的"社会心理"上的差别。

"个性心理",是指每个生命个体所具有的心理倾向,它与每个生命个体的教育背景、成长环境、文化熏陶、个人修养等因素密切相关。比方说,一个生长于知识分子家庭、受过高等教育的人,他/她可能比较欣赏温文尔雅的行事风格,喜欢婉转其辞的说话方式;而一个生长于劳动人民家庭、没有受过高等教育甚至是文盲的人,他/她就极有可能比较欣赏雷厉风行的行事风格,喜欢实话实说的表达方式。又比方说,一个受现代思想生活方式影响较深的人,在公共场合往往毫不犹豫地礼让女性;而一个没有受过教育的人,在公共场合就未必有主动礼让女性的自觉意识。之所以如此,乃是所受教育影响了其心理。尊重女性、礼让女性的习惯,来自于现代民众有尊重与礼让女性的定势心理,所以才会有"女士优先"的社会风气;而受"男尊女卑"观念影响较深的人,可能在潜意识中就缺少了一种对女性尊重并礼让的意识,例如许多内陆地区并不见有多少人主动礼让女性。而沿海城市特别是大都市,礼让女性的行为就显得比较普遍,这是受现代思想观念影响所致。"个性心理"的形成有其复杂的原因,因此不可一概而论。现实生活中,我们时常会发现有些人的心理很怪僻,完全不同于一般人,这就是"个性心理"复杂性的表现。

我们讨论言语交际与人际沟通问题,之所以要特别强调"心理"这个情境要素,这是因为"心理"这一情境要素有时直接关系到言语交际与人际沟通的成败。我们在现实生活中常常都有一种经验,同样一件事,采同样的言说方式,我们可以跟张三说得通,而跟李四则说不通。之所以会出现这样的情况,究其原因是我们所面对的受交际者不同,而不同的受交际者在"心理"上是有差异的。因此,言语交际与人际沟通若是不重视研究受交际者的"心理",那么肯定不能将话说到受交际者的心坎里,当然也就很难实现人际沟通的预定目标。关于这一点,早在战国时代的韩非子就已经认识到了,并有专门论述:

> 凡说之难:在知所说之心,可以吾说当之。所说出于为名高者也,而说之以厚利,则见下节而遇卑贱,必弃远矣。所说出于厚利者也,而说之以名高,则见无心而远事情,必不收矣。所说阴为厚利而显为名高者也,而说之以名高,则阳收其身而实疏之;说之以厚利,则阴用其言显弃其身矣。此不可不察也。(《韩非子·说难》)

在韩非子看来,游说诸侯国之君并非难事,难的是游说时将话说到受交际者的心坎里。韩非子认为一个游说者(即交际者)要想让被游说的诸侯国之君(即受交际者)接受自己的政治主张,践行自己治国安邦的理念,就应该首先了解对方的所思所想(即心理),适应其心理倾向,然后选择恰当的表达方式,将自己的思想学说或政治主张"推销"给他,让他欣然接受。但是,交际者(即游说者)必须注意,如果受交际者(即被游说的君主)有沽名钓誉的心理,交际者却以厚利为诱饵来说服他,则必然让他不惬于心。因为受交际者觉得交际者将他的境界看得太低了,认为他是贪图小利之俗辈,那么他必然对交际者产生抵触排斥心理,即使交际者的思想学说再怎么高明,政治主张再怎么正确,他也会在不悦的情绪心理作用下断然拒绝。如果受交际者是个贪图厚利之辈,而交际者以虚誉清名来说服他,则必然不合其心意。因为受交际者觉得交际者以虚幻不实的东西来诱骗自己,没有解决问题的诚意,那么他必然不愿接受交际者的游说。如果受交际者内心想着的是厚利,而表面却标榜清高、崇尚令誉,交际者不能洞悉其真实心理,而以虚誉清名来游说他,那么他表面虽然会欣然接受,内心则会疏远交际者,绝不会践行他的主张;反之,若以厚利来游说他,受交际者虽满心欢喜,但表面却假装拒绝。所以,韩非子认为,对于这种受交际者尤其要认真研究其真实心理,对症下药,才能保证交际与沟通的成功(即游说目标的实现)。

其实,在中国历史上并非只有韩非子一人深谙言语交际与人际沟通(游说国君是其中一种特殊的形式)时需要特别重视"心理"要素的重要性,东汉时代的思想家王充对此问题的认识也同样深刻。他曾从总结历史经验的角度,说过这样的话:

> 故苏秦精说于赵,而李兑不说;商鞅以王说秦,而孝公不用。夫不得心意所欲,虽尽尧、舜之言,犹饮牛以酒,啖马以脯也。故鸿丽深懿之言,关于大而不通于小。不得已而强听,入胸者少。(《论衡·自纪》)

在王充看来,苏秦的口才不是不好,但事实上他用精妙无比的言辞向赵国之相李兑"推销"其"合纵"之策,最终却失败了;商鞅也是一个能说会道的说客,他以"王道"游说秦孝公,结果秦孝公昏昏欲睡,不肯采纳他的策略。之所以会这样,原因就是苏秦游说李兑、商鞅游说秦孝公时都没有揣摩透受交际者的心理。当时赵相李兑的兴趣不在联合山东六国"合纵"而抗强秦,而是要在赵国弄权,架空赵肃侯。秦孝公发布招贤令,商鞅从魏国出走,远投秦国,厚贿秦孝公宠臣景监,得以晋见秦孝公。但是,第一次、第二次游说,商鞅都没有打动秦孝公,反而让他昏昏欲睡。而第三次再游说秦孝公时,却让他兴趣盎然,一连五日与之抵膝长谈,乐此不疲,从此对商鞅信而不疑,最终决定让他放手在秦国进行变法,终使秦国迅速崛起,成为天下之霸(具体情节参见吴礼权长篇历史小说《远水孤云:说客苏秦》,云南人民出版社,2011年9月)。商鞅的三次游说,前两次之所以失败,第三次游说之所以非常成功,究其原因,都与交际者(商鞅)对受交际者(秦孝公)的心理揣摩有关。第一次,商鞅以"古帝君之德"游说秦孝公,不得其心;第二次以"王道"游说,又不惬其意;第三次用"霸道"游说,则让秦孝公大为高兴。这是因为这次游说深得秦孝公之心,切合了秦孝公急欲振兴秦国的迫切愿望,所以受交际者(秦孝公)视交际者(商鞅)为知音,从此信用有加。从苏秦与商鞅游说的历史经验与教训出发,王充由此得出结论:"不得心意所欲,虽尽尧、舜之言,犹饮牛以酒,啖马以脯也。故鸿丽深懿之言,关于大而不通于小。不得已而强听,入胸者少。"也就是说,交际者不了解受交际者的所思所想(即心理倾向),即使表达得再有技巧,说得天花乱坠,也好比是对牛弹琴,难入其耳。纵然受交际者出于礼貌而勉强听之,也不会入于心,当然也就不会有什么效果。

韩非子与王充以上所说都是有关说客游说诸侯国君主之事,这让笔者油然联想到战国时代的庄辛前后两次谏说楚襄王而结果迥乎有别的故事:

庄辛谓楚襄王曰:"君王左州侯,右夏侯,辇从鄢陵君与寿陵君,专淫逸侈靡,不顾国政,郢都必危矣!"

襄王曰:"先生老悖乎?将以为楚国妖祥乎?"

庄辛曰:"臣诚见其必然者也,非敢以为国妖祥也。君王卒幸四子不衰,楚国必亡矣。臣请辟于赵,淹留以观之。"

庄辛去之赵,留五月,秦果举鄢、郢、巫、上蔡、陈之地。

襄王流揜于城阳。于是使人发驷征庄辛于赵。

庄辛曰:"诺。"

庄辛至。襄王曰:"寡人不能用先生之言,今事至于此,为之奈何?"

庄辛对曰:"臣闻鄙语曰:'见兔而顾犬,未为晚也;亡羊而补牢,未为迟也。'臣闻昔者,汤、武以百里昌,桀、纣以天下亡。今楚国虽小,绝长续短,犹以数千里,岂特百里哉?

"王独不见夫蜻蛉乎?六足四翼,飞翔乎天地之间,俛啄蚊虻而食之,仰承甘露而饮之,自以为无患,与人无争也。不知夫五尺童子,方将调饴胶丝,加己乎四仞之上,而下为蝼蚁食也。

"蜻蛉其小者也,黄雀因是以。俯噣白粒,仰栖茂树,鼓翅奋翼,自以为无患,与人无争也。不知夫公子王孙,左挟弹,右摄丸,将加己乎十仞之上,以其类为招,昼游乎茂树,夕调乎酸醎,倏忽之间,坠于公子之手。

"夫雀其小者也,黄鹄因是以。游于江海,淹乎大沼,俯噣鳝鲤,仰啮菱蘅。奋其六翮,而凌清风,飘摇乎高翔,自以为无患,与人无争也;不知夫射者,方将修其碆庐,治其矰缴,将加己乎百仞之上,被礛磻,引微缴,折清风而抎矣,故昼游乎江河,夕调乎鼎鼐。

"夫黄鹄其小者也,蔡圣侯之事因是以。南游乎高陂,北陵乎巫山,饮茹溪流,食湘波之鱼,左抱幼妾,右拥嬖女,与之驰骋乎高蔡之中,而不以国家为事。不知夫子发方受命乎宣王,系己以朱丝而见之也。

"蔡圣侯之事其小者也,君王之事因是以。左州侯,右夏侯,辇从鄢陵君与寿陵君,饭封禄之粟,而载方府之金,与之驰骋乎云梦之中,而不以天下国家为事;不知夫穰侯方受命乎秦王,填黾塞之内,而己乎黾塞之外。"

襄王闻之,颜色变作,身体战栗。于是乃以执珪而授之,为阳陵君,与淮北之地也。(《战国策·楚策四》)

上面这段文字记载,说的是这样一个历史故事:楚国本来是与秦国旗鼓相当的大国、强国,但到了楚怀王之时,由于与秦国的多次军事博弈终告失利,国力逐渐下降。加上楚怀王本人老而昏庸,喜欢听信逸言,重用奸佞,结果内政不修,进一步削弱了自身的实力。到了晚年,楚怀王更加昏庸,竟然不顾忠臣劝谏,前往秦国。结果,到了秦国后被秦昭王扣押,客死于异国他乡。楚怀王死后,顷襄王继位为楚国之君。顷襄王(即楚襄王)执政之后,治国安邦的表现比其父楚怀王还要糟糕。他贵为一国之主,既不思发愤图强而雪父王客死秦中之耻,也不顾民生疾苦,不发展国内经济,只是一味贪图安逸,整天被一帮佞臣弄臣簇拥,除了吃喝玩乐,什么作为都没有。眼看着曾经不可一世、如日中天的楚国一天天地衰落下去,楚国的有识之士都非常着急,忠良之臣更是心急如焚。其中,庄辛就是最为突出的一位。

庄辛乃"春秋五霸"之一的楚庄王之后,楚王室宗亲,故以"庄"为姓。因为对楚襄王的昏庸作为看不下去了,庄辛遂以特殊的身份,对不思进取的楚襄王直言提出了批评:

"大王身为一国之君,整天与一帮佞臣厮混,左边跟着州侯,右边伴着夏侯,车前马后则是鄢陵君、寿陵君如影随形。您这样一味骄奢淫逸,全然不以国政为念,恐怕要不了多久,就连我们的国都郢也要不保了!"

庄辛原以为这样的当头棒喝一定会对楚襄王有所触动,让他从沉溺中清醒过来。可是,万万想不到的是,楚襄王不仅对庄辛的逆耳忠言不以为然,还全然不顾长幼之序,很没礼貌地回应道:

"您是老朽昏庸,犯糊涂了呢?还是危言耸听,以预言楚国之祸为名而造谣惑众呢?"

庄辛见楚襄王竟然用这种口气跟他说话,知道他是不可救药了。于是,索性一不做,二不休,把话说到了绝处:

"老臣并非危言耸听,而是确实看到了您目前所作所为的后果。老臣之言只是据实直谏,并非预言灾祸而妖言惑众。大王若继续宠着州侯、夏侯等四人,继续不顾国政,楚国真的是要亡国的。大王也许不敢相信老臣之言,但老臣觉得危险就在眼前,所以请求大王允许老臣先往赵国避一避,暂留赵国观望一段时间,看看最后结果究竟如何。"

虽然庄辛把话说到了这个分上,但楚襄王仍然没有清醒过来。庄辛见此,只得绝望地离开郢都,往赵国去了。在赵国逗留了五个月后,庄辛果然听到不愿听到的消息:秦国大举攻楚,已经占领了楚国鄢、郢、巫、上蔡、陈等战略重地。

庄辛虽然痛恨楚襄王不争气,但内心还是深深地爱着自己的祖国楚国,时刻关心着秦楚战争的进展,记挂着楚襄王的下落。就在庄辛忧心如焚,日夜悬望的时候,流落于阳城的楚襄王终于从亡国的深重忧虑中清醒过来了,突然想起早先庄辛说的那番逆耳忠言,遂立即遣使往赵国,飞马征召庄辛回国。

楚襄王之使见到庄辛,向他说明了情况后,庄辛不计前嫌,立即答应道:"好!"

庄辛回到了楚国,见到楚襄王。这时,楚襄王再也不像以前那样高傲了,见了庄辛就马上认错道:

"寡人悔不该没有早听您的话。而今事已至此,您看怎么办呢?"

庄辛见楚襄王已然认识到了错误,知道后悔了,觉得他还有希望,遂立即接住话茬,温和地鼓励他道:

"老臣以前听到这样一句俗话,说是见了兔子到了眼前,再回过头去叫猎犬,也还不算太晚;羊儿逃掉了,才想起要补好羊圈,也还不迟。老臣还听说,昔日商汤、周武都是以百里地盘而发迹起来,并拥有天下的;而夏桀、商纣则都是一国之主,拥有天下,而最终却失去了天下,身死国亡,而为天下笑。今天的楚国,实力虽大不如从前,国小民贫,但国土接长续短,也还有方圆数千里的面积啊!与昔日商汤、周武的百里之地相比,岂不是要大得很多?"

说到这里,庄辛顿了顿,然后又接着说道:

"大王,您难道没有见过蜻蜓吗?蜻蜓有六只脚,四只翅膀,自由翱翔于天地之间,俯啄蚊虻而为食,仰饮清露而解渴,自以为与人无争,不会有什么祸患。殊不知,早有五尺童子刚刚调好了糖浆,粘在丝上要捕捉它于四仞高空之上,而以之为蝼蚁之食。"

见楚襄王听得认真,庄辛遂又接着说了下去:

"蜻蜓说来还是微不足道的,黄雀的情形也是一样。黄雀俯啄农人散落的稻粒,仰栖于茂密的树枝之间,振翅奋飞,翱翔于天空,自以为与人无争,不会有什么祸患。殊不知,早有公子王孙左手挟着弹弓,右手拿着弹丸,仰对十仞之上的天空,以其颈项为弹射的目标。黄雀白天还自由飞翔于密林茂枝之间,晚上就成了公子王孙的盘中之餐。灾祸就在这么短暂的时间之内,结局就是如此悲惨。"

说到此,庄辛又顿了顿。但见楚襄王正延颈专注地倾听着,遂又接着说道:

"其实,黄雀的悲惨结局也不算什么,黄鹄(即天鹅)的情况也是如此。黄鹄遨游于江海之间,栖息于大沼水泽,水下捕食鳝鲤,水上啄食菱荇,振翅高飞而凌清风,飘摇天地而翔云间,自以为与人无争,没有祸患。殊不知,早有猎人调好了弓弦箭矢,要将其从百仞高空射下来,使其受伤而死,望风而陨。黄鹄早上还自由翱翔于天上,晚上就成了猎人的盘中美餐。灾祸就在这么短暂的时间之内,结局就是如此悲惨。"

庄辛说到此,抬头看了看楚襄王,见其神情专注,知道他在用心倾听,遂又接着往下说道:

"黄鹄虽是大鸟,但其实也算不了什么,蔡圣侯的结局也是如此。蔡圣侯身为蔡国之君,不思进取,不顾国政,南游于高陂,北登于巫山,渴饮茹溪之清流,饥食湘波之鲜鱼,左搂幼妾,右拥宠姬,与她们尽情驰骋于高蔡之间,而不顾国计民生。他自以为不招惹他国,与人无争,就不会有祸患降临。殊不知,楚大夫子发正奉楚宣王之命,发大兵,拿着绳索要来捆拿他呢。"

说到这里,庄辛觉得差不多,该收结上题了,遂立即换了一种口气说道:

"蔡圣侯的结局,其实也算不了什么,大王您的情况也跟他差不多。想当年,您不顾国政,整天与一帮佞臣弄臣混在一起,左边是州侯,右边是夏侯,车后跟着是鄢陵君与寿陵君。大王与他们这些人吃着各封邑进贡的食物,车中载着由四方府库献纳的金帛,一起驰骋于云梦大泽周边,心中完全没有楚国的安危与人民的疾苦。大王当时可能这样想,楚国没有侵犯他国,别国当然也不会侵犯我国。殊不知,虎狼之秦的国舅爷穰侯正奉秦昭王之命,带着大军昼夜兼程,向着咱们楚国杀来呢。在您还没察觉之时,就已经兵临平靖关之南的鄢郢,最终迫使您堂堂楚国之王竟然仓皇奔出郢都,逃到平靖关之外的阳城流亡了。"

楚襄王听到这里,脸色大变,浑身颤抖。于是,立即授庄辛以楚国最高爵位上执珪,并封其为阳陵侯。之后,楚襄王听从庄辛所献之计,

收复了淮水以北大片失地。(吴礼权译)①

　　从上述庄辛谏说楚襄王的故事中,我们大致可以得出言语交际与人际沟通中的三个经验教训:一是必须正确定位"角色",包括受交际者与交际者;二是要注意研究受交际者的"心理";三是要讲究表达策略。
　　如果我们仔细分析一下庄辛前后两次进谏的结果,我们就会深切地体会到上述三个经验教训的价值与意义。庄辛第一次进谏失败,原因有二:一是他在言语交际与人际沟通中没有正确地进行"角色"定位,二是没有讲究表达策略。作为交际者,庄辛在跟受交际者楚襄王提出谏议时,首先应该明白自己所面对的对象不是普通的晚辈,而是自己的国君,是一国之王。自己虽是年长的王室宗亲,但在受交际者面前仍是臣的身份。因为没有定位好受交际者的"角色",同时也没有摆正自己的"角色"地位,作为交际者的庄辛在言语交际时自然就忘了运用必要的表达策略,实话实说,直来直去,结果触犯了楚襄王的自尊心,不仅不肯接受他的谏议,而且还将他骂了个臭够,说他是老糊涂,是妖言惑众。而庄辛第二次进谏之所以成功,原因亦有二:一是对受交际者楚襄王的"心理"把握得比较好,二是表达策略运用得当。从上面的故事,我们可以看出,楚襄王只是糊涂,但并不愚蠢。他第一次不肯接受庄辛的谏议,主要是因为庄辛对他不够尊重,伤了他的自尊心,所以在头脑不够清醒的情况下,意气用事,以排斥的心理对待庄辛的忠心,不肯听其进谏。第二次庄辛进谏时,正逢楚襄王面临亡国的危难时刻,这时他在痛定思痛中头脑开始清醒,自己已经意识到了以前所作所为的荒诞不经,因此对交际者庄辛的进谏是持一种虚心接受的心态。因此,在此心理状态下,庄辛进谏,通过言语交际实现与楚襄王的思想沟通就时机成熟了。再加上第二次进谏时,庄辛吸取了第一次采取直来直去说话方式而进谏失败的教训,特别讲究进谏的表达策略,所以自然就能顺利与受

---

① 吴礼权:《能说会道:说话的艺术》(修订版),暨南大学出版社,2014年,第104—106页。

交际者楚襄王达成思想情感的沟通。关于这一点,笔者曾经专门就此进行过解析,指出:交际者庄辛"第二次进谏之所以成功,原因也有二:一是襄王经过了秦国大举进攻,差点亡国的深刻教训之后,心灵深处有了很大触动;二是这次庄辛吸取了上次的教训,注意了语言表达的策略,没有实话直说,而是采取了迂回曲折的表达方法,以讽喻策略循循善诱,八面设兵,最后才点出主旨,从而一语激醒梦中人。庄辛意欲对襄王'推销'的政治理念,其实就是这么简单的一句话:'人无远虑,必有近忧。作为国君应该居安思危,不可贪图安逸而不思进取。'这个政治理念,按理作为国君的襄王应该是明白的,否则根本就不配做一国之君。但是,在那个时代,国君是世袭的,有没有能力,头脑清楚不清楚,根本与能不能做国君是脱钩的。所以,对于襄王这样的国君,庄辛首先只能承认'存在的就是合理的',必须正视襄王是自己的国君,楚国是自己的国家这样的事实,同时确定这样的思想:一定要说服襄王振作起来,一定要让他明白'人无远虑,必有近忧'和'居安思危,振作进取'的为君之道。经过第一次进谏失败的教训,庄辛这次在'推销'他的政治理念,说服襄王时就十分注意表达的策略。他先是引了'见兔而顾犬,未为晚也;亡羊而补牢,未为迟也'两个俗语来安慰襄王,给他打气鼓劲,鼓励襄王不要气馁,可以重新振作有为。这是用的'引用'语言策略,具有特别大的说服力。因为谚语俗语,都是前人一代又一代知识经验的总结,是公认的权威结论。因此,引用前人的经典之言,特别是谚语俗语往往具有无可辩驳的说服力。襄王虽然不争气,但还不至于昏庸到连这个道理都不懂。事实上,后来襄王知道认错反省也证明他不太糊涂,智商还算正常。因此,庄辛的第一句话就是十分高妙的说辞,为下面的进一步谏说打下了坚实的基础。在此基础上,庄辛又运用了'用典'的语言策略,以汤、武两明君以百里而昌,桀、纣两昏君以天下而亡的历史事实,婉转地告诫了襄王如何做个仁君好王。接着,庄辛一连说了蜻蜓、黄雀、黄鹄自以为与人无争、自以为无患而被人射杀烹食的故事,这是运用了'讽喻'语言策略。讲这三个临时编造出来的故事,目的是要引出蔡圣侯贪图享乐,自以为与世无争、自以为无患,结果被楚宣王系而捕之的历史故事,从而自然地把话题引入到要真正想说的话上:襄王您整天与州侯、夏侯、鄢陵君、寿陵君优游享乐,不理朝政,不思进取,结果就是秦王举兵差点把楚国灭了,您现在也被逼到阳城流浪。这样,说得自然,道理讲得滴水不漏,让襄王无法辩驳;但道理陈述表达又非常的婉转,给了襄王面子,使他能乐意接受,并深刻反省自己,心灵深处激起巨大的震荡,以致'颜色变作,身体战栗'。最终,庄辛顺利地'推销'了自己的治国政治理念:人无远虑,必有近忧。国君应该居安思危,奋发进取,国家才能立于不败之地并有所发展"[1]。

上面我们说过,庄辛第二次进谏楚襄王之所以成功,主要有两个原因:一是适应了受交际者楚襄王特定时刻的"心理",二是注意了表达策略。应该说,交际者庄辛第二次进谏所运用的表达策略确实对保证进谏成功发挥了重要作用,但是相比较而言,交际者庄辛对于受交际者楚襄王心理的适应更为重要。如果没有楚襄王在战败后的心理变化,即使交际者庄辛再怎么讲究表达策略,恐怕仍然难以说服楚襄王,最终实现与楚襄王情感思想的成功沟通。

由韩非子的论断与王充历史经验的总结,以及上面我们对庄辛进谏楚襄王案例的分析,就足以说明:"心理"要素确是决定言语交际与人际沟通成败的关键。

思 考 与 练 习

一、在言语交际与人际沟通中,一般说来最需要注意的有哪些情境要素?为什么?

二、为什么在言语交际与人际沟通中,为什么要强调"看人说话"?这与言语交际与人际沟通中所讲的哪些情境要素有关?

三、日常生活中,我们常听人讲,跟别人说话打交道要善于"察言

---

[1] 吴礼权:《能说会道:说话的艺术》(修订版),暨南大学出版社,2014年,第106—107页。

观色"。从言语交际与人际沟通的角度看,这是为什么?请结合本章的理论予以阐释。

四、运用本章所讲的理论,分析下面几则案例。

1. 有一次,林肯总统正在演讲,突然一个青年递给他一张纸条。林肯打开一看,上面只有两个字"傻瓜"。林肯脸上掠过一丝阴云,随即镇定地说:"本总统收到过许多匿名信,全部只有正文,不见署名;而今天正好相反,刚才这位先生只署上了自己的名字,却忘了给我写信。"说完,便继续他的演讲。(段明贵编《名人的幽默·应变能力》)

2. 有一回,姜昆去菜市场买东西。走到菜市场,那些排队的人见了就招呼:"到前头来吧,你忙。"

姜昆不好意思加塞儿,自觉地站到最后头。

大约过了二十来分钟,轮到姜昆了,那卖肉的把他打量了一下,笑眯眯地问:"你是姜昆?"接着冲着大伙儿说:"让他给说段相声才卖给他,不说不卖,大家同意不同意?"

结果一呼百应,姜昆什么也没买成就走了。事后他说:"人们得相互尊重。你说我要是个做炸弹的,难道也叫我现场放一颗?"(段明贵编《名人的幽默·现场放炸弹》)

3. 恐惧,伤感,矛盾,感叹。

百感交集中,苏秦主仆糊里糊涂地度过了周显王三十一年(公元前338年)的新年。

咸阳的新正之月,正是飞雪凝霜、凄风苦雨之时。龟缩于透风见光的小旅店中,苏秦主仆常常犹如身在冰窖。到了晚上更是手足冻僵,整夜整夜不能成眠。不过,寒冷也使苏秦渐渐从极度的思想矛盾和感情挣扎中冷静下来。左思右想,他最终打定了主意,不管新秦王如何残忍,也不管自己今后是什么下场,这次既已来到了咸阳,无论如何都要前去游说新秦王。现如今,除此,也别无他途了。不游说秦王,自己的前途何在?自己的理想何以实现?就算是最坏的结局,落得个商君的下场,也算是轰轰烈烈地干了一场大事业,不失为一个顶天立地的大丈夫。而且,从此青史可以留名,苏家可以荣光。

横下了一条心,也就没有什么顾忌了。正月十五过后,苏秦跑了秦王宫五次,最终从当初那个收过他金锭的门禁官嘴里探得了消息,新秦王已经正式改元。二月初,楚、韩、赵、蜀四国都要派使节来贺。这之后,新秦王估计便可见客了。

得到了确切消息,苏秦回客栈后又着手准备,游说新秦王的说辞在心里不知演练了多少遍。

功夫不负苦心人,来咸阳半年多,前后跑了不知多少趟秦王宫,二月初七,苏秦终于得到答复,二月初八可以晋见新秦王。

二月初八,当一轮红日刚刚露出地平线之时,苏秦主仆已经漱洗完毕,并修饰拾掇干净。辰时刚到,主仆三人就精神抖擞地向秦王宫进发了。

约略一个时辰,就到了秦王宫。因为有那个门禁官帮忙,很快就顺利通报进去。不一会,宫里传出话来:"传洛阳之士苏秦进宫晋见!"

苏秦一听,按捺不住激动之情,提起长袍,"噔,噔,噔",一步三阶,迅速跃上了秦王宫之前那个陡直的九十九级台阶。然后,随着宫人的引导,进入了日思夜想的秦王大殿,见到了他要游说的秦惠王。

虽然先前在刑场上他已经远远看见过这个新秦王,但由于距离遥远,根本无法看得真切。这一次,新秦王就在数尺之遥,他终于清楚地一睹了他的威仪。

宾主彼此礼节性的寒暄过后,便各就各位。

略略安顿了情绪,苏秦再拜表敬之后,便开口上题了:"臣乃洛阳之士,姓苏名秦,曾师事人鬼谷先生,习学'纵横'之术。闻得秦王高义满天下,求贤若渴,故不揣固陋,不远千里相投。"

秦惠王略略朝下看了看,没有言语。

苏秦见此,遂又接口道:"不曾想,臣至咸阳之时,恰逢先王染恙,不能见客。臣为先王之恙而忧,寝食俱废,日夜不安。未久,又闻先王溘然长逝噩耗,更是痛彻肝肠!"

说着,便挥袖以作拭泪之状,意欲以情动人,感动秦惠王。

没想到,秦惠王仍是默然无语。

沉思片刻,苏秦突然意识到,此话似乎不妥,可能会引起新秦王的误解,以为自己不是真心投奔他,而是冲着先王秦孝公而来。遂立即作欣欣然之状,话锋一转道:"而今大王荣登大位,大秦又有了一代英主,臣与秦国万民一样,不胜欣慰之至!"

苏秦自以为这几句话说得媚而不谄、不卑不亢,新秦王听了一定高兴。于是,抬眼偷窥了一下近在咫尺、却又高高在上的秦惠王。没想到,秦惠王的脸上全然不见有半点欣然之色。

这一下,苏秦开始感到有些紧张了,他没想到这个新秦王是这样城府莫测。

沉静了一会,稳了稳神,苏秦突然抬眼望了一下一本正经、故作深沉的秦惠王,脸上掠过一丝不被察觉的笑意,然后从容不迫地伸手从怀中掏出一个卷状物,慢慢地展开后,再高高地举过头顶。

再看秦惠王,原本毫无表情的脸上,顿然生动起来:嘴角略略抽动了一下,两眼放出好奇的光芒,突然开口说话了:"先生所持何物?"

"一张山羊皮。"苏秦明知秦惠王感兴趣的不是山羊皮,而是羊皮上所绘的图,故意答非所问。

"寡人是问羊皮上所绘何物?"

苏秦一听这话,不禁心中窃喜。果然,研究了一年的"揣摩术"没有白费心思,这次看来是要发挥一些效果了。想想前次游说山东六国,之所以三年未有一点收获,都是因为不懂游说对象——山东六国君王的心理。而今经过失败的教训,痛定思痛,终于悟出了游说的根本原则,那就是首先要揣摩透君王的心理,然后有的放矢,把话说到要游说的君王的心坎上,让他高兴地接受,这样才能成功。师父鬼谷先生的《揣情》《摩意》二章,真是博大精深,精辟无比啊!恨只恨,自己以前却没有好好领会,以此三年游说,劳而无功。而今,自己已经掌握了游说的原则,这不,自己的这张秦国山川形势图一亮出,秦王就被吸引了,看来今天的游说,有戏!

想到此,苏秦脸上再次掠过一丝不被觉察的微笑。然后,恰到好处地接住秦惠王的提问,答道:"此乃秦国山川形势图。"

"哦,秦国山川形势图?"秦惠王眼都直了。

苏秦知道秦惠王想看他手中的图,可是他并不想将图递上去,他还要拿这图说事呢。

故意停顿了片刻,苏秦又高高举起了那张图,一边手指上面的方位,一边从容不迫地讲开了:"大王之国,西有巴、蜀、汉中,北有胡、貉、代、马,南有巫山、黔中,东有肴山、函谷关。如此天然形胜,天下诸侯何能及之?"

"此话怎讲?"秦惠王一听苏秦这几句概括的话,觉得颇具战略眼光,遂情不自禁地脱口而出。

一见秦惠王提问,苏秦心定了。他知道,这个开场白对头了。秦惠王既然有了兴趣,那就好办!遂立即接口分析道:"巴、蜀、汉中,山林广茂,沃野千里,资源物产取之不尽,用之不竭,秦国可以就便取之;胡、貉、代、马,乃戎狄之地,有广袤的土地,有剽悍的战马,秦国可以伐而得之。"

秦惠王点点头。

"巫山、黔中,乃天下之险,于秦而言,尤为关键。"

"何以见得?"秦惠王又急切地问道。

"巫山,乃秦国君临巴、蜀之要塞;黔中,是秦国扼守楚国之咽喉。君临巴、蜀要塞,则巴、蜀尽在秦国掌握之中;扼住楚国咽喉,秦国东进扩张,则无后顾之忧。"

秦惠王听了这几句,虽然不动声色,但从表情上可以看出,甚有赞赏之意。

苏秦见此,遂又继续说了下去:"据肴山之险,扼函谷之塞,天下地利,尽在秦矣。"

秦惠王听了这两句,心中不禁为之一动,遂又脱口而出道:"请道其详。"

"肴山之高,可谓峻极霄汉;函谷之险,可谓举世无双。"

说着,苏秦又特别将手指到图中肴山以西、潼关以东的函谷关,道:"函谷关,扼居肴山、潼关诸山之间,绝壁千仞,有路如槽,深险如函,故有函谷之称。大王之国有函谷雄关,胜似天赐雄兵百万。"

说到此,苏秦故意停顿了一下,看了看秦惠王。见他又故作深沉,不肯接话,于是只好自问自答道:"何以言之？大王英明神武,想必一定清楚,函谷关之险,堪称天下独步,只要一人守住隘口,纵有千军万马,也休想逾越半步,可谓攻之不可得,守之不可破。若说它是秦国的铁壁雄关,那绝对不是虚言。"

这一下,秦惠王终于情不自禁地点了点头。

苏秦见此,遂再接再厉,继续发挥道:"大王之国,田肥美,民殷富,战车万乘,雄兵百万,沃野千里,国库积蓄丰厚,地形又有战略上的优势,此所谓'天府之国'也!"

秦惠王没吱声,只是朝下多看了苏秦几眼,神情中颇有不以为然的意思。

苏秦一见,顿时愣了一下。心想,秦惠王会不会认为自己这是在有意吹拍,心里产生了反感？

略略犹豫了一下,苏秦再次抬头望了一眼秦惠王。然后,以不容置疑的口吻说道:"臣以为,以大王之贤,军民之众,车骑之善,兵法之用,并吞诸侯,一统天下,为天下之帝,易于反掌!"

"噢,先生何以如此厚望于寡人？"未及苏秦说完,秦惠王突然怀疑地反问了一句。

"因为臣对大王有信心,对秦国有信心！今臣有一二陋策,希望上达大王,愿大王垂听。"

"先生莫非要献'连横'之策,要寡人发动战争？"

苏秦见秦惠王这样一语破的,直捣中心,遂顺水推舟地承认道:"大王果然天纵聪明,所见极是！臣以为……"

苏秦正要顺势展开自己的观点时,秦惠王却突然打断了他的话,说道:"先生既是鬼谷先生弟子,自当博古通今。前贤有言:'毛羽不丰满者,不可以高飞;文章不成者,不可以诛罚;道德不厚者,不可以使民;政教不顺者,不可以烦大臣。'"

这个古训苏秦当然听说过,此时此刻被秦惠王称引,其中的弦外之音,他更是心知肚明。秦惠王这是在借引古训诉说自己的难处,他不是不想发动战争,并吞天下,做天下之王,只是现在秦国的国力还不及此。还有一层,他新即王位,在国内立足未稳。如果刚刚临朝视政就大规模发动对外战争,将士不肯效命,战争失败,他的王位也许就要不保,秦国的根本也会动摇。

苏秦理解到这一层,觉得秦惠王说得也在理。于是,一时语塞,愣在了那里,不知所措。

就在此时,突然又听秦惠王说道:"先生自周至秦,不避千万里路途之遥,不辞风霜雨雪之苦,不嫌秦国偏僻闭塞,不嫌寡人资质愚钝,苦口婆心,谆谆教诲于寡人。对此,寡人铭心刻骨,感动莫名。只是先生所教导的,还要给寡人一些时间,今后若有机会,一定遵命践行。"

这话虽然说得非常客气,也非常动听,但推托、婉拒之意非常明显。苏秦一听,便知其意。心想,如果自己游说到此打住,不再进行下去,那么这趟千万里之行,岂不就是白费劲了?自己的理想与目标,岂不就成了水中之月、镜中之花?

想到此,他觉得不行,不能就此罢休。停顿片刻,眉头一皱,计上心来。于是,改用激将法,说道:"大王不能察纳雅言,听臣之策,这早在臣的意料之中。"

秦惠王一听,先是一愣,然后立即反问道:"先生此言何意?"

苏秦一听,知道已经扳回了继续游说的机会。于是,立即抓住机会,重抖精神,更加慷慨激昂地陈言道:"恕小臣斗胆,莫非大王欲以仁义而收天下之心,不战而屈人之兵?"

"若能及此,岂不更好?"秦惠王反问道。

"当然,这是上上之策。不过,大王不妨回顾一下历史,自古及今,有不战而征服天下的前例否?"

秦惠王没有回答,他当然知道自古及今就没有这等好事。但是,在他的心里,似乎主意早就打定,不听游士说客之言。因为公孙鞅的缘故,他从心里讨厌游说之士专擅口舌之利而取尊荣之想。这次虽然接见了苏秦,那是因为自己刚刚即位,不想给天下人留下秦王不重视人才,秦国拒绝客卿的坏印象。任用客卿,外材秦用,这是秦国长久以来的传统,也是秦国的既定国策,往后还是要广泛吸纳天下各国英才为秦所用。只是现在还不是时候,所以这次对不起,不用你。

当然,苏秦也是知道秦惠王此时的心理的,他对师父《揣情》《摩意》二章揣摩了一年,能猜不透秦惠王的心理?只是大家心照不宣。所以,不容秦惠王装傻,他又继续说了下去:"想当初,神农伐补遂,黄帝伐蚩尤,尧伐驩兜,舜伐三苗,禹伐共工,汤伐有夏,文王伐崇,武王伐纣,哪一个不是以武临之,最终而成就了大业?"

"那都是远古的事了。"秦惠王见苏秦不肯罢休,不耐烦了。

苏秦知道他的意思,但是,既然说开了,不如索性说下去,说不定还有转机。于是,又顺着秦惠王的话,继续说道:"这些事情虽然久远了点,但历史就是历史。这一点,想必大王也是知道的。如果大王觉得远古之事不值为凭,那么我们不妨再看看近世之事。齐桓公九合诸侯,一匡天下,这是当今天下人人皆知的往事,也是诸侯各国君王至今还津津乐道的盖世功业。不知大王想过没过,齐桓公能够建立这等霸业,靠的又是什么呢?难道还不是武力战伐?由此可见,自古及今,从来就没有过不战而为天下之霸的事情。"

秦惠王无语以对。

苏秦心想,看来事实还是有说服力的,只要自己说得有道理,不信你秦惠王听不进。于是,在略略停顿了一下之后,便以不容置疑的坚定口吻,进一步申述发挥前言道:"大王一定知道,往古之时,天下诸侯之使,也是整日车马穿梭,往来不息的。结果,又怎么样呢?不都是些'樽前发尽千般愿,背后霍霍磨刀枪'的骗人把戏吗?那时的各国之君,也是时常会盟,并约誓'天下为一'的。结果,又怎么样呢?最终不还是盟约在简,誓犹在耳,便在背后下手了?"

秦惠王没有吱声。

苏秦抬眼看了他一眼,继续道:"而就在诸侯各国各怀其志,你'约纵',我'连横',刀枪不入库,战马不卸鞍,时时刻刻都想着攻城略地,并吞他国,要做天下之霸的时候,天下游士又乘势而出。他们或高马轩车,或峨冠博带,长年周游于列国之间,摇唇鼓舌,挑拨人主,唯恐天下不乱;而各国的那些尚武好斗之徒呢,则又立功求战心切,从中推波助澜。由此,诸侯迷惑,天下越发纷乱不止。"

听到这里,秦惠王突然撇了撇嘴。

苏秦见此,心想,秦惠王肯定是把自己与古代的游说之士视为同类,心里不屑。其实错了,自己提到古代的游说之士,是别有目的的。于是,不管秦惠王的态度,继续申述道:"而当时的各国内政呢,则是弊端丛生。法律虽然严密完备,但是社会秩序依然混乱。人心不古,民多伪态;政令繁杂,百姓无所适从;为官者上下相怨,为民者百无聊赖。国内民不聊生,人民怨声载道,而诸侯各国之君不但不体恤民众疾苦,反而轻启战端,穷兵黩武。由此,天下不断陷入战乱之中。当此之时,虽有使臣穿梭斡旋,但攻战并不因此而停息;虽有游士折冲樽俎,巧舌如簧,妙语生花,但说得舌弊耳聋,天下并不因此而太平大治;诸侯各国,虽然不断地屠马结盟,行义约信,可是天下并不相亲。由此,天下重又陷入恶性循环之中,各国之君重又废文任武,厚养死士,缀甲厉兵,准备再于战场之上决一雌雄。"

说到此,苏秦故意停顿了一下,看了看秦惠王是何表情。虽见他仍然不言不语,但从神态可知,知道他还是在专注地听着。于是,便又一鼓而下道:"那么,诸侯各国为什么要改弦更张,废文任武呢?原因很简单,因为安坐就能获利,不战就能广地,纵使是古代的五帝、三王、五伯,纵使是古代最贤明的君王,也是常怀此想,而终究不能成功的。于是,别无他法,只得以战续之,以武临之。若遇敌于平原旷野,则摆开阵势,兵来将挡;若狭路相逢于山道关隘,则短兵相接,拼个你死我活,然后可建大功。因此,臣以为,只有兵胜于外,才能义强于内;只有君威立于上,才能民众服于下。当今之世,要想一统天下,臣服万邦,舍武力,别无他途!可是,当今的一些后继君主,忽视战伐王霸之道,抱守仁义旧教,惑于腐儒之辞。由此看来,大王不能听臣之策,理之必然。"

　　苏秦最后一句话尚未落音,一直默然无语的秦惠王突然怫然作色,道:"先生可以休矣!"

　　说着,秦惠王一拂袖,走了。(吴礼权《远水孤云:说客苏秦》)

第六章 Section 6　言语交际与人际沟通的基本原则

　　言语交际与人际沟通，是一种既基本又复杂的语言活动。言语交际与人际沟通有不同的层次，难易度也存在差异。传递信息，表达喜怒哀乐的情绪，都不算太难，只要有正常语言能力的人，一般都能做到。但是，要想将情感表达圆满，让受交际者深受感染，引起情感上的共鸣；或是推阐自己的思想观点，而能让受交际者乐意接受；或是请托别人或释出意愿，而让受交际者欣然允之，等等，则并不是那么容易的。因为言语交际与人际沟通是否顺利，并不取决于交际者一方，而是需要受交际者一方的配合。为了使交际与沟通得以顺利进行，交际者就必须适应受交际者，包括对受交际者的"角色"进行合理定位，把握交际的恰当"时机"，注意选择适当的"场合"，揣摩受交际者的"心理"，等等。可以说，在交际与沟通的每一个环节都不允许出错，否则就有可能导致言语交际与人际沟通的失利。

　　不过，应该指出的是，虽然言语交际与人际沟通是一种复杂的语言活动，没有一定的规律或模式可以保证交际与沟通一定就能成功顺畅，但也有三条基本原则可以遵循。这三条基本原则分别是"知人论事""友善合作""讲究策略"。我们认为，如果对这三条基本原则把握得较好，顺利实现言语交际与人际沟通的特定目标也并非难事。

　　下面我们就结合相关实例，对这三条基本原则的应用分别予以论述。

一、知　人　论　事

　　对中国文学批评史稍有一点常识者，都知道孟子有两个著名论断：

一曰"知人论世",二曰"以意逆志"。"以意逆志"说,说的是文学欣赏问题,这本来就与文学批评直接关联。而"知人论世"说,原来与文学批评是并无瓜葛的,它是讲"交友"原则的。关于这一点,我们看看孟子原话便可一目了然。

孟子谓万章曰:"一乡之善士,斯友一乡之善士;一国之善士,斯友一国之善士;天下之善士,斯友天下之善士。以友天下之善士为未足,又尚论古之人。颂其诗,读其书,不知其人,可乎?是以论其世也。是尚友也。"(《孟子·万章下》)

孟子上面这段话的意思是说,在一乡被公认为是优秀之士者,就跟这个乡里公认的优秀之士结交为友;被公认为是一国优秀之士者,就跟这国中公认的优秀之士结交为友;被公认是天下优秀之士者,就跟天下公认的优秀之士结交为友。如果认为与天下公认的优秀之士结交为友尚觉意犹未足,那么便可追溯到古代的优秀之士而与之结交朋友。古代的优秀之士已不在人世,如何能与之结交为友呢?最有效的办法是吟诵其诗作,研究其著作。然而诵其诗,读其书,就不能不了解其为人。为此,就必须了解他们所处的时代。这就是追溯历史而与古人为友的办法。

可见,孟子的"知人论世"说,原来确是讲"交友"原则的。只是后来被引申转义,成为中国古典文学批评中最为常见的一个术语。今日我们谈文学,在讨论作品本体时常常要结合作者所处的时代及其创作背景,这便是"知人论世"说在现代文学批评中的运用。

言语交际与人际沟通,是一种积极的、创造性的语言活动,追求的是交际与沟通的效果。因此,我们对交际者所进行的言语交际与人际沟通进行评价,主要是看其成效如何。这与文学批评家对文学作品的评判是明显不同的。因此,我们可以这样说,讨论文学作品要"知人论世",评判言语交际与人际沟通的成效则不必"知人论世",但却要"知人论事"。

所谓"知人论事",就是交际者在与受交际者进行言语交际与人际沟通时,首先要研究受交际者其人的背景,其中包括其职业、文化程度、个性特点、心理倾向,等等,然后适应受交际者的特点及其当时的心理状态,选择恰当的表达策略,将所要沟通的事情予以有效地沟通。

为什么言语交际与人际沟通要遵循"知人论事"的原则呢?我们这里不忙讲更多的理论,不妨先来看一个实例:

阳货欲见孔子,孔子不见,归孔子豚。孔子时其亡也,而往拜之,遇诸途。

谓孔子曰:"来!予与尔言。"

曰:"怀其宝而迷其邦,可谓仁乎?"

曰:"不可。"

"好从事而亟失时,可谓知乎?"

曰:"不可。"

"日月逝矣,岁不我与。"

孔子曰:"诺。吾将仕矣。"(《论语·阳货十七》)

读过《论语》者,相信都会对上面这段文字记载有深刻印象,它讲的是这样一个故事:阳货(即阳虎)想拜见孔子,孔子避而不见。孔子之所以不见阳货,那是因为孔子看不起或者说是不喜欢阳货其人。其实,阳货在当时的鲁国,差不多算是"二号首长",就是当时的鲁国国君实际权力也没有他大。那么,他为什么有这么大的权力呢?因为当时鲁国的政权是由孟孙氏(一作仲孙氏)、叔孙氏、季孙氏三家把持着,鲁国国君只是一个傀儡而已。这三家之所以能把持鲁国朝政,乃是因为这三家之主分别是鲁桓公之子仲庆父(亦称孟氏)、叔牙、季友的后裔。因为这种特殊的身世,所以历史上称此三家为"三桓"。"三桓"名义上是共掌鲁国朝政,实际上权力大小是不平衡的,势力大小也是不一样的。其中,季孙氏势力最大,所以在鲁国的朝政问题上的话语权也最大,鲁国宰执(即鲁国之相)一直是由季孙氏把持。鲁昭公时,由季武子担任执政。季武子死后,由其子季平子(即季孙意如)继任。季平子任职不久,鲁昭公因不甘心做傀儡,联合与季平子有仇的郈昭伯以及臧昭伯二家,举兵攻打季氏。没想到,就当季平子招架不住,鲁昭公的军队即将胜利时,原来按兵不动,作壁上观的孟孙氏、叔孙氏二家出于利益的考量,突然出兵帮助了季平子。结果,鲁昭公功败垂成,不仅没有重拾君权,反而被季平子驱逐出境,逃到齐国政治避难去也。季平子执政没有多久,也死了,鲁国朝政乃由季平子之子季桓子(即季孙斯)执掌。

虽说季孙氏在鲁国政坛总是担任一号人物,但是季府三朝家臣阳货则是一以贯之掌控着季府的一切,甚至季武子、季平子、季桓子都实际上被其玩弄于股掌之上。特别是到了季桓子时代,阳货的权力更是达到了登峰造极的地步。当其时,阳货利用季桓子的懦弱,不仅挟季氏而号令鲁国,而且还拥兵雄踞阳关(即今之山东泰安东南),实际掌控了鲁国,可谓权倾朝野,显赫一时。一个奴仆出身的季氏家臣威风到了这个程度,按理说也该心满意足了吧。然而,阳货并没有这么想,他是一个不会满足的人,有着更远大的志向,他的最终目标是取季孙氏而代之,进而当鲁国的大王。阳货不仅敢想敢干,而且是想到做到。鲁定公八年(即公元前502年),他觉得时机已经成熟,便谋划了一个废除"三桓"势力的计划。可惜时运不济,最后在企图剪除"三桓"势力的过程中反而落败,狼狈地从阳关出奔到齐国。在齐国混了一段时间后,觉得没有前途,遂又经宋国出奔到了晋国,最终得到晋国正卿赵鞅(即赵简子,晋国执政)的信任,成为他的谋臣。当然,这是后话。

却说阳货为了达到最终取代季孙氏的目标,不仅在阳关建立自己的军事据点,积累武力资本,而且还在政治上进行积极运作。他看到当时孔子兴办私学如火如荼,门下弟子众多,人才济济,遂打上了孔子的主意,拼命拉拢孔子,企图利用孔子的声望及其弟子的才能为自己所用。孔子虽是在野身份,但却对鲁国朝廷中的政治权斗看得非常清楚,他的弟子就有人在朝中做官,也有弟子被安插在季氏宰执府中,消息灵通得很。因为看清了阳货的用意,加上孔子原本就看不起阳货,自视甚高,认为自己身上流着宋国贵族的血,而阳货只不过是个贱人,所以他不愿为阳货所用,避着阳货远远的。孔子(其实,那时人们都叫他孔丘,孔子是后世人们对他追加的尊称)毕竟是书生,意气用事,心里怎么想的,行动上就怎么表现。但是阳货则不然,别看他是奴仆出身(其实,英雄从来不怕出身低),却是一个有远大政治抱负的政治家,不会像孔子那样书生气。他虽是当时鲁国最有权势的人,但为了自己的政治目的却能放得下身段。所以,在多次托人与孔子沟通不果的情况下,他决定亲自登门拜访孔子。孔子有弟子安插在季氏府中,阳货大总管(宰臣)车马未动,孔子早已获得情报,立即躲避出门了。这样,阳货就扑了个空。但是,他不甘心,于是将事先准备好的礼物——一只烤乳猪留了下来。他知道孔子是个拘礼之人,收到礼物后肯定会回访他的。这样,带着极其惆怅而郁闷的心情,阳大人坐着马车回去了。

  阳货走后,孔子回到家里,发现那只烤乳猪,心里是既高兴又发愁。高兴的是,阳货所送的烤乳猪可不是一般的礼物,那是当时连国君也得不到的大礼。看着这只香喷喷的烤乳猪,孔子就控制不住他那美食家的欲望。发愁的是,礼物虽不是自己主动收下的,但现在已经在自己府上,那么就得回访客人,不能失礼。可是,回访阳货,那绝对是他不愿意的。苦思冥想了好久,孔子还是想到了一个自认为两全其美的办法。他让安插在季氏宰府的弟子给他打探消息,等到哪天阳货出门,就来报信,然后自己前往回访。这样,既完成了回访的礼节,又避免了与阳货见面的尴尬。

  不久,机会就来了。一天,孔子安插在季氏府中的弟子急急来报,阳大总管今天出远门了。孔子一听,大喜过望,连忙驾车往季氏府中,摆出非常隆重的样子,要去回访阳货大人。到了季氏府中,阳货果然因事出门了。孔子非常高兴,季氏府门没进,就连忙驱车回家了。然而,人算不如天算。就当孔子坐在车中,想着今日妙计得逞而扬扬得意之时,忽然迎面来了一辆豪华马车。没等孔子醒过神来,那辆高出孔子马车半截的马车就在他的马车旁停了下来。车未停稳,豪华而高大的马车的帘子就掀开了,从里面探出一个人头来。孔子一看,不是别人,原来正是阳货。这一下,孔子傻了。然而,就在孔子一愣神的当儿,阳货已经扯开了粗大的嗓门,以居高临下的口吻说道:

"过来!我跟你说句话。"

孔子一听这贱奴竟然这么跟自己说话,太没礼貌了,气不打一处来。但是,他忍住了,以沉默予以回应。

阳货见孔子不睬自己,心知其意,但并不介意,遂又接着说道:

"胸有治国安邦良策,却不愿出来为国家效力,忍心看着国家政治一直混乱下去,这叫'仁'吗?"

孔子一听这话,内心不免为一惊,没想到这贱人还有这等见识与胸襟。但是,他还是不愿意回应阳货,仍以沉默应之。

阳货见孔子低头侧脸回避自己的目光,早已侦知他内心的秘密。于是,不等孔子回过神来,便斩钉截铁地说道:

"这不叫'仁'!"

孔子听他如此自问自答,遂又心生反感,把脸扭到了一边。

阳货见之,莞尔一笑道:

"心里想着要参与国家政事,却又屡屡错失良机,这叫'智'吗?"

孔子听到这里,情不自禁地扭回脸来。就在此时,阳货以迅雷不及掩耳之势,大声说道:

"这不叫'智'!"

孔子终于被阳货的这句话打动了,连忙侧过脸来,情不自禁地看了一眼阳货。

阳货明白,孔子终于被他说动了,于是立即语气柔和地补了一句道:

"时间一天天过去了,岁月不等人啊!"

孔子点了点头,终于下定了决心,并情不自禁地说了一句:

"好!我将出来做官。"

之后,大家都知道,孔丘果然欣然出仕,从中都宰做起,一直做到了鲁国的大司寇,并代摄鲁相之职。

这里,我们可以清楚地看出,阳货游说孔子的话并没有什么特别的表达技巧,但却最终能够打动孔子,与他交际沟通成功,即说服了孔子答应出来做官。这是为什么呢?稍作思考,我们便能发现其中的奥秘,这便是交际者阳货在游说受交际者孔子时遵循了"知人论事"的原则。因为孔子有志从政,想通过从政践行其政治主张,从而实现恢复周公礼法,这些交际者阳货都是非常清楚的。正因为清楚这些,所以他能有的放矢,把话说到受交际者孔子的心坎里,打动他心灵最软弱的部分,从而感动他,让他接受自己的建议,出来从政。当然,阳货的最终目的是想受交际者孔子从政后与自己合作,为自己的政治图谋服务,这是他内心的"小九九",受交际者孔子是看不透的。

下面我们再来看一例遵循"知人论事"原则,从而成功实现了与皇帝的交际沟通,为自己洗尽冤屈并赢得皇帝信任的案例:

> 许允为吏部郎,多用其乡里。魏明帝遣虎贲收之。其妇出戒允曰:"明主可以理夺,难以情求。"既至,帝核问之。允对曰:"'举尔所知',臣之乡人,臣所知也。陛下检校为称职与不?若不称职,臣受其罪。"既检校,皆官得其人,于是乃释。允衣服败坏,诏赐新衣。初,允被收,举家号哭。允新妇自若云:"无忧,寻还。"作粟粥待。顷之,允至。(南朝·宋·刘义庆《世说新语·贤媛第十九》)

上面这则文字记载,说的是这样一个故事:三国魏明帝曹叡(曹操之孙、曹丕之子)执政时期,时任吏部郎(相当于今中央组织部首长)的许允,因为所用之人多是他的同乡,结果被人举报。魏明帝闻知非常震怒,认为许允这是在假公济私、结党营私,遂派虎贲(即皇宫卫戍部队的将领,汉有虎贲中郎将,魏袭其制)前往收捕许允。许允一看皇帝竟然用虎贲之将来收捕自己,不知道自己犯了什么滔天大罪。许家人一见,更是吓得哭成了一团。但是,许允之妻阮氏却从容不迫,一点也不慌神,还安慰家人:

"大家不用害怕,更不必担心。"

一边说着,阮氏一边命人去熬粥,并信心满满地说,粥熬好了,许允就会回来了。

安定了家人后,阮氏又安慰了丈夫一番,临行前告诫他两句话:

"明主可以跟他讲道理,绝不能跟他求情。"

许允牢记妻子阮氏的嘱咐,到了朝廷,见了魏明帝,从容应对,没有丝毫慌张。魏明帝质问他为什么多用同乡之人,他从容回答道:

"孔子有言:'举尔所知。'臣的同乡,臣最了解他们。他们的情况臣知根知底,所以臣多用了些同乡。陛下不能只看臣所用之人多是同乡,也要看看臣所用同乡是否称职。若所用同乡皆不称职,臣甘愿领罪。"

魏明帝一听,觉得许允说得也有道理,遂让相关官员一一检视他所用之人。结果发现都官得其人,很是称职,没有职守上的瑕疵。于是,连忙将许允给释放了。

许允告别时,魏明帝发现他的衣服被弄坏了,觉得过意不去,乃诏赐新衣,以示恩宠。

那么,许允之妻为什么见到魏明帝派虎贲来收捕自己的丈夫都不慌张呢?为什么许允听了妻子阮氏的话后,从容不迫地跟魏明帝讲理,没有说一句求情的话,却能赢得魏明帝的信任并赏识呢?这些问题都只有一个答案:他们了解魏明帝,知道他不是一个是非不分的昏君。他们相信只要能将道理讲明白,他肯定明断是非,不会冤枉人的。正因为如此,当魏明帝质问许允多用同乡之罪时,交际者许允遵循"知人论事"的原则,并巧妙地引用了孔子"举尔所知"的用人名言为依据,有力地为自己多用同乡的行为作了辩白,让受交际者魏明帝觉得无话可说。加上最后检视用人效果的验证,受交际者魏明帝更是深信交际者的清白。

由此,交际者许允与受交际者魏明帝的言语交际与君臣沟通终于成功。

如果说阳货能够说服孔子,实在是不简单,那么许允说服魏明帝,就更是不容易了。作为交际者的阳货与许允,虽然他们所面对的受交际者不同,一个是失意潦倒的书生,一个则是威权至高无上的皇帝,但他们都靠"知人论事"这一法宝成功地完成了言语交际与人际沟通的使命。由此可见,"知人论事"确是言语交际与人际沟通所必须遵循的基本原则,而且是非常有效的原则。但是,如果违反了"知人论事"原则,则必然遭致言语交际与人际沟通的失败。下面我们看一个现代名人的例子。

一天下午,马寅初家的保姆因事外出,回来后好像忘做了一件什么事。她忙着做晚饭,便不再想它了。吃了晚饭,马寅初找到保姆,笑眯眯地说:"今天我少吃了一顿饭。"

保姆觉得很奇怪,今天早、中、晚三顿饭一顿也不少,便说:"不会吧?马先生,你会不会吃过肚饥,做过忘记?"

马寅初又笑着说:"你到现在还不明白呀?我这人每天要比别人多吃一顿饭呀!"

他哪一天吃过四顿饭呀?保姆如丈二和尚摸不着头脑。

马寅初又笑着说:"你到现在还不明白呀!我三顿饭是饱肚子的,那一顿是喂脑子的。"

啊,他说的是报纸。保姆明白了。不巧,这一天的报纸,保姆怎么也找不到。她赶紧到报亭去买,但报亭已打烊。最后只好到邻居家借了一张。

马寅初足足看了一个小时,才说道:"今天总算吃饱了!"(段明贵编《名人的幽默·看报和吃饭》)

这则故事中的马寅初,是中国著名的人口学家与经济学家,同时也是北京大学的校长。应该说,他的语言表达能力是丝毫没有问题的。

可是,他为看报纸的事跟家中的保姆前后费了三次口舌,才让保姆明白过来。很明显,马寅初与保姆的这次人际沟通是不算成功的。根据故事的情境,我们可以看出来,马寅初是想跟保姆来点幽默。可是,他忘记了言语交际与人际沟通的第一条基本原则"知人论事"。保姆的文化水平不高,她既听不懂大学者主人的比喻,也欣赏不了他的西式幽默,所以越听越糊涂。如果马寅初跟保姆交际与沟通时遵循"知人论事"的原则,根据保姆的文化水平与悟性,用明白的大白话跟她说"今天的报纸呢",哪里还要费那么多事呢?可见,交际者不论文化水平有多高,语言表达技巧有多高明,如果不看对象,不遵循"知人论事"的基本原则,那么他/她的言语交际与人际沟通一定不会成功。

二、友善合作

前文我们说过,言语交际与人际沟通的目标指向很多,有的是求托受交际者,希望能够在某件事上得到帮助;有的是因过错或别的原因而向受交际者讨饶,希望得到原谅;有的是为了说服受交际者,希望能够接受自己的意见、建议或思想、理念、主张等;有的是向受交际者示好,目的是为日后双方的友好互动预留一条通道;有的是为了取悦受交际者,希望赢得好感,为随后或日后所要达到的人际沟通作铺垫;有的是为了娱乐受交际者,目的是营造良好的人际互动氛围;有的是为了向受交际者传达某种情感,暗示自己的喜怒哀乐与心理倾向;有的是为了宣泄自己的情绪,排解自己内心的抑郁,希望获得受交际者的情感共鸣;有的是通过调侃受交际者而展示非同寻常的人际关系,进一步增进彼此的友谊;有的则是与受交际者进行言语博弈,显现自己的语言智慧与表达技巧;也有纯粹只是为了逞口舌之快,讽刺受交际者以获取一种精神上的胜利。很明显,在这十二种言语交际与人际沟通的目标指向中,除了最后两种情况(即"博弈""讽刺")外,其他十种情况交际者与受交际者的言语交际与人际沟通目的都是为了解决问题的,是"有所为而为"。正因为如此,那么交际者就必须在言语交际中坚持"友善合作"的原则,与受交际者密切配合,展现沟通思想、解决问题的诚意。这样,言语交际与人际沟通的预定目标才能达到。

由此可见,"友善合作"原则与上述"知人论事"原则一样,实际上是任何情况下的言语交际与人际沟通都适用的基本原则。事实上,在日常生活中,有时即使我们进行言语交际与人际沟通的目的是批评受交际者或是指正其错误,仍然也是要坚持"友善合作"原则的。

说到这里,笔者想起十多年前在复旦大学校园里发生的一幕。记得那是一个酷暑难当的8月,因为学校放假,校园里的人不多了,中午食堂里吃饭的师生也不多,主要都是物业管理的工作人员及个别行政值班人员。笔者因为喜欢校园内的那份清静,加上教授工作室内也有空调,不比家中书房内工作条件差,况且中午还可以在学校食堂混饭吃,不必大热天自己开伙,所以每到暑假,笔者都会带着读小学的儿子到学校工作室。一天中午,笔者陪儿子在复旦大学旦苑餐厅用餐毕,走出食堂,往光华楼办公室而去。快到光华楼时,突然发现走在我们前面约二十米远的一个男生用餐巾纸在脸上擦了擦汗,然后旁若无人地将餐巾纸随手扔到了地上。笔者读小学的儿子看到,立即小声说道:"爸爸,你看那个大学生,竟然乱扔垃圾,还是复旦大学的学生呢!"听了儿子的话,笔者作为复旦大学的教授觉得脸上好没光彩。面对纯真的儿子,当时笔者只有两种选择,一是"身教",一是"言教"。"身教",就是直接走上前去,将那个学生丢的餐巾纸捡起来,送进附近的垃圾箱;"言教",就是上前叫住那个学生,让他自己将餐巾纸捡起来扔进垃圾箱,并板起教授的面孔教育他一顿。可是,不等我有"身教"与"言教"的机会,只见走在我前边几米远的一个满头银发的老者,不知是哪个院系的老师,快步走上前去,在那学生肩膀上轻轻拍了一下,说道:"同学,你什么东西掉地上了。"

那同学回头一看,立即红了脸,转身就将地上的那张餐巾纸捡了起来,放到了自己的口袋里。与此同时,对那老者鞠了一个躬,说道:"谢谢!"

那老者见到那学生鞠躬,觉得不像是中国学生,遂和蔼地问道:"你不是中国学生吧?"

"哦,老师,我是日本留学生。"那学生答道。

那老者接着说道:"日本我去过很多次,环境很美,山清水秀的,城市也非常干净。"

那日本学生大概也听出了老者话中的弦外之音,连忙说道:"是吗?老师很喜欢日本啊!谢谢!"

老者点点头,意味深长地笑了笑。

那个日本学生又向老者鞠了一个躬,然后举手与老者告别:"老师,再见!"

老者也微笑回应道:"再见!"

望着那个日本留学生远去的背影,笔者非常感慨。因为笔者曾多次在日本做客座教授,对日本人爱清洁的癖好有深切的体会。不过,前后几次到日本做客座教授,感受却是不一样的。记得1999年我第一次到日本京都做客座教授时,看到的日本千年古都到处都是干干净净,河道里也是清流潺潺,绝对没有什么杂物被扔于水中。但是,2005年笔者再到京都时,世风已经大不如前了。不仅晚上在闹市区的公车站上能看到许多乱丢的烟蒂,而且在一些河道里还有乱扔的易拉罐,甚至有被遗弃的自行车。至于东京的闹市区,那就更不是干净的地方。在那里,我们已经看不到衣冠楚楚、举手投足都中规中矩的日本人,而是满眼都是红毛黄发、奇装异服的日本"新人类"。他们或她们,都嘴叼香烟,手拿酒瓶或易拉罐,戴着耳机和墨镜,趿拉着拖鞋。到了晚上,街头烟蒂遍地,易拉罐更是踢得满地乱滚。因为笔者早就见惯了日本"新人类"的所作所为,所以对于他们到中国后乱扔垃圾的现象并不觉得奇怪。正因为如此,笔者当时对于日本留学生乱扔餐巾纸的行为并没有心生多少感慨,因为早有思想准备与心理承受力了。倒是对那位复旦老者言语交际与人际沟通的技巧佩服得五体投地,所以至今想起当年的那个情景还记忆犹新。

那么,那位复旦老者的言语交际与人际沟通为何那么有效呢?笔者当年为何心里那般佩服他呢?现在仔细冷静地分析一下,其实道理非常简单。老者作为复旦大学的老师,看到复旦大学的学生竟然乱扔垃圾,而且是在复旦大学校园这种环境中,从心理上就本能地产生了否定情绪,这是必然的。而出于教师教书育人的职业习惯,他毫不犹豫地上前予以纠正,这也是理所当然的。不过,他纠正学生的不当行为,与学生进行言语交际与人际沟通,却非常注意方法,讲究技巧,因此交际与沟通的效果就非常好。仔细分析一下这场言语交际与人际沟通的过程,我们不难发现,作为这场言语交际与人际沟通的交际者,老者没有将自己凌驾于受交际者(那位留学生)之上,而是以平等待人的心态,在言语交际与人际沟通中坚持了"友善合作"的原则,即以自己"友善"的态度寻求受交际者的"合作"。这一点,其实是非常重要的。事实上,这也是这场言语交际与人际沟通非常成功的关键。交际者(复旦老师)在与受交际者(日本留学生)交际沟通时,没有使用诘问句,直言"你怎么乱扔垃圾?"而是使用陈述句,提醒受交际者"你什么东西掉地上了",在"不着一字"中将"你乱扔了垃圾"这层语义婉转地暗示出来。这样的表达,就避免了给受交际者心理上以刺激,让他从内心涌起的不是抵触情绪,而是由衷的感激之情。受交际者既然已经感受到了交际者"友善"的诚意,那么就必然会在"投桃报李"的心态下产生与交际者"合作"的意愿,进而自觉地改正错误,即自己捡起了乱丢的垃圾。我们都知道,言语交际与人际沟通都是"有所为而为",是要解决相关问题的。老者的高明之处,就在于懂得言语交际与人际沟通的真谛在于解决问题,所以他能坚持"友善合作"原则,从而使这场言语交际与人际沟通非常愉快地完成了。

有中国台湾学者曾总结说,中华民族有两大绝活:一是美食,二是美辞。这话还真是不假。中华美食,那是全世界公认的,不然中国饭馆就不可能开遍全世界。可以这样说,在世界各地,大凡有中国人的地方就有唐人街,而有唐人街的地方就有中国饭馆,不仅中国人趋之若鹜,就是外国人也流连忘返,吃了一趟又一趟。所以说中华美食乃世界一绝,几乎是不必论证的。至于中国人的美辞,其实也是非常有名的。对中国文化与中国历史稍微有点肤浅了解的,大概都不会否认,中国人自古以来不仅很会写文章,而且很会说话。春秋时代的烛之武一舌敌万师,就凭一张嘴,就让秦晋联盟瓦解了,郑国不费一兵一卒就取得了军事上的胜利。而战国时代的苏秦、张仪,二人原本都是不名一文的书生,温饱也解决不了。然而,就因为他们能说会道,结果说动诸侯各国之君,先后"合纵""连横"成功。苏秦"合纵"成功后,"官拜六国之相,爵封武安君。又自任'纵约长',折冲樽俎,穿梭斡旋于山东六国之间,终使本来尔虞我诈、战伐不断的山东六国诸侯和睦相处,使强力崛起的强秦停止了东扩的步伐,不敢窥函谷关十五年。由此,天下太平,寰宇澄清。"(吴礼权《远水孤云:说客苏秦》卷首语)为此,《战国策·秦策一》评说道:"苏秦相于赵而关不通。当此之时,天下之大,万民之众,王侯之威,谋臣之权皆欲决苏秦之策。不费斗粮,未烦一兵,未战一士,未绝一弦,未折一矢,诸侯相亲,贤于兄弟。夫贤人在,而天下服;一人用,而天下从。"而张仪"连横"之计成功后,不仅先后任秦相、魏相与楚相,而且使秦国迅速强力崛起,为秦国最终灭六国而统一天下奠定了坚实的基础。可见,中国自古以来就不乏口才好且善于与人沟通的高手。如果要评选中国古代善于言语交际与人际沟通的典型,那烛之武、苏秦、张仪肯定名列其中。

　　应该强调的是,善于言语交际与人际沟通的人,固然都是极富表达智慧与表达技巧的,但同时也应该是最懂得遵循"友善合作"原则的。因为唯有遵循"友善合作"原则,才能超越表达技巧,打动受交际者之心。比方说,我们跟老朋友或老同学进行言语交际与人际沟通,不讲究表达技巧,说话直来直去,却往往最容易沟通成功。因为交际者这样表达,体现了对受交际者的信任,是遵循"友善合作"原则的体现。如果老朋友或老同学之间,说话还吞吐其辞,绕来绕去,就会给受交际者一种不真诚、不友善,同时也是不合作的感觉,那么人际沟通的成效自然不会理想。又比方说,我们跟陌生人或不太熟悉的人进行言语交际与人际沟通,为了体现礼貌,作为交际者的一方就不能说话直来直去,而应该讲究表达策略;如果所涉及的内容是负面的,可能会对受交际者的心理有刺激的话,那么更要讲究表达技巧,这是为了给受交际者面子,不刺激其自尊心。这样做,同样也是为了体现"友善合作"的原则。

那么,为什么我们要如此强调"友善合作"原则呢?这是因为中国是最讲面子,也是最要面子的民族。因此,在言语交际与人际沟通中,交际者要懂得给受交际者以面子,受交际者也要懂得给交际者以面子,这样彼此"友善合作",言语交际与人际沟通所要解决的问题就没有解决不了的。即使是难办的大事,也能想出办法解决;即使是不能放过的事,也能大事化小,小事化了。谓予不信,请看下面这个例子。

有三女而通于一人者,色美而才。事发到官,出一对云:"三女为奸,二女皆从长女起。"一女对云:"五人张伞,四人全仗大人遮。"官薄惩之。(清·褚人获《坚瓠首集》卷二《巧对》条)

这段文字,记载的是这样一个故事:有三位女子不仅貌美如花,而且都是才女。然而,就是这样才貌双全的女子,却同时爱上了同一个男人,大概这男人也是个才貌双全的帅哥,不然不可能有那么大魅力,能让三位貌美才女同时为之倾倒,并且甘愿同侍一个男人。因为女人从来在感情问题上都不是那么大度的,"吃醋"一说主要就是说女人的。应该说,这三位才女是值得我们钦佩的,在那样一个封建时代,她们不仅有勇敢追求自己所爱的胆气,而且还有在感情问题上有包容他人的阔大胸襟,实在是难能可贵。这样的胸襟,这样开放的爱情观念,恐怕今天受过西化教育的女子都很少有人做得到。然而,在中国封建时代,这种执着追求爱情的行为是不会受人赞赏的,而是为整个社会所不容忍,因为这种行为有违中国传统道德规范。在中国封建时代,男女婚姻须听父母之命、媒妁之言,绝对不允许男女当事人自作主张,自由婚恋,当然更不允许三个女人同时与一个男人偷情的事发生。正因为如此，这三位貌美才女与同一个男人的风流韵事立即被当作了伤风败俗的行为。既然是伤风败俗的性质，那么按照中国古代的法律，这就是犯法了，而犯法则是要受到法律惩罚的。于是，东窗事发后，三个女子便被告到了法庭。古代的法庭，就是行政长官的衙署。

三女子到了衙门，知道事情闹大了，心想这下不仅脸丢大了，而且还会有牢狱之灾，所以吓坏了。可是，坐堂的官老爷却悠闲得很。他优哉游哉地坐到了审案的椅子上，隔着高高的案台朝下看了一眼。不看不知道，一看吓一跳，原来堂下跪着的三个作奸犯科的刁民竟然是三个年轻貌美的女子。官老爷都是通过科举考试逐级选拔出来，而且经过皇帝的钦点考察，当然是最有学问的人。虽然而今做了官，身为一方百姓的父母，却仍然改不了书生本色。他见了三个貌美的女子，没有像平常那样一拍惊堂木，大喝一声"刁民，所犯何事？还不从实招来，免得皮肉受苦"，而是雅兴十足地眯眼看了一下三位女子，再听立在一旁的师爷耳语了一番，然后才轻声细语地说道："三女为奸，二女皆从长女起。"

三位女子一听，觉得莫名其妙。立在一旁的师爷，公堂衙役，旁听的民众，大家都一头雾水，不知老爷今天是怎么问案子的。过了一会儿，就在大家都还愣在那里，不知所以时，突然有一个女子明白过来，原来老爷这就已经问案子了，他是用"析字"法问她们："你们三人作奸犯科，伤风败俗，领头的到底是谁，从实招来。"

那女子明白过来后，脸上露出了不为人知的嫣然一笑。她先抬起头来，往堂上的老爷看了一眼，然后柔声细语地回应道："五人张伞，四人全仗大人遮。"

堂上诸人听了都面面相觑，不知所云。但是，那坐在堂上案台后的老爷却捻须一笑。至此，另两位女子以及堂上的师爷等有些文化的旁听者这才明白过来，原来老爷与嫌犯已经在就案情进行问答了，回话女子也是运用"析字"法，已经在"不著一字"中巧妙地向老爷求饶了。

当大家都明白了其中的奥妙之后,更加有兴趣要听那老爷作进一步的审判。然后,出人意料的是,老爷却没再问那三个女子第二句,只是拍了一下惊堂木,大声喝斥了三人几句(所谓"薄惩之",大约相当于是我们今天所说的"批评教育了一下"),然后就挥了挥手,让三个女子走路了。

这个老爷审案的故事,之所以被褚人获作为一则有趣的野史笔记记载下来,并成为中国历代文人士大夫所津津乐道的佳话,究其原因,大概主要有两点:一是大家赏识那问案老爷的风雅,二是钦佩那回话女子的机智与才学。其实,这个案例,从言语交际与人际沟通的角度来看,还有一个非常重要的价值,这就是它生动地诠释了言语交际与人际沟通中遵循"友善合作"原则的意义。问案的官老爷作为交际者,以他的"角色"地位,完全可以直话直说,单刀直入地喝问受交际者(即三个犯案的女子)。但是,官老爷没有这样做,而是以一个普通交际者的角色出场,本着照顾受交际者面子的善良动机,以"析字"表意考察受交际者学问才华的特殊方式,体面地给受交际者以"从实招来"的机会,这明显是交际者言语交际中的"友善"体现。而受交际者(那位回话的女子)则善解人意,在读懂了交际者的"友善"之后,立即投其所好,用交际者喜欢的表达方式("析字"),巧妙地创造了一个下联:"五人张伞,四人仗大人遮"(繁体字"伞"写作"傘"),天衣无缝地对上了老爷的上联:"三人为奸,二女皆从长女起"(繁体字"奸"写作"姦"),遂在不露痕迹中向老爷求了饶。这是极其聪明的言语"合作",怎能让风雅的老爷不喜出望外,一高兴便"人性化"地将大事化小,小事化了呢?当然从法律与政治的角度看,交际者(官老爷)这种不严格执法,只凭个人喜爱而感情用事,是非常不妥的,是对法律制度的亵渎。但是,在中国古代"人情大于法""人治大于法治"的社会氛围下,交际者对受交际者(三个才貌双全的弱女子)网开一面,则反而比严格执法更能赢得人心。正因为如此,交际者(官老爷)不仅让受交际者感恩戴德,也让后世无数人特别是文人钦佩得不得了,觉得这位老爷真乃一个德才兼备的绅士也。可见,交际者是长辈或官长的"角色",若能自觉遵循"友善合作"原则,那么其言语交际与人际沟通的效果会更好。

说到长辈或官长"角色"的交际者遵循"友善合作"原则,不禁让笔者想到一位世界级大文豪、俄国大作家列夫·托尔斯泰为人谦恭的故事。

从莫斯科到雅斯纳雅·波良纳有二百公里。这段路程托尔斯泰有时徒步行走。他喜欢步行,背上搭个口袋,长途跋涉,跟沿途流浪的人们结伴而行,谁也不知道他是谁。路上一般需要五天。沿途食宿经常在车马大店或随便一个什么住处就便解决。如果赶上火车站,他便在三等车厢的候车室内歇歇脚。

有一次,他正在这种车站候车室休息,忽然想到月台上走走。这时刚好有一辆客车停在那里,眼看就要开车了。托翁忽然听见有人在叫他。

"老头儿,老头儿!"一位太太探身车窗外在喊他:"快去女盥洗室把我的手提包拿来,我忘在那里了。"

托翁急忙赶到那里,幸好,手提包还在。

"多谢你了,"那太太说:"给,这是给你的赏钱。"

托翁接过一枚五戈比的大铜钱,不慌不忙地装进了口袋。

"您知道您把钱给了谁吗?"一位同行的旅伴问这位太太。他认出了这个风尘仆仆的赶路人就是大名鼎鼎的《战争与和平》的作者:"他就是列夫·尼古拉耶维奇·托尔斯泰呀。"

"天呀!"这位太太叫道:"我干的什么呀!列夫·尼古拉耶维奇!列夫·尼古拉耶维奇!看在上帝的分上,原谅我吧,请把那枚铜钱还给我!把它给您,真不好意思。哎呀,我的天!我这干的是什么呀!"

"您不用感到不安,"托翁说:"您没有做错什么事。这五个戈比是我挣来的,所以我收下了。"

火车鸣笛了,开动了。它把一直在请求托翁原谅的太太带走了。

托翁微笑着,目送着远去的火车。(段明贵编《名人的幽默·五戈比铜币》)

上述这则故事之所以在世界范围内广泛流播,传为佳话,根本原因就是托尔斯泰作为一位大作家在与那位冒昧而不知天高地厚的太太的言语交际与沟通中所表现出的谦谦君子的风范与优雅宽容的绅士风度。按常理说,在火车即将开动的紧急情况下请求他人帮忙,求托者应该对被求托者格外的客气。可是,那位请求托尔斯泰到女洗手间替她拿手提包的太太却不是这样。她自以为是,表现出一副高人一等的派头,不仅称呼托尔斯泰不用"老先生",而直呼"老头儿,老头儿",而且说到求托之事也不用请求的口气,而是用主人命令仆从的口吻:"快去女盥洗室把我的手提包拿来,我忘在那里了。"很明显,她的语言交际与人际沟通方式是非常不得体的。不要说受交际者是托尔斯泰,就是一个极普通的俄国男人恐怕也难以接受。然而,大文豪托尔斯泰却不以为忤,愉快地接受了她的请托,帮她取回了手提包。这是风度,也是胸怀,更是"友善合作"的体现。更让人觉得难能可贵的是,当那位太太经人指点,得知真相而再三向托尔斯泰道歉,并索回那带有主子赏赐奴仆意味的侮辱性五戈比铜钱时,托尔斯泰却推说是自己"挣来的"而不予归还。这实际上是托尔斯泰在不露痕迹地放低自己的身段,以谦恭的姿态俯就对方,以此消除对方因冒昧而产生的无比尴尬。这既是绅士对女士的体贴,也是言语交际与人际沟通遵循"友善合作"原则的表现,更是道德崇高者的优雅风度。

三、讲 究 策 略

言语交际与人际沟通,我们每个人每天都在进行。但是,我们的每一次言语交际与人际沟通并非都是成功的。有些人可能在言语交际与人际交往方面较有天分,所以他们的言语交际与人际沟通的成功率会比较高;但是,也有一些人因为在言语交际与人际交往方面并无先天的禀赋，加上缺少必要的语言表达方面的修养或训练，言语交际与人际沟通能力就不尽如人意，在现实生活中常常因此而颇受挫折，甚至人生道路都颇为坎坷。

当然，也有少数人既有一定的人际交往天赋，也有必要的语言修养，但仍有言语交际与人际沟通失利的情况出现。这种情况之所以会出现，恐怕是与交际者主观上的认识偏差有关。比方说，交际者与受交际者是父子关系，或是母子关系，或是兄妹关系，或是兄弟关系，或是夫妻关系，往往就会有认识偏差产生。因为上述这种种天然密切的人际关系，往往会让交际者"迷失自我"，在与受交际者进行沟通时很容易忽略对受交际者心理感受的把握，以致言语表达时没有"讲究策略"的意识。事实上，这种情况在现实生活中是最为常见的，因此往往也是最让人不可理解，而又确确实实成为人际沟通失败的直接原因。

说到这里，笔者突然想起十几年前与几个朋友的一次聚会。当时，有一位朋友是与太太一起来的。那位朋友姓高，他太太姓赵。我们打趣说，他俩合起来就是断送了大秦王朝的"赵高"。高姓朋友的太太是第一次参加我们的聚会，跟酒席上的诸位都不怎么熟悉。于是，她先生就依坐位顺序给她一一介绍，介绍的内容无非是姓名、职业、工作单位之类。最后介绍到笔者时，他太太听说笔者是复旦大学的教授，顿时来了精神，遂有了如下这番与笔者的对话：

赵：复旦大学好著名耶，我还没去过呢。

吴：是吗？欢迎下次光临。

赵：好哇！哎，冒昧地问一句，吴教授是什么专业的？

吴：目前的主业是修辞学，以前是古代汉语与古典文学。

赵：古代汉语我知道，就是我们从初中就开始学的文言文吧。古典文学，就是唐诗宋词，《三国演义》《水浒传》，等等。

高：不要贻笑大方了。哪能这么浅薄地理解古代汉语与古典文学专业呢？

吴：嫂夫人说的不错呀！事实上就是如此嘛，大学中文系各专业的东西，我们中小学语文都学过的，只不过程度稍微加深点罢了。

赵（高兴地）：那么修辞学就是我们从小学就开始学的比喻、拟人吧。

吴（莞尔一笑）：也对也不对。

赵（兴奋地）：那究竟是什么内容呢？还真的不懂耶！

吴：比喻、拟人，等等，那只是修辞学中的一小部分。

赵（兴致更高了）：那最大一部分呢？

吴（略有迟疑）：还真是一句说不清呢。

高（对赵）：修辞学并不是一般人都了解的学问，你就别说外行话了吧。

吴：高兄言过其实了，修辞学没那么神秘，其实是一门很大众的学问，只是大家对它不太了解而已。

赵（又兴奋起来）：哦？真的吗？

吴：其实真的很简单，算不得是什么大的学问，只不过是教人怎么把话说得好听，怎么把文章写得漂亮点，让人听得舒服点，读了觉得愉快些罢了。说得再直接点，就是从他人或前人的说写实践中总结点规律什么的，供大家参考参考而已。

赵：这已经是非常了不起的学问了，非常实用。我们很多人都是因为不会说话，很多不应该发生的事都发生了，甚至一个好端端的家庭都弄散了。

吴（好奇地）：说得太夸张了，没那么严重吧。

赵（认真地）：真的。上个星期，我的一个闺蜜就是因为一句话说得不好，她老公一气之下就跟她离婚了。

吴（职业性的条件反射，好奇地）：说了一句什么话？

赵：我那闺蜜是大家闺秀出身，比较讲究，特别是讲究生活细节。而她老公呢，则是比较随性的那个类型。他们从大学时代就开始谈恋爱，感情一直都很好，她老公也处处依着她。结婚以后，感情也还不错。只是天长日久,慢慢就闹起了矛盾。

吴:大概都是些生活琐事吧。

赵:吴教授还真是说对了,其实都是些鸡毛蒜皮的事。说出来,大家恐怕都不相信,就是为了拧毛巾、挤牙膏的小事。

吴(不以为然地):拧毛巾、挤牙膏能闹出什么大不了的矛盾?

赵:我那闺蜜认为,挤牙膏应该从尾部往前挤,而她老公则喜欢从前端挤起;我那闺蜜认为,洗脸后毛巾应该拧干净,然后展开来,在毛巾架上放齐整,而她老公呢,洗完脸,毛巾轻轻一拧,随手搭在毛巾架上。为此,我那闺蜜多次纠正她老公。而她老公又是属于那种洒脱、不拘小节的人,纠正的当时,都说"好好好",第二天又依然如故。挤牙膏的事,也是如此。

吴(急切地):那最后是因为一句什么话导致崩盘呢?

赵:上个星期一,同样的事又发生了。我那闺蜜再也忍不住了,脱口而出道:"我说了多少次,怎么就不改呢?就是畜生也长了记性。坏习惯的养成,都是从小没教养的结果。"

吴:这话说重了,谁都会跳起来的。

赵:其实,她老公生气并不是因为骂他畜生那句,而是骂他没教养那句。这句触到了他的忌讳。

吴:什么忌讳?

赵:她老公是由他寡母一手拉扯大的,所以最护着他老娘。骂他本人,他一般都能容忍,但只要有人说他老娘一句不是,他立马就翻脸不认人。我那闺蜜说他没教养,就等于骂他老娘失职,岂不像是摸了老虎屁股?

吴:你那闺蜜确实不会说话。她要纠正老公的坏习惯,跟他好好沟通不就得了吗?如果她说话讲究点策略,有点技巧,为这点小事,何至于闹到夫妻翻脸离婚呢?

赵:哎,吴教授,您是修辞学专家,如果换成您,您觉得怎么说好呢?

吴:这很难一概而论,要具体情况具体分析,见人说话。我不了解他们夫妻的个性心理，但可以肯定的是，你那闺蜜跟她丈夫沟通的方式不妥，说话没有讲究表达策略。比方说，她希望丈夫挤牙膏按照她的思路，可以这样说："老公，你是男人，我是女人，你手劲大，以后挤牙膏时，你从最后面挤，我从前面挤，好吗？"

赵（豁然开朗）：哎，这种说法好。那么，对于拧毛巾的事，是否可以这样说："亲爱的，从今天开始，我们比赛谁的毛巾拧得干净，好吗？可不要输给我这个小女子哦！"

吴：对啊！就是这样说。夫妻之间是平等的关系，因此相互沟通时，说话不要总是用反问句，要学会使用请求句，必要时可以加一些语气词软化口气。比方说，对于您刚才所说到的那个丈夫拧毛巾、挤牙膏的坏习惯，他太太如果用请求句说："我上次跟你说的，你又忘记了哦！你的这个光荣传统已经历史悠久了，你看现在大家都在讲与时俱进，咱们也跟上时代潮流，与时俱进吧。"

赵（兴奋地）：要是我早点遇到吴教授，让我那闺蜜请教一下您，哪里会有今日呢？

吴（莞尔一笑）：其实，这根本不用别人教的。只要我们每个人在说话时能够换位思考，"以己度人"，体会一下对方的心情，就知道该怎么表达了。我们常常听到很多人结婚之后抱怨对方变了，不像恋爱时那样好了。其实，就是因为关系太密切了，又是天长日久在一起，彼此沟通时不讲究表达策略，发生摩擦在所难免。比方说，妻子对于丈夫的一些习惯不满意，总是说："你怎么老是这样呢？你的老毛病就不能改一改吗？"这种表达方式就不甚妥当。因为这种反问句的使用，其口气就像是上级训下级、长辈说晚辈，对方听了心理上就有抵触情绪，怎么能欣然接受呢？如果改成请求句，以商量的口吻说出来，效果肯定就不一样了。其实，很多话都可以换一种方式表达，这便是说话的艺术。不好意思，说多了，职业病又犯了。

赵：哪里话！没机会上复旦大学，却有机会听吴教授的教诲，哪里嫌您说多了呢？

（这时，开始上菜了。于是，笔者借机就此与那位赵女士结束了谈话。）

从上面对话中赵女士跟笔者所讲的那对夫妻吵架而离婚的例子，我们可以清楚地见出，在言语交际过程中，交际者是否有意识地遵循了"讲究策略"的原则，往往是人际沟通能否成功的关键之一。夫妻之间说话沟通尚且需要"讲究策略"，那么我们走入社会，与其他人进行言语交际与人际沟通，当然更应该时刻在心里绷紧一根弦，即注意"讲究策略"，切不可"吾口道吾心"，直来直去，当然更不能信口开河，就像俗话所说："说话不经过大脑。"否则，必然会因言语交际与人际沟通不畅而使人生遭遇挫折。

上面我们说的是年轻一代不善于言语交际与人际沟通，以致将一桩美满的婚姻毁了。下面我们再看一例老一辈人善于言语交际与人际沟通，批评了别人，还让人觉得幽默风趣。

1981年，方成在南方县城一个招待所里住了一宿，宿费八元，那时已算不便宜了。房里的设备还可以，但他睡在床上，终夜不成眠，一宿捉了四个臭虫。

清早他向服务员说："你们这地方东西奇贵。"

服务员说："不贵呀！"

"怎么不贵？昨天晚上，我花了八元钱，捉了四个臭虫，合两元一个呢。"

服务员一听，忍不住笑起来，连忙道歉说："一定改进，把卫生搞好。"（段明贵编《名人的幽默·臭虫的价格》）

上述故事中的主人公方成是著名漫画家，也是个说话幽默风趣的忠厚长者。招待所里的卫生不好,臭虫让他彻夜难以成眠,他免不了要抱怨几句。可是,他的抱怨不是恶形恶状地指责,也不是得理不饶人的理论,而是运用"折绕"修辞策略,绕着弯子婉转地道出了招待所卫生太差、臭虫咬得人难以成眠的事实。由于表达讲究策略,让服务员听了不仅不生气,反而"忍不住笑起来",然后心悦诚服地主动道歉。可见,言语交际与人际沟通是否遵循"讲究策略"的原则,效果是完全不同的。

跟单一个体的受交际者进行沟通需要遵循"讲究策略"的原则,跟多个受交际者同时沟通更是如此。因为受交际者若非一个,而是多个,那么就会因各个体之间不同的"角色""心理"等差异而更难以把握,所以唯有"讲究策略",才有可能打动众多受交际者的心,从而说服他们,顺利地实现预定的人际沟通目标。下面我们看一个外国人的例子:

美国旧金山有一名巴士司机,每天想尽办法叫乘客上车以后向后面走,以免拥塞通道,可是好说歹说都没有用。后来他灵机一动,说:"请哪一位好心的牧羊人把你的羊群向后头领一领好吗?"果然生效。因为这话意味深长,也够风趣,所以大家易于接受,给予合作。(祝振华《说话的艺术》)①

在公交车上,特别是交通高峰之时,常见很多乘客被挤在车门口,而车子中间部位的空间还相当宽松。造成这种情况,主要是因为先上车者在车中站定位置后不肯再移动,以致后上车者就不能往前移动,结果就出现了车门口部位特别拥堵的现象。这种情况,在中国各大城市交通中最为常见。遇到这种情况,中国的司机常常会说一句:"请大家往里面走走,别都堵在车门口,别人不能上下车。"这样的说法,表意相当清楚,但是由于运用的是祈使句,口气上有些像是吩咐或曰命令,而受交际者又非一人,这样受交际者就未必都愿意合作。而只要有部分

---

① 此例转引自沈谦:《修辞学》,台湾空中大学,1996年,第42页。

人不合作,那么后续的人流前移目标就难以实现。也许有人觉得,在中国,大家习惯了被命令、被调遣,并不觉得司机运用祈使句有什么不尊重自己的意思。这样的表达听多了,大家就习以为常。而习以为常,往往就会让人麻木。这样,在中国的很多城市公交车上就会经常出现很多人不配合司机的请求。结果,大家都堵在车门口,想上车的人上不了,想下车的人也下不了。骂爹骂娘,大多也不起作用,特别是在交通高峰时段。

读了上面一段文字所叙述的美国旧金山巴士司机的故事,倒是让我们为之耳目一新,觉得这个司机在言语交际中还真有"讲究策略"的自觉意识,表达得相当得体而且幽默。他将愿意领头带动人流前移的人比喻为"牧羊人",这符合西方语用学所讲的"赞誉"原则,能够调动潜在的言语合作者的积极性,令其愉快地配合其言语请求。同时,交际者(司机)将其他乘客比喻为"羊群",在西方国家也是为人接受的,因为羊是善良、温驯的动物,西方人讲究绅士风度,做事温文尔雅,符合羊的性格特征,所以被比喻为"羊群"的乘客并不以为忤,反而觉得交际者说话幽默,所以情感上就不会有抵触,自然在行动上就愿意配合。这样,交际者意欲让受交际者(众乘客)前移到车子中间部位的人际沟通目标便达成了。如果那位美国旧金山巴士司机也像中国的城市公交车司机那样,以生硬的祈使句来要求乘客从车门口前移到车子中间部位,即使西方的受交际者(众乘客)社会公德心再好,恐怕效果也不会太明显,最起码大家配合交际者的行动会显得消极,心理上有一种不情不愿的感觉。这样,那旧金山巴士司机的言语交际与人际沟通也就算不得是成功的。

由以上中外正反三个实例,我们似乎可以清楚地见出,在言语交际与人际沟通中,自觉地遵循"讲究策略"的原则,确实是有助于预定目标的达成。

思 考 与 练 习

一、在言语交际与人际沟通中,一般说来,需要遵循哪些基本原则?

二、"知人论事"原则,具体包括哪些内容?请予以说明。

三、"友善合作"原则,最适合哪个目标指向的言语交际与人际沟通?为什么?

四、"讲究策略"原则,具体包括哪些内容?

五、运用本章所学的理论,分析下面诸案例所运用到的言语交际与人际沟通基本原则,并说明其成功或失败的具体原因。

1. 这次吵架像夏天的暴风雨,吵的时候很厉害,过得很快。可是从此以后,两人全存了心,管制自己,避免说话冲突。船上第一夜,两人在甲板上乘凉。鸿渐道:"去年咱们第一次同船到内地去,想不到今年同船回来,已经是夫妇了。"……柔嘉打了个面积一方寸的大呵欠。像一切人,鸿渐恨旁人听自己说话的时候打呵欠,一年来在课堂上变相催眠的经验更增加了他的恨,他立刻闭嘴。(钱锺书《围城》)

2. 看着洺水河畔的柳叶,由鹅黄变为浓绿;看着燕蓟平原草长莺飞,花开花谢;感受着北国由春到夏气温的明显变化,苏秦不免开始焦躁起来:"这燕侯到底什么时候能够病愈相见啊?"

情急之下,他开始一日两次带着秦三、游滑往燕王宫跑,并不厌其烦地求托门禁官,门禁官也为此而非常感动。

一连跑了十多天,到第十三天的时候,皇天不负苦心人,终于时来运转,久病初愈的燕文公终于从宫中传出话来:"传洛阳之士苏秦进宫来见。"

当门禁官高声传出燕文公的这句话时,苏秦不禁激动得热泪盈眶。他将永远不会忘记这一天。

这一天,是周显王三十五年(公元前334年)五月十八。

拭干激动的泪水,稳了稳神,又整了整衣冠,苏秦便快步随门禁官入殿拜见燕文公去了。

入得宫来,遥见高高在上的燕文公,苏秦远远就倒身下拜。

燕文公见此,连忙客气地说道:"先生近前说话吧。"

"谢大王!"说着,苏秦就小步急趋至燕文公座前。情不自禁间,他举头望了一眼近前的燕文公,发现他比前几年见面时要老了很多。但从气色上看,还算好,精神上也没有萎靡不振的样子。

"听说先生在燕都等候一年有余,寡人久病不瘳,不能及时召见,真是失礼之至!"

苏秦见燕文公态度如此谦和,说话如此温文有礼,对比前此求见秦王时的遭遇,不禁大为感动。于是,连忙起身再拜,激动地说道:"臣不过一介游士,多等几日何足挂齿。所幸大王康复健朗,臣为燕国万民喜,为天下苍生喜。"

燕文公听了苏秦这番话,虽心知是套话,但还是很高兴。顿了顿,说道:"寡人久病,对天下形势知之甚少。先生千里迢迢而来,又遍历诸侯各国,可否为寡人讲讲天下大势,以教寡人?"

苏秦一听,不禁大喜过望。没想到,今日燕文公不仅对自己如此礼遇,而且还主动要自己为他讲讲天下大势,这可是千载难逢的游说机会啊,看来今天的游说是有希望的了。

想到此,苏秦不禁精神为之一振,原先紧张的情绪也缓和了不少,说起话来舌头也显得利索多了。

洋洋洒洒讲了一通近年来的所见所闻与天下大势后,苏秦见燕文公兴致还是蛮高,于是就想将话题适时转入自己要游说的正题上。

正这么想着,燕文公突然问道:"今天下群雄并起,诸侯纷争不已,燕是小国,先生以为寡人当何以自处?"

苏秦一听,不禁喜出望外,立即接住燕文公的话岔,单刀直入地说道:"大王不必妄自菲薄,自灭燕国志气。臣以为,作为一个诸侯国,燕国自有独到的优势,别国不可比。"

燕文公一听这话,不禁精神一振,连忙接口道:"噢?有何优势?先生不妨说说看。"

"燕之东,有朝鲜、辽东;燕之北,有林胡、楼烦;燕之西,有云中、九原;燕之南,有呼沱、易水。此乃燕国地利之便,想必大王了然于胸。"

燕文公点点头,表示赞同。

苏秦偷眼一眼,心中窃喜,遂提高声调道:"若论国力,燕国之地,广不及齐、楚;燕国之兵,强不及秦、魏;燕国之富,不敌楚、越。但是,燕国之地,接长续短,方圆亦有二千余里,此不为小国;燕国之兵,带甲数十万,战车七百乘,骏骑六千匹,此不为弱师。燕国之粟,据臣所闻,国库所积,足可支度十年。敢问大王,仓廪之实有如此者,天下诸侯能有几?"

燕文公一听,面有得色,微微点点头。苏秦见此,突然话锋一转,提了一个问题:"燕为小国,何以积富如此,粟支十年?"

"寡人未曾想过,先生以为……"燕文公接口问道。

苏秦见问,精神倍受鼓舞,立即接了下去:"燕之南,有碣石、雁门之饶;燕之北,有枣、粟之利。燕国之民纵使不事田作,仰天吃饭,有枣、粟之食,也不至有冻馁之患,引所谓'天府'也!"

"哦!"经苏秦这么一分析,燕文公恍然大悟。顿时,便眉开眼笑起来。

见此,苏秦知道,刚才的一番恭维话已经说到了燕文公的心坎里。毕竟他是位国君,又是个老人,怎么可能不喜欢听顺耳的好话呢?

见时机差不多了,苏秦突然话锋一转,道:"安乐无事,不见覆军杀将之忧,天下诸侯皆无,唯燕有之,不知大王了解其中的原因否?"

燕文公愣了一下,然后望着苏秦,道:"寡人未曾思考过,先生以为原因何在?"

苏秦见燕文公相问,知道他有兴趣了。于是,继续动情地说:"燕国之所以安全无虞,不犯寇遭兵,臣以为,主要是因为南面有赵国作屏障。"

燕文公立即反问道:"何以言之?"

"大王可曾记得,历史上,秦、赵二国共发生过五次战争,结果是秦二胜而赵三胜。秦、赵相攻,两败俱伤;而大王之国远在东北边陲,既有赵为屏障,又有山水之隔,所以大王能以全燕制其后,这就是燕国之所以屡不犯难的原因。"

燕文公点点头,表示认同。

"秦是天下强国,伐魏,伐赵,而唯独不敢伐燕,何故?"

"先生以为呢?"燕文公不答而问道。

"别无他因,燕国不与秦国为邻。秦若攻燕,须逾云中、九原,过代、上谷。秦师远地行道数千里,纵使伐得燕国城池,也会得而不能守。所以,秦不能为害于燕,其理已明。"苏秦语气肯定地说。

燕文公一听,连连点头。

"然而,"苏秦突然话锋一转道:"赵若攻燕,则情况完全不同。赵王发号施令,不至十日,数十万之众,就可兵临燕之东垣。渡呼沱,涉易水,不要四五日,赵师就可抵达燕国之都。因此,可以这样说:'秦之攻燕,战于千里之外;赵之攻燕,战于百里之内。'今大王不忧百里之惠,而患千里之外,臣以为这是谋虑不周。为燕国计,为大王计,臣以为,大王不如与赵'合纵'为亲,天下为一。如此,则燕必能长治久安,而无纤毫之患。"

听到此,燕文公终于听出了苏秦话中的弦外之音,遂一语道破其机关道:"先生的意思是说,寡人前些年让燕太子与秦惠王之女联姻,跟秦国结好的政策失当?"

"臣不是这个意思,也不敢对大王的决策说三道四。不过,臣认为,无论如何,燕国都没有必要与秦进行'连横'。燕国远离秦国,秦国武力再强,也威胁不到燕国。即使秦国真的攻打燕国,攻城略地,中间隔着赵、魏、中山和楼烦、林胡诸国,秦国也无法实施对燕地的有效占领和防守。因此,燕国不必惧怕秦国而得罪于近在咫尺的邻居大国赵。燕国应该考虑现实的生存之道,与赵'合纵'为亲,而不与秦'连横'。"

燕文公顿了顿,然后点点头,道:"先生言之在理!不过,先生也知道,寡人国小,西迫于秦、魏,南近于齐、赵。因此,寡人常怀左顾有虎、右顾有狼之虑,至今未有至当之策。今蒙先生不弃,不远万里而至燕,耳提面命,教诲于寡人,这实在是寡人之幸,燕国万民之福!先生若决心'合纵'以安天下,寡人敬以敝国以相从。"(吴礼权《远水孤云:说客苏秦》)

3. 有一年愚人节，纽约的一家报纸为了愚弄众人，报道了一则马克·吐温去世的消息。人们信以为真，很快，吊唁的人流纷纷涌向马克·吐温家。

马克·吐温对于报纸的恶作剧并没有发火，而是风趣地对大家说："报纸报道我死是千真万确的，不过日期却提前了一些。"(文俊编《巧答妙对3565》)

4. 匈牙利钢琴家、作曲家李斯特成名后，有许多人前来求教，李斯特也因此发现并培养了不少人才。

有一次，一位自负而实际上天资平平、学问甚浅的人来拜访他。他要求李斯特对他的作品发表意见。

李斯特耐心地听完了他的曲子，然后说："在你的作品里，有许多优美的东西，也有些新奇的东西。"

这位"才子"大喜过望："您真的这样认为？"

"很遗憾，"李斯特接着说："这优美的不新奇，而这新奇的又不优美。"(张再新等编《外国名人辩才趣闻》)

第七章 Section 7　言语交际与人际沟通案例分析之一：上行沟通

前文我们说过，言语交际与人际沟通是一种复杂的语言活动，交际者如何适应受交际者这一特定"角色"及其心理，适应特定的情境进行"言语交际"，从而顺利实现"人际沟通"的预定目标，很难说有一定的模式。但是，通过解析前人在言语交际与人际沟通中所创造的成功经验，总结概括存在于其中的规律，这对我们今后言语交际与人际沟通的语言实践无疑是有很大助益的。基于这种认识，下面我们就选择古今中外的前贤今哲在"上行沟通"中的成功范例作为实验分析的样本，希望通过"解剖麻雀"的方式对文本进行分析，让广大学习者从中看出"门道"，进而借鉴之，学习之，以提升自己有效进行言语交际与人际沟通的水平。

这里需要说明的是，本章谈言语交际与人际沟通中的"上行沟通"，之所以所选案例材料绝大多数来自中国古代，而现代与外国的案例较少，是基于笔者这样一个想法：中国古代是一个思想言论不自由的时代，皇权至上、王者为尊的观念根深蒂固，封建等级制度森严。因此，对于任何一个交际者来说，要想实现"对上沟通"（即"上行沟通"）的既定目标都是高难度的交际任务。正因为中国古代交际者的"上行沟通"都是言语交际与人际沟通的高难度工作，因此选择这种高难度的"上行沟通"样本进行分析，更具有典型性，也更能高屋建瓴，对学习者的启发可能会更大。

下面我们就开始"上行沟通"的案例分析。

一、今章遇桀纣者,章死久矣:晏子一语谏景公

人物:齐景公、弦章、晏子。

事件:齐景公饮酒七日七夜不止,弦章谏之而不听,并欲杀之。晏子谏之成功,弦章获救。

交际者:晏子(春秋时代齐国之相,擅长辞令,为当时著名的政治家、外交家)。

受交际者:齐景公(春秋末期齐国之君)。

沟通指向:上行沟通。

沟通原则:知人论事、讲究策略。

修辞策略:折绕。

沟通效果:成功解救弦章,并让齐景公幡然醒悟而自动戒酒。

景公饮酒,七日七夜不止。

弦章谏曰:"君从欲饮酒七日七夜,章愿君废酒也!不然,章赐死。"

晏子入见,公曰:"章谏吾曰:'愿君之废酒也!不然,章赐死。'如是而听之,则臣为制也;不听,又爱其死。"

晏子曰:"幸矣章遇君也!今章遇桀纣者,章死久矣。"

于是公遂废酒。(《晏子春秋》)

春秋时代的齐景公(姓姜,名杵臼,齐庄公异母之弟),乃齐国第二十五代君主,在位时间长达五十八年之久(公元前547—前490年)。可能是因为他是齐国历史上在位最久的君主,所以在历史上还颇有些名气。史载,齐景公即位之初,颇有一番雄心壮志,有意向其先祖齐桓公看齐,希望有朝一日也能"一匡天下",成为天下霸主,恢复齐国昔日辉煌的国际地位。带着这种理想,年轻气盛的齐景公在贤相晏婴(即晏子)的辅佐下,即位之初还真是做了点事,有过一番作为。但是,"新官上任三把火"之后,人性的弱点就暴露了。史书说他"好治宫室,聚狗

马,奢侈,厚赋重刑"(《史记·齐世家》),坏毛病一大堆。到了晚年,更是颓废堕落,嗜酒成性。有一次,竟然纵欲饮酒,连续七天七夜不止,完全置朝政、国家、民生于不顾。齐国大臣们看在眼里,急在心里,可是没人敢于谏止。因为他是越老越昏庸,越老越固执,逆耳忠言他根本听不进去。但是,当时有一个耿直的大臣叫弦章,他没有其他齐国之臣那么多顾忌,为了齐国的命运,他挺身而出,直言谏劝齐景公道:"国君,您由着性子饮酒,已经连续七天七夜了。这样下去,怎么了得!弦章希望国君您把酒戒了!要不然,您就赐弦章一死吧。"

齐景公喝得老眼昏花,一听竟然有人敢这么直来直去地跟自己说话,口气中还带着胁迫的意思,突然一激灵,一下子清醒了很多。擦了擦朦胧的醉眼,齐景公认真地看了看弦章,竟然不知如何回答他,甚至不知如何处置他。

就在弦章站在朝堂之上等候齐景公发落,而齐景公又拿不定主意而感到非常为难之际,齐相晏子入朝秉事来了。

晏子进来一看,发现齐景公与弦章君臣二人一卧一立在朝堂之上,你看着我,我看着你,感到很纳闷。于是,跟齐景公见过君臣之礼后,晏子就问齐景公是怎么回事。

齐景公见问,立即回答道:"贤相,你来得正好。寡人正有一个难题,不知如何解决?"

"国君,您有什么难题?"

齐景公指了指呆立一旁的弦章,说道:"寡人多喝了点酒,弦章跟我提意见,说给寡人两个选择:要么寡人把酒戒了,要么把他杀了。"

晏子一听,心立即提到了嗓子眼,不禁在心里暗暗地恨怨弦章不懂事,不会说话。如果不是齐景公在场,他真恨不得将弦章揪出去狠狠骂一顿,你一个为臣者,怎么这样跟国君说话呢?你说话就不会转个弯吗?

正当晏子在心里这样为弦章着急的时候,齐景公又说道:"寡人若是听了他的话,立即把酒戒了吧,好像寡人是被臣下所挟制;若是不听他的话,寡人只得将他处死,可是寡人又不忍心这么做。"

晏子一听,终于洞悉了齐景公的心理,遂立即接口说道:"哎呀,真是太幸运了,弦章遇到了国君您!今天弦章要是遇到了夏桀、商纣,他早就死了!"

齐景公听了晏子这番话,先是一愣,继而拈须一笑。接着,对弦章挥了挥手。

放走了弦章后,齐景公立即跟晏子表示要彻底戒酒,发誓从此滴酒不沾,专心国事。

读完了这个故事,读者不免心里产生这样的疑问:弦章一番饱含忠君爱国之情的话,不仅没能让齐景公幡然醒悟,反而要起念处死他;而晏子只说了两句恭维话,就让齐景公立即免了弦章的死罪,还自觉主动地戒了酒。这是为什么呢?

其实,仔细想想,其中的奥秘并不难破解。弦章作为交际者,在与受交际者齐景公进行言语交际与人际沟通时,犯了四个错误。第一个错误是,他在跟齐景公提意见时,没有对齐景公这个受交际者进行"角色"定位,也就是没有考虑到受交际者不是自己的同僚,更非普通人,而是自己的国君。作为一国之君,他有不可冒犯的神圣权威,臣下必须对之顶礼膜拜,而不能平视之。第二个错误是,弦章作为交际者,在与受交际者齐景公进行"言语交际"时心里只有"人际沟通"的目标(劝齐景公戒酒),而没有"人际沟通"的指向意识,即没意识到自己的这次"人际沟通"乃是属于"上行沟通"的性质,这是犯了方向性错误。第三个错误是,作为交际者,弦章在与受交际者齐景公的"言语交际"中,违反了"人际沟通"的两个基本原则:"知人论事""讲究策略"。仔细分析,第三个错误实际上是由第一、第二两个错误所引起的。如果弦章在进殿向齐景公提意见前已经想清楚了,自己所要面对的受交际者是齐国之君,而且是执政了几十年、垂垂老矣的昏庸之君,他只能听进顺耳的谀媚之言,而听不进逆耳忠言,那么弦章就会在向受交际者齐景公进谏时遵循"知人论事""讲究策略"的原则,将话说得婉转些。可惜弦章太粗心了,这些都没想到,只凭一腔报国热情,就莽撞地找齐景公提意见去了。这样,结果必然只能以失败告终。如果不是晏子来得及时,如果不是晏子说得好,他的小命都不保,报国之心有谁能够体会?第四个错误是选择了一个非常失败的言语表达方式,进谏时以命令的口气给受交际者齐景公一个两难选择:要么戒酒,要么杀了他。这让受交际者齐景公有一种受胁迫的感觉,王者自尊受到了极大的挑衅,内心的不悦是可想而知的。很明显,弦章作为交际者,其言语表达是非常失败的,根本谈不上"修辞"二字。这种失败的言语表达,如果追根究底,我们就会发现,根源还是因第一个错误而起。也就是说,后三个错误都是由第一个错误所引起的连锁反应。

而晏子呢?情况正好相反。作为交际者,他的高明之处则有四点:

一是对受交际者的"角色"定位准确。他虽贵为齐国之相,处一人之下、万人之上的显要地位,但他进殿面君时,却有一个清醒的认识:自己只不过是齐景公治下的一介之臣。也就是说,齐景公作为齐国的一国之君始终是在他心目中处于最高位置的。这样,"角色"定位准确了,自己的姿态也就能摆正,不至于像弦章那样,以平视的眼光与同等地位的口气跟齐景公直来直去地说话,以致犯了"批逆鳞"的错误。

二是对"人际沟通"指向把握准确。因为长期辅佐齐景公执政,晏子早就懂得了跟齐景公说话的规矩,对君臣言语交际的沟通指向属于"上行沟通"的性质有清醒的认识。

三是遵循了"知人论事""讲究策略"的沟通原则。作为交际者,晏子深知晚年的齐景公早已颓废堕落而无进取之心了,跟这样的昏庸的国君直言相谏,只有一个结果,那就是自寻死路。正因为深知齐景公其人,所以齐景公纵酒七日七夜,晏子作为齐国之相却选择了沉默,没有首先进谏。其目的是有意让别的大臣先进谏,然后自己再见机行事,从中斡旋,以留足转圜空间。这便是晏子作为交际者有"知人论事"意识的表现。也正因为如此,所以当齐景公问他如何处置弦章时,他没有直道本意,而是选择了婉约进言的表达策略。而这一点,则又说明晏子作为交际者有自觉遵循"讲究策略"的意识。

四是选择了一个恰当的修辞策略"折绕"。所谓"折绕",乃是"一种将本该一句话即可直说明白、清楚的,却为着委婉含蓄的目的,故意迂回曲折地从侧面或是用烘托法将本事、本意说将出来,让人思而得之的修辞文本模式。这种修辞文本模式,一般说来,表达上有一种婉转深沉、余味曲包的妙趣;接受上,由于表达者在文本语意的表达与接受之间制造的'距离',增添了接受者文本解读的困难,但是一旦接受者经过努力破除了解读的阻障而洞悉了修辞文本的真意后,便会情不自禁地生出一种文本破译成功的喜悦心理,从而加深对修辞文本主旨的理解认识"①。晏子"折绕"修辞文本的高妙之处在于,先用一个感叹句:"哎呀,真是太幸运了,弦章遇到了国君您!"而且还将谓语部分倒装提前,以加强感叹的力度,给受交际者头上戴上一顶大帽子,赞扬受交际者是明君,认为弦章运气太好了。很明显,这一句凌空而来,无疑会让听惯了顺耳谀媚之言的齐景公听得非常受用。等到齐景公沉醉其中而飘飘然时,晏子暗中逆转语意,巧妙地"将"了齐景公一"军":"今天弦章要是遇到了夏桀、商纣,他早就死了!"表面好像仍是赞扬齐景公英明,是当世明君,实际上则另藏了一层深层语义:如果您想做明君,就赦免了弦章死罪,听从他的谏言把酒戒了;如果你不听弦章谏言而杀了他,那么您就成了夏桀、商纣一样的昏君、暴君,会留下千古骂名,被人唾弃的。结果,齐景公听懂了这层弦外之音,于是愉快地接受了晏子的进言,赦免了弦章,戒了酒瘾。这样,作为交际者的晏子与作为受交际者的齐景公通过言语交际顺利地实现了君臣之间的思想沟通。

二、螳螂捕蝉,黄雀在后:少孺子妙喻谏吴王

人物:少孺子、吴王。

事件:吴王欲兴兵伐楚,不许大臣进谏。少孺子认为吴兵皆出,

---

① 吴礼权:《现代汉语修辞学》(第四版),复旦大学出版社,2020年,第39页。

国内空虚，别国会乘虚而入，吴国将有亡国之忧。遂设计引诱吴王问计，最终谏止了吴王伐楚的决策。

　　交际者：少孺子（吴王舍人，约略相当于吴王的机要秘书）。
　　受交际者：吴王（春秋时代吴国之王，史料未明记是哪位吴王）。
　　沟通指向：上行沟通。
　　沟通原则：知人论事、讲究策略。
　　修辞策略：讽喻。
　　沟通效果：破解了吴王不许进谏的魔咒，巧妙地谏止了吴王伐楚的错误决策，保全了吴国。

　　吴王欲伐荆，告其左右曰："有敢谏者死。"
　　舍人有少孺子者，欲谏不敢，则怀弹操丸，游于后园，露沾其衣，如是者三旦。
　　吴王曰："子来，何苦沾衣如此。"
　　对曰："园中有树，其上有蝉，蝉高居悲鸣饮露，不知螳螂在其后也；螳螂委身曲附欲取蝉，而不知黄雀在其傍也；黄雀延颈欲啄螳螂，而不知弹丸在其下也；此三者，皆务欲得其利，而不顾其后之有患也。"
　　吴王曰："善哉！"
　　乃罢其兵。（汉·刘向《说苑·正谏篇》）

　　春秋时代，吴国是南方崛起的一霸，较之早先崛起的楚国，大有后来居上的势头。吴王（未明记是哪位吴王，极有可能是阖闾）觉得自己的实力已经超过了楚国，遂起念灭楚而一统南方，然后再挥师北伐，最终"一匡天下"，做天下的霸主。
　　吴王是个行动力很强的人，也是一个非常有主见的人，他一旦做出决策是不允许大臣提出异议的。有一次，吴王突然心血来潮，决定起兵伐楚。因为这次伐楚行动没有正当理由，他怕大臣们反对，所以就有言在先，明言晓谕左右："寡人欲起兵伐楚，有敢于进谏阻止者，杀无赦！"

吴国大臣中虽不乏有识见者,但他们都知道吴王的个性,所以谁都不敢批其逆鳞,顶风进谏。这样,大家明知吴王决策错误,却只能保持沉默,任由吴王胡来。

眼看吴王调兵遣将,伐楚的准备工作行将就绪,当时在吴王左右的一位舍人(约略相当于吴王的机要秘书)叫少孺子的,看着满朝文武明知吴王决策错误,却都噤若寒蝉,没有一人出来谏阻吴王,心里就非常着急。于是,他就萌发挺身而出,力谏吴王收回成命的想法。可是,好几次鼓起勇气想要进谏吴王,却都在最后时刻犹豫作罢了。因为他思前想后,已然明白这样做等于是找死,而且死了也没价值,于国无补。不过,最终他还是放不下已起的念头,苦思冥想了几天,总算找到了一个自以为巧妙的方法。

打定主意后,少孺子就开始行动了。第二天一大早,他就拿着一把弹弓,怀揣一些弹丸,进了吴王的后花园。因为他是吴王的机要秘书,可以自由出入,别人想进吴王后花园肯定是不可能的。进了吴王后花园,他就在园中树下走来走去,露水都打湿了衣服。一连三天,每天如此。到了第四天,吴王觉得奇怪,就将他招过来,问道:"你过来,为什么一大早就起来在园里走来走去,你看衣服都湿了,何苦来着?"

少孺子见吴王对自己非常客气,胆子顿时大了起来,遂连忙趋前回话:"大王,您园中有一棵大树,上面有一只蝉。这只蝉高居树间,每天不分昼夜放声鸣叫。它大概以为自己餐风饮露,与世无争,别的鸟类不会来侵扰它。殊不知,臣在树下观察良久,发现它的身后,正有一只螳螂,正缩着身子,弯起了前肢,就要扑向它。臣一看,心都吊到嗓子眼了,急得不得了。"

吴王听到这里,也顿时紧张起来,急切地问道:"结果怎么样?"

少孺子见此,反倒不急了,看了一眼吴王后,才接着说道:"可是,就在这时,臣又发现了一只黄雀,早已紧挨着螳螂身边,正伸长了脖子,张开了长嘴,要啄那只螳螂。"

"那结果又怎么样?"吴王再次急切地问道。

"就在此时,臣引弓射出了弹丸,黄雀哪里知道会有这种祸患呢?"

听到这里,吴王若有所思。顿了顿,说道:"说得好哇!"

于是,立即下令停止伐楚的战争准备。

读完这则故事,大家可能立即就有一个问题跳出来:为什么许多吴国大臣都无法谏止也不敢谏止的事,吴王身边区区一个舍人却成功地解决了? 那么,少孺子进谏成功的奥秘是什么呢?

概括起来说,主要有四点。

其一是作为交际者,少孺子对受交际者吴王的"角色"定位非常准确。因为是吴王的舍人,常侍吴王左右,因此少孺子对吴王的个性特点、心理取向,等等,都比吴国其他大臣要熟悉得多。同时,他对自己的"角色"定位也非常清楚,自己只是吴王身边的一个舍人,并不比其他参与政事的朝臣有什么特殊之处。阻止吴王伐楚,乃是国事,要是进谏阻止,也应该是比自己位高权重的其他朝臣的事。正因为如此,当吴王决定要起兵伐楚,并明言不许大臣进谏时,他没有顶风硬来,而是面对现实:吴王是国君,有至高无上的权威,不可挑战;吴王有令,不能违抗。否则,必死而无补于国。但是,他又知道吴王不是昏君,如果能够找到一个巧妙的进谏方法,进谏吴王也并非只有死路一条,相反是能说动吴王而让他改变错误决策的。正因为如此,少孺子在吴王令下后,没有马上急着进谏,而是寻找接近吴王的方法,先走出第一步。这就是他连续三天在吴王后花园出没的原因。

其二是作为交际者,少孺子对此次进谏的性质非常清楚,明白这是一次臣对君的"上行沟通"。值得指出的是,少孺子作为交际者,虽有明确的"人际沟通"目标(即谏止吴王伐楚计划),但却清醒地认识到了,在这场君臣沟通中,他自己不能以显性的"交际者"身份出现,而应该充当隐性的"交际者"。正是基于此,少孺子没有先找吴王跟他开口,而是以连续三天出现于吴王后花园露湿其衣的行动来"说话",巧妙地开启了这场君臣言语交际的话轮。当受交际者吴王对他的行为不解而召他相问时,这场君臣言语交际与人际沟通就正式开始了。到这时,作为交际者,少孺子就正式以显性的"交际者"身份来与受交际者吴王进行交际与沟通了,即有了机会用"语言"说话,通过给吴王讲故事,将所要表达的意思包藏在字里行间,从而最终达到了与受交际者吴王的思想沟通,达成了谏止吴王伐楚计划的预定目标。可见,身处下位,不仅要清楚言语交际与人际沟通的指向,还要善于创造"交际者"的身份,从而遂行"上行沟通"的预定目标。

其三是选择了一个非常有效的修辞策略"讽喻"。所谓"讽喻",乃是一种"在特定语境中通过临时编造一个故事来寄托其讽刺或教导意向的修辞文本模式。从形式上看,讽喻可以分为两种基本形态:一是'叙而不议'式,二是'叙而后议'式。'叙而不议'式,即只编造一个故事,表达者不加任何评点或议论,其所表达的意向需要接受者透过故事本身来意会而得之;'叙而后议'式,即既编造故事,又于故事之后缀以一二句画龙点睛、点明故事寓意的话语以强调表达意图。不管是哪种型态的讽喻,一般说来,它们在表达上都往往有一种形象生动、浅显易懂的效果;在接受上,易于引发接受者的联想想象,调动接受者充分利用自己的日常生活经验对文本进行'二度创造'的积极性,从而极大地提升文本的审美价值,加深对文本语义的理解与印象"①。少孺子这里运用的是前一种"讽喻"形式,因此表意最为婉转含蓄。其实,从上面的故事情节看,我们都知道,交际者少孺子这里所讲的"螳螂捕蝉,黄雀在后"的故事,压根儿就没有这回事,是交际者为了谏说吴王伐楚计划而配合其花园行走、"露沾其衣"行动而有意编造出来的,纯属子虚乌有。不过,虽然故事是假的,但故事本身却很能说明问题,寓意也很深刻,这就是告诉吴王,楚国是个大国强国,如果吴国要兴师伐楚,为了保证能够取胜,势必就要倾吴国所有精锐兵力。如果吴师真的倾巢出动,那么吴国国内势必空虚,这时要是邻国乘虚而入,那么吴国就有亡国之虞。

---

① 吴礼权:《现代汉语修辞学》(第四版),复旦大学出版社,2020年,第122页。

事实上,少孺子要跟吴王进谏的就是这层意思。但是,作为交际者,少孺子不能直说,否则便是明显的进谏性质,与吴王之前明禁进谏的王命有违。少孺子作为交际者,他的高明之处就在于,只讲故事而不点明故事的寓意,不碰触吴王的禁令,让受交际者吴王没有把柄可抓。至于吴王听了他的故事而意会到这层意思,那是受交际者吴王自己的事,与自己无干。这样,就既可以保全自己的性命,又实现了预定的"人际沟通"目标(谏止吴王伐楚计划),尽到了为臣忠于王事的本分。

其四是非常完美地体现了言语交际与人际沟通所应遵循的"知人论事""讲究策略"两个基本原则。花园三日露沾其衣的行动,是其"知人论事"的表现;设喻进谏,则是"讲究策略"的反映。这在上面都已经论述到了,兹不复一一。

三、以楚国堂堂之大,何求不得: 优孟建议楚庄王以人君之礼葬马

人物:优孟、楚庄王。

事件:楚庄王最喜爱的马死了,楚庄王非常悲伤,欲以大夫之礼为马发丧。群臣以为不可,纷纷进谏。楚庄王怒,明令不许进谏,再谏者杀。优孟改变进谏策略,先顺楚庄王之意,再暗讽其"贵马贱人"的愚蠢行为,从而让楚庄王幡然醒悟,停止了为马发丧的蠢事。

交际者:优孟(楚庄王朝中的优伶,是专门给楚庄王搞笑娱乐的宫廷笑星与演员)。

受交际者:楚庄王(春秋时代楚国之王,在位时颇有作为,乃"春秋五霸"之一)。

沟通指向:上行沟通。

沟通原则:知人论事、讲究策略。

修辞策略:倒反。

沟通效果:成功谏止了楚庄王以大夫之礼葬马的愚蠢之行。

楚庄王之时,有所爱马;衣以文绣,置之华屋之下,席以露床,啖以枣脯。马病肥死。使群臣丧之,欲以棺椁大夫礼葬之。

左右争之,以为不可。

王下令曰:"有敢以马谏者,罪至死。"

优孟闻之,入殿门,仰天大哭。

王惊而问其故。

优孟曰:"马者,王之所爱也。以楚国堂堂之大,何求不得,而以大夫礼葬之,薄;请以人君礼葬之。"

王曰:"何如?"

对曰:"臣请以雕玉为棺,文梓为椁,梗枫豫章为题凑,发甲卒为穿圹,老弱负土,齐赵陪位于前,韩魏翼卫其后,庙食太牢,奉以万户之邑。诸侯闻之,皆知大王贱人贵马也。"

王曰:"寡人之过一至此乎!为之奈何?"

优孟曰:"请为大王六畜葬之。以垄灶为椁,铜历为棺,赍以姜枣,荐以木兰,祭以粮稻,衣以火光,葬之于人腹肠。"

于是王乃使以马属太官,无令天下久闻也。(汉·司马迁《史记·滑稽列传》)

春秋时代,是乱臣贼子遍天下的时代,也是中国历史上最为混乱的时代。早先周王朝"溥天之下,莫非王土;率土之滨,莫非王臣"(《诗经·小雅·北山》)的天威,这时已荡然无存。大小诸侯国割据称雄,各自为政,自为号令,眼中哪还有周公礼法,谁还把周天子当回事儿。因为没有王法的约束,没有权威的弹压,各个诸侯国便各自凭借自己的实力,用拳头说话。由此,一场场相互兼并的战争便陆续上演。经过长期的征伐、角逐,先后决出了五位优胜者,分别是齐桓公、秦穆公、宋襄公、晋文公、楚庄王等"春秋五霸"。这五霸皆一时之雄,代表着其所统治的诸侯国的实力。楚国虽地处南方,不在王者所在的中原腹地,一向很难问鼎中原,但在楚庄王执政时代,情况却发生了巨大的变化。由于楚庄王上台后持续进行了政治、经济改革,国力不断增强,国势亦随之日益强盛。到公元前594年(即周定王十三年)前后,楚庄王已挟楚国强大的实力,成了"一匡天下"的一代霸主了。

大凡是人,都会有一个毛病,有所成之后便会滋生骄傲情绪,情不自禁地自大自满起来。当然,楚庄王也不例外,毕竟他也是人,当然就有人性共同的弱点。自从称霸天下之后,楚庄王早先锐意进取的精神渐渐消失了,自以为楚国从此可以天下无敌,楚国永远都是天下老大,无人能够撼动其地位,更不可能有人敢冒犯楚国,跟他楚庄王较量。这样,自高自大的楚庄王就越来越消沉,到了晚年更是沉溺于声色犬马之中,不复以天下、国家、百姓、民生为念了。当时,有别国进贡给了他一匹马,他非常喜欢。为此,他给这匹马穿文绣之服,住华丽之屋,还特设露床让这匹马休息。至于日常食料,不是草料,而是枣脯之类。也许是因为娇养太过,或是饲养根本就不得法,不久这匹马就因过肥而死。这一下,可让楚庄王悲痛欲绝了。

悲痛了一阵,楚庄王为了表达对爱马的特殊情感,下令楚国群臣为这匹死马举丧,而且还决定要给这匹死马置备内棺外椁,并以大夫之礼厚葬。楚国群臣闻之,皆以为过于荒唐,遂纷纷进谏阻止。可是,楚庄王却"吃了秤砣铁了心",执意一定要以大夫之礼为死马发丧并厚葬。为了防止有人不识相而再次叨扰进谏,他索性下了一道明令,晓谕群臣道:

"如果有人再敢因为葬马之事而进谏寡人,即论其死罪。"

楚庄王谕令下达之后,果然奏效,一连几天,楚庄王的朝堂之上清静多了,没有一个人因为葬马的事来跟他啰唆。但也没有人因为国事而向他禀奏,因为大家都为此伤透了心,对作出如此荒谬决定的楚王感到彻底失望。

看着国君荒唐,大臣怠政,伶人优孟感到忧心忡忡,觉得这样下去,楚国一定政局混乱,国家也要灭亡的。"位卑未敢忘忧国",地位卑微的优孟决定利用自己与楚庄王比较接近的优越条件,跟楚庄王讲清利害关系，使他清醒振作，以国事天下事为重，以天下苍生为念。

打定主意后，优孟开始苦思对策，如何才能破除楚庄王禁谏的魔咒，既能免死，又能进谏成功。想来想去，他终于想到了一个进谏策略，决定依着楚庄王的性子，顺着他的意思，先给他的决定唱唱赞歌，看看他是什么反应，然后再见机行事，一步步地接近目标，让他取消荒谬的决策。

打好腹稿，整理了一下情绪，优孟就前往晋见楚庄王了。走到楚庄王上朝听政的大殿前，前脚尚未迈入门槛，优孟就扯开那平时就训练有素的嗓子，放声大哭起来。哭声震天动地，似有响遏行云之势。

楚庄王一听，大吃一惊，连忙从坐榻上一跃而起，奔向殿门。这时，优孟已经进殿了，看见楚庄王迎过来，心知其意，于是哭得更加伤心了。

"爱卿，何故如此伤心啊？"楚庄王以为是有人欺负了他可心的搞笑明星呢。

优孟见楚庄王相问，遂连忙收住眼泪，说道："马是大王的最爱，以楚国堂堂之大，何求不得？今大王爱马不幸死去，听说大王只准备以大夫之礼葬之，臣以为礼太薄了！不能体现大王爱马之意！臣以为，大王应该以人君之礼厚葬这匹马才对。"

楚庄王听优孟说得振振有词，态度诚恳，心中大喜，觉得还是优孟理解自己，懂得自己的心，引之为知己亦不为过也。想到此，楚庄王认真地问道："爱卿，这话怎么说？如果以人君之礼葬之，又该如何葬法呢？"

优孟不假思索地答道："臣请求大王，选用美玉雕刻成内棺，以梓树雕花做成外椁（即棺外的大棺），以梗枫樟木为题凑（古之天子椁制，椁用厚木累积而成，至上为题凑。木头皆内向为椁盖，上尖下方，如屋檐四垂）。然后，大王再征发精壮甲士开掘墓穴，令国中老弱者背土，使前往吊丧的齐、赵二国特使陪位在前，韩、魏二国特使翼位于后。备好牛、羊、豕三牲大礼，以最高规格在楚国宗庙加以祭祀，再划拨万户之邑为马守墓，四时奉祀。这样的话，诸侯各国闻之，皆知大王贱人贵马。"

听到这里,楚庄王这才明白优孟真正想表达的意思,幡然醒悟,认识到自己决策的荒诞不经,遂惭愧地低下了头,低声问道:"寡人的过错到了这等地步,你看怎么办?"

优孟见楚庄王已然认识到错误,且态度低调诚恳地向自己问计,知道沟通进谏已经接近成功了,遂连忙接口答道:"臣请求替大王将这匹马以六畜之礼埋了它。"

"以六畜之礼?那是个什么埋法?"楚庄王不解地问道。

"就是以田垄大灶为椁,以铜历(古之炊具)为棺,然后陪赠些姜枣,垫上些木兰,用些粮食作祭品,以火光为它作衣裳,葬在人的肚子里去。"

楚庄王听优孟说完,连忙命令将死马交由太官处理,不要再让这件葬马之事传闻于诸侯各国之间,以免有损楚国和自己的颜面。

读完这则故事,读者就会有一个问题:为什么楚国那么多位高权重、足智多谋的大臣都谏止不了楚庄王,而一个地位卑微的优伶却做到了?那么,优孟成功的奥妙是什么呢?

仔细分析这个故事及优孟的前后言语行为,我们不难发现,优孟成功谏止楚庄王以大夫之礼葬马的荒唐行为,高妙之处有如下几点。

其一是作为交际者,优孟对受交际者楚庄王的"角色"定位非常准确。虽然优伶与国君之间的关系很密切,远非普通大臣可比。道理很简单,优伶是国君的弄臣,是给国君取乐的,常伴侍身边,天长日久,君臣之间那种等级森严的观念自然要淡薄很多。也正因为如此,优伶跟国君的关系会比较亲近,遇事沟通起来可能更方便,也随意得多。优孟作为楚庄王的一个优伶,情况肯定也是如此,这从故事的发展进程中就可以看得出来。尽管如此,但优孟作为交际者并未因为自己与受交际者楚庄王的亲密关系而丧失自我,而是清醒地认识到了自己只不过是楚庄王的一个弄臣而已,他所面对的受交际者是一国之君,而且还是天下霸主,所以当楚庄王作出决定以大夫之礼葬马时,优孟没有像许多楚国大臣前往进谏,而是静观事态发展。等到大臣们进谏无效,楚庄王又发布禁谏明令后,他才为着国家前途考虑而起念进谏。这又说明优孟对自己的"角色"定位很准确。正因为对自己的"角色"定位准确,所以他对受交际者楚庄王的"角色"定位才会更加准确。

其二是作为交际者,优孟对自己进谏楚庄王的"人际沟通"性质认识明确,清楚此次进谏不同于平日给楚庄王搞笑,而是一次严肃的"上行沟通",是为了一个远大的"人际沟通"目标(谏止楚庄王葬马蠢举)。值得指出的是,优孟虽与受交际者楚庄王关系亲密,但他清楚自己的优伶身份,知道自己不能以一个正式的交际者身份(如大臣)直接找楚庄王谈话。所以,他就设计了一个"进门大哭"的戏码,通过放声大哭这一行为"说话",以此开启与楚庄王进行"言语交际"的话轮(即让楚庄王问他所哭何为)。然后,正式过渡到进谏的正题上。很明显,优孟这种为自己创造"交际者"身份的思路是极有智慧的,事实上它为此次"上行沟通"开启了可行的通道。

其三是作为交际者,优孟选择了一个说服受交际者楚庄王最有针对性,也是最有效的修辞策略"倒反"。所谓"倒反",乃是一种"正意而用反话来表现的修辞文本模式。它可以分为两类:其一是'因情深难言,或因嫌忌怕说,便将正意用了倒头的语言来表现,但又别无嘲弄讽刺等意思包含在内的';其二是'不止语意相反,而且含有嘲弄讥刺等意思的'。倒反修辞文本,由于所要表达的意思在其所言说语义的反面,所以在表达上显得特别婉转含蓄;接受上,尽管表达者在语意表达与接受之间所制造的'距离'给接受者的文本解读带来一些阻障,但接受者根据特定的语境提示而参透其正意所在之后,便会油然生发出一种文本解读成功的心理快慰,从而加深对文本的印象与对文本内涵的深刻理解和认识"[①]。优孟这里所建构的"倒反"修辞文本,就是属于第二类,是语含讽嘲但表意极为含蓄的"倒反"。优孟进谏楚庄王的意思,概

---

① 吴礼权:《现代汉语修辞学》(第四版),复旦大学出版社,2020年,第57页。

括地说，就是这样一句话："再好的马也只是畜生，您作为一国之君而为死马发丧，且葬之以大夫之礼，闻之于诸侯各国，岂不给人留下'贵马而贱人'的恶名？那以后楚国何以自立于天下？大王您何以垂名于青史？"可是，事实上优孟没有这样说。如果这样说了，那就是"进谏"的性质了。而向楚庄王进谏，则是有违楚庄王禁谏之令的，就是犯了死罪。优孟作为交际者，其高明之处就在于了解楚庄王喜欢听顺耳之言的心理，于是顺其心性，先对他的"贵马"行为进行礼赞，并在此基础上建议楚庄王以人君之礼葬马，从而运用逻辑学上的推谬法，在顺依顺颂中将受交际者"以大夫之礼葬马"的荒谬推到极点，等到受交际者楚庄王被逼到万丈悬崖之边时，这才幡然醒悟，原来交际者优孟这是在说反话，是在讽刺挖苦自己行为与想法的荒诞不经。不过，受交际者楚庄王虽然会意识到这一点，但又抓不住交际者优孟的把柄，可以坐实他说的不是正话而是反话。这就是优孟的高明之处。

其四是作为交际者，优孟对言语交际与人际沟通的两大原则"知人论事""讲究策略"贯彻得天衣无缝。上面我们说过，优孟在楚庄王下令葬马之初没有参与楚国大臣群谏的行列，说明他对受交际者楚庄王其人的个性与心理知之甚深；他进门仰面大哭，就知道楚庄王要问他原因。这些都是他"知人论事"的表现。当楚庄王问他大哭的原因时，他没有实话实说，而是正话反说，这是有意给受交际者楚庄王面子，相信他有领悟能力，这既是他"知人论事"的表现，同时也是他"讲究策略"的表现。

四、若不阙秦，将焉取之：烛之武一舌敌万师

人物：烛之武、秦穆公、晋文公、郑文公、佚之狐、子犯。

事件：晋文公因为早年国内动乱而往郑国政治避难，郑文公对他不礼遇，所以他一直对此耿耿于怀。另外，楚国是秦、晋二国的劲敌，郑国却跟楚国亲近。于是，晋文公便邀约秦穆公一起出兵围攻郑国，企图灭郑而瓜分其地。郑文公听从大夫佚之狐的建议，请老

臣烛之武往秦穆公大营游说,结果以利害关系说动了秦穆公。秦国撤兵,晋国无奈,只得也随之撤兵。郑国之围得以解除。

交际者:烛之武(郑国老臣,擅长辞令,但不受郑文公重用,后受郑大夫佚之狐举荐出山)。

受交际者:秦穆公(春秋时代秦国之君,执政期间锐意改革,使秦国迅速崛起,乃"春秋五霸"之一)。

沟通指向:上行沟通。

沟通原则:知人论事。

修辞策略:示现。

沟通效果:游说秦穆公成功,秦国撤兵后,晋国只得随后也撤兵。郑国不动一兵一卒,就解除了秦、晋二国大军的重重围困,避免了亡国灭顶之灾。

九月,甲午,晋侯、秦伯围郑,以其无礼于晋,且贰于楚也。晋军函陵,秦军氾南。

佚之狐言于郑伯曰:"国危矣。若使烛之武见秦君,师必退。"

公从之。

辞曰:"臣之壮也,犹不如人。今老矣,无能为也已。"

公曰:"吾不能早用子,今急而求子,是寡人之过也。然郑亡,子亦有不利焉。"

许之。夜,缒而出。

见秦伯曰:"秦、晋围郑,郑既知亡矣。若亡郑而有益于君,敢以烦执事。越国以鄙远,君知其难也,焉用亡郑以倍邻?郑之厚,君之薄也。若舍郑以为东道主,行李之往来,共其乏困,君亦无所害。且君尝为晋君赐矣,许君焦、瑕,朝济而夕设版焉,君之所知也。夫晋何厌之有?既东封郑,又欲肆其西封,若不阙秦,将焉取之?阙秦以利晋,唯君图之。"

秦伯说,与郑人盟。使杞子、逢孙、杨孙戍之,乃还。

子犯请击之。

公曰:"不可。微夫人之力不及此。因人之力而敝之,不仁;失其所与,不知;以乱易整,不武。吾其还也。"

亦去之。(《左传·僖公三十年》)

在春秋时代,郑国本来只是一个并不怎么起眼的小国,但是到郑庄公执政时,郑国迅速强力崛起,并让周王朝中央政府也感到了威胁。于是,周桓王执政时就痛下决心,亲率周王朝中央军攻打郑国,希望教训一下郑庄公,也好给当时蠢蠢欲动的其他诸侯国看看,希望能起个杀鸡儆猴的威慑作用。没想到,周王朝的中央军反被郑庄公率领的地方军打得一败涂地,周桓王自己的小命差点也丢在战场上。

然而,斗转星移,形势的发展出人意料。昔日强大的郑国,到郑文公执政时,已渐露没落的气象。反观周边,以前并不起眼的秦、晋二国早已强力崛起了,秦穆公、晋文公还先后成为当时的天下霸主。再看南方大国楚国,此时更是实力不可小觑。而此时的郑国,国力不仅未见增强,反而比以前有所减弱。至于郑文公的个人能力,与乃祖郑庄公相比,更是逊色了很多。

落后就要挨打,这是历史的铁律。邻国都是一代胜过一代,郑国一代不如一代,自然是要遭人欺负了。鲁僖公三十年(即公元前630年),亦即郑文公四十三年九月甲午日,晋文公联合秦穆公,决定对郑用兵,用兵的理由是郑国亲近楚国,是有意与秦、晋二国为敌。其实,晋文公决意要对郑用兵的真实原因并不是这个,而是别有隐情,这个隐情就是晋文公当年因晋国内乱而流浪于郑国时被郑文公无礼,今天他要报这一箭之仇。秦穆公并不知道晋文公心里的这个小九九,出于秦晋和好,也为了日后共御南方劲敌楚国的战略考虑,就同意联合出兵。二国兵至郑国边境后,经过两军统帅的协商,晋军驻屯于函陵,秦军扎营于氾南,意欲分进合击,一举灭郑。

郑文公获知情报,大惊失色。因为他知道,不要说是秦、晋二大国联手,就是其中的任何一国来犯,郑国也有亡国之虞。郑国的大臣们,此时当然也是人人心急如焚。因为他们都知道,若是国家亡了,自己的荣华富贵也就没了。食君之禄,担君之忧,理之当然。可是,他们大多是些只知道吃肉喝酒的庸人,遇事根本想不出辙来。就在郑文公濒临绝望之时,大夫佚之狐突然想到了郑国老臣烛之武,于是连忙向郑文公推荐道:"国家危在旦夕了,若派烛之武为使,前往游说秦国之君,秦、晋之师必退。"

郑文公一听,就像落水者抓住了一根树枝,顿时觉得有了一丝希望。于是,立即遣人传召烛之武来见。

秦、晋之师围困郑国,这么大的事,烛之武当然也已听说了。但是,他应召而见郑文公却是憋着一肚子的气。因此,当郑文公命他出使去游说秦穆公时,他脱口而出道:"臣年轻时尚不如人,而今老了,还能有什么用呢?"

郑文公也不是昏君,一听烛之武这话,就知道他这是在抱怨未受到重用,虽然心里有愧疚,但此时也没办法了。于是,索性横下心来,激将道:"寡人未能早用您,今急而求您,确是寡人之过!不过,您想想,若是郑国亡国了,对您也有不利呀!"

烛之武一听这话,觉得也对,现在国难当头,不是赌气的时候,于是就答应了郑文公的请求,当天夜里就以绳系腰,从城墙上偷偷滑下而出了城。

经过一番周折后,烛之武终于来到了秦师驻屯在汜南的大营,并见到了秦穆公。

秦穆公见是郑文公使节,按照外交礼节,不能不予以接待。于是,一番虚与委蛇的外交寒暄后,双方就分庭抗礼坐定。

秦穆公虽是一代霸主,但烛之武乃郑国老臣,又擅长辞令,所以并不怯场。静了静心气,烛之武看了看秦穆公,便开始说开了:"秦、晋乃当今天下大国,二国围郑,郑国免不了是要亡国灭种的。不过,您也应该想一想,若是灭了郑国而有利于秦国,那么也不枉您率兵远道辛苦一趋。秦、郑中间隔着一个晋国,灭了郑国,就算您想将秦国边境延伸到郑国,也是不可能啊!既然灭亡郑国对秦国没有任何利益,而只能徒然增加邻国晋的实力,那您又何必兴师动众,劳民伤财而与晋国联合出兵呢?"

秦穆公一听,觉得烛之武说话虽然不转弯,但却句句在理,于是情不自禁间就表现出了兴趣。烛之武对秦穆公的心理洞若观火,现在又见他是这种表情,更对说服他充满了信心,遂一鼓作气地又说开了:"邻国晋的实力增强了,大秦的实力就相形而削弱了。秦国若是不灭亡郑国,而以郑国作为往东方道途中的主人,秦国今后往来东西各国之间,外交使节也好有个馆舍的方便,资费也好有个补充呀!这对大秦大概是有益无害吧!"

秦穆公听了,觉得这话也对。但是,他没有接话。

烛之武看了看秦穆公,知道他心里现在怎么想的,于是又继续说了下去:"再说了,想当初,您对晋惠公有多大的恩德呀!当时,他对您感激涕零,许诺回国执政后一定割焦、瑕二地相报。可是,他早上才渡过黄河,晚上就筑城备战,要跟秦国较量,这些事您应该没有忘记吧!"

秦穆公听到此,情不自禁地点了点头。

烛之武见此,觉得差不多了,遂收结道:"晋国人的贪欲,哪里有满足的时候?如果这次您帮晋灭了郑,晋国的东部边境延伸到郑国的版图,那么接下来它必然又要往西面打您秦国的主意,要将它的西部边境延伸到秦国的版图。晋国今后往西面开疆拓土的目标若不是秦国,它又能从哪里下手呢?损秦而利晋,这符合秦国的国家利益吗?希望您仔细想想。"

秦穆公听到这里,非常高兴,是烛之武说醒了他,不然还真的上了晋文公重耳的当呢,给他做嫁衣裳。于是,立即决定与郑国订立盟约,并让杞子、逢孙、杨孙三位大将率部分军队留守郑国,其他大军随自己撤回秦国。

秦国撤兵的消息传到晋国大营,晋文公的舅舅子犯觉得秦国背弃了盟约,请求晋文公派兵偷袭撤退回秦的军队。

晋文公不同意,并对他说:"不能这样做。如果当初没有秦穆公的帮助,寡人是不可能回国执政的,当然不可能有今天的。得人之助,受人之恩,不思报答,还要反过来伤害他,这不是仁义之举;秦国是我们的邻国,也是我们的盟国,主动放弃盟友,这不是明智的选择;以内讧争斗代替结盟友好,这不是勇武。我们还是撤兵回去吧!"

于是,晋国也随后将围困郑国的军队撤了回去。一场即将爆发的恶战,就这样被化解了。

读完这则故事,相信所有读者都对烛之武一舌敌万师的游说艺术佩服得五体投地。那么,烛之武何以只凭一番说辞就让"春秋五霸"之一的秦穆公不战而退兵呢?烛之武区区一个老弱文人怎么竟然有如此神奇的言语交际与人际沟通能力呢?

其实,对于这个问题,我们仔细分析一下烛之武所说的一番话,就能明白他成功的奥妙。我们认为,烛之武作为游说秦穆公的交际者,在与受交际者秦穆公就秦国退出秦晋联盟、停止灭亡郑国的军事行动的预定目标进行游说(特殊形式的"人际沟通")时,有两个方面把握得非常好,真的是可圈可点。

其一是对受交际者秦穆公的"角色"定位很准确。作为一个弱国使者,在郑国面临灭顶之灾的时候来见天下霸主秦穆公,烛之武没有把自己看作是一个乞降者、求情者,而是将自己视为当然的交际者,而且是一个与受交际者秦穆公平起平坐进行"人际沟通"的交际者。为什么他能这样坦然?因为他了解受交际者秦穆公是一个明主,也是天下霸主,他既已大兵压境,就是决意要灭亡郑国。所以,这时候跟他求情,那无异于是与虎谋皮,根本行不通。但是,若是跟他讲国家利益之得失,只要讲得有道理,他肯定是能听进去的,因为他不是昏君。烛之武一见秦穆公,没有过多的客套,直来直去,上来就从利害关系讲起,这正是烛之武作为交际者对受交际者有很好的适应能力的表现,也是他对受交际者"角色"能够准确定位,并对其心理准确把握的表现。

其二是在遵循"人际沟通"的基本原则方面表现非常出色,特别是在"讲究策略"方面做得尤其突出。烛之武跟秦穆公讲理所运用的修辞策略,不是那个时代说客最喜欢的比喻、讽喻,而是"示现"。所谓"示现",就是将未闻未见的事象说得就像如见如闻。根据陈望道《修辞学发凡》的分类,它可分为三种:一是"追述的示现",就是将过去未闻未见的事象说得如闻如见;二是"预言的示现",就是将未来可能出现的事象说得如闻如见;三是"悬想的示现",就是将现实生活中根本不可能发生或出现的事象说得如闻如见一样真切。①烛之武游说秦穆公时,运用了其中的第一种与第二种。他跟秦穆公回忆晋惠公受秦国支持回国执政后背信弃义的历史,就是将过去的事说得如见如闻,是"追述的示现",目的是勾起秦穆公不愉快的回忆;他跟秦穆公说灭亡郑国后晋国一家坐大的后果,不灭郑国则郑国将来可为秦国东道主的前景,则是将未来可能发生的事说得如见如闻,是"预言的示现",是一种开政治支票的性质,目的是让秦穆公受利益引诱而改变跟晋国共同行动而灭郑国的既定决策。由于这两种"示现"修辞策略运用恰当,加之烛之武在游说、说理的同时,又运用了一种"以理夺人"的攻心策略,因而效果更好。关于这一点,笔者曾经对此做过较详尽的论述:"烛之武见了秦穆公,他没有向他求饶求情,采取的不是以情动人的言语策略,而是'以理夺心'的战略。他很透彻地洞悉了世情,这世界上,人与人,国与国,你争我夺,无非为了两个字:'名'和'利'。其实,争'名'的最终目标还是一个'利'字。所以,这世界实际上只存在一个字'利'。因此,他就以'利'来说'事',来讲'理'。他以'利'来说的'事',一是晋惠公得秦之力回国执政后,不仅赖掉曾许诺的焦、瑕二邑不给,还要设版筑城备战秦国的往事;二是晋文公现在想借秦国之力灭郑,利用秦国事实上无法越国晋国获取郑国领土而自己独吞共同灭郑战果的眼前之事;三是预言晋灭郑独

---

① 陈望道:《修辞学发凡》,复旦大学出版社,2020年,第101—103页。

得其利而国力大增后必然西攻秦国,独霸天下的未来之事。从而讲出了这样一个'理':国家之间其实没有什么永远的朋友或是永远的敌人可言,只有永远的利益关系。因此,处理国家之间的关系,自然要以是否符合自己的国家利益为唯一的处理国际关系基本准则。现在,秦国与晋国连手要灭亡郑国,但灭亡郑国的结果是,只有晋国得利,秦国兴师动众,劳民伤财,却一点利益也没有。相反,获利后的晋国会立即国力大增,灭郑后的秦国则伤了元气,强大了的晋国自然会坐等秦国衰弱而伺机灭秦。既如此,您大秦帝国又何必参与灭郑的联合行动呢?烛之武所说的三'事',都是无可辩驳的事实,而他所讲的'理'也是非常精辟,秦穆公是雄才大略的明君,连续执政长达三十九年,长期盘踞'春秋五霸'的霸主地位,他一听就觉得烛之武说得在理,所以非常高兴,不仅立即决定退兵,而且还与郑国订立同盟,留下军队为郑国驻防,以防晋国一家坐大,危及秦国的地位。烛之武之所以能一舌敌万师,成功推销了他的'国家之间没有永远的朋友,也没有永远的敌人,只有永远的国家利益'的外交思想理念,从而救了郑国,也避免了一场世界大战给秦、晋、郑及可能导致的其他许多国家的生灵涂炭惨祸。可以说,烛之武游说的成功,关键的关键是他对交际对象秦穆公的为人及其心理状态把握得比较准确,然后切中他的心理,采用了'说之以利,晓以世情'的语言策略。既推销了自己的国家外交理念,也救了郑国。"[①]

五、陛下好少而臣已老:颜驷对汉武帝发牢骚

人物:颜驷、汉武帝。

事件:汉武帝视察郎署,发现颜驷须鬓皆白,觉得奇怪,遂问其原因。颜驷见问,遂将自己三世不遇的苦情倾诉出来,由于说得怨而不怒,赢得了汉武帝的同情,立即给他升了职,从而改变了他的人

[①] 吴礼权:《能说会道:说话的艺术》(修订版),暨南大学出版社,2014年,第101—102页。

生境遇。

交际者:颜驷(西汉时郎官,即皇家侍卫官。历经汉文帝、汉景帝、汉武帝三朝,一直为普通郎官,未得升迁)。

受交际者:汉武帝(即刘彻,西汉第七位皇帝。汉高祖刘邦重孙、汉景帝刘启第十子。七岁立为皇太子,十六岁登基即皇帝位。在位长达54年之久,是中国历史上难得一见的眼光高远、雄才大略、文治武功显赫的执政者。特别是奋武扬威,击败匈奴,彻底改变了长期以来匈奴对汉人的压迫,将大汉帝国的国力和影响力推到了如日中天的地步。因此,后世将之与统一中国的秦始皇相比,并称为"秦皇汉武")。

沟通指向:上行沟通。

沟通原则:知人论事、讲究策略。

修辞策略:折绕。

沟通效果:倾诉委屈怨而不怒,成功打动汉武帝,赢得了同情,顺利升职。

上尝辇至郎署,见一老翁,须鬓皓白,衣服不整。
上问曰:"公何以为郎,何其老也?"
对曰:"臣姓颜名驷,江都人也,以文帝时为郎。"
上问曰:"何其老而不遇也?"
驷曰:"文帝好文而臣好武;景帝好老而臣尚少;陛下好少而臣已老;是以三世不遇。故老于郎署。"
上感其言,擢拜会稽都尉。(《汉武故事》)

汉武帝是中国历史上的一代雄主,文治武功都很少有人能出其右。即使是这样圣明的皇帝,也不能完全保证能够做到人尽其才,天下就没有怀才不遇者。事实上,也确实是这样。

一次，汉武帝一时兴起，乘辇要去视察郎署，慰问一下这些长年累月一直担任宫廷保卫工作的皇家卫队成员。在视察过程中，汉武帝突然发现一个郎官须鬓皆白，而且衣裳不整，心里就一"咯噔"，怎么会有这么老的郎官呢？这么大岁数还担负得了保卫宫廷的责任吗？莫非他有特殊才能，或是他压根儿就是一个滥竽充数者。如果是这样，那么这皇家卫队的纪律可就要好好整顿了。想到此，汉武帝立即令人将那个须鬓皆白的老郎官召到近前，客气有加地问道："您岁数这么大了，怎么还是郎官呢？"

老者一见皇上召见他，就已经非常感动，又听皇帝这么亲切，还对自己用尊称，真是一个敬老的明君，顿时大起胆子，回答道："臣姓颜名驷，是江都人。在文帝时就已经被封为郎官了。"

汉武帝一听，心想，这老者怪不得这么老了，原来在我爷爷的时候就出道当官了。于是，更加奇怪了，立即问道："您资历很深，怎么这么老还没有升职呢？"

颜驷一听皇上问到核心问题，正好触及他的痛处，悲伤的神情便情不自禁地写在了脸上。

汉武帝见此，知道他肯定有什么委屈，遂鼓励他说出来。

颜驷受到鼓励，觉得这是人生最后一次机会了。今天能够遇上皇上，已是天大的幸运了。天赐良机，如果错失，那就怨不得天，恨不得地了。想到此，颜驷整理了一下情绪，平静而语气缓和地说道："其实，都是臣的运气不好。文帝好文，而臣是武人；景帝好老，而臣那时年纪尚少；陛下好少，而臣已老。所以，臣便成了一个三世而不遇的人了。"

汉武帝听出了颜驷话中的抱怨，但又觉得他说得合情合理，态度非常好，自己受了委屈，却没有怨天尤人，反而把责任归于自己，认为是自己运气不好。这样一想，汉武帝顿时起了恻隐之心，立即颁诏，擢升颜驷为会稽都尉（统领一郡军事力量的长官，约略相当于今之军分区司令之类。若论军衔，约略相当于今之大校，仅次于将军）。

读完这则故事,读者肯定都非常感叹,觉得颜驷真是个幸运儿(在英文里,幸运儿写作 lucky-dog,直译成汉语,便是"幸运狗"。也对,在皇帝面前,有几个人不像是摇尾乞怜的狗),他的运气竟然好成了这样。其实,我们也不能只羡慕其运气好,还应该看到他的言语交际与人际沟通的能力。应该说,是他说得好,感动了受交际者汉武帝,这才为自己争取到了一个光明的前途,开创了人生的又一春。

那么,颜驷上述的一番说辞究竟好在哪里呢?他与汉武帝所进行的人际沟通之所以成功,其奥秘又是什么呢?

仔细分析一下颜驷的说辞,我们认为其可圈可点之处有三。

一是颜驷对受交际者汉武帝的"角色"定位非常准确。作为交际者,颜驷身为三朝皇家卫队的郎官,当然知道当今皇上汉武帝雄才大略、心气高傲的个性,了解其好大喜功、听不得批评之言的心理特点,所以他侍对汉武帝时就格外小心,并不因为汉武帝对他说话客气有加就忘了汉武帝九五之尊、不可冒犯的身份,这就是他对受交际者"角色"定位准确的表现。

二是颜驷在被动的言语交际中为自己争取到一个"交际者"的身份,掌握了将"言语交际"导入自己预定的"人际沟通"目标的话语权。本来,他只是这场言语交际与人际沟通的受交际者(因为是汉武帝先召他问话),但是在回答汉武帝问题时,他巧妙地将自己"受交际者"的角色转换成了"交际者"。汉武帝问他怎么还是郎官,为什么这么老,他不正面回答,而是说文帝时他已是郎官了。这种答非所问的回答,既是在跟汉武帝暗示自己的资历,又是故意在引汉武帝继续问话,以便在问答的过程中找到一个合适的切入点,为下面进一步自己申诉老而不遇的原因作铺垫,把话题引到自己预定的沟通目标(我委屈了,皇上应该升我官)上来。结果,汉武帝真的问到他想回答的问题:"为什么老而不遇。"这样,他便将自己意欲倾诉的委屈(即预定要实现的"人际沟通"目标)自然而然地表达出来。如果汉武帝第一次提问时,颜驷根据其提问回答道:"本来就是郎官,年纪已经六十了,当然老了。"那么,汉武帝就会"哦"一声,说:"朕知道了。"然后,一切结束。因为就交际者而言,当他预定的"人际沟通"目标实现了,一般就没有将言语交际再继续下去的欲望与动力了。正是由于颜驷回答得巧妙,延长了言语交际的过程,为自己在话轮转换中实现由受交际者到交际者的身份转换赢得了机会,进而掌握了话语主动权,最终将自己想表达的意思全部表达出来。

三是作为交际者的颜驷,在向受交际者汉武帝倾诉自己的委屈时,选择了一个恰当的修辞策略"折绕"(折绕的定义,前文我们已经说过)。面对汉武帝,他本可以大倒苦水,抱怨自己受到的不公正的待遇,抱怨文帝、景帝还有武帝本人用人政策的不当。但是,他没有这样做。因为这样说,将使受交际者汉武帝的帝王自尊受到伤害,势必会引发汉武帝情绪的反弹而产生逆反心理。况且,颜驷所要控诉的对象包括了武帝的祖父文帝与父亲景帝,出于孝道,汉武帝也不允许。正因为考虑到这一点,颜驷乃以折绕法,不说文帝、景帝与武帝本人的用人政策有偏颇,而是说自己运气不好,将责任归己,从而绕着弯子迂回到了预定的目标(即抒发自己怀才不遇的悲愤之情),让受交际者汉武帝思而得之,从而在保全面子的情况下愉快而坦然地接受颜驷的抱怨,并且同情颜驷三世不遇的遭遇,进而主动给他加了官进了爵。

六、昔子罕不以玉为宝:甘后稽古劝夫

人物:甘氏、刘备。

事件:东汉末年,汉室衰微,朝政混乱,民不聊生,天下大乱。董卓、袁绍、孙策、刘表等各路豪杰趁势而起。在长期的混战中,曹操、刘备、孙权等三人从各路英雄中脱颖而出。于是,曹、刘、孙三派势力便成了逐鹿中原的主角,三方的搏杀博弈在汉末延续了很长一个时期,最终演变成了三国鼎立的局面。刘备作为逐鹿中原的一方,当然也算是一个枭雄。但是,这个枭雄有时也有玩物丧志的时候。有一段时间,因为爱上了玉人,颇有颓废的迹象。幸亏夫人甘氏及时劝谏,这才重新振作,有了后来蜀汉政权的建立。

第七章 言语交际与人际沟通案例分析之一:上行沟通

交际者:甘氏(沛人,出身贱微,因有美色,为刘备收为妾。后刘备夫人糜氏病逝,渐渐扶正而为夫人。)

受交际者:刘备(东汉末年以卖席为生,因黄巾乱起,又得关羽、张飞等豪杰之助,趁势而起,逐渐成为汉末乱世中的一支重要力量。最终,成了三国蜀汉政权的开创者)。

沟通指向:上行沟通。

沟通原则:知人论事、讲究策略。

修辞策略:稽古。

沟通效果:说服刘备戒除了恋物癖,撤掉了玉人,重新振作精神,从此一心致力于复兴汉室大业,最终开创了蜀汉政权。

先主甘后……长而体貌特异,至十八,玉质柔肌,态媚容冶。先主召入白绡帐中,于户外望者如月下聚雪。

河南献玉人,高三尺,乃取玉人置后侧,昼则讲说军谋,夕则拥后而玩玉人。常称:"玉之所贵,德比君子,况为人形,而不可玩乎?"

甘后与玉人洁白齐润,观者殆相乱惑。嬖宠者非唯嫉于甘后,亦妒于玉人也。

后常欲琢毁坏之,乃诫先主曰:"昔子罕不以玉为宝,《春秋》美之;今吴、魏未灭,安以妖玩经怀。凡淫惑生疑,勿复进焉!"

先主乃撤玉人,嬖者皆退。当斯之时,君子议以甘后为神智妇人焉。(晋·王嘉《王子年拾遗记》)

刘备其人,在中国差不多是妇孺皆知的人物。他虽自称是汉室帝胄,实际上在汉末乱世中,不过是一个贩卖草席的小贩。后来,因为黄巾乱起,又得关羽、张飞两位结义兄弟之助,乘乱而起,开始崭露头角。再后来,因与汉献帝叙上了宗亲关系,成了刘皇叔,遂身价倍增。慢慢地,就成了汉末乱世中一支重要的武装力量(也就是拥兵自重的军阀)。最终,在群雄竞逐中逐渐胜出,成了与曹操、孙权平起平坐的蜀汉政权的开创者,从而演出了中国历史上的一段三国鼎立的大戏。

对于刘备以上的发迹史,很多人应该都是清楚的。因为即使没有读过晋人陈寿的史书《三国志》,也会读过明人罗贯中的历史小说《三国演义》。虽然小说与史书在叙写历史时存在差异,但所写刘备的情况大致不差。至于刘备的婚姻史,《三国演义》有不少篇幅写到糜夫人,还有孙权之妹孙尚香。真实的历史,刘备还有一位夫人,《三国演义》中也提到过,这就是甘夫人。

甘氏乃沛人,也就是汉高祖刘邦的同乡。但她既不是什么大家闺秀,也算不得是小家碧玉,而是出身贱微的普通人家的女儿。甘氏小时候长得也并不怎么样,但是乡里有一位相士给她相过面,说"此女后贵,位极宫掖"。也就是说,这个小丫头命好,将来会做皇后。说也怪,自从相过面后,甘氏越长越好看,真是应了一句俗话:"女大十八变,越变越好看。"到了十八岁时,则出落得体貌特异,玉质柔肌,态媚容冶,俨然一绝世美人。其时,皇叔刘备正驻守徐州,闻得当地竟然有如此绝色美人,遂将甘氏召入白绡帐中,纳之为妾。刘备有句名言:"兄弟如手足,女人如衣服。"可见,在刘备看来,女人只不过是用来玩玩的。甘氏是刘备之妾,还算不得是刘备的正式女人,那地位也就由想可知了。然而,甘氏命真是很好。做妾做了没多久,刘备的夫人糜氏死了。这样,很快甘氏就被刘备提拔、扶正而做了夫人。

糜夫人是徐州别驾糜竺、南郡太守糜芳之妹,刘备娶她纯属政治上的需要,当然也有经济上的考虑。因为糜家世代经商,僮仆过万,家资巨亿,有强大的经济实力。刘备要争天下,没有经济实力是不行的。我们今天的人都懂政治经济学,其实刘备早就懂这些了。由此可见,刘备是不是真的喜欢糜夫人,那是要打个大大的问号的。而刘备喜欢甘夫人,则应该是发自其本心的,因为男人好色乃是本性。甘氏天生丽质,又年轻,刘备自然是非常喜欢她了。除此,刘备喜爱甘氏还有一个原因。甘氏肌肤洁白如霜雪,刘备常喜欢于户外望之,犹如观赏月下聚雪的景观。正因为刘备是真的喜爱她,所以在征战南北甚至是亡命途中也带着甘氏。这个本来也无可厚非,男人好色,英雄爱美人,乃是人之天性,就是孔圣人也并不排斥。孔子有言:"饮食男女,人之大欲存焉。"(《礼记·礼运》)明确承认性爱就像吃饭一样,乃是人合理的生理要求。刘备是男人,而且好歹也算是乱世中的一个英雄,所以惑于甘氏美色,实在不是什么过错。甘氏也不以为过,而且还很受用刘备的宠爱。只是刘备有一件事,让甘氏感到不理解,所以忍了很久,最终还是说出来了。

有一次,河南(指黄河以南)有人给刘备献了一个玉人,高约三尺,形同真人,刘备非常喜爱。于是,他便将玉人放在甘氏后侧,让玉人与甘氏相映生辉。白天,刘备与将士讲说军事谋略,晚上则在白绡帐中一手搂着甘氏,一手抚弄着玉人。甘氏觉得刘备好变态,就表现出不满。对此,刘备却振振有词,跟她说道:"玉之所以显得珍贵,乃是因为它好比是君子之德,更何况此玉又是天生人形,怎么不让人觉得赏心悦目,爱不释手呢?"

甘氏不知道刘备这是一种恋物癖的变态心理,听他说得一本正经,以为他抚弄玉人是爱玉所象征的君子之德。于是,就随他去了。

然而,甘氏与玉人洁白齐润,让所有看到的人都有一种人玉莫辨的感觉。为此,刘备宠幸的左右人等,不仅嫉妒甘氏,而且也嫉妒起玉人来了。甘氏这时才感到问题的严重性,于是便有了毁掉玉人的想法。

一天晚上,当刘备再次一手搂着她,一手抚弄玉人时,甘氏就软语温言告诫刘备道:"昔日子罕不以玉为宝,春秋时代的人们都传为美谈。而今,吴、魏未灭,汉室复兴大业未成,您怎么能因这等妖玩不祥之物而丧志分心呢?从今以后,凡是令您淫惑生疑的东西,就不要再让人进献了吧!"

刘备听了,觉得夫人言之有理,于是立即传令,让人把白绡帐中的玉人撤走了。

自从刘备撤了玉人,原来伺机逢迎讨好刘备的小人都知趣地退避了。所以,当时很多有识见的正人君子都称甘氏为"神智妇人"。

读了这则故事,大家都会对甘氏的软语温言劝醒夫君刘备的交际沟通艺术而感到敬佩。那么,甘氏何以能够一番话就能让有恋物癖心理疾病倾向的丈夫刘备幡然醒悟,认识到自己玩物丧志的后果,从而彻底戒除恋物怪癖,重新振作起来,一心致力于逐鹿中原,复兴汉室的大业,最终开创了与曹魏、孙吴鼎立而三的蜀汉政权呢?

仔细分析这个故事,我们认为作为交际者,甘氏在言语交际与人际沟通方面做得最为出色的主要有如下两点。

一是作为交际者,甘氏在适应受交际者刘备的"角色"心理方面非常准确。受交际者刘备与交际者甘氏,虽然在名分上是夫妻,但实际上又是君臣关系。这就决定了此次言语交际与人际沟通的性质不是夫妻之间的"平行沟通",而是君臣之间的"上行沟通"。也就是说,甘氏劝夫,实质上则是臣下谏君的性质。正因为如此,这就必须注意选择恰当的时机、场合,并适应受交际者的心理。作为交际者,甘氏选择了与刘备同床共枕的时机与场合,适应刘备枕边易于听进软语温言劝说的心理特点,巧妙地表达了自己的意见,从而让受交际者刘备愉快地接受了其意见,并立即予以改正。

二是作为交际者,甘氏在与受交际者进行交际沟通时选择的修辞策略比较恰当。甘氏劝夫选择的修辞策略名曰"稽古"(即征引古人之事),亦就是我们经常所说的"用典"。所谓"用典",乃是一种"运用古代历史故事或有出处的词语来说写的修辞文本模式。以用典的修辞文本模式来表情达意,在表达上可以使表达者的达意传情显得婉约含蓄;在接受上,由于表达者在文本意义的表达与接受者的接受之间制造了'距离',使接受者只能通过对表达者所建构的修辞文本中的典故进行咀嚼、消化后才能理解其内在的含义,这虽然给接受者的接受带来一定的阻障,但接受者一旦经过努力破除了接受困阻后,便会自然获得一种文本解读成功的心理快慰与欣赏中的美感享受"[①]。甘氏"用典"用的不

[①] 吴礼权:《现代汉语修辞学》(第四版),复旦大学出版社,2020年,第60—61页。

是古人之言,而是古人之事,见于《左传·襄公十五年》中的一段记载:"宋人或得玉,献诸子罕。子罕弗受。献玉者曰:'以示玉人,玉人以为宝也,故敢献之。'子罕曰:'我以不贪为宝,尔以玉为宝。若以与我,皆丧宝也。'"这里所提到的子罕,就是春秋时代宋国的正卿(即宋国之相)乐喜。子罕虽为一国之相,位高权重,却从不以权谋私,而是廉洁奉公,为宋平公所倚重。他不受人之玉的故事,则更是先秦时代中国人津津乐道的美德。甘氏之所以要搬出春秋时代的子罕来,那也是经过深思熟虑的。她知道,刘备玩物丧志的原因就是因为玉,所以搬出"子罕不以玉为宝"的典故,对他最有针对性。另外,刘备最倚重的结义兄弟关羽最喜欢读《春秋》,最服膺春秋时代的许多人物,当然包括子罕。他说"兄弟如手足",兄弟喜欢的,也一定是他喜欢的。由于甘氏对刘备的心理把握得非常准确,所以一搬出"子罕不以玉为宝"的典故,立即就镇住了刘备,让他幡然醒悟:要青史留名,要成就大业,就必须学习古之圣人。今天我们说"榜样的力量是无穷的",正是此意。

七、不才明主弃:孟浩然向唐玄宗求官

人物:孟浩然、唐玄宗、王维。

事件:孟浩然受好友王维之邀,前往其官署参访。没想到唐玄宗突然驾临,孟浩然乃惧而匿于床下。王维怕犯欺君之罪,实言告知唐玄宗。唐玄宗大喜,立令孟浩然出来相见,并请他吟诗。孟浩然奉旨吟了一首自己以前做的诗,其中有一句"不才明主弃",唐玄宗立即变脸,说是诬他英名,立即将其放还。孟浩然因此失去了出仕的机会,一生郁郁不得志。

交际者:孟浩然(盛唐时代著名的诗人,备受李白、王维等著名诗人推崇)。

受交际者:唐玄宗(即李隆基,曾开创了"开元盛世",但后沉溺于与杨贵妃的爱情之中,重用奸佞,导致"安史之乱",使大唐从此由

盛转衰）。

  沟通指向：上行沟通。

  沟通原则：未遵循"知人论事""讲究策略"原则。

  修辞策略：倒反。

  沟通效果：言语表达没有迎合唐玄宗心意，忤逆其情绪，被放还归乡，不予重任。

  维私邀入内署，俄而玄宗至，浩然匿床下，维以实对，帝喜曰："朕闻其人而未见也，何惧而匿！"诏浩然出。帝问其诗，浩然再拜，自诵所为，至"不才明主弃"之句，帝曰："卿不求仕，而朕未尝弃卿，奈何诬我？"因放还。(《新唐书·孟浩然传》)

  王维是盛唐时代的著名诗人，诗、画俱佳，后世学者评价说他"诗中有画，画中有诗"。王维不仅文学造诣深，少年得志，早早就科举及第，做了状元，而且还特别会做人，深得唐玄宗信任，历任右拾遗、监察御史、河西节度使判官等要职。玄宗天宝年间，还官拜吏部郎中、给事中等职。同样是盛唐时代的著名诗人，堪称盛唐一代山水田园诗派的代表人物，也是王维好友的孟浩然，跟飞黄腾达、一路顺遂的王维相比，人生境遇就显得相当窘迫了。他的诗虽然写得好，连李白都写诗推崇说："吾爱孟夫子，风流天下闻"(《赠孟浩然》)，但跟才华横溢的李白一样，因为没有走通唐朝科举取仕这条体制内的正规晋升之路，只能落魄失意地颠沛流离。

  在唐代，如果没有走通科举之路，还有一条路可走，这就是依靠朝廷重臣向皇帝举荐。如果获得皇帝青睐，也可"朝为田舍郎，暮登天子堂"，走上治国平天下的为官之道。应该说，孟浩然算是幸运的，因为他有一位好朋友王维。王维才学好，在朝廷中非常得势，深得唐玄宗倚重，自己"居庙堂之高"，却没有忘记"处江湖之远"的朋友孟浩然。一次，孟浩然进京，王维就私自将其带入自己的官署。没想到，这一天，九五至尊的唐玄宗不知为什么突然心血来潮,不打招呼就驾临了王维的官署。孟浩然乃一介平民,一听皇帝来了,顿时吓傻了。王维也慌了手脚,因为邀请孟浩然私入官署,可是件不得了的事。情急之下,只好让孟浩然隐匿于床下。

但是,王维知道,唐玄宗是个非常有才学、有才华的皇帝,突然驾临,肯定不是为政事,而是要跟他谈诗论画的。于是,他就灵机一动,想借这个机会推荐一下好友孟浩然,让唐玄宗赏个官给他做做。同时,主动向唐玄宗禀报实情,让孟浩然出见,还可免除欺君之罪。不出所料,早就闻说孟浩然大名的唐玄宗一听,顿时大喜,不无嗔怪地跟王维说:"朕早就听说了他的大名,可惜无缘相见,既然来了,怎么害怕躲起来呢?"王维听皇帝口气,知道没有怪自己的意思,遂连忙让孟浩然从床底下爬出来,跟唐玄宗见面。

孟浩然是个诗人,唐玄宗知道他的名字也是因为诗。于是,就自然而然地要求孟浩然当场做诗,看看其真实才学如何。没想到,孟浩然没有即景生情,投其所好,当场做出一首歌颂唐玄宗的诗,而是自诵了一首旧作。自诵旧作也就罢了,而且还恰恰是一首抒发个人怀才不遇牢骚的诗。因此,当他诵到"不才明主弃"一句时,唐玄宗终于忍不住生气了,说道:"您没有明言向我求官,朕也从未有过嫌弃您的意思,您却诬我不是明主!"于是,立即下旨命其回乡。

孟浩然既然是王维与李白都十分推崇的大诗人,而且唐玄宗也久闻其大名,一听他来了顿时大喜,怎么在听了他诵诗几句就勃然大怒,将其"放还"呢?

从言语交际与人际沟通的角度来看,交际者孟浩然至少犯了如下两个方面的错误。

其一,违反了言语交际与人际沟通的第一条基本原则:"知人论事。"交际者孟浩然在奉诏诵诗时,没有清醒地意识到自己所面对的受交际者不是普遍的朋友,而是在政治上很有作为的皇帝唐玄宗。唐玄宗能够开创"开元盛世"的格局,自然不是平庸之辈。帝君的至尊地位,加上傲人的成就,必然让他自我感觉良好,自以为是千古明君。既然是千古明君,他统治下的天下自然是人尽其才,不可能还有怀才不遇的英才流落民间。然而,孟浩然当着唐玄宗面所诵旧作《岁暮归南山》(全诗是:北阙休上书,南山归敝庐。不才明主弃,多病故人疏。白发催年老,青阳逼岁除。永怀愁不寐,松月夜窗虚),不是讨好奉迎唐玄宗的歌功颂德之作,而是一首表意非常裸露的牢骚诗。这就让唐玄宗听了非常不爽,从心底不予认同。所以,当他听到孟浩然诵到"不才明主弃"一句时,不禁勃然大怒,认为孟浩然是在诬他英名。

其二,修辞策略运用失当。就交际者孟浩然对唐玄宗已然诵出的三句来说,句句都是不得体的,接受效果极差。第一句"北阙休上书",在朋友面前玩清高时可以说,但当着皇帝的面这样说,就让人觉得非常矫情,显得为人太虚伪。因为此时此刻面对皇帝诵诗,事实上就是在"北阙上书"。第二句"南山归敝庐",直承第一句而下,给人的印象好像是说自己向往归隐南山、居于敝庐的生活。这样的表达,明显与即席求官的当下情境格格不入,让受交际者莫名其妙。至于第三句"不才明主弃",表达就更加糟糕了。因为这句诗,就交际者孟浩然本人来说,是想在当下情境中赋予它这样一层意思:"自己由于无才,所以至今尚未仕进,难一展才华为国效力、为君王尽忠。"应该说,"这种表情达意的方法也很不错,也有才情。但是,就听者来言,觉得这话是在发牢骚,在埋怨自己。因为听者认为对方所说'不才'是中国人的谦逊之言,因而'不才明主弃'的实质含义是说像他这样有才的人君王至今未能任用。这样,听者自然而然地由此推导出对方的实质话语核心是骂自己不圣明,是昏君。其实,唐玄宗之所以说孟浩然'诬'他,正是按照我们上面所分析的思路来进行的。尽管我们都知道孟浩然没有这样的意思,但事实上却给唐玄宗造成了这样的误解"[①]。结果,自然落得一个被"放还"的结

[①] 吴礼权:《修辞心理学》(修订版),暨南大学出版社,2013年,第9—10页。

局,一生郁郁不得志。假如交际者孟浩然面对受交际者唐玄宗诵出的是他写给宰相张九龄的《望洞庭湖赠张丞相》中的两句:"欲济无舟楫,端居耻圣明",那结果肯定是大不相同的。"毫无疑问,他肯定当场就会被唐明皇加官进爵的,自然一生风光无限、前程似锦。因为'欲济无舟楫,端居耻圣明'两句,就说者来言,尽管实质上是要求个一官半职,但却打着不辱圣明帝王的旗号,同时还吹捧了对方是圣明的君主。这等巧妙的措辞不能打动对方之心,那是不可能的。而就听者来说,虽然明知对方是在求仕,但其表达十分婉转、巧妙,言语之间透着才学,且又称自己是圣明之君,这对于唐玄宗这样的颇是风雅且自以为圣明的主子来说,是再中听不过的了。"①

八、汝为县令,独不知吾天子好猎耶:敬新磨的双簧戏

人物:敬新磨、唐庄宗。

事件:唐庄宗乃武将出身,喜欢打猎。一次打猎到中牟县,马踏民田。中牟县令拦马切谏,为民请命。唐庄宗大怒,决定处死犯上的中牟县令。伶人敬新磨觉得庄宗的做法不妥,遂与众伶人合演双簧,正话反说,借数落中牟县令而赞扬他忠心为国、一心为民的高风亮节,最终让庄宗醒悟,饶了中牟县令。

交际者:敬新磨(后唐庄宗宫中伶人,专门给庄宗搞笑娱乐的演艺明星)。

受交际者:唐庄宗(即李存勖,后唐开国皇帝。本是胡人,因其祖父有功于唐,被唐懿宗赐姓李。唐亡,朱温代之而建立了后梁。李存勖灭后梁,取而代之后,建立的政权仍称为唐,以示对唐朝的忠心。后代为了与李渊建立的唐朝相区别,称之为后唐)。

沟通指向:上行沟通。

---

① 吴礼权:《修辞心理学》(修订版),暨南大学出版社,2013年,第9页。

沟通原则：知人论事、讲究策略。

修辞策略：倒反。

沟通效果：敬新磨正话反说，逗乐了唐庄宗，中牟县令遂得以获救。

庄宗好畋猎，猎于中牟，践民田。

中牟县令当马切谏，为民请，庄宗怒，叱县令去，将杀之。

伶人敬新磨知其不可，乃率诸伶走追县令，擒至马前责之曰："汝为县令，独不知吾天子好猎耶？奈何纵民稼穑以供税赋！何不饥汝县民而空此地，以备吾天子之驰骋？汝罪当死！"

因前请亟行刑，诸伶共唱和之，庄宗大笑。县令乃得免去。（《新五代史·伶官传》）

李渊、李世民父子建立的大唐王朝，是中国历史上最为强盛的封建帝国之一，与汉高祖建立的大汉王朝并称"汉唐"。然而，就像花儿不会永远鲜艳不败一样，一个王朝也有兴衰更替的过程。大唐王朝到唐玄宗"开元盛世"盛极一时过后，经过"安史之乱"的变故，便从此一蹶不振，逐渐走向了衰落。要不是期间不断得到许多对大唐忠心的周边胡人的帮助，大唐王朝名存实亡的局面都延续不下去。

说到胡人对大唐的忠心与帮助，相信大家都不会忘了沙陀人李存勖祖孙三代。李存勖，大家都熟悉，他是李唐王朝灭亡后一直力图延续李唐国祚的胡人。他小名叫亚子，本姓朱邪氏，其祖父朱邪赤心因对李唐有功，遂被唐懿宗赐姓李。其父李克用，别号李鸦儿，因一目失明，故又号独眼龙。唐僖宗中和元年（即公元881年），黄巢攻入长安，代北起军使陈景思召李克用为代北刺史。李克用奉唐朝之命后，迅即率沙陀军帮助唐朝攻打占据长安的黄巢军队。第二年，长安被李克用攻破，黄巢仓皇逃走，唐僖宗得以重回长安，李克用也因功而被唐僖宗任命为河东节度使，后又被封为晋王。朱温代唐，建立后梁政权后，李克用一直与朱温作战。后梁开平二年(公元908年),李克用卒。李存勖继任为晋王,继续与朱温的后梁作战。还先后与北之契丹、东之桀燕等割据势力征战。经过多年的混战,李存勖的势力逐渐壮大,后梁龙德三年(即公元923年)终于代朱氏后梁而建立了自己的政权。为了表达对李唐的忠心,李存勖建立的新政权仍沿袭"唐"国号,历史上称之为"后唐"。李存勖就是后唐的开国皇帝,史称唐庄宗。

唐庄宗是马上得天下的武夫出身,荣登大宝后,仍改不了好动的毛病,更耐不住性子坐在金銮殿里批阅奏章,所以要常常出去打猎。大概还有一个原因,就是出外打猎时,不仅可以重温他昔日沙场上弯弓盘马的英雄记忆,还能享受那种皇帝出行时声势浩大的排场。

有一次,唐庄宗又出行打猎了。行到中牟县,马踏民田,毁了农民不少庄稼。中牟县令闻之,立即前往拦马切谏,为民请命,要求他停止打猎,不让继续践踏农田和庄稼。唐庄宗不禁大为恼火,一个小小县令,竟然管到了他皇上的头上。于是,立即命人将中牟县令押了下去,准备处死。

这时,一直随侍在唐庄宗身边的伶人敬新磨坐不住了,觉得皇上这样做是太糊涂了,这样为民请命的好官,怎么就要杀掉呢?于是,他就想救下这可惜的中牟县令。可是,转而一想,觉得自己并非朝臣,就是想给皇上进谏,也没资格啊!但是,眼看着中牟县令被押下,越走越远了,他怕到了皇上看不见的地方,中牟县令的人头就要落地了。想着想着,他急了,连忙对诸位伶人一挥手,就奔着中牟县令被押走的方向狂奔而去。唐庄宗一时也搞糊涂了,因为他们都是伶人,时常会有一些搞怪的事发生,所以也就随他们去了。

不一会儿,敬新磨与诸伶人就押着中牟县令回来了。唐庄宗一见,不禁一愣。就在唐庄宗还来不及说什么时,敬新磨已经指着中牟县令数落开了:

"你看你,身为县令,怎么就偏偏不知道咱们的天子喜欢打猎呢?你为什么要放纵你的县民种庄稼以供国家赋税?你怎么不让你的县民饿着肚子,把田地都空出来,以备咱们的天子纵马尽情驰骋呢?你的罪太大了,应该立即处死!"

当敬新磨这样数落中牟县令的时候,诸伶人都配合着一唱一搭,还有很多滑稽的动作,嘴上虽都说要处死中牟县令,但脸上的表情却泄露出言不由衷。

唐庄宗并不傻,一眼就看出来了敬新磨及其同伴的用意。看着他们自以为聪明的表演,不禁哈哈一乐。然后,挥了挥手,就把中牟县令给放了。

读了这则故事,大家一定非常敬佩伶人敬新磨,觉得他虽位卑而不乏正义感的人格魅力,更赞赏其杰出的言语交际与人际沟通能力。

那么,敬新磨作为一个宫廷弄臣,怎么能够三言两语就能使不可一世的唐庄宗改变了主意,从而救下了中牟县令呢?

我们认为,作为交际者,敬新磨的言语交际与人际沟通实践,至少给读者留下了如下两点启示与借鉴。

其一是作为交际者,敬新磨对受交际者唐庄宗的"角色"定位非常准确,因此在遵循"知人论事"原则时做得非常好。敬新磨是常伴受交际者唐庄宗的宫廷伶人,对于唐庄宗其人的个性及其帝王心态,还有其武人出身的作风,都知之甚深。所以,敬新磨作为交际者,在进谏唐庄宗时没有将唐庄宗看作是一个普通的受交际者,而是一个特殊的受交际者。考虑到自己的地位与身份没有进谏的资格,敬新磨不仅将唐庄宗作为特殊的受交际者,而且还以隐性的受交际者看待。他在数落中牟县令时,让唐庄宗觉得受交际者是中牟县令,而不是自己。实际上,正好相反,中牟县令只是一个配合他表演的道具,是貌似的受交际者,真正的受交际者恰恰是站在一边的旁观者唐庄宗。也就是说,交际者敬新磨跟中牟县令所说的话,事实上并不是说给中牟县令听的,而是说给唐庄宗听的。正因为如此,唐庄宗反而能够跳出圈外,冷静地看待中牟县令为民请命、鼓励百姓辛勤稼穑的行为,从而对自己的错误决定有所反省,最终能够醒悟过来,饶恕中牟县令。这种做法,类似于我们日常生活中所见到的那种打孩子、骂孩子给别人看,希望别人饶恕的做法,是一种极其高明的人际沟通与消解矛盾的策略。

其二是作为交际者,敬新磨选择了一个非常有效的修辞策略"倒反"(前文我们已经提过这种策略)。作为交际者,敬新磨深知受交际者唐庄宗的个性,他虽是九五之尊的皇上,却又是一个地地道道的武夫,跟他实话实说肯定不行,逆耳忠言他肯定是听不进去的;跟他拽文,选择其他一些婉约其辞的表达方式,当然也不行,因为他可能听不懂,或者说根本不喜欢这一套。既然软硬都不吃,敬新磨作为交际者,也就只有一条路可走,这就是根据自己弄臣的身份,用底层民众最喜欢的说话方式,而且也是武夫出身的皇上能够听懂的方式,正话反说,再加上诸位伶人的配合演出,以搞笑的方式而行讲谏皇上之实。只要博得受交际者唐庄宗的欢心,演出让他哑然一笑,这事就算过去了。事实上,敬新磨对受交际者的心理把握得非常准确,结果正如其所愿。庄宗一笑,大事便就化小,小事便就化了,中牟县令的小命就这样保住了。

前文我们也说过一个宫廷艺人(优伶)劝谏楚庄王的事,其言语交际与人际沟通的方式,甚至所运用的修辞策略都是一样的,这就说明优伶虽是地位卑微之人,但他们的语言智慧并不在大人先生们之下,他们的修辞策略也并不比文人学士的修辞策略效果差。因此,对中国古代这类宫廷艺人的语言艺术,我们今天的学者是应该好好研究的。

九、向外飞则四国来朝,向里飞则加官进禄:
金章宗优伶的见解

人物:优人玳瑁头、元妃、金章宗。

事件:金章宗的宠妃李氏,恃宠傲人,甚至连皇后也不放在眼里,大有与皇后平起平坐之势。金章宗的许多大臣见李氏得势,纷纷走夫人路线,巴结讨好并结交李氏,希望能够加官进爵。一时间,搞得朝纲不振,是非不分。宫中伶人忧国忧民,觉得李氏所为需要收敛,皇上应该有所觉醒。于是,优人们便合演双簧,以所谓的"凤凰四飞"之说演出于金章宗之前,从而巧妙地讽刺了李氏,又让金章宗有所警醒,了解到朝臣的心声与人心之向背。

交际者:优人玳瑁头(宫廷艺人,专为皇帝搞笑娱乐者)。

受交际者:金章宗(即完颜璟,小字麻达葛,金世宗完颜雍之孙,其父完颜允恭为太子时病逝,因被世宗立为皇太孙。世宗病死后继位。执政前期励精图治,使金朝国力趋于强盛,后期国力则由盛而衰)。

沟通指向:上行沟通。

沟通原则:知人论事、讲究策略。

修辞策略:双关。

沟通效果:优人玳瑁头与众优伶合演双簧,巧妙地讽刺了元妃李氏恃宠专权跋扈的行为,使金章宗对后宫不正常的情况有所了解。

元妃……势位熏赫,与皇后侔矣。
一日,章宗宴宫中,优人玳瑁头者戏于前。
或问:"上国有何符瑞?"优曰:"汝不闻凤凰见乎。"
其人曰:"知之,而未闻其详。"
优曰:"其飞有四,所应亦异。若向上飞则风雨顺时,向下飞则五谷丰登,向外飞则四国来朝,向里飞则加官进禄。"
上笑而罢。(《金史·后妃传》)

唐代大诗人白居易写过很多诗,其中最为人传诵的诗之一,应该要数《长恨歌》了。诗曰:

汉皇重色思倾国,御宇多年求不得。杨家有女初长成,养在深闺人未识。天生丽质难自弃,一朝选在君王侧。回眸一笑百媚生,六宫粉黛无颜色。春寒赐浴华清池,温泉水滑洗凝脂。侍儿扶起娇无力,始是新承恩泽时。云鬓花颜金步摇,芙蓉帐暖度春宵。春宵苦短日高起,从此君王不早朝。承欢侍宴无闲暇,春从春游夜专夜。后宫佳丽三千人,三千宠爱在一身。金屋妆成娇侍夜,玉楼宴罢醉和春。姊妹弟兄皆列土,可怜光彩生门户。遂令天下父母心,不重生男重生女。骊宫高处入青云,仙乐风飘处处闻。缓歌慢舞凝丝竹,尽日君王看不足。渔阳鼙鼓动地来,惊破霓裳羽衣曲。九重城阙烟尘生,千乘万骑西南行。翠华摇摇行复止,西出都门百余里。六军不发无奈何,宛转蛾眉马前死。花钿委地无人收,翠翘金雀玉搔头。君王掩面救不得,回看血泪相和流。黄埃散漫风萧索,云栈萦纡登剑阁。峨嵋山下少人行,旌旗无光日色薄。蜀江水碧蜀山青,圣主朝朝暮暮情。行宫见月伤心色,夜雨闻铃肠断声。天旋日转回龙驭,到此踌躇不能去。马嵬坡下泥土中,不见玉颜空死处。君臣相顾尽沾衣,东望都门信马归。归来池苑皆依旧,太液芙蓉未央柳。芙蓉如面柳如眉,对此如何不泪垂。春风桃李花开夜,秋雨梧桐叶落时。西宫南内多秋草,落叶满阶红不扫。梨园弟子白发新,椒房阿监青娥老。夕殿萤飞思悄然,孤灯挑尽未成眠。迟迟钟鼓初长夜,耿耿星河欲曙天。鸳鸯瓦冷霜华重,翡翠衾寒谁与共。悠悠生死别经年,魂魄不曾来入梦。临邛道士鸿都客,能以精诚致魂魄。为感君王辗转思,遂教方士殷勤觅。排空驭气奔如电,升天入地求之遍。上穷碧落下黄泉,两处茫茫皆不见。忽闻海上有仙山,山在虚无缥缈间。楼阁玲珑五云起,其中绰约多仙子。中有一人字太真,雪肤花貌参差是。金阙西厢叩玉扃,转教小玉报双成。闻到汉家天子使,九华帐里梦魂惊。揽衣推枕起徘徊,珠箔银屏逦迤开。云鬓半偏新睡觉,花冠不整下堂来。风吹仙袂飘摇举,犹似霓裳羽衣舞。玉容寂寞泪阑干,梨花一枝春带雨。含情凝睇谢君王,一别音容两渺茫。昭阳殿里恩爱绝,蓬莱宫中日月长。回头下望人寰处,不见长安见尘雾。唯将旧物表深情,钿合金钗寄将去。钗留一股合一扇,钗擘黄金合分钿。但教心似金钿坚,天上人间会相见。临别殷勤重寄词,词中有誓两心知。七月七日长生殿,夜半无人私语时。在天愿作比翼鸟,在地愿为连理枝。天长地久有时尽,此恨绵绵无绝期。

  每当我们读到这首诗,就会情不自禁地思考一个问题:要是唐玄宗不宠幸杨贵妃,不是"三千宠爱在一身",而是对"后宫佳丽三千人"稍稍普洒一些雨露,那么,他是否不至于为情色所惑而忘了江山社稷呢?如果他不是因为跟杨贵妃"芙蓉帐暖度春宵",不是因为"春宵苦短日高起,从此君王不早朝",不是因为"春从春游夜专夜"地跟杨贵妃厮守缠绵,那么就不至于有"安史之乱"的发生呢?如果没有"安史之乱",开元盛世是否会延续呢?李唐的国运是否继续昌盛呢?中国的历史是否是另一番景象呢?等等等等,真是让人有无限的感叹与假想。

  其实,在中国历史上,并非只是唐玄宗一人有过分宠爱某一个女人的毛病,当然也并非他一人因为过分宠幸某个女人而坏了朝廷大事。熟悉中国历史者,可能会举出很多这样的例子。也许相似的历史人事知道得越多,就越会让我们因此而得出这样的结论:汉族的皇帝不够理智,对待女人容易犯偏心眼的毛病。如果是这样想,那就大错特错了。因为中国历史上,很多非汉族的皇帝也同样有这个毛病。谓予不信,我们不妨翻开《金史》读一读,看看女真族的金政权的皇帝们又是如何。

  据《金史》记载,金章宗执政之初,颇有一番作为,政治颇为清明,文化发展也到了最高峰的时期,因此后世称之为"明昌之治"。金章宗本人不仅爱好汉文化,而且汉文水平非常高,除了能吟诗作赋外,还写得一手好字,可以媲美宋徽宗的"瘦金体"。但是,重文与崇武总是矛盾的。金章宗因为本人好文,这就导致了金人整体上对武备的重视有所减弱。结果,到了金章宗执政后期,金政权的军事实力与国力都开始衰退,甚至招致邻国入侵、属国叛离。但是,金章宗并没有认识到问题的严重性,继续整日与文人雅士饮酒作诗,不顾朝政。不仅如此,他还宠幸汉人妃子李氏，封之为元妃。元妃恃宠日益骄纵，甚至要凌驾于皇后之上，他也不加约束，而只知一味宠幸娇惯。由于金章宗对元妃"三千宠爱在一身"，朝中大臣心术不正者都打起了李氏的主意，大家纷纷走起了"夫人路线"。很多人因为走通了这条路，结果都得以加官进爵。由此朝政日益混乱，朝纲亦日益不振。

面对这种极不正常的现象，不仅朝中正直的大臣感到痛心疾首，就是宫中的优伶(给皇帝搞笑娱乐的演艺人员)也看不下去了。于是，他们就想找个机会讽刺一下元妃李氏。一次，金章宗在宫中宴请一帮文人雅士，一边饮酒一边做诗。其间，还穿插了优伶的表演。这时，优人玳瑁头者(即头戴海龟壳装饰的优伶)趁机与他的同伴演出了一段双簧戏。

优人玳瑁头者煞有介事地问同伴道："您最近有没有听说我们上国有什么祥瑞出现啊？"

"没有哇。"同伴认真地回答道。

"您太孤陋寡闻了！难道没听说过凤凰已经出现了吗？"优人玳瑁头者瞪大眼睛，装着吃惊的样子，看了同伴好久。

"哦，这个呀，我早听说了。只是对情况了解得不确切，您有什么确切的消息吗？给俺们说道说道。"同伴认真地说道。

优人玳瑁头者故意顿了顿，然后干咳一声，清了清嗓子，说道："这个凤凰是一种神鸟，它一旦出现，就预示着天下太平，人寿年丰。有一种说法，说看祥瑞，只要看凤凰飞的姿势就可以了。"

"此话怎么讲？"同伴急切地问道。

"凤凰有四种飞行姿势，每种姿势都对应不同的祥瑞。若是向上飞，则预示着风调雨顺；向下飞，则预示着五谷丰登；向外飞，则预示着国家强大，周边国家都要来朝贡；若是向里飞呢，则就可以加官进爵了。"

金章宗开始听时颇是神采飞扬，兴致勃勃，听到最后一句时，则不禁哑然一笑。

两个优伶见皇上被逗乐了，也都兴高采烈地笑了。但是，金章宗却什么话也没说,更没有像平时那样赏赐他们一点什么,而是冲他们挥了挥手,让他们都下去了。

读了这则故事,相信大家都会为那两个优伶一唱一搭的默契,为那个头戴珉珇装饰的优伶的"四飞"表达技巧,为他们高妙的讽谏智慧而赞叹。

那么,为什么这么说呢?优人珉珇头者的讽谏到底有何值得称道之处呢?

我们认为,从言语交际与人际沟通的效果来看,至少有两点最值得我们重视。

其一是作为交际者,优人珉珇头者对受交际者金章宗的"角色"定位非常准确。金章宗是皇帝,是不可冒犯的九五之尊,他宠爱元妃是否有过错,这是他自己的事。如果说皇帝的事都是国家的事,而不是私事,那么这不对的私事也应该由负有责任的谏官或其他朝中大臣来说,而轮不到他们这些宫中弄臣来插嘴。正是交际者(包括优人珉珇头者和合演双簧戏的另一位优伶)对此有清醒的认识,他们都没有直接以交际者的身份正式跟受交际者金章宗提及元妃李氏的所作所为。当金章宗要他们表演节目为酒宴助兴时,他们不说别的,而说凤凰现世呈祥瑞的话题,这是他们基于对受交际者金章宗具有深厚的汉文化背景的了解。以上两个方面,其实都是交际者(优人珉珇头者)对受交际者"角色"定位准确的表现。

其二是作为交际者,优人珉珇头者讽谏受交际者时选择了"双关"修辞策略,这是非常恰当而有效的。汉民族是一个性格比较内敛的民族,汉人受儒家思想影响较深,说话行事都讲究"中庸之道",不喜欢走极端,说话做事都留有余地。表现在语言上,就是喜欢表情达意婉转含蓄,不喜欢把话说得太直白,尤其是批评人或讽刺人时更是如此。受交际者金章宗受汉文化浸淫较深,当然也具有汉人相同的文化心理,因此基于对受交际者金章宗的了解,交际者(优人珉珇头者)选择运用汉民族人最喜欢的"双关"修辞法,通过凤凰"向上飞""向下飞""向外飞"自然带出表达的重点"向里飞",从而通过"谐音双关"的方式暗示出"向李妃"的含义,婉转地指出了朝臣们巴结元妃李氏,走"夫人路线"而求加官进爵的现象。正是由于这种表达方式巧妙,达意婉转,又能为受交际者金章宗所解读和接受,所以金章宗在思而得其意后不禁哑然一笑,然后挥手作罢,并不追究交际者(优人玳瑁头者和合演的优伶)的言责。

交际者(优人玳瑁头者)之所以能做到以上两点,追根究底,还是因为他在言语交际与人际沟通(即进谏)过程中有自觉遵循"知人论事""讲究策略"两大原则的意识。如果脑子里没有这种意识,就不可能很好地调整言语行为,适应受交际者的个性及心理特点,从而有针对性地进行君臣沟通。

十、我也面临同样的处境:伽利略跟父亲诉苦衷

人物:伽利略、伽利略之父。

事件:意大利科学家伽利略年轻时想选择哲学(科学)为其职业,其父坚决不同意。伽利略借跟其父闲聊为由,问出其父何以娶其母的原因,然后顺其逻辑,要求其父同意他选择哲学(科学)为职业的要求。

交际者:伽利略(意大利著名科学家)。

受交际者:伽利略之父。

沟通指向:上行沟通。

沟通原则:知人论事、讲究策略。

修辞策略:设彀。

沟通效果:以无可辩驳的说服力令其父不得不同意他选择哲学(科学)作为职业的决定。

意大利科学家伽利略青年时立志学习哲学,可是他父亲却不同意。

一次,伽利略对父亲说:"爸爸,我想问你一件事,是什么促成了你同母亲的婚事?"

"我看上她了。"

"那你没娶过别的女人?"

"没有的事,孩子,老天在上,家里的人要我讨一位富有的太太,可我只对阿玛纳蒂姑娘钟情,我追求她就像一个梦游者,要知道你母亲从前是一位姿艳动人的姑娘……"

"这倒确实,现在也还看得出来。"伽利略话锋一转,"你知道,我现在也面临同样的处境。除了哲学以外,我不可能选择别的职业。哲学是我唯一的需要,我对它的爱有如对一位美貌女子的倾慕。"

父亲终于同意了他的要求。(段明贵编《名人的幽默·伽利略劝父》)

上例中的伽利略,是意大利著名的科学家,被誉为"近代力学之父""现代科学之父"和近代实验科学的奠基人之一。在中国,很多人都知道他与"自由落体定律"有关。

伽利略虽然是个科学家,从上例所叙故事中,我们还可以了解到,事实上他还是个口才非常好的辩论家。他能在轻松幽默的氛围下说服其父同意他选择哲学(西方文明源于古希腊。而在古希腊,哲学与自然科学是一脉相承的,哲学家都是要研究宇宙的本源等问题。因此,在西方,科学家就是哲学家)为其终身职业,就足以证明这一点。

那么,伽利略能轻松地说服其父在其人生规划这样的重大问题上作出让步,同意他的要求,原因究竟何在呢?

从言语交际与人际沟通的角度来分析,伽利略作为说服其父的交际者,至少在如下两个方面做得非常出色。

其一,在遵循"知人论事"原则上做得非常好。作为儿子,伽利略当然了解其父。但是,未必了解其父年轻时候的所有事。从上面的故事中,我们可以推知,其父与其母恋爱的事,他以前未必就了解。然而,我们看他说服其父,正是从此话题切入。这说明作为交际者,伽利略在说服其父之前是做了功课的,肯定是从其母或其他人那里了解到其父年轻时代热烈追求其母的故事。正是因为了解到这个背景,他才以父母的婚事为话题跟父亲开始了谈话,然后等父亲讲出了事情原委后,自然而然地将话题切入到自己要说的事情上来,水到渠成地提出要选择自己喜爱的哲学(科学)为终身职业,让其父无法提出反对理由。因为将心比心,推己及人,其父没有理由反对。中国圣人孔子有言:"己所不欲,勿施于人。"反过来也对,自己想做的事或想得到的东西,是没有理由反对别人做或得。正因为如此,伽利略之父纵然此时有一万个不认同儿子选择哲学(科学)为其终身职业的理由,这时也无法说出口了。

其二,选择"设彀"修辞策略说服其父,最具针对性,因此效果也奇好。"设彀"是一种在言语交际与人际沟通中经常被运用的一种修辞策略,类似于兵法上的"诱敌深入"之谋。这种修辞策略的最大优势是预设目标,先抛出话题,引诱受交际者进入预设话语目标,然后一步步诱使受交际者说出自己想说的话,让受交际者自己说服自己。这种借"他人之嘴"说话的策略,事实上往往最能说服最难说服的受交际者。伽利略说服其父的情况,正是如此。父亲对儿子的生涯规划没有不关心的,古今中外概莫能外。伽利略之父知道以哲学(科学)为终身职业,在当时的西方是非常有风险的。他不愿意儿子将来衣食无着,这是为人之父正常的想法。但是,伽利略因为特别喜欢哲学(科学),对未来也有信心,所以要说服其父同意自己的人生规划。伽利略的聪明之处在于,他知道抽象地说大道理没用,引经据典也没用,唯有用父亲自己的亲身经历来说事,才能直捣其心里最温软之处,突破其防备甚严的心防,最终自动缴械投降。事实上,正如伽利略所设计的路径一样,当伽利略引诱其父道出其追求其母的原因后,其父就没有了退路,只能认输投降,不同意也得同意其选择哲学(科学)作为终身职业的决定。

十一、不要一说海军就"我们":马歇尔谏说罗斯福

人物:马歇尔、罗斯福。

事件:第二次世界大战期间,美国陆军参谋长马歇尔将军在制订第二次世界大战战略计划时,与时任美国总统、三军总司令罗斯福发生了意见分歧。马歇尔认为应该加强地面部队力量,而海军出身的罗斯福则坚持要加强海军力量。双方争执不下,最后马歇尔改变策略,终于说服罗斯福同意了自己的建议。

交际者:马歇尔(George Catlett Marshall,中文全译名为:乔治·卡特利特·马歇尔,生于1880年,卒于1959年。1901年毕业于美国弗吉尼亚军事学院,为美国著名的军事家,陆军五星上将。1939年任陆军参谋长。第二次世界大战期间,为时任美国总统罗斯福出谋划策,为取得二战胜利作出了不可磨灭的贡献。1945年退役后,曾先后出任美国国务卿和美国国防部长。因提出"马歇尔计划"而闻名,1953年获诺贝尔和平奖,成为著名的政治家与外交家)。

受交际者:罗斯福(Franklin Delano Roosevelt,中文全译名为:富兰克林·德拉诺·罗斯福,简称FDR,中国人称之为"小罗斯福",生于1882年,卒于1945年。是美国第三十二任总统,也是美国历史上唯一连任四届(病逝于第四届任期中)的总统。1911年进入纽约州参议院,1913年任助理海军部长,1920年去职。1929年至1932年,任纽约州州长。1932年击败胡佛,当选为美国总统。任内领导了第二次世界反法西斯战争,为国际公认的反法西斯战争英雄)。

沟通指向:上行沟通。

沟通原则:知人论事、讲究策略。

修辞策略:折绕。

沟通效果：通过"折绕"修辞策略，婉转地向罗斯福讲明了一个道理：作为三军统帅，不能局限于某一军种，而应从全局着眼制定国家战略，让罗斯福心服口服。

美国陆军参谋长乔治·马歇尔将军为美国投入第二次世界大战制订战略计划时，与三军总司令罗斯福意见分歧。马歇尔认为必须大力加强地面部队；海军出身的罗斯福则认为，最重要的是强大的海军，加上大规模的空军，两人多次讨论，相持不下。

在一次激烈的辩论中，一向表情严峻的马歇尔突然换上了一副笑脸："总统先生，你不要一提海军就'我们'，一说陆军就'他们'，行吗？"

罗斯福仔细地看着马歇尔，然后咧着嘴笑了。他客观地研究了马歇尔的建议，终于接受了以地面部队为主导的观点。（段明贵编《名人的幽默·我们与他们》）

下级服从上级，这是军队的铁律，也是官场的铁律。但是，第二次世界大战期间，在攸关美国甚至全世界反法西斯战争全局的战略计划制订上，作为美国陆军参谋长的马歇尔，在跟海军出身的时任美国总统、三军统帅罗斯福发生严重的意见分歧时，却没有像一般的将领那样屈从于总统罗斯福，而是不畏权威，坚持自己独立的见解。这在官场中特别是在军队里，是非常难得的。更为难得的是，在跟罗斯福意见相持不下时，马歇尔能够面对现实，通过改变表达策略，终于说服了罗斯福，让他改变了以海军为本位的既定战略，转而赞成其增加陆军力量的建议，从而为美国取得反法西斯战争的彻底胜利奠定了基础。

那么，马歇尔作为交际者，在面对罗斯福总统这一强势受交际者时，为什么能够突破现实社会中"下级必须服从上级"的官场伦理，以弱胜强，让有绝对权力的总统与三军统帅罗斯福能够从善如流，不再固执己见，而愿意改弦更张，听从其建议而改变了整个美国反法西斯战争的战略计划呢？

从言语交际与人际沟通的视角来看，我们认为交际者马歇尔在跟受交际者罗斯福通过言语交际而实现"人际沟通"（反法西斯战争的国家战略计划制定）的目标时，至少有两点做得非常好，值得所有身在官场中的人在"上行沟通"时借鉴参考。

其一，作为交际者，马歇尔能够直面现实，自觉遵循"知人论事"的原则。从上面的故事中，我们可以清楚地了解到，马歇尔与罗斯福就反法西斯战争的战略计划制订问题展开讨论，马歇尔是交际者，罗斯福是受交际者。从言语交际与人际沟通的视角看，二人的地位虽然是平等的，但在话语权上却存在着不平等的事实。因为他们之间不是普通同事、普通朋友的关系，而是事实上的上下级关系，一个只是美国一个军种（陆军）的参谋长，而另一个则是威权至高无上的美国总统与三军统帅。按照军队与官场的伦理，在绝大多数情况下都是下级必须服从上级，并不是谁有理就服从谁。说得直白点，不是权力服从真理，而是真理服从权力，这在军队中尤其如此。美国反法西斯战争的战略计划究竟是应该增强陆军的力量，还是应该增强海军的力量，作为海军出身的总统罗斯福，出于职业习惯而倾向于海军，这也符合人之常情。马歇尔作为陆军参谋长，强调陆军的作用，也符合人之常情。既然二人固执己见都符合人之常情，也各有其道理，那么按照军队与官场的伦理，只能是下级的马歇尔必须放弃自己的观点而服从罗斯福的意见。然而，作为交际者的马歇尔却突破了现实的官场伦理，不仅坚持自己的观点，而且还要受交际者罗斯福放弃自己的观点，听从自己的建议。站在服从真理的理想境界一边，马歇尔无疑是对的；但站在现实的官场伦理一边，则罗斯福无疑是对的。作为交际者，马歇尔的可贵之处在于，他既有不畏权威、唯真理是从的风骨，又有直面现实、自动转弯的处事灵活性。一开始，他为了美国乃至全世界反法西斯战争能够取得最终胜利，在以陆军还是以海军为主的国家战略决策制定上，非常坚定地固持自己以陆军为主力的见解，而不肯服从受交际者罗斯福以海军为主力的意见。但是，当双方各执一词，沟通交流陷入死局时，马歇尔作为交际者自觉遵循"知人论事"的原则,直面受交际者罗斯福的现实强势地位,主动放低身段,改变言语交际的策略,向着人际沟通的终极目标迂回前行,从而挽救了这场即将陷入死局的"上行沟通",并最终实现了自己的终极目标。

其二,作为交际者,马歇尔在说服罗斯福时采用了一个非常有效的修辞策略"折绕"。从上面的故事情节,我们都非常清楚,马歇尔要跟罗斯福表达的意思是:"您是美国三军统帅,陆、海、空三军都是您统领下的军种,是不应该厚此薄彼的。在攸关美国乃至全世界反法西斯战争的战略计划制订上,您更不能因为自己是海军出身,就不考虑战争的实际情况而作出以海军为主力的决策。三军统帅要有全局观,不能有狭隘的军种本位观。"然而,这层意思马歇尔没有这样直白地说出来,而以迂回曲折的"折绕"修辞表达法,说成是"你不要一提海军就'我们',一说陆军就'他们'",通过"我们"与"他们"这一人称代词的对比,委婉地提醒了受交际者罗斯福对于陆军与海军不要分彼此,都是他的军队。这样,既一针见血地指明了事实,又照顾了罗斯福的面子,让其思而得其真意所在,从而让罗斯福能够在受到尊重的前提下愉快地接受其建议。另外,马歇尔跟罗斯福说的话,还有一个值得注意的地方,就是采用了请求句,句末加了一个"行吗",这跟他的下级身份非常匹配,让受交际者罗斯福听了尤其受用。这一点,恐怕也是罗斯福能够欣然接受马歇尔建议的重要因素。

十二、感到血液跳动:女病人妙答医学家

人物:女病人、德国著名医学家威廉·格里辛格。

事件:德国著名医学家威廉·格里辛格最讨厌病人问诊时唠唠叨叨,白白浪费他的宝贵时间。一位女病人了解到这一情况后,在看病时主动迎合了威廉·格里辛格的要求,以极简的话语回答威廉·格里辛格的问话,让威廉·格里辛格喜出望外,最后一高兴免了她的就诊费用。

交际者:女病人。

受交际者:威廉·格里辛格。

沟通指向:上行沟通。

沟通原则:知人论事、讲究策略。

修辞策略:省略。

沟通效果:女病人自觉遵循"知人论事"原则,迎合受交际者威廉·格里辛格问诊时的心理,以极简的话语回答威廉·格里辛格的问诊,赢得了威廉·格里辛格的欢心,并意外地获得免除诊疗费的特殊待遇。

威廉·格里辛格是德国著名医学家。他不愿白白浪费宝贵的时间,看病时只想知道那些最重要的,如病人唠唠叨叨,他就会发火。

有一天上午,来了位女病人。她一言不发地把手伸给了医生。

"事故?"

"玻璃碎片。"

"何时?"

"昨天早晨。"

"已处理过?"

"碘酒。"

"还疼吗?"

"感到血液跳动。"

接着,检查,包扎伤口。

"费用?"女病人问。

"真令人高兴,"格里辛格笑容可掬地回答,"不用付钱,夫人,这对我来说是一种享受,该感谢的是你!"(段明贵编《名人的幽默·医生的享受》)

生病就医,乃是自然之事。但是,在就医过程中,往往会出现医患矛盾。发生矛盾的原因有很多,其中就有医患之间的问答引起的。如果医生问诊时不注意表达方式,不注意病患心理,问诊过程中有让病患感到不受尊重的地方,或是患者回答医生问诊时的话语不当,都会引发医患矛盾。这是所有到医院就诊的人都有体会的,也是可以理解的。上述故事所讲的德国著名医学家威廉·格里辛格讨厌病人问诊时唠唠叨叨,浪费他的时间,就是一个典型的例子。

一般情况下,医生与患者之间属于平等关系,医患之间的问诊答问属于"平行沟通"。但是,上述故事中的交际者(女病人)与其交际沟通的受交际者(威廉·格里辛格)之间的关系则有些特殊。因为威廉·格里辛格是德国著名的医学家,女病人是以仰慕的心态去寻求他的治疗。因此,从社会地位的视角看,威廉·格里辛格属于在上位者,而女病人则处于在下位者。因而他们之间有关治疗创伤问题的问与答,就属于"上行沟通"的性质。

从上述故事中,我们清楚地了解到,女病人作为交际者跟受交际者威廉·格里辛格之间的沟通非常顺畅,效果奇好,不仅让受交际者在为她精心治疗过程中感到心情愉悦,还破例获得了免费的待遇。那么,这个女病人何以能够让著名的医学家威廉·格里辛格对她如此礼遇呢?

从言语交际与人际沟通的视角看,我们认为女病人作为交际者,至少在如下两个方面的表现是非常值得我们赞赏的。

其一,作为交际者,女病人在自觉遵循"知人论事"原则方面做得最为出色。从上述故事中,我们可以清楚地知道,女病患对于受交际者威廉·格里辛格是有一番了解的,知道其问诊的爱好与倾向,所以他主动迎合了他的爱好与倾向,在见到威廉·格里辛格时,没有主动开口自述病情,而只是一言不发地将受伤的手伸向受交际者威廉·格里辛格,让他来问病情。然后,再根据他的问话内容,问一句答一句,绝不多说一句,而且每一句都用的省略句,用最少的文字将关键信息传达给威廉·格里辛格。

其二,作为交际者,女病人在跟受交际者威廉·格里辛格沟通交流过程中,全程运用了"省略"修辞策略。"省略"是一种修辞策略,也是一种表达手法。虽然在日常语言表达中最为常见,但一般情况下人们运用这一表达手法时,都是基于"语言经济"的原因,为了省时省力。但是,这个故事中的女病人运用"省略"手法时,则不是为了省时省力,而是要迎合受交际者威廉·格里辛格医生的问诊心理,他讨厌病人回答问题唠叨而浪费他的时间,喜欢病人言简意赅地回答问题。正因为如此,女病人的极简回答赢得了受交际者威廉·格里辛格的高度赞赏,从而破例给了她免费的特殊待遇。可见,说话不在多,借助一定语境的帮助,恰当运用"省略"手法,提供足量的关键信息就够了。就像经济学上的投资,要适当适量,最好是以最少的投资撬动最大的利润,才是最高境界。反之,过量投资反而效果不佳,收益不好。

思考与练习

一、从本章所分析的十二个案例,我们是否能够发现,为了保证"上行沟通"目标的顺利实现,有哪些交际沟通原则是必须要遵循的?请简要说明其理由。

二、从本章我们所分析的十二个案例来看,我们是否能够发现,为保证"上行沟通"目标的顺利实现,交际者在运用语言表情达意时应该注意些什么?

三、根据本章"上行沟通"的案例分析模式,请尝试自己分析以下诸例(可查阅相关资料,了解各例文意,然后再查阅交际者与被交际者的相关背景资料,加深对案例所涉及诸情境要素的理解)。

1. 汉哀帝语尚书郑崇曰:"卿门何以如市?"

崇答曰:"臣门如市,臣心如水。"(明·何良俊《语林·言语第四》)

2. 司马景王东征,取上党李喜以为从事中郎。因问喜曰:"昔先公辟君,不就;今孤召君,何以来?"

喜对曰:"先公以礼见待,故得以礼进退。明公以法见绳,喜畏法而至耳。"(南朝·宋·刘义庆《世说新语·言语第二》)

3. 第二天，吕仓遣人来客栈相请张仪，言东周君有召。张仪遂立即随来人往见东周之君。

来到周文君之殿，张仪与周文君见礼毕。接着道："臣乃僻远乡野之人，今过东周而得见周君，何其幸哉！"

周文君道："先生乃天下贤士，寡人久闻大名，今先生辱临寡人之廷，故相召，望先生有所教于寡人也！"

"周君何人哉，臣何人哉？岂敢言教，周君若有吩咐，臣自当效命前驱。"

"寡人免工师藉之相，代之以吕仓，国人议之，群情汹汹，为之奈何？"

张仪一听东周之君问到这个问题，心中早有定见了。因为昨日吕仓找到他，目的就是要他就这个问题游说周文君，以打消周文君的疑虑，不要为国人之议所左右，继续任吕仓为相。张仪心想，既然吕仓求托了自己，又向周文君荐了自己，所以今日才有周文君问计于自己的事。看来，得为吕仓好好周说一番了。

想到此，张仪便不慌不忙，从容不迫地说道："一国之政，民必有诽之者，有誉之者。然忠臣之为政，必令诽议在己，而誉声在君。昔宋平公时，皇国父为宋之大宰，为平公筑台，有违农时，碍于农事。宋相子罕谏平公，请俟农事之毕而筑台，平公不允。民大怨，筑台者讴歌曰：'泽门之皙，实兴我役；邑中之黔，实慰我心。''泽门之皙'者，乃谓大宰皇国父；'邑中之黔'者，言宋相子罕也。子罕闻之，乃自请免其相，而亲任司空，亲任筑台之事。执笞督工，鞭其怠惰者，曰：'我辈小人，皆有居室闾庐，以避燥湿寒暑。今汝辈为吾君筑一台，何以为苦，何以有怨？'筑台之民讴歌乃止。后平公之台成，民皆诽议子罕，而称颂平公。"

周文君知道这个典故，说的是二百多年前宋国贤相子罕，为了平息民众对妨害农时而大兴土木之怨，代国君受过的佳话。张仪说到这样善于为君代过受怨的臣子，周文君当然高兴了。于是，笑眯眯地点点头。

张仪知道这个典故说到了周文君的心坎上了，遂又继续说道："昔齐桓公于宫中设七市,聚伎女七百,日游于市,执鞭而为妇人御车,国人皆非。管仲为相,闻国人非议桓公,乃为三归之家,娶三姓之女。出则朱盖青衣,归则置鼓鸣钟。庭有陈鼎,富奢可比王者,以此而掩桓公之非,自求分谤于己。"

张仪说的这个典故,乃是三百多年前的事了,周文君也是熟悉的,桓公虽有荒淫奢侈不经之事,但不失其为明君,终成"春秋之霸",那是因为有管仲为相之贤。所以,张仪说到管仲为桓公分谤之事,周文君非常赞赏,遂频频点头。

张仪见此,遂总结道:"《春秋》记臣弑君者,数以百计,皆是为民称誉之臣。故大臣得誉,非国家之福也。谚云:'众庶成强,增积成山。'以国家言之,大臣誉多威重,拥众必多,其势必大,终则威震其主,必生篡逆之心也。"

周文君一听,默然良久,然后深深地点点头。

张仪知道,周文君肯定明白了自己的意思,让周文君认为东周之民群情汹汹,为前相工师藉鸣不平,正是说明工师藉乃弄权取名之逆臣,不可再用。

张仪的这个目的达到了,最后周文君坚定了决心,没有再复工师藉之相位,而是任吕仓为相不变。

辞别时,周文君赠张仪以三十金。但是,没有像他预先想象的那样,封他一个什么官职。这一点,令他有点怀疑吕仓的为人,是否他仅仅是要自己游说东周之君,固其东周相之位,并没有举荐自己在东周为官。(吴礼权《冷月飘风:策士张仪》)

4.1962年2月26日经毛泽东特批,休闲养病已有年余的胡乔木,兴致勃勃地前往康乐园,一会三十年前已闻大名的陈寅恪。陪同他去的还有陶铸。

胡乔木以学生见老师的心态拜见陈寅恪,这种心态使陈寅恪一开始就表现了"师道"的从容。老先生频频发问,"学生"尽量委婉解释。

在陶铸介绍了这几年经济形势时,老先生突然发问:"为什么出现那么多的失误？为什么弄到经济如此困难？"

胡乔木笑着回答："就好比在一客厅里将沙发、桌椅不断地搬来搬去，目的是想寻找更好的位置，所以就免不了产生搬来搬去的失误。"

老先生听后说："你这个比喻很聪明。"（段明贵编《名人的幽默·失误的原因》）

5. 美国作家密西纳接到总统邀请赴宴的请帖。他推辞说："三天前我已答应出席欢迎我中学老师退休的宴会。是她教会我写文章。我知道，您见不到我不在乎，她见不到我却会失望。"

随后，他在欢迎中学老师退休的宴会上发表演讲，说："一个美国人在一生中会遇到十多位总统执政。可是，在其一生中遇到一位好老师，却是极其难得的。"（段明贵编《名人的幽默·总统与老师》）

6. 德国诗人海涅，年轻的时候被父亲送到一个富有的伯父家里学经商。这位富翁并不把海涅当侄儿，除了让他做奴仆的工作外，还时常用恶言侮辱他。

一次，伯父骂海涅学诗没有出息。海涅忍无可忍，故意当着伯父的面对人说："我母亲怀孕时阅读文艺作品，所以我便要成为诗人；我伯父的母亲怀孕时阅读了强盗小说，所以我伯父便做了银行家。"（段明贵编《名人的幽默·不同的胎教》）

7. 小儿子一天忽然问我："爸爸，在你还是小孩子的时候，你爸爸打过你吗？"

"当然，他打过我的。"我说。

"那么，当他是个小孩子的时候，他爸爸打过他吗？"

"当然，他爸爸打过他的。"我笑着回答。

小儿子想了一会儿，然后对我说："爸爸，假如你愿意跟我合作的话，我们可以终止这种恶性循环的暴力行为。"（李剑锋等《中外幽默集锦》）

第八章 Section 8　言语交际与人际沟通案例分析之二：平行沟通

在第七章,我们精选了九例中国古代言语交际与人际沟通的经典案例,还有三例近现代西哲言语交际与人际沟通的案例进行了分析,希望学习者能从案例分析中体悟到"上行沟通"所应遵循的基本原则与所应掌握的修辞策略及相关言语技巧。在本章,我们将精选古今中外十二例言语交际与人际沟通的经典案例予以分析,目的是想通过具体案例的解析,让学习者从中领悟到"平行沟通"的真谛,明白"平行沟通"所应遵循的基本原则,掌握"平行沟通"所常用的修辞策略或语言表达技巧,从而使自己在"平行沟通"的语言实践中游刃有余。

下面我们就开始具体案例的分析。

一、事有不可知者三,有不可奈何者亦三:王稽说范雎

人物：王稽、范雎、秦昭王。

事件：王稽奉秦昭王之命出使魏国,发现被魏相魏齐屈打将死的范雎是个人才,遂偷偷将其藏于车中,并巧妙地避过了当时排斥客卿的秦相穰侯的边关检查。范雎到达秦国后,受王稽推荐而被秦昭王重用,做到了秦国之相的高位。但是,王稽自己却一直没有升官。于是,王稽就找范雎沟通,希望他能向秦王推荐自己。范雎感念王稽昔日恩德,巧妙地跟秦昭王举荐了王稽,使王稽获得了秦昭王的重用,成为秦国河东新领地的最高行政长官。

交际者：王稽(秦昭王宫中谒者,后受范雎推荐,秦昭王任之为秦国河东守)。

受交际者：范雎（本为魏国士人，被王稽秘密带到秦国后受到秦昭王重用，后为秦国之相）。

沟通指向：平行沟通。

沟通原则：友善合作、讲究策略。

修辞策略：折绕、讳饰。

沟通效果：王稽与范雎沟通成功，得到了范雎的推荐，被秦昭王任之为河东守。

范雎既相，王稽谓范雎曰："事有不可知者三，有不可奈何者亦三：宫车一日晏驾，是事之不可知者一也；君卒然捐馆舍，是事之不可知者二也；使臣卒然填沟壑，是事之不可知者三也。宫车一日晏驾，君虽恨于臣，无可奈何；君卒然捐馆舍，君虽恨于臣，亦无可奈何；使臣卒然填沟壑，君虽恨于臣，亦无可奈何。"范雎不怿，乃入言于王曰："非王稽之忠，莫能内臣于函谷关；非大王之贤圣，莫能贵臣。今臣官至于相，爵在列侯，王稽之官尚止于谒者，非其内臣之意也。"昭王召王稽，拜为河东守，三岁不上计。（汉·司马迁《史记·范雎蔡泽列传》）

春秋和战国时代都是中国历史上最为混乱的时代，但也是读书人特别是游士纵横驰骋，任情挥洒的时代。春秋时代的孔子，战国时代的孟子，都是游士的身份。特别是战国时代，更是游士遍天下的时期。那时读书人没有仕进之路，要想做官和出人头地，就得凭自己的头脑与舌头。如果头脑舌头同时都好使，那就可以"朝为田舍郎，暮登天子堂"了。不过，那时不时兴登天子堂，因为当时的周天子没有权，只是一个摆设而已，大家要登的是诸侯大国国君的朝堂。如果大家有点历史知识，一定都知道苏秦、张仪二位，他们就是游士的代表，也是成功的典范。苏秦以"合纵"之策游说山东诸侯，功成而封武安侯，挂六国相印，威风不可一世。张仪以"连横"之计说秦王，功成而为秦国相，后又借力秦国而为魏国之相、楚国之相，席卷天下无敌手。

301

但是,像苏秦、张仪这样成功的游士毕竟是少数,更多的是不成功的,有些游士周游列国不但一事无成,甚至性命都受到了威胁。如春秋时代的孔子,就有"厄陈蔡"的经历,差点被困死、饿死。又如战国时代的张仪和范雎,不但没有游说到楚王与魏王,甚至差点被楚相、魏相打死。关于张仪在楚国令尹府(即相府)被打的事,知道的人也比较多(可参见吴礼权长篇历史小说《冷月飘风:策士张仪》),至于范雎被魏相痛打的事,则知之者不多。不过,如果看过《史记·范雎蔡泽列传》,就会略知一二了。

据《史记》记载,范雎乃魏国一介书生,虽少有凌云壮志,但并非出身豪门,所以一直仕进无门,空有治国安邦的理想而无由实现。后来,他学其他读书人的样子,也去周游列国,希望游说诸侯成功,弄个一官半职干干,一来可以解决温饱生存问题,二来可以实现自己的理想,同时也好光宗耀祖。可是,事情并没有想象的那么简单,游说了几年,也没有一个诸侯王信用他,更没人给他官做。于是,他只好回到魏国,先到魏都试试看,如果魏王信用他,为自己的国家服务,不是更好吗?可是,要游说魏昭王,先得打通关节,而这是需要很多钱的,而范雎家贫,无法筹集到足够的资金。最后,没有办法,范雎只得先到魏国中大夫须贾那里当差。一次,须贾奉魏昭王之命出使东方大国齐国,范雎为随从。在齐都临淄逗留了好几个月,齐襄王也没给须贾一个确切的回话,倒是对须贾的随从范雎产生了兴趣。因为他听说范雎口才很好,非常赏识他,所以就赐范雎黄金十斤,还有牛肉美酒。范雎推辞不敢接受。须贾知道后,大为恼怒,以为范雎将魏国的机密泄露给了齐襄公,所以才得到厚赐。于是,令范雎收下齐襄王馈赠的牛肉与美酒,而退还了黄金。回到魏国后,须贾对范雎还是很生气,遂将出使齐国时齐襄王馈赠美酒牛肉与黄金给范雎的事告诉了魏相魏齐。魏齐乃魏国王室成员,乃魏国贵公子,他的权力与威风大着呢。魏齐听从须贾一面之辞,乃令左右以荆条板子痛打范雎,直打得范雎肋折齿断。范雎心知是须贾嫉妒生恨,诬陷自己,所以不想就这样死了。于是,打了一阵后,范雎就开始装死。魏齐左右不知就里,立即报告魏齐,说范雎已被打死了。魏齐听了,立即让人用草席将范雎的尸体卷了起来,扔在厕所里。又让喝醉的宾客往裹范雎的草席上便溺,以此侮辱他,惩戒其他人。过了很久,范雎从草席里探出头来,对守卫的人说道:"您要是能让我离开,将来我一定重谢您!"守卫者可怜范雎,遂请求魏齐将范雎的尸体扔了。正好这时魏齐喝醉了,就糊里糊涂地答应了。这样,范雎才得以逃脱。

然而不久,魏齐突然后悔扔掉了范雎的尸体,他开始怀疑,范雎是不是没死?如果没死,那将来必是魏国和自己的大患。于是,魏齐就派人到处追踪搜查范雎的尸体。当时,魏国人郑安平听说了这件事,秘密找到范雎后,就带着他一起逃亡了。为了躲避魏相的追踪与搜查,他们不仅隐匿起来,而且还让范雎改名换姓为"张禄"。

说也凑巧,这时秦王使者王稽出使魏国。郑安平假装士卒,侍候王稽。王稽问他:"魏国有没有贤能之士,可以跟我一起去西边的秦国啊?"

郑安平立即回答说:"在下有个同乡张禄先生,一直想见您,谈谈天下大事。不过,他有仇人,正在追杀他,所以不敢白天来见您。"

"那您带他晚上一起来。"王稽兴奋地回答道。

于是,当夜郑安平就带着范雎来见王稽。谈了没多久,话还没说完,王稽就知道,眼前这个书生不简单,是个治国安邦的大才。所以,没等范雎把话说完,王稽就打断了他的话,跟他约定了会面接头的时间地点,第二天就带着范雎离开了魏国。

但是,进了秦国境内后,遇到了巡视东部县邑的秦国权相穰侯的盘查。穰侯最排斥客卿和游士说客,所以前后两次对王稽进行了盘查。幸亏范雎有智慧,躲过穰侯的搜查,顺利进入了秦都咸阳。可是,当王稽满怀喜悦之情向秦昭王举荐范雎时,却遭到了他的冷遇。因为这时秦昭王在位已三十六年,对山东六国用兵连连获胜,所以他只相信自己的武力,而不相信什么书生谋略。这样,范雎就被秦昭王晾在了一边长达一年之久。

范雎入秦没有立即受到重用,还有一个重要原因,那就是穰侯等太后派势力对秦昭王施政的掣肘。穰侯与华阳君是秦昭王之母宣太后的亲弟弟,而泾阳君与高陵君则又是秦昭王的同胞兄弟。当穰侯为秦国之相掌握行政权时,华阳君、泾阳君、高陵君则轮流担任秦国之将,掌握军权。他们都各有广袤肥沃的封土,加上有宣太后的庇护,真是富可敌国。到穰侯担任秦国之将,掌握军权时,他又想越韩、魏二国而伐齐之纲寿,以此扩大其陶邑封地。这明显是假公济私,以国家的名义出兵作战,收获的则是自己的私利。为此,范雎看准这是一个很好的进谏机会,遂立即裂帛为书,向秦昭王挑明了穰侯用兵的私心,阐明了其对秦国国家利益的损害。秦昭王读完范雎的书信,这才知道他果然是奇才。于是,立即向王稽道歉,请他用专车接范雎来见。

范雎见到秦昭王后,昭王对他非常恭敬,三次长跪请教,最终以诚意打动了范雎。范雎遂将心中之策一一陈述,让秦昭王大喜过望,立即拜他为客卿,让他专谋兵事。不久,秦昭王听范雎之策,出兵伐魏,取魏国怀地而还。过了两年,又取魏国邢丘之地。

随着范雎的才华与谋略不断展现,秦昭王对之也越发信用。到秦昭王四十一年时,范雎不仅掌秦相之柄多年,还被秦昭王封为应侯,并拥有封地应。

当范雎在秦国的地位越来越显赫时,王稽却一直默默无闻地做着一个谒者(宫廷中掌管国君命令传达事宜的小官),多少年一直没有得到提拔重用。看着自己引荐的魏国书生如今成了秦国一人之下、万人之上的秦相,还封了侯,王稽内心开始有些不平静,或曰不平衡了。如果说范雎是千里马,那么自己就应该算是发现千里马的伯乐。既然事实证明范雎确是个人才,那么自己能发现他、推荐他,说明自己也是一个人才啊!范雎能被重用,为何独独自己就应该被冷落闲置呢?越想心里越不是滋味,越想越觉得自己委屈。于是,王稽就想直接找秦昭王去理论。但是,再一想,他又犹豫了,觉得不妥。虽然自己的想法有道理,但这个道理经由自己嘴巴说出来,未必效果好。要是秦昭王认同自己的想法还好,若是不认同,或是被认为是讨官、要官,那反而显得自己格调不高,不但升不了官,也许还会被羞辱一顿。相反,这层意思,这个道理,若经第三者的嘴巴说出来,就显得非常顺,而且冠冕堂皇。

想到此,王稽决定亲自跟范雎开口,求托他去跟秦昭王去说。因为一来范雎是秦昭王最信用的人,还被封了侯,以他与秦昭王的关系,说起来最为方便;二来范雎是秦国之相,为国荐才,乃是公事,理所当然,说起来冠冕堂皇;三来范雎曾受恩于自己,出于报答恩德的考虑,他推荐自己也是应该的,而且会比别人更尽心尽力;四来范雎是说客出身,他推荐自己,一定会说得很好听,让秦昭王信服。

虽然王稽觉得有很多理由,范雎都应该推荐自己,但是见到范雎后,他非常明智,并未以恩人自居,而是表现出下级对上级应有的恭敬态度,婉转地说道:"丞相,世上之事有三种不可预知的情况,也有三种无可奈何的情况。"

"恩公,请道其详。"范雎客气有加地说道。

"大王到底什么时候突然驾崩,这是第一种不可预知的变故;丞相您什么时候突然舍王稽而去,这是第二种不可预知的事情;我何时突然伸腿而去,这是第三种不可预知之事。"

"那三种无可奈何的情况又是什么呢?"范雎望着王稽,满脸诚恳地问道。

"大王一旦驾崩,那时您纵然觉得没有报答我而感到遗憾,但为时已晚,无可奈何了! 要是您哪天突然舍王稽而去,那时您觉得没来得及报答我而有遗憾,也为时已晚,无可奈何了! 假如哪天我突然死了,您觉得没机会报答我而感到遗憾,那也晚了,无可奈何了!"

范雎听了王稽这番话,心里非常不是滋味,觉得非常愧疚。没说一句话,也没抬头望一眼王稽,范雎就转身进宫找秦昭王去了。

见了秦昭王,范雎没有客套,而是开门见山地说道:"大王,臣本魏国一介书生,非王稽对大王之忠,不可能将臣带入函谷关;非大王之贤明,臣不可能贵极人臣。今臣官居秦相,爵封列侯,而王稽仍只是一个谒者,这恐怕不是他当初冒死将臣带入秦国的本意吧。"

秦昭王听懂了范雎的意思,也觉得确实委屈了王稽,自认为这不是对待荐贤有功之臣应有的态度。于是,立即拜授王稽为秦国河东新郡之守,并特别恩准,可以三年不向中央政府汇报政治、经济、军事等工作。

读完上面这则故事,相信读者一定会为范雎杰出的游说才能所折服,对王稽慧眼识才、忠心荐才的眼光与气量大加赞叹。而对于王稽请托范雎的一番话,相信大家不仅会像范雎一样深受感动,而且会对他超乎寻常的口才与高超的言语交际与人际沟通能力佩服得五体投地。

那么,王稽的一番话何来如此独特的效果与魅力呢?

结合王稽游说范雎前后的情境,仔细分析一下他对范雎所说的三个"不可知"、三个"无可奈何",我们认为最值得称道的有如下两点:

其一是作为交际者,王稽对受交际者的"角色"定位非常准确,对其心理把握得非常准确。交际者王稽曾经对受交际者范雎有泼天大的恩德,但是,范雎却在春风得意、位极人臣时没有想到报答王稽昔日的知遇之恩。将心比心,任何人都会有想法。因此,即使王稽冲到范雎的相府,指着鼻子骂范雎一顿,也不为过。但是,王稽没有这样做。相反,当他决定要请托范雎进荐自己时,不仅不以恩人自居,而且在见到范雎时对其恭敬有加,以下级对上级的态度婉转进言。之所以这样,是因为他洞悉了世态人心,现实生活中受人恩德者,并非都能做到有恩必报,相反还有些人一阔脸就变,甚至翻脸不认人。正是有此考虑,王稽在分析了范雎封侯拜相后可能的心理变化,采取了谨慎而恭敬的态度,以求托的姿态出现,而不是以命令或责令的口吻让他向秦昭王进荐自己。这个分寸明显是拿捏得最好的。正因为如此,当受交际者范雎听完他的"三不可知""三无可奈何"的说辞后,愧疚得无地自容,立即转身进宫找秦昭王游说。如果不是从心底深切地感动了受交际者范雎,他绝不会如此重视交际者王稽的请托而迅速付诸行动。可见,对受交际者当前

"角色"与自己当下"角色"的准确定位,对受交际者心理的准确把握,确是交际者王稽顺利实现与受交际者范雎的言语交际与人际沟通目标的关键所在。

其二是作为交际者,王稽请托受交际者范雎时选择的修辞策略非常恰当。其所运用的"折绕"与"讳饰"修辞策略,在适应受交际者的"角色"与心理方面效果特别好,使请托之意在受交际者听来显得非常得体。王稽请托范雎的一番话,概括起来说,就是一句话:"我曾有恩于你,你现在位极人臣,正是报答我的好时机。否则,错过时机,后悔也来不及了。"如果真的这样说,范雎也不会觉得有什么不对,但是他会听了心里不爽。毕竟,此一时也,彼一时也,现在他是一人之下、万人之上的秦相与列侯,这样说话不合官场规矩。正因为王稽洞悉了受交际者这种心理变化,所以用"三不可知""三无可奈何"这样的说辞,婉转迂回地将其真意表达出来,让受交际者范雎思而得之,在赢得面子的同时,愉快地接受其请托。这便是"折绕"修辞策略的妙处。除此,交际者王稽在与受交际者范雎的言语交际中还运用了"讳饰"修辞策略。所谓"讳饰",是一种"交际者(communicator)言及可能触犯受交际者(communicatee)忌讳或社会习俗禁忌的事物时,为了避免或缓解对受交际者的心理刺激,有意'换言易语'予以规避甚或美化的一种修辞文本模式。这种修辞文本模式,一般说来,在表达上虽有闪烁其辞的飘忽感,但却不失有一种'可意会而不言传'的婉约美、朦胧美。接受上,语义表述的模糊性与间接性虽让受交际者在解读接受时需费一定心力,但一旦经过努力解读成功,受交际者便会有一种成功的心理快慰,同时能够真切地感受到交际者的善意,从而有效避免双方由于语言上的冲突而可能导致的情感情绪抵触,有利于言语交际的顺利进行"[①]。如王稽在说到秦王的死、范雎和自己的死时都没有出现"死"字,而是分别用"晏驾"(即国君上朝迟到)、"捐馆舍"(交出馆舍不住了)、"填沟壑"(即埋到沟

[①] 吴礼权:《现代汉语修辞学》(第四版),复旦大学出版社,2020 年,第 43—44 页。

里)来讳饰带过,不触及包括受交际者在内的所有人的忌讳。这样的表达明显有助于避免触发受交际者不愉快的心理感受,特别是说到秦王,更是不可言"死"字。虽然秦王并非当前的受交际者,但在受交际者范雎听来,仍会引起不快的心理感受,因为这触犯了为尊者讳的社会共识。可见,交际者王稽运用"讳饰"修辞策略对于成功实现与受交际者范雎的人际沟通目标也是起有重要作用的。

交际者王稽之所以能够做到上述两点,其实是与其自觉遵循"友善合作""讲究策略"的原则密切有关。

二、君子之交淡如水:贫士的祝酒词

人物:士人、士人之友。

事件:一个读书人(即故事中的士人)家贫,他的一个朋友要做寿,他无钱买钱致贺。情急之下,乃以空瓶装水以为酒。寿筵那天,他亲手将那瓶所谓的"酒"送给朋友,特别说了一句:"君子之交淡如。"他朋友先是一愣,继而恍然大悟,回了他一句:"醉翁之意不在。"于是,二人欢洽怡然,宴会气氛热烈。

交际者:士人(一个家境贫寒的读书人)。

受交际者:士人之友(贫士之友,非常通情达理)。

沟通指向:平行沟通。

沟通原则:友善合作、讲究策略。

修辞策略:藏词。

沟通效果:士人的话含蓄婉转,其友明白了其中的深意,亦以同样的表达方式回应。由此,宾主心照不宣,祝寿宴会的气氛丝毫未受影响。

一士人家贫,与其友上寿,无从得酒,乃持水一瓶称觞曰:"君子之交淡如。"

友应声曰:"醉翁之意不在。"(明·冯梦龙《古今谭概·巧言》)

中国有句俗话,叫作"人穷志短"。意思是说,一个人不得温饱,生存问题出现状况,是很难希望他有什么骨气或曰人格。

中国先哲教导读书人,有这样一句话:"饿死事小,失节事大。"意思是说,做人要有气节,宁可饿死,也不要丧失人格,包括做坏事,或是受嗟来之食。

其实,这只是中国古代圣贤嘴上说说的大话而已。自古以来,有多少人能够做到呢?不要说饿死,饿你三顿,保管你什么志气、什么气节都没了。什么圣人教诲,恐怕早就抛到九霄云外了。

不是吗?

明代有一位贫士(穷困的读书人),整天读圣贤书,一心指望着有朝一日科举及第,能够高官得做,骏马任骑。可是,哪里有这么容易呢?结果,书越读越多,家境越来越差。

一次,贫士的一位好朋友要做寿,大家都前往祝贺。按照中国人的规矩与礼数,给他人贺寿不能只带一张嘴,只说或只吃,而是要有礼物馈赠的。这一点,贫士当然明白。正因为明白,他就苦恼了。因为家里实在没有钱,买不起什么贵重物品做寿礼。最后,没办法,就想买一瓶酒。因为读书人都是爱喝酒的,李白说自己"斗酒诗百篇",大家都认为读书人就应该喝酒。可是,贫士翻翻家里的钱袋子,发现连买瓶酒的钱也没有。这一下,可愁坏了贫士。

不过,贫士毕竟是读过书的人,脑袋就是灵活。忧愁了一会,他有了主意。家里不是有很多空酒瓶吗,选一只好的瓶子,装点水,封上口,届时送上不就算送了寿礼了吗?

可是,空瓶装好水后,贫士又犹豫了。觉得这样不好,这不是造假吗?造假就是不讲诚信。读圣贤书的人,怎么可以不讲诚信呢?再说了,就是不讲诚信,也不能对好朋友不讲诚信呀!这样,以后还有什么颜面见朋友,如何再在读书界混?将来要是考中进士、状元什么的,被人揭出老底,岂不要前程尽毁,颜面尽失?

这样想着,贫士就准备将手中灌了水的酒瓶给砸了。可是,刚举起想摔时,他突然灵感来了,遂迅即将高高举起的酒瓶慢慢地放下了。然后,再端端正正地将那坛假酒放在了书案上,并找来一块抹布将瓶子仔仔细细地擦了一遍。

到了朋友寿诞这天,贫士捧着这坛假酒就往朋友家去了。见到朋友,寒暄已毕,他就恭恭敬敬地将这坛假酒呈上,并悄声跟朋友说了一句:"君子之交淡如。"

他的朋友一愣,直眼看了看贫士,见其衣裳不整,突然有所醒悟,遂连忙笑道:"醉翁之意不在。"

说完,二人相视一笑。然后,大家快快乐乐地入席,庆贺寿诞了。整个寿宴期间,气氛始终都是热烈而欢乐的。

读完这则故事,相信大家不仅不会鄙视故事中那位造假的书生(即贫士),反而会非常佩服其高超的言语交际与人际沟通的智慧。

那么,作为交际者,故事中的那位贫士在与其朋友进行言语交际与人际沟通时到底表现出什么样的智慧呢?

我们认为,最起码有两点是值得大家特别重视的。

其一,作为交际者,贫士对受交际者(即做寿的朋友)的"角色"定位很准确。贫士虽然明知自己以假酒给朋友祝寿是不诚实的行为,也是很不得体的行为,但他还是按照原计划实施了。这是因为他对朋友比较了解,相信他们彼此之间的关系足以消除误解。事实上,当受交际者接过交际者的假酒,并听了他的解释后,不仅没责怪他,反而以同样的方式回应,既展现了读书人的风雅,又消解了交际者的尴尬。这样的心照不宣,真可谓是善解人意。如果交际者对受交际者的"角色"定位不准确,送假酒为朋友贺寿的行为就不会发生;而没有送假酒的情节,就没有贫士与其朋友语含玄机的一对一答;而没有这一对一答,则就没有这段文人佳话的产生并流播。

其二,作为交际者,贫士与受交际者交际沟通时所选择的"藏词"修辞策略非常高明。所谓"藏词",是一种"在说写中将人们习用或熟知的成语或名句的某一部分藏却,而以其中的别一部分来替代说写,以获致婉转含蓄效果的语言表达策略。藏词可以分为三类:一是'藏头',即将某一成语或名句的前一部分藏却,只说后一部分;二是'藏尾',即将某一成语或名句的后一部分藏却,只说前一部分;三是'藏腰',即将某一成语或名句的中间部分藏却,只说头和尾"①。贫士送酒时跟朋友说的那句话,运用的就是"藏词"修辞策略中的"藏尾"式。众所周知,《庄子·山木》篇中有两句话非常有名,曰:"君子之交淡如水,小人之交甘若醴。"贫士为了说明自己跟做寿朋友之间的关系属于君子之交,所以就引了前一句话来表达。这是引言明志,或曰引言达意,属于中国古人常用的一种修辞手法。如果交际者(贫士)引了"君子之交淡如水"全句,意思表达当然会更清楚,但是效果肯定不好。因为他送给朋友的不是酒,而是水。说出了"水"字,触到了交际者自己心中的最痛处,而且引全句对受交际者起不到提醒"瓶中是水"的作用。这样,朋友若是当场开瓶,岂不就露馅了?真的露馅了,那丢面子的不仅是自己,连朋友的面子都丢尽了,一场欢欢喜喜的庆寿宴会岂不就要被尴尬的气氛压抑了?正因为如此,交际者有意用了"藏词"之法,藏去了全句的关键词"水"字,让受交际者思而得其真意,从而既表达了真情,展现了君子之交的本色,又表现了朋友之间坦诚相见的深情,同时还可避免第三者获知真情后的尴尬。同样,受交际者(做寿朋友)为了给交际者面子,避免交际者情感上受伤,也采用了同样的修辞策略,"引宋人欧阳修《醉翁亭记》中的名句'醉翁之意不在酒,在于山水之间'的前半句,并藏却关键的'酒'字,不露痕迹地解除了朋友的尴尬,并婉转地表示了自己的心意:'我不在乎你送的是不是酒,我要的是你这个朋友的一片心意和真挚的友情!'真是会说话,把话说到了朋友的心坎上,可谓是有情有义、

---

① 吴礼权:《语言策略秀》(修订版),暨南大学出版社,2013年,第81页。

善解人意的好朋友。贫士有这样一位朋友,也是他的福分了!如果朋友直说:'老朋友,别客气,送水当酒也没关系,有你一番心意就够了',那么那位贫士将要找个地缝钻进去了,还有什么颜面呢?"① 由此可见,交际者贫士的修辞策略是成功的,受交际者在他的启发下运用相同的修辞策略也是成功的,都是一种成功的言语交际与人际沟通的范本,值得我们学习借鉴。

三、我便吃得,你却舍不得:塾师认为鸡有七德

人物:私塾先生、东道主。

事件:一个人家延师课子,待私塾先生甚薄,饭菜皆清淡。先生心中大为不满,但碍于孔圣人有"君子谋道不谋食"的训示,不便向东道主提出。一天宾主同坐闲话,见篱边有鸡,先生乃见鸡起意,巧妙地讽刺了东道主的吝啬,提出了要吃鸡的诉求。

交际者:私塾先生(古代的家庭教师)。

受交际者:东道主(延师课子的主人)。

沟通指向:平行沟通。

沟通原则:友善合作、讲究策略。

修辞策略:设彀、双关。

沟通效果:私塾先生的话婉转含蓄而又幽默风趣,既"不著一字"地讽刺了东道主的吝啬,又不失圣人之徒的身份,巧妙地提出了自己的合理诉求。

一家延师,供饭甚薄。

一日宾主同坐,见篱边一鸡,指问主人曰:"鸡有几德?"

主曰:"五德。"

---

① 吴礼权:《语言策略秀》(修订版),暨南大学出版社,2013年,第82页。

师曰:"以我看来,鸡有七德。"

问为何多了二德,答曰:"我便吃得,你却舍不得。"(清·游戏主人《笑林广记》)

中国读书人有两个最大的毛病,一是"患得患失",二是"死要面子活受罪"。

所谓"患得患失",就是临事犹豫不决,前怕狼后怕虎,做事缩手缩脚,不敢豁出去放手大干一场。所以,中国自古就有一句话,叫作"秀才造反,十年不成"。为什么十年都不成呢?因为拿不定主意,行动没有决断力,瞻前顾后。相反,像秦末的陈胜、吴广,大字不识一个,却敢想敢干,面对多少英雄好汉、智者谋士都畏之如虎、噤若寒蝉的秦朝统治者,就敢揭竿而起,起来造他们的反。结果,在他们的带动下,天下好汉群起响应,这一闹,大秦帝国不就土崩瓦解了吗?相反,《水浒传》里的白衣秀士王伦是个读书人,虽有胆啸聚山林,占了一个水泊梁山,却不敢放手大干,致使梁山大业迟迟没有进展。而没有读过书的晁盖一上梁山,立即面貌大变。革命事业兴旺发达,很快梁山上就啸聚了一百零八将,更有无数虾兵蟹将,大小喽罗。这就叫格局,这就是魄力,这就是力量。

所谓"死要面子活受罪",就是有话不敢讲,或是不好意思开口。心里纵然有天大的委屈,或是有无数的抱怨,却就是不敢或不肯讲出来。有想法,有意见,有要求,总是藏在肚子里,或是在背后讲闲话。汉语里有个词,叫作"腹诽",说的就是中国读书人的这副德行。如果自己是读书人,或自己不是读书人而跟读书人打过交道,大概对于中国读书人的这个特点都会有所了解或有深刻体会的。

患得患失,其结果是成不了大事,一生碌碌无为。死要面子活受罪,其结果是苦了自己,怨不得别人。说到患得患失而成不了大事,这样的事例在中国历史上是太多了,用不着在此举例说明。至于死要面子活受罪,现实生活中大家也是经常见到的。这里我们再讲一个中国古代的例子，以见笔者言之不诬也。

清代有一位读书人，因为没有科举及第，进身无门，只得给人家当私塾老师。延聘他的东道主，虽然有望子成龙的热望，但却不肯投资，给予私塾老师的待遇不但说不上丰厚，反而是非常刻薄。不仅薪资不高，而且每天每顿所供饭菜也是非常差的。私塾老师天天顿顿吃着没有油水的粗蔬劣食，心中大为不满。但是，他是读书人，想起孔圣人有训示"君子谋道不谋食"，所以就不好意思为了饭菜问题而跟东家交涉。因为不好意思说，但心里又有怨气，因此，除了消极怠工，不好好教东道主的孩子读书，就是忍着怒火自怨自艾。

有一天，东家突然有雅兴，陪着私塾先生在门前闲坐聊天。海阔天空地闲聊了一会，私塾先生突然发现东家篱边有一只鸡跑过来了，于是灵机一动，指着那只鸡，问东家道："鸡有几德？"

东家也是有些文化的，立即答道："五德。"

私塾先生知道东家知道典故，但却装着不解的样子，认真地问道："哪五德？"

东家不知是计，遂得意地卖弄起学问道："《韩诗外传》不是说过吗？鸡首戴红冠，这是文；足傅距，这是武；敌在前而敢斗，这是勇；得食相告，这是仁；守信不失时，这是信。文、武、勇、仁、信，这就是鸡的五德。"

东家话音未落，私塾先生就接口说道："依我看，鸡有七德。"

东家不解，连忙问道："从来大家都是这么说的，鸡有五德呀！怎么会多出二德呢？先生，请您说说看。"

"我便吃得，你却舍不得。"私塾先生脱口而出道。

东家听了，先是一愣，继而尴尬地笑了。这次，大概逃不过了，鸡一定是要给私塾先生吃了，否则实在没法面对了。

读了上面这则故事，我们一定会为这位私塾先生的言语交际与人际沟通智慧，为他说话的机智幽默而感佩。

那么，作为交际者，私塾先生的言语交际与人际沟通的智慧表现在什么方面呢？他的话为什么那么幽默诙谐，其奥秘何在？

我们认为，作为交际者，私塾先生的交际沟通智慧与表达技巧主要表现在如下两个方面。

其一，作为交际者，私塾先生对受交际者（东家）的"角色"定位非常准确，对他的心理把握也很准确。受交际者东家也是一个读书人（这从他知道"鸡有五德"的典故可以清楚地见出），与交际者私塾先生有读书人共具的心理特点：一是好面子，二是喜欢说话迂回曲折，不喜欢直来直去。私塾先生与东家朝夕相处，因为了解受交际者的背景及其心理，所以他对饭菜虽然很不满意，但却碍于自己的面子，同时也碍于东家的面子，一直没有提出来。这是私塾先生作为交际者对受交际者（东家）"角色"予以准确定位的表现，也是对其心理准确把握的表现。

其二，作为交际者，私塾先生对受交际者（东家）的吝啬予以讽刺，向他提出要求吃鸡的诉求，其所运用的修辞策略相当高妙。作为交际者，私塾先生与受交际者闲坐聊天，本来也可以有其他方法提出改善膳食的要求。但是，他没有这样做，而是见"鸡"而作，设置了一个语言圈套，即问受交际者"鸡有几德"。这个问题问得自然，因为鸡在他们面前。正因为问题问得自然，所以就让受交际者（东家）丧失了警惕性，不假思索，脱口而出回答道："鸡有五德。"等到受交际者"五德"说出口，交际者私塾先生便自然而然地续了一句："依我看来，鸡有七德"，再次设置了一个语言圈套，将受交际者（东家）引入预设的语言陷阱。当受交际者（东家）反问"还有哪二德"时，交际者就水到渠成地抖出了谜底："我便吃得，你却舍不得"，就像是猎人收紧了布下的罗网，擒住了猎物。这一语言圈套的设置，就是我们前面业已说过的"设彀"修辞策略。其中，"我便吃得，你却舍不得"一句，则又是"双关"修辞策略的运用。它是利用"德"与"得"的谐音关系，巧妙地实现了由语音到语义的转换，从而既机智地讽刺了东家的吝啬，又半真半假地提出了要求吃鸡的诉求，不仅不失读书人"谋食"的面子，还由此彰显了读书人的幽默风趣，让受交际者不得不感佩，从而愉悦地接受其批评与合理诉求。

四、大自然好,苍蝇还往厕所跑:周恩来妙答尼克松

人物:周恩来、尼克松。

事件:美国第三十七任总统尼克松1972年访华,正值林彪叛逃苏联事件发生不久。尽管尼克松此次访华的目的是意欲结好中国,联合中国遏制苏联的霸权,但是尼克松作为美国总统仍然不能摒弃意识形态思维,欲借林彪出逃事件向中国发难,让周恩来总理难堪。结果,周恩来总理打了一个比方,以"四两拨千斤"的方式将敏感的政治难题化解了,而且非常幽默,让尼克松不得不佩服,并由此在世界政坛传为佳话。

交际者:周恩来(中华人民共和国总理)。

受交际者:尼克松(Richard Milhous Nixon,中文全译名:理查德·米尔豪斯·尼克松,生于1913年,卒于1994年,美国第三十七任总统,在任期间秘密访华,为中美关系正常化打开了大门)。

沟通指向:平行沟通。

沟通原则:知人论事、讲究策略。

修辞策略:比喻。

沟通效果:周恩来总理通过一个机智的比喻,不仅将美国总统尼克松别有用心的政治难题化为乌有,而且还让尼克松不得不佩服其政治修辞的高度智慧。

尼克松一次问周恩来总理:"总理阁下,中国好,林彪为什么往苏联跑?"

周恩来回答:"这不奇怪。大自然好,苍蝇还要往厕所跑嘛!"(段明贵编《名人的幽默·林彪与苍蝇》)

众所周知,第二次世界大战之后,世界分裂为两大阵营,一是以苏

联为代表的社会主义阵营,一是以美国为代表的西方资本主义阵营。两大阵营竞争的结果,逐渐演变成了美苏两个超级大国全球争霸的局面。20世纪50年代至70年代,是美苏两个超级大国全球争霸达到白热化的阶段。到美国第三十七任总统尼克松时代,美国的势力稍有衰落,苏联的霸权气势更加咄咄逼人。为了制衡苏联,美国一改朝鲜战争以来对新中国的敌对态度,主动亲近中国,并意欲结好中国,形成中美联手的格局。正是基于这一全球战略,尼克松排除美国国内政治的种种干扰,让基辛格于1971年7月9日取道巴基斯坦秘密访华,为中美两国关系的改善探路。在基辛格完成秘密访华任务后,中美两国政府于1971年7月15日同时宣布美国总统尼克松将于1972年5月之前访问中国的消息。消息一出,全世界为之震惊。1972年2月21日,尼克松飞抵北京,作为美国总统实现了对新中国的第一次访问。1972年2月27日晚,在尼克松即将结束中国之行返回美国之际,中美两国政府发表了具有重大历史意义与深远历史影响的《上海公报》。"《上海公报》的发表成为中美关系上一个重大的转折,结束了长期以来处于相互隔绝甚至非常敌对的状态,为两国关系正常化打开了大门。尼克松对这一重大的外交成就十分重视,宣称这是'世界为之变化的一周'。"

  上述故事中周恩来与尼克松的言语博弈,就是发生于尼克松1972年访华期间,可谓是一个非常有趣的插曲,也是中美两国有关意识形态与社会制度方面竞争的一次交锋。交锋的结果是,作为交际者的周恩来以一个机智幽默的比喻就轻松化解了受交际者尼克松抛出的政治难题,在不使客人尼克松尴尬的情况下有力地回击了其别有用心的政治挑衅。

  那么,交际者周恩来何以能够以一个比喻就取得中美政治博弈的胜利,在两国领导人之间进行的特殊言语交际与人际沟通中顺利实现其预期的目标呢?

  从言语交际与人际沟通的视角看,我们认为主要有如下两个方面的原因。

其一,作为交际者,周恩来对受交际者尼克松的"角色"定位非常准确。尼克松来华访问,虽然是出于结好中国的目的,但他毕竟是美国的总统,是代表西方资本主义阵营。所以,对于尼克松其人,交际者周恩来既将之视为中美交好的使者,又将之视为中国社会主义制度的挑战者,对尼克松思想深处根深蒂固的敌视社会主义的意识形态思维有清醒的认识,知道他一定会挑动敏感的意识形态话题,利用当时中国与美国在经济社会发展方面客观存在的巨大差距说事,利用中国刚发生不久的中共中央副主席林彪叛逃苏联的政治事件说事,从而"攻其一点,不及其余",达到彻底否定中国社会主义制度的目的。正因为周恩来作为交际者对受交际者尼克松其人的思想与心理早有深刻的了解,所以在有了充分思想准备的情况下,基于政治大局与外交礼仪的现实考虑,对尼克松提出的带有浓厚政治挑衅意味的问题,采取了避实击虚的策略,用了一个生动形象的比喻予以了回应,既在政治上赢了对方,又不至于让对方陷入尴尬。可见,作为交际者,周恩来在跟尼克松进行交际沟通前,早已做足了功课,对其心理进行过揣摩,并为尼克松可能发起的政治挑衅准备了预案。不然,对于尼克松突如其来的政治挑衅,周恩来也不可能脱口而出,以一个巧妙的比喻就予以应对了。

其二,作为交际者,周恩来在回应受交际者尼克松的政治挑衅时,运用了"比喻"修辞策略,化实为虚,以"四两拨千斤"的方式将尼克松抛出的敏感政治难题化为乌有。如果不用比喻,而是以理性的表达予以说明,即通过攻击苏联社会主义之假、赞扬中国社会主义之真、批判林彪政治品德之恶,以此达到否定林彪叛逃苏联的合理性,不仅非常辞费,而且不容易将林彪叛逃苏联的真相讲清楚、说明白。那样,反而会让尼克松疑窦丛生,对中国的政治体制产生质疑。因为尼克松本来就有一种先入为主的意识形态思维,对社会主义有一种天然的敌意。相反,运用"比喻"修辞策略,则能化严肃为幽默,化平淡为生动,对尼克松别有用心的政治挑衅可以避实击虚。这里需要指出的是,周恩来的这个比喻之所以生动幽默,还能发挥避实击虚的效果,是因为周恩来运用的这个比喻,不是一个普通的"明喻",而是一个表意生动而含蓄的"借喻"。周恩来回应尼克松的话,如果以"明喻"形式来呈现,就是这样一句话:"林彪像苍蝇,苏联像厕所。林彪叛逃苏联,就像逐臭的苍蝇飞往厕所一样。"这样的表达,意思虽非常清楚,说法也非常生动形象,但给受交际者的感觉好像不是在说理,而是纯粹的人身攻击,没有任何的说服力。作为政治与外交博弈,这不能算是赢得了胜利。可贵的是,作为交际者,周恩来事实上没有以"明喻"的形式呈现,而是以"借喻"的形式呈现,比喻的两个本体("林彪"与"苏联")都略而不提,只以两个喻体("苍蝇"与"厕所")来呈现,这样就使表意显得婉转含蓄,体现了交际者作为一个大国领导人应有的政治风度与一个礼仪之邦的总理应有的人格高度。正因为如此,周恩来的回答让尼克松无话可说,并在世界政坛传为佳话。

五、君子动口,小人动手:张大千自嘲娱人

人物:张大千、梅兰芳、上海文艺界其他重要人物。

事件:20世纪30年代,上海文艺界宴请著名画家张大千,特邀张大千最喜爱的京剧演员梅兰芳作陪。在宴席开始时,因为坐首席的问题,张大千跟梅兰芳相互推让,让众人无所适从。最后,还是张大千巧借二人的职业特点,妙解中国古语"君子动口,小人动手",让大家拍手称好,梅兰芳也因此坦然地接受了张大千的提议,二人一起坐了首席,宴会气氛顿时活跃起来,并在文艺界传为佳话。

交际者:张大千(中国著名画家)。

受交际者:梅兰芳(中国著名京剧表演大师)。

沟通指向:平行沟通。

沟通原则:友善合作、讲究策略。

修辞策略:别解。

沟通效果:张大千妙解古语,不仅让梅兰芳坦然受邀坐首席,而且使一众嘉宾如坐春风,宴会气氛顿时活跃起来。

20世纪30年代,有一回上海艺文界的名流在国际饭店宴请张大千,稔知他最爱听梅兰芳唱戏,特地邀请梅兰芳作陪。入席时,大家公推张大千坐首席,再三恭请。

"大千先生,您是主客,理应坐首席,这个位子您如果不坐,还有谁能坐呢?"

大师面露诡谲的神情,莞尔一笑:"梅先生是君子,理应坐在首位;我是小人,该当叨陪末座。"

几句话使众人莫名其妙,当下都愣在现场。梅兰芳很不好意思地赔笑道:"张大师,今天是上海艺文界合请您,在下奉命来作陪,颇感光荣,何来'君子''小人'?请不吝指教!"

大千先生好整以暇,从容不迫地说:"不是有句话'君子动口,小人动手'吗?您唱得一口好戏,誉满天下!我只不过动手画几笔画而已。所以特地要请您君子上坐,让我小人动手执壶!"

一席话使众人恍然大悟,宾主开怀,于是请梅张二位并排上坐。
(沈谦《张大千小人执壶》)

中国的文化传统讲究谦让,这在日常生活的方方面面都有体现。比方说,大家一起吃饭,坐个座位也要分个首座、次座、末座,并相互礼让一番,以示对他人的尊崇,同时表明自己是谦谦君子,是个知礼之人。上述故事中的张大千与梅兰芳宴席上为坐首席的事相互推让的情节,就是一个生动的写照。

在酒席上让座,在中国这种特定的文化语境下,乃是"司空见惯寻常事",并没有什么令人奇怪的。但是,就是这样一个"司空见惯寻常事",发生在张大千与梅兰芳之间,就成了在中国文坛广泛传播的佳话。这是为什么呢?其中的原因,除了跟张大千与梅兰芳二人特殊的身份有关外,更重要的还是与交际者张大千的创意造言智慧有关。

从言语交际与人际沟通的视角看,张大千跟梅兰芳沟通成功,让其坦然受邀坐上首席,主要是因为作为交际者的张大千在如下两个方面做得非常好。

其一,作为交际者,张大千对"平行沟通"的原则("展诚意,给面子")贯彻得非常到位,让受交际者梅兰芳感受到了最大的善意,让在座的其他嘉宾真正感受到什么叫"与人为善",什么叫"文人相亲",什么叫人格的力量。众所周知,在中国传统文化观念里,书画家的地位自古以来都是非常崇高的,而演员(包括古代为帝王娱乐的伶人)都是地位非常卑贱的(尽管大家都非常喜欢这些人,甚至有很多有地位的人也热烈地追捧)。梅兰芳生活的时代虽然不是古代,但很多人的旧观念仍然存在,梅兰芳自己也心里清楚。所以,当时上海文艺界宴请张大千,他受邀作陪就觉得非常光荣了。然而,张大千却因为喜欢听他唱戏而对他倍加推崇,推让他坐首席。这出乎梅兰芳的预料,所以梅兰芳无论如何也不肯答应。结果,就有了故事中描述的那番相互推让的情景。按照常规,张大千是上海文艺界宴请的主宾,坐首席是理所当然的。然而,张大千却突破常规,要作陪的梅兰芳坐首席。这不是张大千虚情假意的客气,而是发自内心的真诚,是言语交际与人际沟通中自觉遵循"友善合作"原则的表现,也是自觉贯彻"平行沟通"中"展诚意,给面子"原则的表现。作为受交际者,梅兰芳虽然感受到了交际者张大千的善意,但由于受传统文化观念影响至深,所以张大千越是大庭广众之下特意推崇他,他就越是难以接受张大千邀请他坐首席的要求。这样,交际双方的交际沟通就陷入了尴尬的境地,让在座的上海文艺界其他名流感到无所适从。但是,交际者张大千没有因为交际沟通遇到了挫折就放弃努力,而是在关键时刻发挥了创意造言的智慧,通过妙解古语"君子动口,小人动手",在幽默的自我调侃中消除了受交际者梅兰芳的顾虑,在不露痕迹中消解了中国传统文化对唱戏人的陋见,让梅兰芳内心释然,坦然接受了邀请,愉快地坐了首席。这一过程,就是交际者张大千"展诚意"的表现,也是将贯彻"给面子"原则落到实处的表现。正因为如此,在座的其他上海文艺界名流才会发自内心地推崇交际者张大千的人格魅力,将其让座之事广泛传播,使之成为中国文坛的一大佳话。

其二,作为交际者,张大千选择了一个非常高妙而有效的修辞策略,这就是"别解"。所谓"别解",是一种"在特定语境下临时赋予某一词语以其固有语义(或惯用语义)中不曾有的新语义来表情达意"[①]的修辞策略。这种策略的运用,"在表达上多具生动性、趣味性;在接受上,由于表达者所建构的修辞文本对词语的常规语义规约进行了出人意表的突破,原语义与新语义的反差造就了接受者心理的落差,注意力为之骤然集中,细细思量,不禁哑然失笑,从而在文本解读接受中获取了一种幽默风趣或讽嘲快感的审美享受"[②]。交际者张大千劝说受交际者梅兰芳坐首席,其理由是"君子动口,小人动手"。这是一个古语,其本意是说,治理国家的人(即古之"君子"的本义,后引申为"道德高尚者"。因为中国古代讲"以德治国",因此在古人看来,统治者作为在上位者,是万民的表率,自然应该是道德高尚者)是脑力劳动者,只要动动嘴巴,指挥别人做事就可以了;普通民众(即古之"小人",后引申为"道德低下者",跟"君子"对应)是体力劳动者,需要听从统治者的指挥动手干活。这讲的是社会分工的道理。稍有点文化的中国人,应该对这个古语的固有语义都是清楚的。但是,交际者张大千却在与受交际者梅兰芳的交际沟通中,根据梅兰芳唱戏是吃开口饭、自己画画是吃动手饭的职业特点,临时赋予了"君子动口,小人动手"以其固有语义不曾有的新语义,将开口唱戏的梅兰芳说成是"君子",将动手画画的自己说成了是"小人"。这种"偷梁换柱"的妙解古语,通过巧妙的赞誉对方、贬损自己,让受交际者梅兰芳及上海文艺界的名流大出意表。但是,细一思量,则不禁为张大千的创意造言智慧而拍案叫绝,在原语义与新语义的反差对比中为之哑然失笑。于是,直接受交际者梅兰芳在笑声中坦然接受了交际者张大千的邀请,坐上了首席;间接受交际者(上海文艺界在座名流)则如释重负,不再为二人的推让陷入僵局而尴尬,于是一众

---

① 吴礼权:《现代汉语修辞学》(第四版),复旦大学出版社,2020年,第250页。
② 同上书,第251页。

宾客如坐春风,欢乐融洽。

六、人类愈演进毛愈少:李德全与冯玉祥论人类进化

人物:李德全、冯玉祥。

事件:冯玉祥在北伐战争期间,因为忙于战事,很久没有剃须,但士兵见了他,觉得愈发显得威风。夫人李德全跟冯玉祥的士兵不一样,他不喜欢冯玉祥留胡须。于是,就借跟冯玉祥闲谈人类进化的话题,婉转地给冯玉祥进言,希望他把胡须剃掉。因为李德全说得巧妙,冯玉祥虽然很喜欢其留起来的胡须,但还是愉快地剃掉了大胡子。

交际者:李德全(冯玉祥的第二任夫人)。

受交际者:冯玉祥(字焕章,生于1882年,卒于1948年,安徽巢县人。中国国民革命军陆军一级上将,西北军首领。1911年辛亥革命爆发后参加滦州起义,1921年任陕西督军。1924年发动北京政变,推翻直系军阀控制的北京政府,并将所部改称为国民军,自任总司令兼第一军军长,电邀孙中山北上主持大计。1926年9月率西北军出潼关参加北伐战争。1935年任国民政府军事委员会副委员长。1948年9月在出国归来时因轮船失火而遇难)。

沟通指向:平行沟通。

沟通原则:友善合作、讲究策略。

修辞策略:折绕。

沟通效果:冯玉祥自以为留胡子威风与风雅,但李德全则不以为然。于是,婉转地表达了其看法。冯玉祥听懂了李德全的意思,愉快地剃掉了胡子。

自北伐军出动后,冯玉祥又要忙军务,又要看书,连胡子也顾不得刮。到郑州时,已经胡须满面,在士兵看来,更加威风凛凛。

但是，冯夫人最讨厌有胡子。冯玉祥一接到李德全女士已由西安启程东出的电报，赶紧刮去了脸上的大胡子，只在嘴唇上留了两撇仁丹胡。等李女士到了，仁丹式的胡子忽又变成了卓别林式的了。

次日，夫妇俩闲谈，说到文明人与野蛮人的区别时，李德全说："野蛮人全体多毛，文明愈演进毛愈少。"

翌日，冯玉祥唇上的胡须一点也没了。（段明贵编《名人的幽默·将军的胡须》）

男子成年后，有不喜欢留胡须的，也有喜欢留胡须的。不喜欢留胡须的，大多是要清爽，希望给人一种干净利落的印象；喜欢留胡须的，理由就有多种多样了。有的是为了突显男人的性别特征，展现阳刚之气；有的则是为了显示年长，给人一种老成持重的形象；有的则是故意示人以不修边幅的形象，以展示其特立独行的风范。上述故事中的冯玉祥，是个职业军人，他留胡须的原因，似乎跟以上我们所说的几种情况都不一样。他是职业军人，本身形象就很硬朗，显得威风凛凛，无须再靠留须增添阳刚之气；他是大将军，久历沙场，自然比普通士兵年长，无须再靠留须故作老成持重状；他是西北军的北伐总指挥，不是耍酷的艺术家，所以他不可能靠留须以示部下不修边幅的形象与特立独行的风范。因为军队要讲纪律，讲军容军貌，讲精气神，这样才能打胜仗。事实上，从上述故事情节中，我们可以清楚地看出，冯玉祥开始留须时，是因为军务繁忙，顾不得剃须，所以才会胡须满面，让士兵看了觉得威风凛凛。后来，接到夫人李德全要来军中的电报，冯玉祥立即将满脸的大胡子都刮了，只在嘴唇上留了两撇仁丹胡，到最后则又改成了卓别林式的胡子了，这都是为了讨夫人欢心，示夫人一种崭新的形象。可见，冯玉祥并非是喜欢留须的一类人。

尽管冯玉祥是属于不喜欢留须的一类男人，但是一时心血来潮，还是留个仁丹胡与卓别林式胡子，希望讨夫人李德全欢心，给她一个惊奇。没想到，李德全不喜欢留胡子的冯玉祥。于是，就发生了李德全劝夫剃须的故事。从故事的结果看,冯玉祥虽是叱咤风云的大将军,结果想留点胡子的自由还被夫人李德全"剥夺"了。

那么,李德全作为交际者为什么能够说服地位崇高的受交际者冯玉祥,让他心悦诚服地剃掉其精心留下的一点小胡子呢?

从言语交际与人际沟通的视角看,李德全作为交际者,在跟受交际者冯玉祥进行"平行沟通"时,至少有两点是可圈可点的,值得我们重视。

其一,作为交际者,李德全准确把握了受交际者的"角色",很好地贯彻了"平行沟通"应该遵循的基本原则。从身份上说,交际者李德全与受交际者冯玉祥是夫妇,他们之间的沟通属于"平行沟通"。因此,李德全想劝冯玉祥剃掉胡须,完全可以实话直说。但是,李德全事实上却没有,而是考虑到了冯玉祥虽然是其丈夫,但却不是一个寻常的男人,而是一个叱咤风云的大将军的角色。正是考虑到了冯玉祥这一特殊的身份背景,李德全在跟冯玉祥沟通交流时,除了自觉遵循言语交际与人际沟通所要遵循的基本原则"友善合作"外,还有意识地贯彻了"平行沟通"所要贯彻的两个专属基本原则"展诚意""给面子"。她不喜欢冯玉祥留胡须,并没有像一般女子那样把不满之情埋在心里,而是坦诚地跟冯玉祥谈话,这就是"展诚意"的体现,也是解决问题的态度。但是,在谈话要解决问题时,她又没有倚仗二人是夫妇的密切关系,简单直率地命令冯玉祥把胡须剃掉,而是巧妙地借讨论人类进化与毛发的关系,迂回曲折将劝夫剃须的意思暗示出来,让受交际者冯玉祥思而得之,这是明显的"给面子"的表现。正因为李德全既"展诚意",又"给面子",所以才让受交际者冯玉祥非常感动,最终毫无怨言地剃掉了精心所留的一撮卓别林式小胡子,让李德全重新找回了原来的感觉,又看到了自己心目中那个干净硬朗的将军形象。

其二,作为交际者,李德全在贯彻"平行沟通"基本原则时,选择了一个有效的修辞策略,这就是"折绕"。她为了劝夫剃须,没有直道本意:"把胡子剃了吧,满脸大胡子不好看,就像野蛮人一样",而是曲里拐弯,巧借跟冯玉祥讨论人类进化与毛发多少的关系,最后得出结论:"野蛮人全体多毛,文明愈演进毛愈少",让冯玉祥思而得其真意:"现代军人不是野蛮人,满脸大胡子并不是现代军人应有的文明形象。"事实上,受交际者冯玉祥听懂了交际者李德全的弦外之音、言外之意,这才有了欣然剃须的自觉行动,在军中留下了一段佳话。

七、绅士的演讲,应当是像女人的裙子,越短越好:林语堂的演讲

人物:林语堂、毕业典礼众嘉宾。

事件:林语堂参加台北一个学校的毕业典礼,被安排在最后一个致辞。因不满前面发言者说话冗长啰嗦,又见时间已晚,林语堂遂站起来说了一句话。因深含讽意而又充满哲理,遂被报刊奉为第一流的笑话,在中国台湾广为传诵。

交际者:林语堂(中国现代文学家,曾获诺贝尔文学奖提名。早年毕业于上海圣约翰大学英文系,后去美国哈佛大学攻读比较文学,获硕士学位。后到德国莱比锡大学攻读语言学,获博士学位。曾任北京大学教授、厦门大学文科主任、武汉国民政府外交秘书。文学上提倡"幽默闲适",因而被人誉为中国的幽默大师。编辑过《论语》《人间世》《宇宙风》等杂志,被公认为是"语丝派"的代表人物。因在文学、语言学上都有所成就,又曾发明了第一部中文打字机,故在中国台湾被誉为文学家、语言学家和科学家)。

受交际者:毕业典礼上讲话的所有嘉宾(按官阶排在林语堂前发言的各级官员)。

沟通指向:平行沟通。

沟通原则:友善合作、讲究策略。

修辞策略:比喻。

沟通效果:林语堂的话巧妙地阐明了一个关于如何演讲的原则问题,同时不露痕迹地讽刺了其他嘉宾演讲冗长、缺乏技巧。

> 有一次,我参加在台北一个学校的毕业典礼,在我说话之前,有好多长长的讲演。轮到我说话时,已经十一点半了。我站起来说:"绅士的讲演,应当是像女人的裙子,越短越好。"大家听了一发愣,随后哄堂大笑。报纸上登了出来,成了我说的第一流的笑话,其实是一时兴之所至脱口而出的。(林语堂《八十自叙》)

众所周知,林语堂是中国人公认的幽默大师,他曾讲过很多经典的笑话,大都成了传诵不绝的名言。比方说,他曾在巴西一个集会上说:"世界大同的理想生活,就是住在英国的乡村,屋子安装有美国的水、电、煤气等,有个中国厨子,有个日本太太,再有个法国情妇。"结果,这个笑话被传遍了全世界。大家都以为林语堂私生活非常开放,其实并非如此。

除了这个笑话外,还有一个笑话也非常有名,几乎成为"最为大众所熟知的名言"①。这个笑话,就是林语堂在台北参加毕业典礼时说的一句演讲辞:"绅士的讲演,应当是像女人的裙子,越短越好。"

那么,这句演讲辞怎么有那么大的魅力呢?

如果我们从言语交际与人际沟通的角度看,这句话虽然简单,却有其独到的成功之处。这主要表现在如下两个方面。

其一,作为交际者,林语堂对受交际者的"角色"定位与心理把握都非常准确。在中国台湾,由于中国传统思想与观念的影响至深,"官本位"的心理在社会上表现还是非常明显的。林语堂虽然是个世界级名人,但是回到中国台湾,参加学校的毕业典礼,却因为是一介书生,身上没有官职,所以在毕业典礼的主席台上只能敬陪末座。嘉宾致辞,依官阶高低排序,他无官阶,当然只能最后一个发言。可是,他有文人的自尊,又有文人的孤傲。所以,当他听到排在他前面一个个长官冗长而无

---

① 沈谦:《林语堂与萧伯纳——看文人的妙语生花》,中国友谊出版公司,1999年,第74页。

味的演讲致辞,心中非常反感。但是,因为这是在毕业典礼的公共场合,要保持绅士风度,要考虑毕业典礼的礼仪,所以作为交际者,林语堂不能说什么,当然更不能插话打断别人的演讲。当轮到他自己演讲时,他作为交际者,其他人包括台上所有的嘉宾都成了受交际者。这时,他利用自己作为交际者的"角色",终于有了批评受交际者(指在他之前发言的嘉宾)的话语权。然而,作为交际者,林语堂知道受交际者的"角色"背景,他们都是达官贵人,是校方请来捧场的嘉宾,他们有很高的社会地位,也有很强的自尊心,所以是不能直言批评他们演讲冗长啰嗦的。所以,他选择只说一句话,用行动对受交际者(主要指其他发言嘉宾)的冗长的演讲予以否定。这里,我们便可清楚地见出,交际者林语堂对受交际者的"角色"定位是非常准确的,对受交际者的心理把握也是非常准确的,因此发言就显得非常得体而精彩,从而被人传为佳话。

其二,作为交际者,林语堂选择的"比喻"修辞策略效果非常好。所谓"比喻",是一种"通过联想将两个在本质上根本不同的事物由某一相似性特点而直接联系搭挂于一起的修辞文本模式。这种修辞文本的建构,在表达上有增强所叙写对象内容的生动性和形象性的效果;在接受上,有利于调动接受者的接受兴趣,使其可以准确地解读出文本的意蕴,而且可以经由接受者的再造性想象,扩添文本所叙写对象内容的内涵意象,从而获得大于文本形象内容的解读快慰与审美享受"[①]。一般说来,"比喻"可以从形式上分为"明喻""隐喻"和"借喻"三类[②]。林语堂的演讲辞,则属于"明喻"形式。众所周知,在比喻诸形式中,"明喻"是最普遍也是最简单的,但是林语堂的这一明喻却有着与众不同的魅力,成为人们传播久远的名言。之所以会有这等魅力,关键就在于交际者林语堂"出人意表地将'绅士的讲演'与'女人的裙子'这两个在本质上根本不同的事物经由'短好,短易引人回味思索'这一相似点联系搭

[①] 吴礼权:《现代汉语修辞学》(第四版),复旦大学出版社,2020年,第77页。
[②] 陈望道:《修辞学发凡》,复旦大学出版社,1997年,第59页。

挂到一起,形象生动地说明了这样一个道理:'绅士的讲演应该简明扼要,要给听众留下回味的余地,才能令听众有意犹未尽的美感。如果绅士的演讲啰嗦冗长,说了半天还不知所云,徒然浪费听众时间,那定然会让听众生厌的'"①。若是交际者林语堂"真的用这样理性、直接的语言来表达他所要表达的意思,尽管语意表达很充足,道理说得很透彻,但却成了令人头大乏味的说教,不成其名言妙语为人传诵了"②。若是交际者林语堂这样说:"绅士的讲演,越短越好","尽管表达更简洁,语言更经济,但却像女人穿的超短裙短到了没有的地步,也顿失韵味了。"③比喻可以说是一种人人都会运用的修辞策略,但要用得好却是非常不易的。交际者林语堂的演讲辞表面看来也只是一个简单的"明喻",但是他的这个"明喻"却是比得高妙。"他的上述比喻,如果我们也以比喻的策略来表达,它就像女人穿的超短裙,短得恰到好处,韵味无穷。首先,喻体的选择特别高妙。用'女人的裙子'作喻体来与本体'绅士的讲演'匹配,一般人根本想不到,出人意表,这一点就高人一筹。其次,更仔细地分析,'绅士'对'女人',自然;'讲演'对'裙子',新颖。再次,'绅士的讲演'与'女人的裙子'相联系,搭挂合理。因为演讲者的演讲说得简洁,意思点到为止,往往会给人留下回味的空间;女人之所以要穿裙子是要突出其形体美,如果裙子过长就没有这种效果。所以西方乃至全世界有超短裙(也就是时下世界风行的那种叫作 miniskirt 的,汉语译为'迷你裙',真是妙不可言)的风行。这种超短裙短得恰到好处,既可以尽现女性特别是青年女性的形体美,又足以让男性想入非非而为之意乱情迷,心摇神荡。"④交际者林语堂之所以能够创造出这样的比喻文本,应该说与他受过西方教育的背景有关。他毕业于旧上海教会举办的圣约翰大学英文系,"曾获美国哈佛大学比较文学硕士,德国莱比锡大学语言学博士学位,又是个生性浪漫且幽默的作家,所以

---

①②③ 吴礼权:《语言策略秀》(修订版),暨南大学出版社,2013年,第15页。
④ 同上书,第15—16页。

才会出人意表地拿'女人的裙子'来作比。不仅比得新颖,而且比得合理、自然,将本是平淡的话说得意味盎然。"①可见,交际者林语堂的修辞策略是其成功的关键所在。

八、再来一客牛排,另外给我一个镇纸:西餐店里的故事

人物:中国台湾西餐店的一位进餐客人、西餐店的侍应生。

事件:在中国台湾的一家西餐店里,一位客人吃完一客牛排后,招手叫过侍应生,说要再点一客牛排,同时让他再带个镇纸过来。侍应生不明白,就问其原因。客人没有直言批评牛排太薄,而是说刚才的牛排被风吹走了,自己没吃饱,所以要再点一客。

交际者:客人(中国台湾一家西餐店的进餐者)。

受交际者:侍应生(中国台湾一家西餐店的服务员)。

沟通指向:平行沟通。

沟通原则:友善合作、讲究策略。

修辞策略:设毂、夸张。

沟通效果:批评西餐店克扣牛排分量,让老板难堪,但不给服务生压力。

客人:再来一客牛排,另外给我一个镇纸。

侍者:请问你要镇纸做什么?

客人:你刚才端来的那盘牛排被风吹走了。(沈谦《修辞学》)

曾有中国台湾学者说过,中华民族是不是世界上最优秀的民族,很难有结论。但是,中华民族有两大绝活是世界第一,那绝对是不容置疑的。这两大绝活,一是美辞,二是美食。

---

① 吴礼权:《语言策略秀》(修订版),暨南大学出版社,2013年,第16页。

美辞,大家都知道,就是会说话,会写文章。这方面,中国人自古以来就是强项。南朝文论家刘勰说:"一人之辩,重于九鼎之宝;三寸之舌,强于百万之师。"(《文心雕龙·论说》)不要以为这是在吹牛,事实确实如此。苏秦、张仪的事大家都知道,前文我们说到的烛之武退秦师,也是事实佐证。这些都是会说的事证,至于会写的事证,那就更多了,中华民族历代积存下来的那么多华章美文,看看就知道中国人是多么会写文章了。

美食,大家就更清楚了。中华美食历史悠久,美味佳肴之丰富,那更是世界各民族无可比拟的。正因为如此,中国人不论走到哪里,身在何国,创业的首选就是开餐馆。美国旧金山有唐人街,日本横滨有中华城,西方各国现在差不多都有唐人街或中华城了。甚至非洲、美洲也有中国人开的餐馆,中华美食正在那里飘香呢。

说来也怪,人是一个复杂的东西,明明自己有很好的东西,却偏偏要羡慕别人的东西。就好像一个人端着一碗香喷喷的牛肉面,却看着别人碗里的咸菜炒毛豆而垂涎欲滴。正因为人都有喜新厌旧的特性,所以中国人到外国开餐馆生意兴隆,美国人到中国卖汉堡、炸鸡深受欢迎。特别是年轻的白领一族,为了标榜洋派,不仅要吃肯德基的炸鸡,还时不时地要到西餐馆吃顿西式的牛排,甚至是三分熟的带血的那种。

到西餐馆吃过牛排的,想必都知道,那里价格不菲啊!很多人花钱不少,但往往还吃不饱。这不,中国台湾地区就有这样一个故事。一个年轻的白领到西餐店点了一客牛排,结果吃下去没感觉,分量太少。没奈何,他只得叫来侍应生,请他给自己再来一客。但是看着侍应生在开单,那年轻人心里就很心痛,又要破费了。想想就生气,花了这么多钱,还没吃饱。于是,年轻人就告诉侍应生:"再来一客牛排,另外给我一个镇纸。"

侍应生一脸茫然,再点一客牛排很自然,要镇纸干什么?难不成要在这表演书法?于是,就满腹狐疑地问道:"先生,请问您要镇纸做什么?"

年轻人脱口而出道:"你刚才端来的那盘牛排被风吹走了。"

侍应生听了,愣在那里半天,硬是没反应过来。最后,看到客人诡异的笑容,这才回味出他话中的余味。连忙去端另一份牛排了,大概也要向老板汇报客人的意见吧。

读了上面这则中国台湾地区白领在西餐店的遭际,相信读者肯定很感慨。而听了他跟侍应生说的一番话,大概又再要感慨一番:他怎么就那么有风度呢?怎么就那么会说话呢?

是啊,因为他是中国人,会说话是其与生俱来的本领。不过,仔细想想,在西餐馆吃饭受气,却仍然在与侍应生交际沟通时表现出如此优雅的风度;明明是在批评西餐店克扣牛排分量,表达自己的不满之情,但交际沟通时却不是"怒目金刚"式,而是"低眉观音"式,听来让人倍感幽默而风趣,实在是难能可贵。

那么,交际者(客人)是如何做到这些的呢?仔细分析交际者与受交际者(侍应生)言语交际与人际沟通的过程,我们认为有两点值得我们特别重视。

其一,作为交际者,进餐客人在与受交际者(侍应生)进行交际与沟通时,很好地贯彻了"友善合作"的原则。一般说来,"顾客是上帝"在商业服务中是公认的价值观,顾客对业者的不满完全可以大声而且理直气壮地说出来。但是,交际者(进餐客人)没有"得理不饶人",没有盛气凌人地训斥受交际者(侍应生),也没有找老板来理论,而是本着"友善合作"的态度与受交际者交际沟通。正是因为坚持了"友善合作"的原则,所以交际者的交际沟通才显得那么优雅,谈吐才显得那样幽默风趣,让受交际者接受批评与抱怨时都能心情畅快。这一点,是我们在言语交际与人际沟通中应该学习的。

其二,作为交际者,进餐客人在与受交际者(侍应生)进行交际沟通时选择的"设彀""夸张"修辞策略非常得体而有效。作为交际者,进餐客人在跟受交际者交际沟通时,没有直言:"给我再来一客牛排,刚才的一客太薄了,没吃饱",而是先设置了一个语言圈套:"再来一客牛排,另外给我一个镇纸",让受交际者不知就里,只得追问他要镇纸干什么,然后再水到渠成地亮出谜底:"你刚才端来的那盘牛排被风吹走了",婉转地批评了西餐店克扣牛排分量的不当商业行为。这便是"设縠"修辞策略巧妙运用的结果。另外,"你刚才端来的那盘牛排被风吹走了"一句,本身又是一个运用了"夸张"修辞策略的文本,是通过张皇失实的表达,极言牛排之薄,分量之不足,给受交际者的印象特别深刻,同时又显得机趣横生,让人有一种始料不及的幽默感。这一点,恰恰是交际者的言语交际与人际沟通显得优雅幽默的原因所在。

九、打雷之后,必要下雨:苏格拉底的先见之明

人物:苏格拉底、苏格拉底之妻、客人。

事件:苏格拉底之妻是个泼妇,非常没有修养。一次,她痛骂了苏格拉底一顿后,还觉得不解恨,又对他当头泼了一盆水。对此,苏格拉底并没有像一般男人那样暴跳如雷,而是从容平淡地打了一个比方,将尴尬与愤怒化为无形。客人问他为什么要娶如此的悍妇,他又从容地打了一个比方,为自己赢回了面子。

交际者:苏格拉底(古希腊著名哲学家)。

受交际者:苏格拉底之妻(一个有名的泼妇)、客人。

沟通指向:平行沟通。

沟通原则:知人论事、讲究策略。

修辞策略:比喻。

沟通效果:以智慧与幽默消解了尴尬与愤怒,为自己赢回了面子。

古希腊著名的哲学家苏格拉底的老婆非常厉害,是个出名的泼妇。有一次,她把苏格拉底痛骂了一顿后还当头泼了一盆冷水。有修养的

苏格拉底却平静地说:"我早就知道,打雷过后,必要下雨。"就这样,一场吵架甚至打架被一笑了之。

别人问苏格拉底为什么要娶这么厉害的女人做老婆。苏格拉底说:"好的骑手就应该驾驭烈马,骑惯了烈马,别的马也就不在话下了。"

(高胜林《幽默技巧大观》)

读了上述这则故事,相信我们所有的人都会对苏格拉底佩服得五体投地。不过,对于苏格拉底遭遇尴尬而表现出的那种从容优雅的修养,我们绝大多数的凡夫俗子只能敬而仰之,是怎么修炼也达不成的。而对于苏格拉底跟妻子、客人言语交际与人际沟通的技巧,我们倒是可以好好借鉴学习一下的。

上述故事中,苏格拉底说了两句话,分别是跟妻子与客人交际与沟通时说的,都是堪称经典,所以数千年来一直在世界各国广泛传播,成为读书人传诵的佳话。

那么,苏格拉底的这两句话为什么有如此的魅力呢?

从言语交际与人际沟通的角度看,这两句话至少在如下两个方面是极其成功的,值得我们好好体味。

其一,作为交际者,苏格拉底对"角色"的把握非常准确到位。这里所说的"角色",包括两个方面,一是受交际者,一是交际者。苏格拉底说第一句话时,其所面对的受交际者是自己的妻子。他深知自己妻子的为人与性格,也清楚地知道自己的身份,所以当妻子对他破口大骂时,他没有与之对骂;当妻子骂过之后又对他当头泼了一盆水后,他仍然没有采取相应的对抗行动,而是以自言自语的嘀咕回应,将可能激化的夫妻矛盾化解于无形,也将自己的尴尬消解于无形。因此,这一声低低的嘀咕,看似弱者的无奈,实则强大无比,它既显出了受交际者(妻子)的低下,又显出了交际者本人的高尚。苏格拉底说第二句话时,面对的受交际者是好奇的客人。他知道客人是何许人也,自己是何许人也。当然,他更知道客人问他与妻子关系问题的心理,了解客人想借此炒作他怕老婆话题的用意。所以，他在考虑了受交际者（客人）的角色与自己的角色之后，只轻描淡写地给他打了一个比方，让他自己去解读。

其二，作为交际者，苏格拉底选择的修辞策略非常高妙。苏格拉底在面对被妻子谩骂泼水的无比尴尬时，没有采取"针尖对麦芒"式的行为对抗，而是以"君子动口，小人动手"式的绅士风范应之，只是自言自语似的说了一句话："我早就知道，打雷过后，必要下雨。"表面上看，这句话好像说得很随意，似乎是在陈述一个观点，表明自己是个智者，能够预测天气变化；实际上不是，它是一个省略了本体与喻词的比喻（修辞学上称之为"借喻"），说全了就是："我早就知道，你骂过之后必然会向我泼水，就像打雷过后必要下雨的天气变化一样。"由于这个比喻是采用非完全格式的"借喻"表达式呈现，所以不仅听来生动形象，而且表意相当婉转含蓄，耐人寻味而又不失幽默诙谐的机趣，既化解了自己无比的尴尬，又在"不著一字"中凸显了自己的智慧与风度。回答客人提问时，交际者苏格拉底也是用了一个比喻："好的骑手就应该驾驭烈马，骑惯了烈马，别的马也就不在话下了。"这个比喻同样采用了省略本体与喻词的"借喻"形态，表面是陈述骑手与马的关系，实际是比喻自己与妻子的关系，夸言自己是唯一能征服悍妇的男人。如果这个比喻采"明喻"形式，将本体"优秀的男人喜欢娶凶悍的女人"呈现出来，未免就有些说大话的滑稽感。但是，采用隐去本体的"借喻"形态表现，则就消除了这个嫌弃，同时使表意婉转含蓄，有耐人寻味、生动幽默的效果。可见，智者不仅道德修养好，语言修养也好。

十、希望这些勋章能使你永远保持和平：肯尼迪的希望

人物：肯尼迪、赫鲁晓夫。

事件：美苏两个超级大国首脑在维也纳举行会晤，商谈国际形势问题。苏联领导人赫鲁晓夫言行粗鲁，让与会双方所有成员都感到尴尬不安。午餐时，美国总统肯尼迪借问赫鲁晓夫胸前所挂勋章

之机,婉转地提醒他会谈时不要情绪激动,要保持平静,言行要体现和平的宗旨。

交际者:肯尼迪(John Fitzgerald Kennedy,或作 John F. Kennedy、Jack Kennedy、JFK,中文分别译作:约翰·菲茨杰尔德·肯尼迪、约翰·F.肯尼迪、杰克·肯尼迪,生于1917年,卒于1963年,美国第三十五任总统,1963年11月22日遇刺身亡)。

受交际者:赫鲁晓夫(Никита Сергеевич Хрущёв,中文全译名:尼基塔·谢尔盖耶维奇·赫鲁晓夫,生于1894年,卒于1971年,苏联党和国家最高领导人,曾任苏共中央委员会第一书记以及苏联部长会议主席等职)。

沟通指向:平行沟通。

沟通原则:知人论事、讲究策略。

修辞策略:设穀。

沟通效果:婉转地提醒了赫鲁晓夫要注意外交礼仪与国家形象,让赫鲁晓夫相形见绌。

1961年3月,美苏两国商定,6月在维也纳进行首脑会晤。这年4月发生了美国雇佣军入侵古巴的"猪湾事件",美苏关系空前紧张,但两国首脑仍如期在维也纳会晤,商谈国际形势。

随着会谈的深入,苏联部长会议主席赫鲁晓夫的举止越来越粗鲁。在座的人对他的狂怒都感到局促不安。

进午餐时,肯尼迪总统伸出手摸了一下赫鲁晓夫胸前的一枚勋章,问道:"这是什么勋章?"

赫鲁晓夫先是大吃一惊,接着得意地说:"这是列宁和平勋章。"

肯尼迪微笑着温和地说:"我希望这些勋章能使您永远保持和平。"(段明贵编《名人的幽默·对手的希望》)

众所周知,两国博弈,既有军事上的,也有政治和外交上的。军事上的博弈,讲的是国家硬实力,包括经济实力和军事实力,还有军事上的战略战术;政治和外交上的博弈,讲的是国家软实力,包括国家的对内对外政策与全球布局,还有政治家、外交家本人的语言智慧。

苏联与美国曾是 20 世纪下半叶世界上的两个超级大国,两国之间的博弈每时每刻都在发生,而且牵动着全世界各国的神经。因为它关涉到全世界每个国家的安危,关涉到全世界每一个人的安危。因此,美苏两个超级大国之间的任何博弈,都会引起人们的高度关注。

上述故事中的美苏博弈,不是两个超级大国之间的军事博弈,而是外交上的博弈。更准确地说,是两个超级大国最高领导人的语言博弈。不过,这种语言博弈虽然与普通人的斗嘴没有什么两样,但在性质上则有不同,因为它直接关系到国家形象与外交得分。故事中的美苏维也纳首脑会议,主题是商谈当时的国际形势。两国领导人交流沟通的终极目标无非是如何维持美苏所代表的世界两大阵营的平衡问题,维护世界和平。大家都知道,军事博弈是两国军队真刀真枪的武力展示,展示的是博弈双方的决心与意志,看谁更强硬。外交博弈则是两国领导人的智慧较量,包括语言智慧,展示的是领导人的风度与魅力。

故事中的苏联最高领导人赫鲁晓夫在两国首脑会谈中举止粗鲁,还容易狂怒,让在场的人都感到局促不安,使首脑会谈陷入尴尬的境地。但是,碍于面子,美国总统肯尼迪又不能现场提出直接批评。应该说,这是一个非常大的难题,无法解决。但是,肯尼迪最终展现了高度的政治与外交智慧,利用午餐期间以询问赫鲁晓夫所佩勋章的话题切入,巧妙自然地对赫鲁晓夫提出了批评,成功地实现了预定的言语交际与人际沟通目标,为接下来的首脑会谈营造一个友好和平的氛围创造了条件。

肯尼迪之所以能够说服赫鲁晓夫,让他在首脑会谈中情绪平静下来,由此在世界外交界传为佳话,从言语交际与人际沟通的角度看,至少有如下三个方面的原因。

其一，作为交际者，肯尼迪对赫鲁晓夫的批评与建议很好地遵循了"友善合作"的原则。作为一个大国最高领导人，赫鲁晓夫在美苏首脑会谈时举止粗鲁，其狂怒的情绪表现令所有在场的人都感到局促不安，这是有失一个大国领导人与政治家风度的。作为首脑会谈的另一方，也是这场"平行沟通"的交际者，美国总统肯尼迪完全有理由据理当场指正赫鲁晓夫。但是，肯尼迪没有这样做，而是为了维护受交际者赫鲁晓夫的面子而隐忍不言。这既是作为政治家顾全大局的表现，也是作为交际者自觉遵循"友善合作"原则的表现。这样的表现，最终为本次首脑会谈的顺利进行创造了条件。

其二，作为交际者，肯尼迪与受交际者赫鲁晓夫进行交际沟通，选择的"时机"非常恰当。我们都知道，正式会议期间对他人提出批评，无论交际者的说话技巧多么高超，都难以改变严肃批评他人的性质，会让受交际者面子上过不去。这对双方的进一步沟通并解决问题没有任何助益。肯尼迪深谙其中的道理，所以他选择在午餐期间比较放松的时机，跟赫鲁晓夫进行一对一的私下交流沟通，这就排除了双方因沟通不畅而丢面子的可能性，从而奠定了交际沟通成功的坚实基础。

其三，作为交际者，肯尼迪与受交际者赫鲁晓夫进行交际沟通所选择的"设縠"修辞策略非常高明。肯尼迪知道赫鲁晓夫是个虚荣心很强的人，所以有意识地突破常规，用手在赫鲁晓夫胸前所佩带的勋章上摸了一下，让赫鲁晓夫为之一惊，然后表现出自鸣得意的神情。这是肯尼迪为实施"设縠"修辞策略说服受交际者赫鲁晓夫设下的第一个局，是以行为开场。接下来，便自然进入到言语交流的层面，借问赫鲁晓夫是什么勋章而转入说服沟通的快车道。当受交际者赫鲁晓夫说出"列宁和平勋章"的名称后，肯尼迪立即抓住机会，以"和平"二字为抓手，顺势对赫鲁晓夫提出了建议，希望他在会谈时克制情绪，保持和平的态度，注意自己的形象。虽然这话的实质是在批评赫鲁晓夫在首脑会谈时失态，但听起来却是温和善意的建议。这样，交际与沟通的效果自然很好。

十一、我的确欠缺经验:阿基诺夫人的竞选演讲

人物:阿基诺夫人、马可仕。

事件:阿基诺夫人与现任总统马可仕竞选菲律宾总统,针对马可仕总统指斥她没有治理国家的经验,不配竞选总统的言论予以驳斥,并趁机讽刺马可仕执政时的种种问题。最后,阿基诺夫人赢得了民意,成功当选总统。

交际者:阿基诺夫人(Maria Corazon Cory Cojuangco Aquino,中文全译名:玛莉亚·科拉松·柯莉·柯峻科·阿基诺,生于1933年,卒于2009年,为菲律宾第十一任总统,也是菲律宾以及亚洲首位女总统。祖籍中国福建漳州,是菲律宾著名华裔政治家)。

受交际者:马可仕(Ferdinand Marcos,中国大陆译名为:费迪南德·马科斯,中国台湾译名为:马可仕。生于1917年,卒于1989年。1965年至1986年先后蝉联菲律宾第八至第十任总统,以腐败与威权统治闻名于世。1986年第四次竞选总统获胜后,因遭竞争对手阿基诺夫人领导的政治势力的强烈反对与大规模群众抗议,被迫离职流亡美国,最后病逝于美国夏威夷檀香山)。

沟通指向:平行沟通。

沟通原则:知人论事、讲究策略。

修辞策略:承转。

沟通效果:借引用对手攻击自己的话,顺手牵羊式地将对手的劣迹全部抖搂出来。

马可仕说:"治理菲律宾的国家大政,需要有能力、有经验的人才。我们岂能将国家大事付托给一个毫无经验的妇人女子?"他说得也没全错。我的确是欠缺经验,尤其是对于贪污、弄权和暗杀的种种卑鄙手段,我更是毫无经验。在这方面,我确实比马可仕差得太远啦!(《阿基

诺夫人竞选总统演讲辞》,转引自沈谦《修辞学》)

西式民主制度的国家进行的总统竞选,实质上就是两个或几个政党及其代表人物之间的政治博弈。这种政治博弈,有政策层面的(即竞选各方所端出的"政策牛肉",求得民众的认同,为自己加分),也有语言层面的(即相互揭露对手的阴暗面,从人格上击倒对方。中国台湾民众称之为"口水战")。

上述菲律宾第十一任总统候选人阿基诺夫人为竞选菲律宾第十一任总统大位与现任总统马可仕而展开的竞争,当然也不外乎要在政策与语言两个层面进行。政策层面的博弈高下优劣,这里我们搁置不论,单就上面我们引到的一段阿基诺夫人的演讲辞来看,交际者阿基诺夫人在语言层面跟现任总统马可仕的博弈,明显是非常成功的。

那么,为什么这么说呢?

这除了有后来竞选结果作证外,从言语交际与人际沟通的现实效果上也能做出判断。我们认为,阿基诺夫人上述演讲辞至少有两个方面是值得我们重视的。

其一,作为交际者,阿基诺夫人在演讲中很好地体现了"知人论事"的原则。众所周知,总统大选中的语言博弈,除了为其提出的竞选政策进行辩护外,还有一项重要的内容,就是要从人格上击倒对方。而要从人格上击倒对方,就必须充分掌握对方在人格方面的弱点。在跟现任总统马可仕的竞争中,作为交际者的阿基诺夫人在这一点上做得无疑是非常成功的。她在竞选中充分掌握了现任总统马可仕贪污、独裁以及暗杀政敌等各种劣迹,所以在竞选演说中就以此为着墨点。这是"打蛇打七寸"的高明手法,也是言语博弈中自觉遵循"知人论事"原则的表现,为言语交际与人际沟通(与广大选民沟通)的成功奠定了坚实的基础。

其二,作为交际者,阿基诺夫人在演讲中运用的"承转"修辞策略非常高妙。她对政敌马可仕的攻击,没有采取直接谩骂式,也没有采取举例说明式,而是引用马可仕攻击自己的原话,采取先承认再否认的迂回方式,以出其不意的回马枪置政敌于死地。马可仕说治理国家需要有能力、有经验,妇女参与政治机会少,在此方面更加欠缺。应该说,马可仕的这番话无论是从逻辑上说,还是从现实事实看,都没有问题。对此,交际者阿基诺夫人是很难予以反驳的。然而,阿基诺夫人却借题发挥,另辟蹊径,以"欠缺经验"一语为抓手,引申发挥出攻击马可仕的一番话:"他说得也没全错。我的确是欠缺经验,尤其是对于贪污、弄权和暗杀的种种卑鄙手段,我更是毫无经验。在这方面,我确实比马可仕差得太远啦!"这番话,表面看来温婉谦恭,实则杀伤力极大。因为它将马可仕最遭人诟病的三大劣迹(贪污、弄权和暗杀)全部提点出来,提醒广大选民注意。应该说,这番话是她这次演讲最精彩的地方,为她获得竞选胜利助力不少。

十二、我们两个都当了叛徒:莫洛托夫的自白

人物:莫洛托夫、英国工党外交官。

事件:苏联外交部长莫洛托夫与英国工党政府的外交官在联合国大会期间相遇,虽然二人代表的国家一是社会主义国家,一是资本主义国家,但二人都信仰社会主义。于是,二人就因出身问题打起了口水仗。最终莫洛托夫获胜,英国工党政府的外交官被嘲而感到羞愧。

交际者:莫洛托夫(Vyacheslav Mikhaylovich Molotov,中文全译名:维亚切斯拉夫·米哈伊洛维奇·莫洛托夫,生于1890年,卒于1986年,苏联政治家、外交家。1930年曾任苏联人民委员会主席,第二次世界大战期间曾任苏联人民委员会第一副主席、国防委员会副主席。第二次世界大战结束后,出任苏共中央委员和中央委员会主席团委员、苏联部长会议第一副主席。1939—1949年与1953—1956年,长期兼任苏联外交人民委员,即外交部长)。

> 受交际者：英国工党政府外交官（不知姓名）。
>
> 沟通指向：平行沟通。
>
> 沟通原则：知人论事、讲究策略。
>
> 修辞策略：承转。
>
> 沟通效果：莫洛托夫先承认英国工党政府外交官揭底自己贵族身世的话是对的，然后顺着其逻辑反戈一击，痛斥了对方是背叛了工人阶级的叛徒，最没有资格代表工人阶级，使对方感到羞愧难当。

苏联著名外交家莫洛托夫是一位贵族出身的外交部长，他很善于在外交场合应付突然发生的情况。

在一次联合国大会上，英国工党的一位外交官向他发难说："你是贵族出身，我家祖辈是矿工，我们两个究竟谁能代表工人阶级呢？"

莫洛托夫不慌不忙地说："你说得对，我出身贵族，而你出身工人。不过，我们两个都当了叛徒。"（张在新、张再义编《外国名人辩才趣闻》）

对历史稍有了解者都知道，20世纪下半叶，随着第二次世界大战的结束，世界上形成了两大阵营，一是以苏联为代表的社会主义国家阵营，一是以为美国为代表的资本主义国家阵营。不过，在资本主义阵营国家中，也有信仰社会主义的政党，例如英国工党，就是资本主义阵营国家中的左翼政党，是代表劳工利益的，跟社会主义阵营国家的执政党性质类似。

上述故事中的英国工党政府的外交官，在联合国大会中遇到苏联外交部长莫洛托夫时，以自己祖辈出身矿工而自豪，对莫洛托夫身为社会主义国家苏联的外交部长却出身贵族而感到可耻，认为莫洛托夫没有资格代表工人阶级。于是，就引发了莫洛托夫的反唇相讥。从莫洛托夫反击的话来看，最后二人的斗嘴是以莫洛托夫占了上风。

那么，莫洛托夫为什么在与英国工党政府外交官的政治博弈中占了上风呢？我们认为至少有如下两个方面的原因。

其一，作为交际者，莫洛托夫对交际的情境要素"场合"问题非常重视，知道在什么场合该说什么话。众所周知，20世纪下半叶是以美苏两个超级大国为主导的冷战时代。因此，在联合国这种场合，常常可见以苏联为代表的社会主义阵营国家与以美国为代表的资本主义阵营国家的政治与外交博弈。按常理，不仅社会主义阵营的国家代表在此场合要展现合作团结的态度，就是不属于社会主义阵营，但个人信仰社会主义的其他国家代表在此场合也应该展现合作团结的态度。然而，信仰社会主义并以出身矿工家庭而自豪的英国工党政府外交官，却不懂这个道理，竟然在联合国这种特殊场合，为了争一个工人阶级代表的资格，而主动挑战社会主义国家老大哥苏联的代表莫洛托夫（交际者），这明显是非常不合时宜的。但是，莫洛托夫作为交际者则表现突出，关键时刻展现了外交家的风范，准确把握了受交际者的"角色"身份及其心理，注意了交际的场合，主动避其锋芒，不跟受交际者起正面冲突，以"承转"修辞策略应对受交际者的挑战，从而以柔克刚，让受交际者自愧难当，也避免了信仰社会主义的国家代表被资本主义阵营的国家代表看笑话的尴尬。

其二，作为交际者，莫洛托夫应对受交际者（英国工党政府外交官）挑战时运用的"承转"修辞策略非常有效。受交际者认为，只有出身无产阶级的人才是真正的社会主义者。他本人出身于英国矿工家庭，是工人阶级的代表，所以他才是真正的社会主义者。他认为交际者（莫洛托夫）出身贵族家庭，不是工人阶级的代表，所以不配在联合国这种场合代表社会主义阵营国家发言。莫洛托夫作为交际者对此则不以为然，但没有直接予以驳斥，而是顺着受交际者的话，先承认他的话是对的，不否认客观事实，但是却巧妙地从事实出发，以逻辑的推理得出了彻底否定受交际者观点的结论："我们两个都当了叛徒"，婉转地告诉受交际者："我背叛的是贵族家庭，成了工人阶级的代表；你背叛了矿工家庭，成了资产阶级的代表。因此，我是真正的社会主义者，而你不是。"受交际者作为英国工党政府的外交官，当然能够听懂莫洛托夫的弦外之音,所以才会羞愧难当,哑口无言。

思 考 与 练 习

一、从本章所分析的十二个案例,我们是否能够发现,为了保证"平行沟通"目标的顺利实现,有哪些交际沟通原则是必须要遵循的?请简要说明其理由。

二、从本章我们所分析的十二个案例来看,我们是否能够发现,为保证"平行沟通"目标的顺利实现,交际者在语言表达上应该注意些什么?

三、根据本章"平行沟通"的案例分析模式,请尝试自己分析以下诸例(可查阅相关资料,了解各例文意,然后再查阅交际者与被交际者的相关背景资料,加深对案例所要涉及诸情境要素的理解)。

1. 陈涉少时,尝与人佣耕,辍耕之垄上。怅恨久之,曰:"苟富贵,勿相忘。"

佣者笑而应之曰:"若为佣耕,何富贵也?"

陈涉太息曰:"嗟乎!燕雀安知鸿鹄之志哉!"(汉·司马迁《史记·陈涉世家》)

2. 晋王戎妻语戎为卿。戎谓曰:"妇那得卿婿?"答曰:"我亲卿爱卿,是以卿卿;我不卿卿,谁当卿卿?"(隋·侯白《启颜录》)

3. 钟士季精有才理,先不识嵇康。钟要于时贤俊之士,俱往寻康。康方大树下锻,向子期为佐鼓排。康扬槌不辍,旁若无人,移时不交一言。

钟起去,康曰:"何所闻而来?何所见而去?"

钟曰:"闻所闻而来,见所见而去。"(南朝·宋·刘义庆《世说新语·简傲第二十四》)

4. 五官将(曹丕)既纳袁熙妻,孔文举与曹公书曰:"武王伐纣,以妲己赐周公。"

曹公以文举博学,真谓书传所记。

后见文举问之,答曰:"以今度之,想当然耳。"(明·何良俊《语林·排调第二十七》)

5. 于是五嫂遂向果子上作机警曰:"但问意何,相知不在枣。"

十娘曰:"儿今正意蜜,不忍即分梨。"

下官曰:"勿遇深恩,一生有杏。"

五嫂曰:"当此之时,谁能忍木奈。"(唐·张文成《游仙窟》)

6. 刘原父晚年再娶,欧公作诗戏之云:"仙家千载一何长,浮世空惊日月忙。洞里桃花莫相笑,刘郎今是老刘郎。"

原父得诗不悦,思报之。初,欧公与王拱辰同为薛简肃公婿。欧公先娶王夫人姊,再娶其妹,故拱辰有"旧女婿为新女婿,大姨父作小姨父"之戏。

一日,三人会间。原父曰:"昔有一学究训学子,诵《毛诗》至'委蛇委蛇',学子念从原字,学究怒而责之曰:'蛇当读作姨,毋得再误。'明日,学子观乞儿弄蛇,饭后方来。问:'何晏也?'曰:'遇有弄姨者,从众观之,先弄大姨,后弄小姨,是以来迟。'"

欧公亦为之噱然。(明·冯梦龙编《古今谭概·酬嘲部第二十四》)

7. 东坡集中有《减字木兰花》词云:"郑庄好客,容我樽前先堕帻,落笔生风,籍甚声名独我公。高山白早,莹雪肌肤那解老,从此南徐,良夜清风月满湖。"人多不晓其意。

或云:坡昔过京口,官妓郑容高莹二人尝侍宴。坡喜之,二妓间请于坡,欲为脱籍。坡许之而终不为言。及临别,二妓复之船所恳之,坡曰:"尔但持我此词以往,太守一见,便知其意。"

盖是郑容落籍高莹从良八字也。此老真尔狡狯耶。(宋人陈善《扪虱新话》下集卷之三《东坡为郑容落籍高莹从良》条)

8. 刘贡父滑稽辩捷,世推无对。晚年虽得末疾,乘机决发,亦不能忍。

一日拥炉于惠林僧察,语东坡曰:"吾之邻人,有一子稍长,使之代掌小解。不愈岁,误质盗物,资本耗折殆尽。其子引罪请曰:'某拙于运财,以败成业,今请从师读书,勉赴科举。'其父大喜,择日具酒肴遣之。既别,且嘱之曰:'吾老矣,恃子以为穷年之养,今子去我而游学,倘或侥幸,改门换户,固我之大幸,然切有一事不可不记,或有交友与汝唱和,须子细看,莫更和却贼诗,狼狈而归。'"

盖讥东坡前逮诏狱,王晋卿、周开祖之徒,皆以和诗为累也。

贡父语始绝口,东坡即曰:"某闻昔夫子自卫反鲁,会有召夫子食者,群弟子相与语曰:'鲁,吾父母之邦,我曹久从夫子,辙环四方,今幸俱还乡里,伺夫子之出,当共寻访亲旧,因阅市肆。'众欣然许之。始过阛阓,未及纵观,而稠人中望见夫子巍然而来,惶惧相告,由夏之徒,奔踔越逸,无一留者,独颜子拘谨,不能遽为阔步,顾市中石塔似可隐蔽,即屏伏其傍,以俟夫子之过,群弟子因目之为避孔子塔。"

盖讥贡父风疾之剧以报之也。(明·何良俊《语林·排调第二十七》)

9. 宝玉听了,喜不自禁,笑道:"待我放下书,帮你来收拾。"

黛玉道:"什么书?"

宝玉见问,慌的藏了,便说道:"不过是《中庸》《大学》。"

黛玉道:"你又在我跟前弄鬼。趁早儿给我瞧瞧,好多着呢!"

宝玉道:"妹妹,要论你,我是不怕的,你看了好歹别告诉人。真是好文章!你要看了,连饭也不想吃呢!"

一面说,一面递过去。

黛玉把花具放下,接书来瞧,从头看去,越看越爱,不顿饭时,已看了好几出了。但觉词句警人,余香满口。一面看了,只管出神,心内还默默记诵。

宝玉笑道:"妹妹,你说好不好?"

黛玉笑着点头儿。

宝玉笑道:"我就是个'多愁多病的身',你就是那'倾国倾城的貌'。"

黛玉听了,不觉带腮连耳的通红了,登时竖起两道似蹙非蹙的眉,瞪了一双似睁非睁的眼,桃腮带怒,薄面含嗔,指着宝玉道:"你这该死的,胡说了!好好儿的,把这些淫词艳曲弄了来,说这些混账话,欺负我。我告诉舅舅、舅母去!"

说到"欺负"二字,就把眼圈儿红了,转身就走。

宝玉急了,忙向前拦住道:"好妹妹,千万饶我这一遭儿罢!要有心欺负你,明儿我掉在池子里,叫个癞头鼋吃了去,变个大王八,等你明儿做了'一品夫人'病老归西的时候儿,我往你坟上替你驼一辈子碑去。"

说的黛玉"扑嗤"的一声笑了,一面揉着眼,一面笑道:"一般唬的这么个样儿,还只管胡说。呸!原来也是个'银样镴枪头'。"(清·曹雪芹《红楼梦》第二十三回)

10. 客厅里已坐着几位早客,看光景,她们与女主人是常在走动的。映薇暗暗比较一下,觉得自己在气度上决不逊于她们,而且数得上是佼佼者,她自感轻松了一点。真是世事茫茫,细细捏指算来,当年的同班同学有五位故了:一位殁于难产,还有四位死于"文革"。半数以上的同学在海外定居,剩下的几位,就几乎全在这客厅里了。别小看这几位头发已花白的"老"太太,大都是英才呢:妇科名医、女律师、特级英语教师,就是那几位没有工作的,也都是像金昆锦那样的阔太太。只有田映薇,既没有值得自夸的职业,也没有有作为的丈夫!

果然,她最担心的事发生了:"映薇,你先生是做啥工作的?"

"在人民银行里。"她嘴里含着点心,极困难地吐出这几个字。

"你呢?"

"Housewife!"她眼泪差点要挂下来了。(程乃珊《女儿经》)

11. 鸿渐听他说话转换方向,又放了心,说:"是呀!今天飞机震荡得利害。不过,我这时候倒全好了。也许她累了,今天起得太早,昨天晚上我们两人的东西都是他理的。辛楣,你记得么?那一次在汪家吃饭,范懿造她谣言,说她不会收拾东西——"

"飞机震荡应该过了。去年我们同路走,汽车那样颠簸,她从没吐过。也许有旁的原因罢?我听说要吐的——"跟着一句又轻又快的话——"当然我并没有经验。"毫无幽默地强笑一声。

鸿渐没料到辛楣又回到那个问题,仿佛躲空袭的人以为飞机去远了,不料已经转到头上,轰隆隆投弹,吓得忘了羞愤,只说:"那不会!那不会!"同时心里害怕,知道那很会。(钱锺书《围城》)

12. 某人刚三十多岁,就已经开始谢顶,但他不以为然,摸着自己空前绝后的脑袋,对妻子说:"我这就叫聪明绝顶。"

妻子不以为然地反驳道:"照你这么说,凡是剃了光头的都是聪明人喽?"

"那不是,那是自作聪明。"(凌飞、文闽编《爱情与幽默》)

13. 谁知道住着住着,老太太的毛病出来了。这一次不是风湿症,而是一种莫名其妙的过敏,发作时全身都痒,痒得受不了,看医生、打针、吃药,全不见效。

老太太嫌该处的水质太"硬"了,洗澡、洗衣服、烧饭、泡茶,全不对劲。虽不至于唠叨抱怨,但说话时却忽然多出了一些"所有格":"我们台湾的"水、"我们台湾的"蔬菜、"我们台湾的"……老先生听着听着,有一日忽然恍然大悟,问题就出在"水土"这两个字,于是二话不说,带着老伴就上飞机回台湾。(日青《移民在他乡》,载中国台湾《联合报》1996年3月21日)

14. 一位妇女请人来家修电视机,电视机刚修好,她听到丈夫回家开门的声音,便急忙对修电视机的人说:"很对不起,我丈夫回来了,他最爱吃醋,你最好先藏起来,然后趁他不注意的时候溜掉。"修电视的不得已,只好藏到放电视的桌子下面。

丈夫进家后,一屁股坐在椅子上看起电视来。电视里正在转播足球赛,丈夫看得津津有味,而藏在桌子下面那个修电视的却又闷又热。终于他从电视机下面钻了出来,从夫妻俩面前走过,打开门扬长而去。丈夫看着这个人走出去,大感不解地看看电视机,再看看他妻子,说:"亲爱的,我怎么没看见裁判把这家伙罚下场了,你看见了吗?"(马俊杰《幽默知识大观》)

15. 罗纳德·里根是美国历届总统中年龄最大的一位,在竞选总统时与对手蒙代尔进行电视辩论。蒙代尔针对里根的年龄大这一不利的方面发动进攻,指出里根高龄已不适合当总统。里根幽默地说:"蒙代尔说我年龄过大,作为我不能当总统的理由。可我不会把对手年轻、不成熟这类问题在竞选中加以利用。"

里根这机敏的语言引得听众发笑,在笑声中,选民接纳了里根。(张在新、张再义编《外国名人辩才趣闻》)

16. 一天,美国铁将军罗杰斯同妻子聊天。

夫人说:"你们这号人是很虚伪的,两国交战时彼此厮杀,有血海深仇。可是在谈判桌上却斯斯文文,用了对方的烟灰缸,还假惺惺地点头说'谢谢'。"

罗杰斯一时无言以对。突然,他举手给了夫人轻轻的一拳。夫人被这莫名其妙的举动激怒了,正要发作,罗杰斯微笑着说:"你忘了刚才你给我下的定义吗?"(段明贵编《名人的幽默·用行动回答》)

第九章 Section 9　言语交际与人际沟通案例分析之三：下行沟通

　　第七章和第八章，我们各精选了十二例古今中外经典的言语交际与人际沟通案例进行了分析，使学习者可以通过诸案例的分析，较为真切地领会到"上行沟通"和"平行沟通"的真谛，掌握交际沟通中所应遵循的基本原则，以及贯彻落实基本原则所应掌握的修辞策略及相关语言技巧。本章我们也将精选十二例古今中外言语交际与人际沟通的经典案例予以分析，希望通过这十二个典型案例的解剖分析，学习者从中领悟到"下行沟通"的真谛，把握"下行沟通"所应遵循的基本原则，掌握"下行沟通"所常用的修辞策略或语言表达技巧，从而使自己"下行沟通"的目标得以顺利实现。

　　下面我们就开始具体案例的分析。

一、寡人不敢以先王之臣为臣：齐王拒用孟尝君

　　人物：孟尝君、齐湣王。

　　事件：孟尝君门下食客三千，势倾朝野，也颇得齐湣王信用。后来，因遭人谗言，齐湣王欲逐孟尝君至其封地薛，不想让他继续留在齐都临淄染指朝政。孟尝君无奈，只得前往自己的封地薛。薛地民众闻之，扶老携幼相迎。后来，孟尝君食客冯谖用计，使齐湣王认识到了孟尝君的身价，迎回孟尝君，并任之为齐国之相。

　　交际者：齐湣王（齐宣王之子，约公元前300—前284年在位。一度与秦昭王并称东西二帝。后被燕将乐毅攻破齐国，出走至莒，不久被楚将淖齿所杀）。

受交际者：孟尝君（即田文，靖郭君田婴之子，乃齐湣王堂兄弟，齐国之相。门下有食客三千，势力浩大。袭其父封地于薛。有谋略，曾联合韩、魏二国，先后打败楚、秦、燕三国。一度入秦为相，后在食客帮助下逃回齐国。后因田甲叛乱事，出奔至魏，为魏国之相，主张联秦伐齐）。

沟通指向：下行沟通。

沟通原则：友善合作、讲究策略。

修辞策略：折绕。

沟通效果：既将孟尝君成功驱逐出齐都临淄，但又说得冠冕堂皇，谦逊有加，为日后的转圜合作留下了余地。

后期年，齐王谓孟尝君曰："寡人不敢以先王之臣为臣！"

孟尝君就国于薛。未至百里，民扶老携幼，迎君道中。（《战国策·齐策四》）

战国时代，是中国古代社会政局最为动荡、战争最为频繁的时期之一，但也是各路精英豪杰、英雄枭雄辈出、尽情驰骋的时代。战国时代的"四公子"，就可谓是这个时代的风云人物，对时局的稳定及各国政治社会的发展都有着举足轻重的影响。其中，齐国的孟尝君，影响更大。

孟尝君乃齐国贵族，齐王宗室成员。其父为靖郭君田婴，与齐宣王同为齐威王之子，但是齐威王更喜欢靖郭君田婴。齐威王在世时，田婴势力权倾朝野，不可一世。齐威王死后，齐宣王即位执政，田婴乃为齐国之相，被封于薛，人称薛公，其对齐国政局的影响力仍然很大。靖郭君不仅自己在齐国政坛是三朝元老，有呼风唤雨的本事，而且他还有一个具有国际影响力的儿子田文，即孟尝君。齐宣王死后，齐湣王即位主事。齐湣王是孟尝君田文的堂兄弟，孟尝君比齐湣王的本事大多了，而且势力也大。他有养士的好尚，门下食客三千，什么人才都有。正因为如此，齐湣王对孟尝君就存了戒心，怕他这样下去会取他而代之。于

是,有一次,齐湣王就召孟尝君谈话,跟他说:

"您是先王的重臣,寡人不敢以先王之臣为臣。"

孟尝君听明白了,齐湣王这是在下逐客令,让他离开齐都临淄,远离齐国政治中心,不要参与政事了。

第二天,孟尝君一大早就离开了齐都临淄,往他自己的封地薛,做他的薛公去了。

由于早先孟尝君派门客冯谖去薛地收租时,冯谖将薛地居民手上所欠孟尝君钱财或地租的契约都烧了,赢得了当地百姓的人心,所以当他们听说孟尝君被齐王逐出齐都,要来薛地定居时,立即扶老携幼,前往迎接。当年孟尝君对于冯谖自作主张、烧掉契约的事还不理解,现在终于明白了,烧掉的是钱财,赢得的是人心。有了薛地百姓的拥护,他在此自成一统,日子也不是过不下去。想到此,孟尝君心定多了。

冯谖觉得,薛地百姓拥护,这只是孟尝君的"一窟"已经造就。他认为狡兔应该有三窟,游说孟尝君,让他再营造二窟。不久,冯谖游说魏王成功,魏王答应聘请孟尝君为魏国之相,然后使者三次到薛地相请。

冯谖觉得第二窟已经造就,遂派人到齐国临淄放风,让齐湣王知道魏王要聘孟尝君为魏国之相了。齐湣王一听,觉得不好,如果孟尝君到魏国为相,那对齐国是很大的不利。于是,立即派太傅带着黄金千斤,文车二驷,齐王佩剑一柄,前往薛地,恭恭敬敬地请孟尝君回临淄,任之为齐国之相。这时,冯谖又给孟尝君出主意,要求齐湣王答应一个条件,将先王的祭器供在薛地的宗庙里。这样,就可以挟祖宗之威风而制约齐湣王及其后来的齐国之君了。齐湣王不知是计,也答应了。于是,孟尝君第三窟造就后,就回到齐都临淄任齐相,重新执掌齐国权柄,回到了齐国的权力中心。

读完上面这则故事,大家一定会非常佩服孟尝君的门客冯谖的智慧。其实,作为交际者的齐湣王,也有值得我们佩服的地方。他驱逐孟尝君出齐都时所说的一番话,就很有水平,是一个很好的"下行沟通"的范本。

那么,为什么这么说呢?因为齐湣王作为交际者,其与受交际者孟尝君的交际沟通至少有两点是值得我们注意的。

其一,作为交际者,齐湣王对受交际者的"角色"定位非常准确。受交际者虽然在交际者面前是臣下,但是,交际者齐湣王知道,这个臣下非一般臣下,他有食客三千,他有其父靖郭君昔日的影响力的庇荫,如果他继续留在齐国之都,并参与政事,那么自己就有可能大权旁落,而沦为傀儡的地位。正是因为交际者齐湣王对受交际者孟尝君的"角色"定位非常准确,所以齐湣王要找孟尝君谈话,婉转地表达了希望他离开齐都而前往自己封地的意思。《孙子兵法》有曰:"知己知彼,百战不殆。"作为交际者,齐湣王知道自己几斤几两,也知道受交际者孟尝君的实力,所以他在与孟尝君交际沟通时能够"知人论事",以"友善合作"的态度与受交际者交际沟通,使逐客行为披上脉脉温情的面纱,为日后的合作留下了转圜的空间。

其二,作为交际者,齐湣王所运用的"折绕"修辞策略是恰当的。交际者齐湣王想跟受交际者孟尝君交际沟通的目标,其实就是这样一句话:"你在齐都,对寡人执政施政多有不便,你还是离开临淄,前往自己的封地薛,好好将息吧。"但是,这样说,君臣之义、兄弟之情就未免都绝了,以后再想合作,恐怕就没有回旋转圜的余地了。交际者齐湣王虽是齐国之君,受交际者孟尝君是他的臣下,但他在表达这层意思时很好地遵循了"友善合作"的原则,选择了"折绕"修辞策略,将话说得婉转。他说"寡人不敢以先王之臣为臣",表面上好像是说:"您是先王重用的人才,我只能对您表示敬重。如果让您做我的臣下,那是对您的大不敬,也是亵渎了先王的威仪。"正因为交际者齐湣王的逐客之令听来有上述表敬之意,所以对受交际者孟尝君来说,就没有被剥了面子的感觉,起码在情感上可以平静地接受这个逐客之令,平静地离开齐国之都临淄,前往自己的封地薛。

二、将入户，视必下：孟母训子不得休妻

人物：孟子、孟子之妻、孟母。

事件：孟子之妻一人在家，张开两腿坐在席上。孟子突然回家，见其妻坐姿不雅，立即报告母亲，要求休掉妻子。孟母以《周礼》上规定的礼仪训导儿子，认为不是儿媳的错，而是儿子的错。孟子知错而自责，不敢休妻。

交际者：孟母（孟子之母，中国古代教子有方的典范。"孟母三迁"的故事，说的就是她为了儿子的教育问题不断搬家，选择教育环境，终使原本顽劣的儿子一心向学，后来成为亚圣）。

受交际者：孟子（即孟轲，战国时代儒家的代表人物，后世尊之为亚圣）。

沟通指向：下行沟通。

沟通原则：知人论事、讲究策略。

修辞策略：引用。

沟通效果：孟母引《周礼》训子，以无可辩驳与无比的权威性让孟子信服，并认识到自己欲休妻的错误，从而引咎自责。

孟子妻独居，踞。孟子入户视之，白其母曰："妇无礼，请去之。"

母曰："何也？"

曰："踞。"

其母曰："何知之？"

孟子曰："我亲见之。"

母曰："乃汝无礼也，非妇无礼。《礼》不云乎：'将入门，问孰存。将上堂，声必扬。将入户，视必下。'不掩人不备也。今汝往燕私之处，入户不有声，令人踞而视之，是汝之无礼也，非妇无礼也。"

于是孟子自责，不敢去妇。（汉·韩婴《韩诗外卷》卷九）

孟子在中国,也算是一个妇孺皆知的闻人。他不仅被公认为是继孔子之后,儒家学派的又一个代表人物,而且还被人冠以"亚圣"的称号。

就像任何人都不是天生就优秀,就杰出一样,孟子也并非一生下来就是一个与众不同的人。事实上,按照我们今天的标准,孟子小时候并不是一个"好孩子",而一个"问题少年",顽劣不羁。正因为如此,这才成就了他的母亲。孟母教子的故事,不仅载入了《列女传·母仪》篇,千古传诵,而且至今还对我们的儿童教育产生着影响。

据史书记载,孟子小时候家境并不好,他们家的房子旁边就是墓园。少年孟轲与同伴嬉戏时,就地取材,常常以表演"墓间之事"为乐。中国古人大多比较迷信,认为墓园旁边不适宜住人(日本人与鬼比较亲近,很多人家房子旁边就是家族墓地,一点也不忌讳。这一点,好像没有继承中国传统文化的基因)。孟母看见儿子与同伴表演"墓间之事",突然醒悟过来,墓园旁边是不适宜居住的,至少是对孩子的教育有不利影响(这种想法,从现代心理学的角度看,也是确有几分道理的。墓园的环境一般都比较阴郁肃杀,对于幼儿健康开朗心理的培养,以及性格的养成都有其负面的影响。孟母在几千年前就懂得这种朴素的"环境论",懂得环境对于孩子培养的重要性,实在是难能可贵)。于是,"就把家搬到了街市。可是,搬到街市后,孟轲就学起了街市商贩吆喝买卖之事。孟母觉得孩子这样下去要满脑子买卖金钱思想,长大了没什么出息。于是,孟母又把家搬到了学宫(古代学校)旁边,孟轲因看到学宫内的教演,回家就模仿表演起'设俎豆揖让进退'(即学起了摆设祭祀、设宴礼器和作揖礼让进退的礼节)。孟母见到儿子学这一套,情不自禁地感叹道:'真可以居吾子矣!'(即这学宫地方真适合我的儿子居住啊!)于是,就一直定居于此"①。由此,"孟母三迁"的故事就在中国古代传开了,并成为中国人千百年教子的经典。

---

① 吴礼权:《能说会道:说话的艺术》(修订版),暨南大学出版社,2014年,第136页。

孟母的伟大,其实并不仅止于为孟子幼年成长的环境操心,甚至在孟子娶妻成家之后,还对他进行"继续教育",由此不断砥砺其道德情操,使他成为一个杰出的思想家。说到这里,想到一个故事。

　　有一次,孟子外出,其妻独自在家。忙完了家务,无所事事,她就跪坐在席上休息。可是,时间长了,腿很不舒服(日本人坐跪之姿,就是学中国古代人的)。她想,反正没人看见,干嘛这么正襟危坐,不让自己舒服舒服呢?于是,她张开两腿坐在了席上。可是,"这一坐可不得了,犯了古代女人的大忌。稍懂些历史的都知道,中国古代的女人规矩多,站坐都要按古礼规定。对于女人,最大的禁忌就是踞坐。所谓踞坐,就是坐在地上(当然是指坐在铺了席子的地上,就像日本的榻榻米,其实日本人是跟中国人学来的,只是保留至今,中国反而丢了,所以国人就以为坐睡榻榻米是日本的异国风情,那是误会和不懂历史的缘故),伸直并张开两腿。这当然不雅,是不允许的,因为古代的中国女人都是穿裙子的,这样一坐容易泄露裙底风光(男人虽没有明确的这种禁忌,但也被视为是不礼貌、无教养的行为。记得《史记》中曾多次提到刘邦'踑踞而骂'。太史公之所以要提刘邦'踑踞'的生活细节,那是在讽刺刘邦是地痞无赖出身,不懂起坐规矩。可见,男子也是不能踞坐的)"①。

　　没舒服一会儿,孟子之妻突然觉得有人已经站到了自己的面前。她来不及抬头看,就慌忙改换跪坐之姿。但是,就在这个当口,就听到了一声怒吼,就像晴天霹雳从头顶响过:"喂,你是怎么坐的?"

　　唉,要说这女人的命还真苦,自己平时中规中矩地跪坐,丈夫从来就没正眼看过,也没表扬过她。今天丈夫不在家,好不容易有机会放松放松,踞坐一会儿,却被他发现了。

　　孟子之妻一边这样想着,一边在心里着急起来,这一下怎么办?丈夫要是向婆婆汇报了,自己今天岂不要被休回家?

---

① 吴礼权:《能说会道:说话的艺术》(修订版),暨南大学出版社,2014年,第136—137页。

正当她这样想着的时候,孟子已经转身走了,还真的是去向他母亲汇报去了。

"娘,我要休妻!"一见到母亲,孟子就直截了当地说道。

"什么?"孟母不相信自己的耳朵。

"娘,我要休妻!"孟子加大声音重复了一遍。

"为什么?"孟母吃惊地瞪大了眼睛,问道。

"妇人无礼!"

孟母觉得奇怪,儿媳妇的表现很不错,自己从来就没发现她说话行事有什么不得体,怎么今天儿子说她无礼?莫非是儿子喜新厌旧,在外面看上了别人家的姑娘了,回来找借口休妻?这个想法要不得,我的儿子绝对不允许干这种道德败坏的事。于是,孟母抬头直视儿子,一字一顿,认真地问道:"怎么无礼? 说说看。"

"她踞坐。"

"她踞坐? 你确定?"孟母怀疑地问道。

"没错,她踞坐。"

"你怎么知道的?"孟母眼睛逼视儿子,问道。

"我亲眼所见。"孟子一边得意地回答着,一边观察着母亲的脸色。

没想到,孟母突然板起了脸,厉声说道:"这是你无礼! 不是你媳妇无礼!"

"娘,您这话是怎么说的?"孟子看见母亲声色俱厉的样子,觉得非常委屈。

"你是说娘这话说得不对吗?《周礼》是怎么讲的? '将入门,问孰存。将上堂,声必扬。将入户,视必下。'如果你进门叫一声,问问家里有没有人,你媳妇还踞坐被你看见? 如果你进堂屋声音响一点,你媳妇还能踞坐等着你进入内室? 如果你进入内室眼光向下,还能看见你媳妇踞坐的样子?"

孟子一听母亲越说越激动,倒是觉得她说得确实有理。于是,只得低头垂手一旁侍立。

"《周礼》为什么这样规定,就是叫人不要趋人不备。今天你往你媳妇内室,进门没有声音,让她踞坐的样子被你看见,这难道不是你无礼,还是你媳妇无礼吗?"孟母又说道。

"娘教训的是,儿今知错了。"

从此以后,不管妻子有什么问题,孟子都再也不敢向母亲汇报了,更不敢提休妻的事了。

读过上面这则故事,也许很多读者都感到纳闷,孟子不是战国时代周游列国,到处游说国君的名嘴吗?他怎么说不过他娘呢?

其实,他娘的说话艺术还真的不差,绝对是有说服力的。仔细分析一下孟母教训儿子的一番话,我们可以发现,至少在如下两个方面,我们是能看出孟母杰出的交际沟通能力的。

其一,作为交际者,孟母对受交际者孟子的"角色"定位准确。孟母知道自己的儿子能说会道,只有他能说服别人,别人很难说服他。知儿莫如娘,所以交际者孟母搬出了《周礼》的规定,让受交际者服膺的经典说话,而不是自己说话。这一点,是孟母作为交际者最为成功的地方,也是她对言语交际与人际沟通所应遵循的"知人论事"原则准确把握的表现。

其二,作为交际者,孟母说服受交际者(孟子)的"引用"修辞策略是最有针对性的,也是效果最好的。所谓"引用",是一种"引述前人或他人较有哲理或较为权威、较为经典的话来表情达意的修辞文本模式"[1]。从形式上,它可以分为"明引"与"暗引"等两类[2];从意义上,可以分为"正引""反引""半引""借引"等四类[3]。但不管是属于哪一类,大凡"引用"修辞策略的运用,一般"多是基于表达者以人们熟悉且具权

---

[1] 吴礼权:《现代汉语修辞学》(第四版),复旦大学出版社,2020年,第322页。
[2] 同上书,第323页。
[3] 同上书,第329页。

威经典内涵的语句引发接受者注意和思索以强化文本语意印象的心理预期。因此,这种修辞文本的建构,一般说来,在表达上具有持论有故的确凿感或渊博典雅的书卷味;在接受上,则有诱发注意,强化语意印象的效果"①。作为交际者,孟母用以与儿子孟子进行交际沟通(即说服、教训)的修辞策略属于"明引",将《周礼》所规定的行为规范原封不动地引述出来,以规矩说话,以经典说话,从而从心理上彻底征服了受交际者(能说会道的儿子孟轲)。如果交际者孟母不引《周礼》中的话,而是从自己做女人、做母亲的角度说理,尽管可能出于对母亲的孝顺,受交际者孟子嘴上服从,但未必在心理服气。如果是这样,言语交际与人际沟通的预定目标实际上是没有实现的。受交际者孟子若不能从思想上彻底解决问题,即真正认识到自己休妻决定的错误,那么即使碍于交际者母亲的面子而夫妇勉强凑合,结果也不会幸福,生活也不会和谐。可见,交际者孟母修辞策略有针对性,并产生了最好的效果,对于受交际者的幸福与人生是多么重要。千百年来,中国人都佩服孟母教子有方,那确实是有道理的。于此一例,便可见出。

三、诸君必以为便便国家:刘邦忸怩作态做皇帝

人物:刘邦、诸侯及将相。

事件:秦朝灭亡后,项羽与刘邦两大势力集团展开了多年的争战。最后,刘邦取胜。诸侯将相皆劝进刘邦,让他做皇帝,以便大家都跟着升官加爵。刘邦假意谦让一番,然后找了一个理由,半推半就地就坐上了皇帝的宝座。由此建立了秦之后第二个统一的封建帝国,刘邦成了汉帝国的开国皇帝,史称汉高祖。

交际者:刘邦(字季,秦朝时曾为泗水亭长。秦末陈胜、吴广揭竿而起,点燃了反秦战火。刘邦亦起兵,属项羽叔父项梁领导,为秦末反秦的主力。项羽破秦入关后,大封诸侯王,刘邦被封为汉王。

---

① 吴礼权:《现代汉语修辞学》(第四版),复旦大学出版社,2020年,第333页。

后来刘邦势力坐大,成为与项羽抗衡的敌对者与夺天下的竞争者。最终打败了项羽,建立了西汉王朝,成为一代开国帝君)。

受交际者:诸侯将相(刘邦手下的将领,以及秦亡后联合刘邦进攻项羽的各路军事力量的首领)。

沟通指向:下行沟通。

沟通原则:知人论事、讲究策略。

修辞策略:留白。

沟通效果:刘邦内心非常想当皇帝,却以天下苍生和国家需要为借口,从而冠冕堂皇地登上了皇帝宝座。

五年。诸侯及将相相与共请尊汉王为皇帝。
汉王三让,不得已,曰:"诸君必以为便,便国家……"
甲午,乃即皇帝位汜水之阳。(汉·司马迁《史记·高祖本纪》)

秦王朝在天下各路诸侯及反秦力量的联合夹击下灭亡后,新一轮的群雄角力也就上演了。在这场角力赛中,最终跑在最前面的是项羽与刘邦。由此,决赛便在二人之间展开。由于项羽刚愎自用,力量逐渐削弱,结果在决赛中终于不敌刘邦。

刘邦由弱变强,最后一家坐大后,各路诸侯及其手下将相都见风使舵,纷纷投靠刘邦。于是,项羽死后不久,大家都拍马逢迎,劝进刘邦即皇帝位。

其实,刘邦心里也明白,他们之所以要劝自己做皇帝,都是有私心的。因为一旦他做了皇帝,大家都可以封王拜爵,出将入相。用现代的术语来说,这叫双赢。

刘邦当然想当皇帝,不然他就不必在秦朝灭亡后与项羽殊死相搏那么多年,也不会为了自己活命而连亲生女儿也要推下车去,更不会在其父被项羽绑架要挟时无耻地说:"我父即汝父,若要烹乃父,幸分我一杯羹。"可是,当各路诸侯及将相都劝他当皇帝时,他却再三推却。其实,各路诸侯及将相都不傻,知道刘邦这是在装。所以刘邦越是推却,他们就越是劝进。最终,当气氛被推高后,刘邦这才俯允大家的劝进,装得非常谦逊的样子,说了一句意味深长的话:"诸位如果一定认为这样做有利于国家,那么……"

甲午年(即秦二世三年,公元前 207 年),刘邦便在汜水之阳宣布即皇帝位了。

读完《史记》记载的这段史实,读者一定会有疑问,刘邦为什么心里想当皇帝,嘴上却不肯说呢?最后好不容易开口了,却又为什么只说半句话呢?

其实,这就是刘邦作为交际者高明的地方,也是他之所以具备做皇帝潜质的表现。从上下文语境来看,结合刘邦所说的半句话,我们认为刘邦作为交际者之所以与诸侯将相交际沟通成功,最终坐上皇帝宝座,是与如下两个方面的原因分不开的。

其一,作为交际者,刘邦很好地遵循了"知人论事"的原则。刘邦对于追随他的各路诸侯及其手下将相是非常了解的,他们劝进自己做皇帝,是有各自的小九九,或是为了封王封侯,或是为了拜将拜相。如果交际者刘邦不即皇帝位,而只做汉王,那么就不能分封任何人为王,而顶多只能多拜几个将相而已。而交际者刘邦即了皇帝位,则他就可以大封诸侯王,大拜将相。如此,大家都有高官厚禄。交际者刘邦吃透了受交际者(各路诸侯及将相)的心理,所以他们越是劝进,他就越是推让;而他越是推让,他们就更加卖力地劝进。这就是交际者刘邦"知人论事",与受交际者交际沟通成功的原因所在。

其二,作为交际者,刘邦选择了一个非常高明的修辞策略"留白"。所谓"留白",是"表达者在特定情境下因不便完整表达其意,而故意吞吐其辞,将所要表达的意思说一半留一半,甚至将最关键的信息也留而不白,但借助特定语境的帮助,又不至于让接受者不可理解的一种修辞文本模式。这种修辞文本的建构,在表达上颇有一种'此时无声胜有声'、空谷传音倍分明的效果;从接受上看,尽管由于语句表达的一些必要成分的省略而增加了接受者文本解读的困难,但接受者依托文本所提供的语境的帮助,对于表达者所省略的部分可以在文本解读时自行补上。而当接受者通过努力补出了表达者文本建构时所省略的部分而洞悉了整个修辞文本的全真语意后,他便会情不自禁地生发出一种文本解读成功的快慰,从而加深对修辞文本的理解和印象,并从文本解读中获取一种审美情趣"[①]。交际者刘邦的半句话正是"留白"修辞策略的运用。这句话说全了,应该是:"诸位如果一定认为我做皇帝有利于国家,那么我就即皇帝位。"可这样说,他的内心世界就全部暴露了。刘邦作为交际者,高明之处就在于只说出推论的前提"诸位如果一定认为我做皇帝有利于国家",而不说出这个前提下的结论:"那我就即皇帝位。"这样,既能显现他谦逊的品德,又能给手下人以更多猜测想象的空间。做领导的要有一种本事,就是让属下猜自己的心思,而且越是猜不透,他的地位就会越高越稳固。如果做领导的被属下看透了一切,就不可能有什么神秘感了,属下就不会对他心存畏惧。而属下对他不心存畏惧,他的位置如何还能做得稳?作为交际者,刘邦的这半句话还有一个妙处,就是它作为推论前提是以国家利益为借口的,这样就更能遮掩刘邦想当皇帝的真实内心世界。给人的感觉是,他做皇帝是为国为民,而非为他自己。这种冠冕堂皇的理由,岂能不更有迷惑性?由此可见,刘邦能当皇帝是有其必然性的。他与属下的"下行沟通"能够如此高妙,岂能驾驭不了他们?

四、我们中国人走的是上坡路:周恩来答美国记者问

人物:周恩来、美国记者。

事件:美国人由于意识形态心理作祟,总是不时寻找机会攻击中国的社会政治制度。一次,一个美国记者别有用心地拿中美两国

[①] 吴礼权:《现代汉语修辞学》(第四版),复旦大学出版社,2020年,第54页。

人民走路的姿势说事,向周恩来总理发难。周恩来给他打了一个比方,在幽默谈笑中就破解了政治难题。

交际者:周恩来(中华人民共和国总理,世界著名政治家、外交家)。

受交际者:美国记者(向周恩来提问者)。

沟通指向:下行沟通。

沟通原则:知人论事、讲究策略。

修辞策略:比喻。

沟通效果:运用比喻修辞策略,避实就虚,化严肃为幽默,巧妙地回击了美国记者别有用心的政治攻击。

有一次,美国记者在招待会上问:"总理阁下,在我们美国,人民都是仰着头走路,而你们中国人怎么总喜欢低着头走路?"

周总理笑着说:"这不奇怪,原因很简单嘛,你们美国人走的是下坡路,只好仰着头走路了;而我们中国人走的是上坡路,当然是低着头走了。"(张在新、张再义编《中国名人辩才趣闻》)

政治家答外国记者问,往往都不是家常闲谈,而是事涉政治与外交。因此,对于外国记者,尤其是不友好国家的记者,政治家或外交家在回答他们的问题时就必须分析其提问的动机与问题的弦外之音,然后予以谨慎回答。只有这样,才不至于着了外国记者的道儿,造成对本国政治或外交的困扰。

上述故事中的美国记者就是对中国不友好国家的记者,他对中国总理周恩来的提问就不怀好意,其意是要通过中美两国人民的精神状态的对比,以此突显美国资本主义制度的优越性,贬低中国社会主义制度的优越性。但是,周恩来总理敏锐地识破了美国记者别有用心的提问动机,巧妙地以一个比喻予以回答,使美国记者不仅没有讨到便宜,反而自取其辱,给美国及其美国人丢了脸。

那么,周恩来的回答何以有如此独特的魅力呢?

从言语交际与人际沟通的视角看,周恩来的答美国记者问,至少在如下两个方面做得非常高妙,让人不得不佩服。

其一,作为交际者,周恩来对美国记者的"角色"及其心理把握得非常准确。众所周知,美国是西方资本主义社会的代表,出于意识形态的偏见,一直对实行社会主义制度的新中国持敌对态度。美国媒体虽然一直标榜自由、独立、公正,但实际上也是带有政治偏见的,尤其是意识形态偏见非常严重。交际者周恩来作为新中国的总理,对此自然是比任何人都清楚的。所以,当上述故事中的美国记者(受交际者)以中美两国人民走路的姿势不同为由提问时,他就敏感地意识到了这个提问记者的险恶用意。但是,他没有挑破其用意,而是将计就计,顺着其提问的思路,给美国记者打了一个比方,从而避实击虚,化严肃为幽默,不露痕迹地否定了美国社会制度的优越性。

其二,作为交际者,周恩来回答美国记者时选择的"比喻"修辞策略非常有效。美国记者在招待会上的提问:"总理阁下,在我们美国,人民都是仰着头走路,而你们中国人怎么总喜欢低着头走路?"从表面上看,只是比较中美两国人民走路的姿势。实际上并非如此,而是别含玄机,带有深刻的政治意涵,意思是说:"美国实行的是资本主义制度,国家富强,人民幸福,所以美国人的精神状态非常好;而中国实行的是社会主义制度,国家不如美国富强,人民没有美国人民幸福,所以中国人的精神状态不好。"交际者周恩来的聪明之处在于,明明受交际者(美国记者)说的是这个意思,但却不公开揭破其用意,而是顺其思路,将计就计地给他打了一个比方:"你们美国人走的是下坡路,只好仰着头走路了;而我们中国人走的是上坡路,当然是低着头走了。"从表面上看,这个回答是就事论事的回答,说明了中美两国人民走路姿势不同的原因;实际上根本不是这样,而是通过暗喻的方式,将美国的社会制度比作下坡路,将中国的社会制度比作上坡路,由此暗示出这样一层意思:美国的社会制度优越性日渐衰落,中国的社会制度优越性越来越上升。一贬一扬非常明显,但却不露声色,让受交际者无从反驳。

五、吃掉我之后必须要演讲:林语堂的笑话

人物:林语堂、台湾中国文化大学学生。

事件:林语堂从欧洲返回中国台湾定居,应邀参观在阳明山上的中国文化大学。参观前,林语堂与校方创办人约定,只参观不演讲。但是,当幽默大师林语堂出现在文化大学的餐厅时,热情的学生们非要当场听林语堂演讲不可。为了不拂逆众学子们之意,林语堂遂以一段简洁的故事展开了与众学子们的交际沟通。结果,获得满堂喝彩。

交际者:林语堂(著名学者、文学家、语言学家,生于1895年,卒于1976年。上海圣约翰大学英文系毕业,美国哈佛大学比较文学硕士,德国莱比锡大学语言学博士。曾任北京大学教授、北京女子师范大学教务长与英文系主任、厦门大学文学院院长、新加坡南洋大学校长等)。

受交际者:中国文化大学学生。

沟通指向:下行沟通。

沟通原则:友善合作、讲究策略。

修辞策略:讽喻、拟人。

沟通效果:既表达了自己意欲表达的主旨:"演讲不是容易的事,需要精心准备",又在婉转地批评了受交际者让自己勉为其难的同时娱乐了大家。

犹记得1961年,林语堂返台,定居于阳明山,有一回应邀至文化大学参观,事先与文大创办人张其昀约定,没有充分准备,不能演讲。但是当幽默大师出现在学校餐厅午餐时,师生蜂拥而至,争睹风采,并一再要亲聆"幽默",林氏难违众意,只好说了一个故事:

"古罗马时代,有一个人犯法,依例被送到斗兽场,他的下场不外两

种,第一是被猛兽吃掉,第二是斗胜则免罪。罗马皇帝和大臣都在壁上静观这场人兽搏斗的精彩好戏。不料,当狮子进场后,这犯人只过去在狮子耳边悄悄说了两句话,狮子就夹着尾巴转身而去。第二回合老虎出来,依然如此。罗马皇帝问他:有什么魔力使狮子老虎不战而退。他从容不迫地说:没有什么,我只告诉它们,要吃掉我不难,不过最好想清楚,吃掉我之后必须要演讲!"(沈谦《林语堂的"风流"与"诙谐"》)

林语堂被人称为"幽默大师",乃是因为他每次演讲都能出人意表,给听众以惊喜与愉悦。在上述故事中,林语堂在毫无准备的情况下,被台湾中国文化大学学生临时要求即兴演讲,这是他事先所没有料想到的。但是,既然交际者(文化大学的学生们)已经提出了要求,作为受交际者就必须回应,同意或不同意,都是一种人际沟通的态度。如果回答说"不行",那么必然拂逆了莘莘学子们的热切期望,同时也有损自己的绅士形象;如果回答说"行",那么就得当场演讲。而当场即兴演讲是很难做到精彩的,如果不精彩,反而自毁了形象。

林语堂的聪明之处在于,面对交际者(文化大学的学生们),他不做受交际者,即不回答他们的问题,而是以沉默应对,以结束上一轮言语交际与人际沟通,转而以交际者的角色开始新一轮言语交际与人际沟通。根据自己所要表达的意思,临时编造了一个故事,既娱乐了受交际者,满足了他们要听演讲、要亲炙自己幽默风采的心愿,又婉转地批评了受交际者让自己勉为其难,同时还阐明了一个演讲的道理:演讲若想精彩,必须精心准备。

那么,林语堂的即兴演讲为什么赢得中国文化大学学生们的满堂喝彩,并被传为佳话呢?从言语交际与人际沟通的角度分析,有两点值得重视。

其一,作为交际者,林语堂在遵循"友善合作"的原则方面做得非常好。交际者林语堂作为一位非常知名的学者与文学大师,被邀参观中国文化大学,莘莘学子慕名而要一睹他的风采,亲耳聆听其精彩的演讲,这是情理之中的事。林语堂虽然料到会有这一幕,而事先与文化大学的主事人说定不演讲,但面对热情的学子们,他没有冷冰冰地拿校长与他的约定回答学子,这表现了"友善合作"的绅士风度。当他觉得演讲难以推辞时,他又本着"友善合作"的原则,临时给学生们编造了一个故事,在娱乐中告诉学生一个事实:"演讲很难,即兴演讲更难",同时也告诉大家一个做人的道理:"凡事不能让他人勉为其难。"但是,这种大道理暗含于故事的字里行间,表述得非常婉转,所以丝毫没有让广大学子们难堪。可见,作为交际者,林语堂是非常体谅受交际者的,在言语交际与人际沟通中非常重视贯彻"友善合作"的原则。正因为如此,林语堂在公众心目中总是以一个温文尔雅的绅士形象出现。

其二,作为交际者,林语堂选择的修辞策略非常有效。他所编造的罗马斗兽场中犯人与狮子、老虎搏斗的故事,从大的层面看,它属于"讽喻"修辞法;从犯人与狮子、老虎耳语的情节看,则又属于"拟人"修辞法。我们知道,在儿童文学中,给孩子编造的童话,大多是结合这两种修辞法进行的。交际者林语堂在中国文化大学学子面前是长者,他以给孩子讲故事的口吻,以编造童话故事的修辞策略来讲故事,在受交际者听来就觉得格外亲切有味。然而,大学生们毕竟不是小孩子,所以用这种口吻与修辞策略来讲故事,就有了一个角色错位的问题,会让受交际者(大学生们)心理产生落差,从而幽默诙谐的机趣便不期而至。受交际者要交际者演讲,无非是要亲炙交际者的幽默风采,无非是要一种愉快的交际氛围。交际者的故事,让这二者都得以实现,岂能说交际者的修辞策略不成功,演讲不精彩?

六、那你就把下半杯干了:梁实秋的劝酒辞

人物:梁实秋、沈谦。

事件:梁实秋八十寿诞,中国台湾诗人瘂弦做东请了一桌寿宴。其时在台湾师范大学攻读博士学位的沈谦也有幸与席。席间,沈谦向梁实秋敬酒。梁实秋也要沈谦喝酒,遂成一段文人佳话。

交际者：梁实秋（原名治华，以字行。中国现代著名散文家、翻译家、学者。生于1903年，卒于1987年。曾先后任教于东南大学、暨南大学、青岛大学、北京大学等，后至中国台湾，任台湾师范大学国文系教授、文学院院长）。

受交际者：沈谦（中国台湾学者，曾任台湾中兴大学中文系主任、台湾空中大学中文系主任）。

沟通指向：下行沟通。

沟通原则：知人论事、讲究策略。

修辞策略：折绕。

沟通效果：交际者说得幽默，不胜酒力的受交际者愉快地听从交际者的要求，喝下了一整杯酒。

1981年，梁老八十诞辰，诗人痖弦请了一桌寿宴，我有幸忝列末席，但不幸的是平生酒量太差，只好向他告饶："梁老，我酒量太差，只能干半杯，您随意！"梁老面露诡谲的微笑："那你就把下半杯干了！"（沈谦《梁实秋的流风余韵》）

在中国现代文学史上，梁实秋也是非常出名的人物。对中国现代文学史有所了解者，大家都会认同这样一个事实：鲁迅是一个"金刚怒目"式的激烈斗士，而梁实秋则是一个"慈眉善目"式的谦谦绅士。

正因为梁实秋是这样品行的一种人，所以他被鲁迅骂为"走狗""资本家的乏走狗"时，却优雅地表示"不生气"。其实，一个人的度量与风度到底如何，往往是不能从他与长辈或是平辈人的交往过从中看出，而是从他与晚辈后生之间的交往中看得更清楚。上述故事中所讲到的梁实秋先生的生活趣闻，恰恰能够从一个侧面看到梁实秋其人的度量与风度。

众所周知，梁实秋先生在中国台湾文坛与学界，都是大师级人物。

他八十寿诞，自然是台湾地区文学界的重要事件。所以，中国台湾著名诗人痖弦做东为其庆贺。故事中的沈谦，后来虽是中国台湾有名的修辞学家与演讲家，但是参加庆贺梁实秋寿诞酒会时，还不过是台湾师范大学的一个博士研究生。梁实秋是台湾师范大学的教授，那算是他的座师了。因此，在酒会上，沈谦必然是向梁实秋敬酒的最好人选。沈谦作为受交际者，在酒席上是小字辈，只得服从大家的意见，准备给寿星梁实秋敬酒。因为他酒量不大，所以就老老实实地事先声明，说只能喝半杯表示敬意。梁实秋见沈谦这样说，遂由旁观者转换成交际者的角色，对沈谦说道："那你就把下半杯干了。"结果，听了这话，不胜酒力的受交际者沈谦，竟然不再顾忌自己的酒量，豪爽地将一整杯酒都喝干了。

众所周知，中国人在酒席上都有劝人喝酒的习惯。但是，劝人喝酒，交际者要有本事，要让被劝酒者心甘情愿地喝下去。为此，劝酒者（即交际者）就必须有很好的说辞。比方说，以前常有人强人所难，让别人一口将满杯的酒喝干，就会说这样一句："感情深，一口闷。"若是被劝者不肯一口喝干，就说明你跟劝酒者的关系不好。所以，遇到这种情况，被劝者只得硬着头皮也要喝干杯中的酒。又比方说，以前有一位官场中朋友跟笔者说，他给领导敬酒，没有人能不喝干的。笔者问他是怎么说的，他说他的祝酒辞是："激动的心，颤抖的手，给您敬上一杯酒。"只要这话一出口，没有人好意思不喝下去。可见，劝人喝酒还真是功夫活，没有足够的言语交际与人际沟通能力，还真的在酒席上玩不转。

文人喝酒当然比较文雅，但是说辞绝对不会少。我们看古典小说中经常写到古代文人喝酒时行酒令的情节，那花样是很多的。可是，我们看上述故事中的交际者梁实秋，他劝人喝酒却是不费吹灰之力，一句话就让受交际者心甘情愿地将一杯酒喝干了。

那么，梁实秋先生劝酒何以有如此的能耐呢？他的话究竟有怎样的独特魅力呢？

从言语交际与人际沟通的角度看，至少有如下两个方面是值得我们特别重视的。

其一,作为交际者,梁实秋对受交际者沈谦的"角色"定位与心理状态的把握非常准确。交际者梁实秋明白,受交际者是台湾师范大学的学生,在自己面前是晚辈,如果直言让他一杯全部喝干,即使他不胜酒力,也不会有违师命而不喝干。这是其一。其二,庆贺寿诞是喜事,受交际者出于礼节,也不会不喝干。因此,作为交际者,梁实秋认为在此时此刻、此情此景下,让受交际者沈谦喝干一杯,无论从什么角度来看,都没有不得体的问题。事实上,受交际者沈谦确实是心甘情愿地喝完了一整杯,这便说明交际者与受交际者的交际沟通是遵循了"知人论事"的原则。

其二,作为交际者,梁实秋选择的劝酒修辞策略"折绕"是非常有效的。交际者梁实秋实际想对受交际者沈谦说的话是:"小伙子,你尊老而敬我酒,若有诚意,不管自己酒力如何,都应该一杯全干。"如果这样说,以交际者的身份与辈分,都算是得体的,受交际者沈谦遵命喝干整杯也是心服口服的。但是,在庆寿的酒席上这样严肃地说话,未免不切合"题旨情境",甚至可以说有点煞风景,不利于营造轻松活泼的喜庆气氛。交际者梁实秋的高明之处,就在于运用了"折绕"修辞策略,让受交际者在酒席上做逻辑思维训练,明白"喝干下半杯"与"喝干全杯"的关系。当受交际者解读出交际者的真实语义内涵,既有一种成功的心理快慰,又从内心深处生发出对交际者言语交际智慧的由衷敬佩。而这正是受交际者沈谦心甘情愿喝干全杯,并以此作为佳话到处传播的原因所在。

七、何必认识那个下蛋的母鸡呢:钱锺书拒见英国女士

人物:钱锺书、英国女士。

事件:钱锺书出版于20世纪40年代的小说《围城》,在20世纪80年代初重版时意外在读书界获得了轰动效应。结果,这部原本在中国现代文学史上从未有人提及的小说不仅国内有很多学者开

始研究,甚至国外也有人开始研究。一次,一个英国女士宣称自己也是研究《围城》的,并要求拜访钱锺书,被钱锺书婉言拒绝了。

交际者:钱锺书(当代著名学者、作家。曾留学英国牛津大学,通晓英法德等欧洲多种语言文字。被中国台湾著名诗人余光中推崇为中国西学第一流的学者。中文研究方面也卓然有成,著有《管锥编》《谈艺录》《七缀集》《宋诗纪事补正》《宋诗选注》等)。

受交际者:英国女士(一位自称研究《围城》并要求拜访钱锺书的学者)。

沟通指向:下行沟通。

沟通原则:友善合作、讲究策略。

修辞策略:比喻。

沟通效果:既婉拒了受交际者的要求,又让受交际者觉得幽默机趣而印象深刻。

自从1980年《围城》在国内重印以来,我经常看到锺书对来信和登门的读者表示歉意;或是诚诚恳恳地奉劝别研究什么《围城》;或客客气气地推说"无可奉告";或是既欠礼貌又不讲情理的拒绝。一次我听他在电话里对一位求见的英国女士说:"假如你吃了个鸡蛋觉得不错,何必认识那个下蛋的母鸡呢?"我直担心他冲撞人。(杨绛《记钱锺书与〈围城〉》)

钱锺书是一位当代非常有影响的学者,但是为学术界乃至社会大众广泛了解,却并不是因为他精通英、法、德、意、西、拉丁等各种语言文字,或是《管锥编》《谈艺录》等学术著作,而是因为他在20世纪上半叶所写的一部描写中国知识分子的小说《围城》。

《围城》最初由上海晨光出版公司于1947年出版,但在当年的读书界并未引起重视,当然更未引起文学上的所谓"轰动效应"。之后,这部长篇小说就慢慢淡出了人们的视线(其实压根儿原本就没有多少人读过)。20世纪60年代,旅美华裔学者夏志清出版了一部《中国现代小说史》(A History of Modern Chinese Fiction, 1961年由耶鲁大学出版社出版)。其中,除了盛赞沈从文的文学成就外,还特别评论到《围城》,认为它是"中国近代文学中最有趣、最用心经营的小说,可能是最伟大的一部"。这个评价虽然很高,有点石破天惊的意味,但是当时中国大陆与欧美世界是处于隔绝状态,所以夏志清的溢美之辞并未让《围城》得以重出江湖,为中国人所知晓。20世纪70年代末80年代初,中国大陆开始了改革开放,大陆与东西方之间的文化沟通才重新开启,域外对《围城》的评价也传入了中国大陆。于是,人民文学出版社于1980年开始刊印经作者钱锺书略有修改的《围城》。之后,不断重印,遂成了一部甚是畅销的小说。

随着小说《围城》的畅销,原本"两耳不闻窗外事,一心只读圣贤书",一直躲在"翰林院"(中国社会科学院)里做学问的作者钱锺书也被好事者从书斋中拖出来。一些风派的所谓学者,甚至还提出并开始了所谓的"钱学"研究。既然是"钱学"研究,当然《围城》这部畅销小说是包括其中的。当时,不仅有很多中国学者或非学者撰文大谈《围城》的艺术成就,就是洋鬼子也有跟风的。这不,有一次就有一位英国女士给钱锺书打电话,说她正在研究《围城》,想来拜访钱锺书。钱锺书算是一位清醒的学者,并未因学术界与社会各界对他的狂热推崇而忘乎所以,更未利令智昏,忘了自己是谁,不知《围城》到底价值几何。于是,他便客气地回绝了那位英国女士道:"假如你吃了个鸡蛋觉得不错,何必认识那个下蛋的母鸡呢?"

当时,他的夫人杨绛还"直担心他冲撞人"。然而,事实上,那位英国女士并未觉得自己受到冲撞,也未曾听说过她生气了。

那么,那位英国女士为什么不生气呢?钱锺书的电话是回绝她的呀!这就要说到钱锺书言语交际与人际沟通的智慧了。

从言语交际与人际沟通的角度看,钱锺书接电话时,其角色是"受交际者",打电话要求面见的英国女士是"交际者"。当英国女士提出了希望登门拜访的要求后,她作为"交际者"的"角色"开始在话轮转换中被转换成了"受交际者",因为接下来是原来的"受交际者"钱锺书表达自己的意见了。也就是说,当钱锺书开始回答她的问题时,她已经变身为"受交际者",而说话的钱锺书则变身为"交际者"了。

作为交际者,钱锺书对受交际者的"角色"定位很准确。钱锺书自己深谙西学,又曾经留学于英国牛津大学,对于英国女士这一特定交际对象,他自然是了解的。如何跟英国人交际沟通,如何跟英国女士说话,交际者钱锺书都是心中有数的。正因为如此,当交际者的夫人杨绛"直耽心他冲撞人"时,交际者已经在电话中回绝了那位英国女士。事实上,那位英国女士并没有因被拒而有怨言。相反,她一定会被交际者钱锺书的西式幽默逗笑,或是由衷地感到敬佩而会心一笑。

我们之所以说受交际者(英国女士)不会因为拜访请求被拒而生气,而可能会心一笑,这是由交际者钱锺书的修辞策略决定的。交际者回绝受交际者的请求,并不是直通通地说:"我没空。"或是说:"你有空看书好了,何必浪费时间来见我呢?"如果真的这样拒绝那位英国女士,那么她一定会生气,甚至记恨交际者,在国际学术界散布对交际者不利的言论。事实上,交际者没有直言拒绝,而是运用了一个"比喻"修辞策略,通过"借喻"(即省略本体与喻词的比喻)的方式,将自己写小说《围城》比作是母鸡下蛋,将英国女士读《围城》比作是吃鸡蛋,由此建构了一个巧妙的"借喻"修辞文本:"假如你吃了个鸡蛋觉得不错,何必认识那个下蛋的母鸡呢",既婉转地表达了谢绝拜访的意思,又以出人意表、机趣横生的妙喻让受交际者忍俊不禁,不得不佩服交际者的言语交际智慧,在深切感佩交际者中国式幽默的魅力的同时,愉快地接受了交际者的意见:在家好好读《围城》。

八、我是醉酒之翁不在意:老先生的幽默

人物:老先生、小姐、小姐的男友。

事件:一对情人外出旅行,在车上与一位老先生比邻而坐。小姐因为老先生风趣而多与他说了几句话,小姐的男友有些吃醋,遂提醒女友警惕老先生别有用心。小姐为了解除男友之疑,遂告诉了男友实情。老先生听了他们的谈话,自言自语地道出了心声。

交际者:老先生(与一对情人比邻而坐的老人)。

受交际者:一对情人(即小姐与其男友)。

沟通指向:下行沟通。

沟通原则:友善合作、讲究策略。

修辞策略:变序。

沟通效果:老先生的话既展示了长者的宽容与豁达,又表现了其高度的语言智慧与幽默机趣的风度。

一对情人外出旅行,在车上和一位老先生相邻而坐。

老先生风趣健谈,小姐和他说得很是投机。她的男友不高兴了,小声对她说:"小心点,他是醉翁之意不在酒。"

女友安慰他说:"放心好了,我是醉酒之意不在翁。"

他俩的对话被老先生听到了,老先生自言自语地说:"我是醉酒之翁不在意。"(高胜林《幽默技巧大观》)

我们常说女人爱吃醋,其实男人也是爱吃醋的。上面这则故事中的小姐男友,就是一个好吃醋的男人。本来,出门在外,总要与别人同车共坐,当然也就免不了要跟陌生人说话,跟不认识的人进行沟通。

一般说来,在人际交往中,谈吐风趣的人总是到处受人欢迎;而木讷阴郁的人,则多半是为人敬而远之。故事中与男友一起外出旅行

的小姐,之所以喜欢跟比邻而坐的老先生说话,而不愿意跟自己的男友说话,就是因为这位陌生的老先生谈吐风趣,能给人带来愉悦。可是,这样一来,小姐的男友不高兴了。于是,便引出了故事中三人就像说暗语似的一番对话。

应该说,故事中的三人对话都是有水平的。小姐的男友怕老先生是坏人,女友上了当,但又不便直说,所以就引了宋人欧阳修《醉翁亭记》中的名句"醉翁之意不在酒",婉转地告诫女友,别被眼前这位侃侃而谈的老先生的风度所迷惑,小心上了这老头子的当。这是运用"引用"修辞策略,表意含蓄,是相当有水平的。可是,他的女友比他还有水平,只对他的话改动了一下语序,就清楚地表明了心迹,解除了男友的疑虑。而老先生的话,虽是仿小姐的话而改动了一下词序,但表意更显深刻,且风趣幽默,让人永远难忘。

那么,这位老先生的话何以有如此深厚的魅力呢?

从言语交际与人际沟通的角度看,我们认为,作为交际者,老先生的话最值得重视的地方有如下两点。

其一,作为交际者,老先生的话体现了"友善合作"的原则。受交际者(小姐与其男友)的话虽然说得婉转,有一定的技巧,但在特定情境下,意思还是相当明确的。小姐的话,意思是说:"我是不会爱上这个糟老头子的。"小姐男友的话,意思是说:"别看他道貌岸然,侃侃而谈,很可能是个坏人,别被他的外表所迷惑而上了当。"作为交际者,老先生明明解读出了受交际者的语义真蕴,但却并未生气,而是仿小姐的说话方式而改其句回应之,既为自己辩了诬,又没让"以小人之心,度君子之腹"的受交际者之一的小姐男友感到尴尬,表现了一位长辈宽厚宽容的人格魅力。

其二,作为交际者,老先生的话运用的修辞策略也非常巧妙而有效。他所用的修辞策略叫"变序",虽是受交际者之一的小姐先使用,但他使用的效果明显比她好。所谓"变序",是一种"利用汉语单音节词占一定数量(古代汉语则是占绝对优势)和语序在汉语表意中具有特别重要的意义这两大特点,通过词或短语词组、句子语序的变换实现语义的转换,从而达到表意深刻隽永、别具幽默讽刺效果的修辞策略"①。老先生运用"变序"修辞策略,其高明之处在于用得自然,是将受交际者之一的小姐的原话予以变易而成,颇有一种收缴了敌人的武器然后加以改装,再以之进攻敌人的味道,是一种"以其人之道,还治其人之身"的方法,"婉约地暗示了这对男女青年这样的一层意思:'你们都别多心了,更不必为此争吵了。我就像一个喝醉了酒的老翁,是不在意你们怎么看我的,我这把年纪还在意你们这些小青年怎么想,我还计较你们的话,跟你们一般见识吗?'"②这样绵里藏针的表达,远比挥动大刀追杀要显得有风度有效果,足以让受交际者,特别是那个小心眼的小姐男友为之汗颜。这就是我们为什么特别推崇交际者老先生的原因所在。

九、请多些亮光,少些声音:林肯给记者讲惊雷的故事

人物:林肯、纽约报纸的记者。

事件:美国南北战争爆发初期,有很多美国报纸热心地给总统林肯出主意。一次,一家纽约报社的记者也给林肯打电话,向他提出指挥南北战争的计划。林肯觉得记者的计划不切实际,但又不便得罪他,于是就给他讲了一个骑士在堪萨斯遇惊雷的故事,婉转地否定了其自以为是的计划。

交际者:林肯(Abraham Lincoln,中文译名:亚伯拉罕·林肯,美国第十六任总统。生于1809年,卒于1865年。在任期间最突出的贡献是主导废除了美国黑人奴隶制度。南北战争期间,坚决反对国家分裂,挫败了南方分离势力,维护了美利坚联邦及其领土上不分人种、人人生而平等的权利。1860第一次当选美国总统,1864年

---

① 吴礼权,《传情达意:修辞的策略》,广州:暨南大学出版社,2014年,第146页。
② 同上书,第147页。

再次当选为美国总统。1865年4月14日,被约翰·布斯暗杀)。

受交际者:纽约一家报社的记者。

沟通指向:下行沟通。

沟通原则:知人论事、讲究策略。

修辞策略:讽喻。

沟通效果:通过临时编造一个骑士遇惊雷的故事,婉转地拒绝了记者所提供的指挥南北战争的计划,不仅没有伤害其自尊心,反而让他觉得幽默风趣。

美国内战爆发初期,很多报纸向林肯提出了各种各样的建议和告诫。一家纽约报纸的记者也打电话给林肯,向他提出一个指挥这场战争的计划。

林肯耐心地听完后,说,你们这些纽约报纸使我想起了一个小故事:

几年前,有位先生骑马旅行穿过堪萨斯,那儿没什么居民,又没有路,他迷路了。更糟糕的是,夜幕降临时,来了一场骇人的雷电。隆隆雷声震撼着大地,阵阵闪电照亮了天幕。那位吓坏了的先生赶紧下了马,靠着闪电的摇曳不定的亮光,牵着马,小心翼翼地向前走着。突然,一声惊人的炸雷从天而降,吓得那人立刻跪倒在地,他大声祈祷道:"啊,上帝,如果你不介意,请多些亮光,少些声音吧!"(段明贵编《名人的幽默·请多些光亮》)

1861年爆发的美国南北战争,是美国历史上唯一的一次内战,既关乎美利坚合众国的生死存亡,也关乎美国黑人奴隶制度的存废。美国第十六任总统,也是共和党首任总统亚伯拉罕·林肯领导的联邦政府,为此承担了巨大的压力。但是,经过艰苦卓绝的努力,最终联邦政府主导的北方政治力量取得了战争的胜利。

因为南北战争为美国的第一次内战,所以对于如何打赢这场战争,维护国家的统一,就成了很多美国人关心的大事。这样,就发生了上述故事中很多美国报纸及其记者热心给总统林肯出谋划策、提供作战计划的事。当然,这是美国媒体及其记者爱国之心的表现,但却给执政的美国总统林肯带来了不小的困扰。于是,就有了故事中林肯婉拒纽约一家报纸记者的情节。

众所周知,在美国与西方世界,记者被称为"无冕之王",对国家的政治运作、对政治人物的前途命运都有极大的影响作用。林肯身为共和党籍的现任总统,是通过竞选而上位的,当然知道记者不好得罪的道理。所以,当他接到纽约一家报纸记者打来的电话,说要给他提供一个指挥南北战争的作战计划时,就感到非常为难。如果直接拒绝,势必就得罪了记者,不利于团结一切可以团结的力量,更不利于在战争初期在舆论与民意上形成一股强大的维护国家统一的声势。如果欣然接受,虽然可以讨好记者,但明显会对取得战争的胜利造成不可挽回的损失。毕竟记者不是军事家,他自以为是的作战计划未必就能管用。所以,作为美国总统,也是美国的三军统帅,林肯在与记者交流沟通时就格外谨慎。最终通过发挥创意造言的智慧,成功说服了记者,排除了来自新闻界的干扰。

那么,林肯说服记者,排除新闻界的干扰,有哪些值得我们重视的地方呢?

从言语交际与人际沟通的视角看,至少有如下两个方面。

其一,作为交际者,林肯很好地贯彻了"知人论事""友善合作"两大基本原则。众所周知,做记者的,特别是做政治新闻的记者,肯定都是关心国家大事的。美国南北战争是当时美国最大的政治,纽约报纸的新闻记者关心此事,乃是情理之中的事。林肯作为现任总统,虽然在战争初期承受了巨大的压力,但对纽约报纸的记者给他打电话的行为没有简单粗暴地予以拒绝,而是耐心地听完了其提供的作战计划,这是"知人论事"的表现。因为他知道,记者给他打电话是出于一片爱国热情。当他听完记者提供的作战计划后,虽然觉得非常不靠谱,但却没有直言否定，而是临时编造了一个骑士遇惊雷的故事，通过故事中的骑士之口，婉转地将自己要表达的否定之意表达出来，让打电话的记者不至于情感太受刺激。这是林肯作为交际者给受交际者(记者)以面子的表现，也是交际者自觉贯彻言语交际与人际沟通的"友善合作"原则的表现。

其二，作为交际者，林肯选择的"讽喻"修辞策略非常得体而有效。林肯作为美国总统，同时也是美国的三军统帅，对于南北战争的作战计划肯定是有通盘而周密的考虑，无须纽约报纸记者这样的军事门外汉指手画脚，对他予以指导。因此，按照常理，交际者林肯作为美国的总统，对于纽约报纸记者这样的受交际者，完全可以基于权力与身份的优势直言其不满之意。然而，林肯却没有基于权位优势而盛气凌人地拒人于千里之外，而是本着"下行沟通"所要遵循的"给面子"原则，运用"讽喻"修辞策略，临时编造了一个骑士遇惊雷的故事，假借骑士之口为自己代言，婉转地拒绝了记者提供的作战计划，提醒他少些干扰，多些舆论鼓励。很明显，这样的表达是非常得体的，效果也是非常好的。因为它既没有挫伤记者的爱国之心，也没有让记者的面子受损，反而让记者觉得幽默风趣，打心眼里敬佩其政治智慧与言语智慧。正因为如此，这个交际者林肯拒绝记者的故事才会成为传诵世界的佳话。

十、你必须同你的小狗商量一下：萧伯纳的回信

人物：萧伯纳、小女孩。

事件：萧伯纳因为名气太大，致使有很多追捧者与崇拜者。一次，一个小女孩因为崇拜他，给他写信，想用萧伯纳的名字命名她的小狗，问萧伯纳同意不同意。萧伯纳当然不同意，遂给小女孩写了一封信，婉转地予以了回绝。

交际者：萧伯纳（George Bernard Shaw，中文全译名：乔治·伯纳德·萧，生于1856年，卒于1950年。爱尔兰著名剧作家，1925年获诺贝尔文学奖）。

受交际者：小女孩（萧伯纳的崇拜者）。

沟通指向：下行沟通。

沟通原则：知人论事、讲究策略。

修辞策略：承转、拟人。

沟通效果：婉转地拒绝了小女孩的请求，但却让人觉得幽默机趣，不至于尴尬。

萧伯纳有一次收到一个小姑娘的来信："你是我最敬佩的作家，为了表示敬意，我打算用你的名字来命名我的小狗，你同意吗？"

萧伯纳回信说："亲爱的孩子，读了来信，颇觉有趣，我赞成你的想法。但重要的是，你必须同你的小狗商量一下，看它是否同意。"（陈来生等《名人幽默》）

这则故事，从小姑娘写信给萧伯纳的角度看，属于言语交际与人际沟通中的"上行沟通"；但是，从萧伯纳回信的言语行为看，则是属于言语交际与人际沟通中的"下行沟通"。因为从写作的动机看，这则故事是要突出萧伯纳的语言智慧与幽默机趣，所以我们从萧伯纳回复小姑娘来信的角度出发，将回信者萧伯纳视为交际者，将收信的小姑娘视为受交际者，整个案例处理为"下行沟通"的性质。

应该承认，崇拜名人之心，人皆有之。故事中的小姑娘因为崇拜萧伯纳，为了表达对萧伯纳的敬意，她想出了一个创意，欲用萧伯纳的名字命名她的小狗。这一想法，在成人看来觉得太荒诞可笑了，但在天真无邪的孩子看来则是真诚的表达。萧伯纳作为小姑娘信件的接收者，也是这次书面交际的受交际者，他是深切理解来信的小姑娘的心意的。所以，他决定给小姑娘回信，而不像有些名人那样，觉得小姑娘的想法荒诞可笑就对她的来信置之不理，或是直言拒绝，摆出大名人不可接近的做派。在回信中，萧伯纳不仅亲热地称呼小姑娘，而且还肯定了小姑娘的想法。最后，才婉转其辞地对她的想法予以否定。这种否定，既让小姑娘明白其意,但不至于感到伤心。相反,还会因为他风趣幽默的表达而觉得非常开心。

那么,萧伯纳这封简短的回信何以有如此的魅力呢?

从言语交际与人际沟通的角度看,萧伯纳的回信至少有如下两个方面特别值得我们重视。

其一,作为交际者,萧伯纳很好地遵循了"知人论事"的原则。他深知受交际者(来信的小姑娘)是个孩子,天真无邪,来信告知他要用他的名字来命名她的小狗,只是想表达对他的敬意。对于孩子的这种善意,作为一个名人和老人,是不能予以否定的。否则,就太不近人情了。但是,小姑娘要用自己的名字命名她的小狗这件事确实是太过荒诞,他打心眼里不乐意。所以,他又必须予以否定。最终,他想到了一个妥善的处理方法,针对孩子的心理,先用"善意的谎言"铺垫而作心理上的引渡,再以婉言表明自己的态度。如此,既清楚地表达了自己的意见,又娱乐了受交际者小姑娘,回应了她的善意。

其二,作为交际者,萧伯纳选择的修辞策略非常有效。萧伯纳非常了解孩子的心理,特意选择了两种修辞策略:一是"承转",二是"拟人"。萧伯纳给小姑娘的回信,先赞扬她的想法非常有趣,这是肯定。接着,要求她跟她的小狗商量她的想法,这是否定,是典型的"承转"修辞策略。在"承转"之中,又有一个"拟人"修辞策略的运用,这便是交际者要受交际者(小姑娘)跟她的小狗商量,这是明显地将狗当人。众所周知,孩子都喜欢听肯定表扬的话,喜欢生动有趣的童话。因此,萧伯纳选择"承转"与"拟人"修辞策略,明显是最有效果的。事实上,这个故事被视为幽默在世界广泛传播,就说明了这一点。

十一、小姐非常漂亮:卡特母亲善意的谎言

人物:卡特母亲、女记者。

事件:美国第三十九任总统卡特在竞选总统期间,有女记者想挑卡特的毛病,从而制造不利于卡特竞选的新闻。女记者从卡特本

人那里找不到机会,就转而采访卡特那位脾气暴躁的母亲,希望从这位脾气暴躁的母亲嘴里套出不利于卡特的证据。结果,反而被卡特母亲讽刺了一通,狼狈地逃走了。

交际者:卡特母亲(被女记者采访的对象)。

受交际者:女记者。

沟通指向:下行沟通。

沟通原则:友善合作、讲究策略。

修辞策略:设彀、例示。

沟通效果:卡特母亲以巧妙的回答回复了女记者不怀好意的提问,并顺势对她进行了讽刺。

美国前总统卡特竞选总统时,一位爱找茬的女记者访问了他性情暴躁的母亲。

女记者道:"你儿子说如果他说谎话,大家就不要投他的票,你敢说卡特从未说过谎吗?"

卡特母亲答道:"也许我儿子说过谎话,但都是善意的。"

"何谓善意的谎言?"

"你记不记得,几分钟前,当你跨进我家的门时,我对你说你非常漂亮,我见到你很高兴。"(王政挺编《中外奇辩艺术拾贝》)

在西方,当总统难,竞选总统更难。因为在竞选总统的过程中,必须经过全体民众特别是政敌或竞选对手无数次的道德检视。为了能够顺利当选,不仅自身在道德与能力上要真的过硬,而且还必须有应对"莫须有"的指控甚至谣言而进行辩驳"消毒"的智慧与语言能力。

上面一则记载所说到的卡特竞选美国总统的故事,就是最好的写照。故事中的那位女记者之所以要去采访总统候选人卡特的母亲,并不是她跟卡特母亲有什么亲密的关系,或者是为了宣传卡特而去找卡特母亲挖掘少年卡特的不平凡事迹。相反,她是有意要找茬,给卡特挑毛病。因为通过卡特本人,她不可能获得攻击卡特本人的任何材料。总统候选人防记者犹如防贼,她岂能从正常渠道获取自己想要的东西。于是,这位别有用心的女记者就想到了另一招,希望通过卡特那位脾气暴躁的母亲,从侧面找到一些不利于卡特竞选总统的证据。没想到,卡特的母亲虽然脾气暴躁,但头脑却格外清醒,没有落入女记者预设的语言圈套,反而趁机对女记者并不怎么样的长相进行了辛辣的讽刺,让她自讨了一个没趣。

那么,卡特母亲为什么能在关键时刻守住儿子的清白,并让找茬的女记者狼狈而逃呢?

从言语交际与人际沟通的角度看,我们认为卡特母亲作为交际者,在跟女记者进行的言语博弈中有两个方面的表现是非常出色的。

其一,作为交际者,卡特母亲在跟上门采访的受交际者(女记者)的言语博弈中很好地遵循了"友善合作"的原则。虽然卡特母亲知道女记者在她儿子竞选美国总统的敏感时刻登门采访的用意,明白她即将与女记者的言语交际与人际沟通属于"博弈"性质,但她仍然对女记者很客气。女记者一进门,她就礼貌地夸说女记者很漂亮。这种语言行为实质上是说谎,但却是社会都认同的,是维护良好人际关系的一种礼仪。虽然只是礼仪,并非发自内心的真诚赞美,但却可以真切地传递交际者希望与受交际者友好合作的善意。正是有了这一先发的友好合作的善意为铺垫,交际者后来对受交际者的反唇相讥就具有了合理性。因为我友善待你在先,你却对我不怀好意在后,那么我反击你也就理所当然了。这一点,可以说是卡特母亲最聪明的过人之处。

其二,作为交际者,卡特母亲在回答受交际者(女记者)提问时所运用的修辞策略非常高明。受交际者所提的问题:"你敢说卡特从未说过谎吗?"看似一个寻常的提问,其实是个语言陷阱。如果交际者回答说:"我敢说卡特从未说过谎。"那么受交际者就会据此说交际者正在说谎。因为世界上任何人都不可能一辈子没说过谎话,这是大家公认的事实,无须证明。如此,受交际者凭此一点,就可以借题发挥,得出一个结论:

"一个善于说谎的母亲,不可能教育出一个不说谎的儿子。"这个结论,势必对卡特竞选总统造成致命打击。如果交际者实话实说,回答:"卡特小时候说过谎话。"那么,受交际者则又可以搬出卡特对公众所作出的诺言:"如果他说谎话,大家就不要投他票。"将卡特一军,使卡特的总统竞选无法再继续下去。令人欣慰的是,交际者(卡特母亲)虽然以脾气暴躁闻名,但此时却能沉得住气,冷静以对,选择了两个最有效的修辞策略来应付受交际者(女记者)的两难语言陷阱。第一个修辞策略是"设觳",即设一个语言圈套,说"卡特说过谎,不过都是善意的谎言",让女记者迷惑不解而提问。等到女记者自入陷阱,问卡特母亲什么是"善意的谎言"时,她就以"例示"修辞策略(即举例说明的方式),说"当你跨进我家的门时,我对你说你非常漂亮"就是"善意的谎言",一下子就将受交际者套入其中,使其因辱不堪。因为按照这个定义,进行逻辑反推,受交际者一下子明白过来:原来交际者在讽刺自己并不漂亮。试想,一个年轻女记者被人如此羞辱,她还有脸继续采访提问,刁难别人吗?

十二、吃过了你很快又会饿的:斯威夫特告诉仆从的道理

人物:斯威夫特、仆从。

事件:英国著名讽刺作家斯威夫特带着仆从出游。一次借宿农家,靴子弄脏了,让仆从刷一下。仆从借口路上都是泥,刷干净了还会脏,就不肯刷。于是,斯威夫特就以吃过饭后还会饿为由,不让仆从吃早饭,幽默地将了仆从一军,让他哑口无言。

交际者:斯威夫特(Jonathan Swift,中文译名:乔纳森·斯威夫特。生于爱兰尔都柏林,是英国18世纪著名的讽刺作家,被苏联文学家高尔基誉为"世界伟大文学创造者"。代表作是寓言小说《格列佛游记》)。

受交际者:仆从(随斯威夫特出游的随从)。

沟通指向:下行沟通。

沟通原则:友善合作、讲究策略。

修辞策略:设彀。

沟通效果:对于不听话的仆从,交际者斯威夫特没有直言批评,而是通过设置语言陷阱,以吃饭类比,自然推导出所要表达的意思,让仆从自知理亏而哑口无言。

英国讽刺作家斯威夫特带着随从出游,住宿在一家农舍里。他叫随从把他的脏靴子刷一刷,但随从没有刷。

第二天,作家问起这件事,随从回答说:"路上都是泥,刷了有什么用?很快还会沾上泥的。"

作家没说什么,只叫他立即出发。

随从说:"我们还没有吃早饭呢。"

作家说:"现在吃早饭有什么用?吃过了你很快又会饿的。"(段明贵编《名人的幽默·刷靴与吃饭》)

仆从服从主人的命令,乃是天经地义的,无论古今,无论中外。但是,英国著名讽刺文学作家斯威夫特却恰恰碰到了一个不听命令的仆从。于是,就发生了上述故事中主仆二人的一番言语博弈。

从故事叙述的结果来看,这场主仆言语博弈,最终是以主人斯威夫特的获胜收场,并被文坛视为佳话在全世界传播。

那么,斯威夫特的一番话为什么具有如此的魅力呢?

从言语交际与人际沟通的视角看,斯威夫特跟其仆从沟通交流的话至少在如下两个方面是非常值得我们重视的。

其一,作为交际者,斯威夫特自觉贯彻了言语交际与人际沟通两大基本原则:"友善合作"与"讲究策略",充分展现了一位著名作家创意造言的语言智慧与宽容优雅的绅士风度。按照常理,斯威夫特作为主人,完全可以凭身份地位对仆从(受交际者)说话,直言批评其偷懒不肯刷脏靴子的行为。但是,事实上斯威夫特没有这样做,而是让仆从不吃早饭就出发,引发仆从的疑问,然后顺势婉转地以吃饭类比,让仆从自己意会到不肯刷靴子的过错。很明显,这是斯威夫特作为交际者为了照顾仆从(受交际者)的面子而故意为之,是自觉贯彻"友善合作"和"讲究策略"原则的表现。

其二,作为交际者,斯威夫特选择的"设彀"修辞策略非常有效。斯威夫特跟其仆从说的话,实际上是要说明一个道理:"靴子脏了就要刷,不能因为靴子还会脏就永远不刷。"如果交际者(斯威夫特)这样讲,受交际者(仆从)当然明白,也不能说不对。但是,他会口服而心不服,说话的当下肯定会配合交际者的吩咐而刷靴,但可能从此会在内心深处对交际者存有怨气。如果半路赌气撂挑子,那么交际者的出游势必会受影响或遭遇不必要的麻烦。事实上,斯威夫特没有跟仆从一本正经地讲道理,而是将所要讲的道理通过主仆之间的问答,以吃饭类比,设置语言陷阱,最终让仆从自己说服自己,认识到自己不刷脏靴子的错误。这样,仆从不仅对斯威夫特心服口服,而且打内心深处佩服主人斯威夫特的智慧与雅量。很明显,这对密切主仆关系,顺利实现出游的预定目标无疑是有利的。

思考与练习

一、从本章所分析的十二个案例,我们是否能够发现,为了保证"下行沟通"目标的顺利实现,有哪些交际沟通原则是必须要遵循的?请简要说明其理由。

二、从本章所分析的十二个案例来看,我们是否能够发现,为保证"下行沟通"目标的顺利实现,交际者在语言表达时应该注意些什么?

三、根据本章"下行沟通"的案例分析模式,请尝试自己分析以下诸例(可查阅相关资料,了解各例文意,然后再查阅交际者与被交际者的相关背景资料,加深对案例所涉及诸情境要素的理解)。

1. 到了21世纪,我们被后人看来也会是很可笑的。只有现在是好的,只有自己是好的,那就好比有首诗:"天下文章数三江,三江文章数敝乡,敝乡文章数舍弟,舍弟向我学文章。"(周恩来《对在京的话剧、歌剧、儿童剧作家的讲话》)

2. 人到了迟暮,如石火风灯,命在须臾,但是仍不喜欢别人预言他的大限。丘吉尔八十岁过生日,一位冒失的新闻记者有意讨好的说:"丘吉尔先生,我今天非常高兴,希望我能再来参加你的九十岁的生日宴。"丘吉尔竖了一下眉毛说:"小伙子,我看你身体满健康的,没有理由不能来参加我九十岁的宴会。"(梁实秋《年龄》)

3. 赵武灵王即位不到两个月,就遭遇齐、魏两国的攻伐,而且败得那么惨,他心里有多窝火是可以想见的。

左思右想,他越想越生气,越想越愤恨。忍无可忍,他终于找来了苏秦,没好气地直言相责道:"往日先生以'纵亲合,天下安'而说先王,先王任先生为赵国之相,封先生以武安君之爵,饰高马轩车百乘,资黄金千溢、白璧百双、锦绣千纯,尊先生之位,壮先生之行,以约于诸侯。而今六国'合纵'为盟,而齐、魏伐我,犀首败我赵护,田盼房我韩举,又夺我新城、平邑。而今寡人之国不仅兵败地削,生灵涂炭,而且先王与寡人也因先生之故,而大为天下耻笑,不知先生现在还有什么话好说?"

苏秦一听,真是且愧且惭!而今自己能说什么呢?是啊,赵武灵王说的这些都是事实啊,自己能作何解释呢?

沉默良久,想了很多,苏秦最后坚定地对赵武灵王道:"臣请求出使燕国,誓破齐国,一雪国耻,以报答大王与先王!"

周显王四十四年(公元前325年)十月底,苏秦黯然离开赵都邯郸。(吴礼权《远水孤云:说客苏秦》)

4. 冯玉祥提倡廉洁劳苦。他在开封时,不准人们穿绸缎衣服,否则,便要使之难堪。

一天,他看见部下一个士兵穿了一双缎鞋,连忙上前去深深的一个揖,随着一个九十度的鞠躬礼,然后,左一个大揖,右一个大揖,把那个士兵弄得惊慌失措,呆若木鸡。

最后冯玉祥告诉他说:"我并不是给你行礼,只因为你的鞋子太漂亮了,我不敢不低头下拜哩!"(段明贵编《名人的幽默·给缎鞋作揖》)

5. 劳森中将出任北爱尔兰总司令后,下属请他给一张照片,好让卫兵认得他的相貌,以便在出入司令部时无须受到查问。

劳森很快交出一张照片。不过,这张照片不是正面像,而是从高处往下照的,只能看到他的将军帽和金色肩章。

"这……"下属拿着照片,有些迷惑不解。

"你们看我,"劳森解释说,"大概也只是要看这个样子。"(段明贵编《名人的幽默·将军的照片》)

6. 一次,一个上将向斯大林汇报工作。斯大林对报告很满意,在听取汇报的过程中两次点头赞许。

汇报完工作后,这回上将面露窘态。

斯大林问他:"上将同志,您还想说些什么吗?"

"是的,我有一个个人请求。"

"请讲。"

"我在德国收罗了一些自己感兴趣的东西,可是这些东西在边检站被扣下了。如果可能的话,我想请求把这些东西还给我。"

"可以,你写一份申请,我批一下。"

上将从兜里掏出早已预备好的申请,斯大林在上面作了批示。上将非常满意,向斯大林连连致谢。

"用不着感谢。"

上将把批示看了一遍:"把破烂交还上校。约·斯大林。"

"这有个笔误,斯大林同志。我不是上校,我是上将。"

"不,没错,上校同志。"(段明贵编《名人的幽默·上将变上校》)

7. 梅贻琦任清华大学校长的时间很长,而清华大学从1911年开办时起,大约换了十几任校长,有的只做了几个月,有的还没上任就被学生抵制掉了。

有人问梅贻琦:"怎么你做了这么多年?"

梅贻琦答道:"大家倒这个,倒那个,就是没有人愿意倒霉(梅)吧!"(方寿中编《交际口才365例》)

8. 林肯是美国历任总统中最有幽默感的一位,而且有时还自嘲。人们都知道林肯的容貌是很难看的,他自己也知道这一点。

一次,他和斯蒂芬·道格拉斯辩论,道格拉斯说他是两面派。林肯答道:"现在,请听众来评评看,我如果还有另一副面孔的话,我会戴着这副面孔吗?"(李春生、戚致功编《世界名人幽默精品》)

9. 一堂西方哲学史课,教授讲到中途,忽然说:"下面我想找个人谈谈他对古希腊哲学的看法。"说完,似乎开始翻阅点名册。台下众生顿时敛气屏声,低头做沉思状,忽然惊闻师曰:"这个人就是黑格尔。"(《搞笑象牙塔》)

10. 一个中文系的学生在学到古典主义、浪漫主义、现实主义、自然主义、女权主义这些名词术语后,便请老师解释。

这位一向以幽默闻名于校的老师说:"一名男士跟一群女士开玩笑地说:'假如有一个男子误闯入你们女子更衣室,你们怎么办?'A女子说:'我去跳楼。'这是古典主义。B女子说:'我就嫁给他。'这是浪漫主义。C女子说:'我的收费是很高的。'这是现实主义。D女子说:'请帮我拿一下衣服。'这是自然主义。E女子说:'我把他扔到窗外去。'这是女权主义。"(高胜林《幽默技巧大观》)

11. 一次,《亚细亚报》记者万士同采访蔡锷。

万:"嘿报为国民喉舌,请教蔡将军的政见。"

蔡:"我喉头有病,有你这个喉舌就行了。"

万:"孙中山在海外宣称讨袁,将军是辛亥之勋,想必引为同调。"

蔡:"中山之徒不是也有给袁总统筹办帝制的吗?"

万:"对。不过梁启超先生反对帝制的大作,你总该深表同情吧?"

蔡:"梁先生是我的老师,袁总统是当今国家元首,我该服从谁呢?"

万:"是啊,该服从谁呢?"

蔡锷巧妙地将问题推回给了对方,回避了对方的问题。(文俊编

《巧答妙对365》)

12. 丘吉尔的演讲艺术可谓达到了炉火纯青的地步,有人问他演讲的技巧,演讲中最难的是什么?

他伸出两个手指,习惯性地做出"V"形:"只有两件事比餐后的演讲更难:一件是去爬一面倒向你的墙;另一件是吻一个倒向另一边的女人。"(高胜林《幽默技巧大观》)

13. 顾维钧是我国享有国际声誉的外交家。在一次招待会上,有位记者问他:"您是中华民国初年三大美男子之一,对此您有什么感想?"

顾维钧故作惊讶,诙谐答道:"我不知道啊!在我年轻的时候,没人告诉我;现在我年老了,不能算是美男子了吧?"

如此一说,回避了谈"美男子的感想"这一不好意思的问题,又引起了满堂的欢笑。(高胜林《幽默技巧大观》)

主要参考文献

1. 唐·司空徒:《二十四诗品》。
2. 宋·欧阳修:《六一诗话》。
3. 《辞海》(缩印本),上海:上海辞书出版社,1990年。
4. 《现代汉语词典》(第7版),北京:商务印书馆,2016年。
5. 陈望道:《修辞学发凡》,上海:上海教育出版社,1997年。
6. 朱光潜:《朱光潜美学文学论文选集》,长沙:湖南人民出版社,1980年。
7. [美]浦安迪讲演:《中国叙事学》,北京:北京大学出版社,1996年。
8. 沈谦:《修辞学》,新北:台湾空中大学印行,1996年。
9. 沈谦:《林语堂与萧伯纳——看文人的妙语生花》,台北:台湾九歌出版社,1999年。
10. 谭永祥:《汉语修辞美学》,北京:北京语言学院出版社,1992年。
11. 汪国胜、吴振国、李宇明:《汉语辞格大全》,南宁:广西教育出版社,1993年。
12. 高胜林:《幽默技巧大观》,上海:上海科技文献出版社,2002年。
13. 吴礼权:《修辞心理学》(修订版),广州:暨南大学出版社,2013年。
14. 吴礼权:《能说会道:说话的艺术》(修订版),广州:暨南大学出版社,2014年。

15. 吴礼权:《传情达意:修辞的策略》(修订版),广州:暨南大学出版社,2014年。

16. 吴礼权:《口若悬河:演讲的技巧》(修订版),广州:暨南大学出版社,2014年。

17. 吴礼权:《委婉修辞研究》,济南:山东文艺出版社,2008年。

18. 吴礼权:《语言策略秀》(修订版),广州:暨南大学出版社,2013年。

19. 吴礼权:《表达力》,台北:台湾商务印书馆,2011年。

20. 吴礼权:《现代汉语修辞学》(第四版),上海:复旦大学出版社,2020年。

21. 吴礼权:《孔子"正名"论的语言学阐释》,《北华大学学报》(社会科学版)第4页,2013年第1期。

后　记

　　这本名曰《言语交际与人际沟通》的小书,早在十年前就应该写出来与读者见面了。但是,因为人事夺光阴,许多应该做的事都没有及时做,这便是做人的难处。毕竟我们都生活于人类社会,所以就不可能不食人间烟火,一心修炼,一生只做一件事。

　　我在海内外出版的学术著作已有二十余种,与台湾商务印书馆、香港商务印书馆以及内地各大出版社签订的学术著作以及长篇历史小说等中长期出版协议也有几十种,早就够我忙碌十多年了,那为什么还念念不忘十几年前起念要写的这样一本书呢?这有如下几个方面的原因。

　　第一个原因是,有感于现在的大学生甚至硕士生、博士生的语言表达能力实在是让人失望。现在的很多大学生,不仅写学年论文、毕业论文不像,写报告、写求职信和个人简历等等,也都不像。至于口语表达,则更是问题多多。如果说得夸张点,许多人压根儿就不懂怎么说话,怎么与人进行沟通。在学校,他们不会与同学、老师交流;到了社会上,则不知如何与同事、朋友沟通。不仅如此,甚至许多学生逢年过节给尊长、老师发个问候的手机短信,都让人哭笑不得,硕士生、博士生也不例外。众所周知,手机短信拜年问候,确实是现代社会的一大进步,是人际沟通的一种非常便捷的方式,对于密切人际关系,润滑人际情感,都是非常好的。但是,许多学生逢年过节给朋友、给尊长、给老师发手机短信,根本不懂发短信所为何事?他们贺年或问候的短信都是采群发形式,所发内容并不是针对每个收件人所写,而是从互联网上下载或抄录的段子,既无称谓,也无落款,让收到信息的人觉得这不是发给他的。也就是说,发件人发短信所要达到的人际沟通、人际互动效果不能体现。之所以如此,从言语交际与人际沟通的角度看,这是因为交际者(发短信者)的言语交际行为没有特定对象。既然没有特定对象,那么人际沟通的诚意如何体现?而没有诚意,如何能够实现人际沟通的目标,如何密切人际关系,增进彼此感情?而这些目标都达不到,又如何在社会上行走,在激烈的职场竞争中混得一口饭吃?那么,为什么会出现这种情况呢?这就要说到我十年后仍念念不忘要写这本书的第二个原因了。

那第二个原因是什么呢?是对我们大学、中学、小学语言教学的失望。现在许多大学都在开设言语交际学,但是所谓的"言语交际学"教材,大多是从国外语用学理论上抄一点,从其他语言学理论上抄一点,另外就是从修辞学上抄一点,拼拼凑凑。这种根本没有自主理论体系、脱离语言实践的所谓"教材",实在是让人不敢恭维,也是不会让学生学习之后有所收获的。课程结束,学分拿到,原来怎么写作,还是怎么写作;原来怎么说话,还是怎么说话,言语交际与人际沟通的能力丝毫不见长进。至于大学中文系所开的语言学概论、语法学之类,那只是从理论到理论的高头讲章,根本与语言实践无干。所以,在大学里学了语言类课程,并不会在言语交际与人际沟通能力上有所长进。至于许多大学里所开的大学语文、大学写作之类的课程,很多老师都将之开成了作品分析,根本解决不了言语交际中的书面交际这一块的问题。结果,大学生普遍不会写论文,硕士生、博士生也一样。很多博士生的论文不仅谈不上文从字顺、语言流畅,甚至连观点都表述不清,逻辑非常混乱。每年到了参加博士论文答辩或论文审阅时,很多导师都深感头疼,大叹无奈。文科如此,理科当然也如此。所以,以前复旦大学的老校长苏步青先生非常感慨地说,如果国家允许复旦大学自主招生,我们只考两门,一门是语文,一门是数学。语文先考,考完就批卷,不及格的,下面的课程就不用再考了。苏老先生是我国著名的数学家,他为什么要如此强调语文的重要性呢？原因不是别的，就是因为他看到许多学生包括硕士生、博士生的论文中语言表达问题太多，让他感到非常失望。我个人认为，如果大学的语言教学不能让学生书面表达文从字顺，逻辑清楚，条理分明，那是最大的失败；如果经过大学本科甚至是硕士、博士阶段的学习，而仍然言不达意，不能很好地与人进行口头交际，实现人际沟通的预定目标，那更是很大的失败。事实上，我们大学的语言教学在这两个方面都是失败的。而且十多年过去了，情况没有改善，这就是我十几年后仍然要放下手头急需完成的学术研究工作而写出这部教材的直接原因。

因为对大学生、硕士生、博士生的书面表达、口语表达不满意，由此及彼，我又想到了问题的根源，这就是中、小学语文教学出了严重的问题。我个人认为，中小学语文教学的重点应该是让学生学会写作，清楚明白地表达出自己所要表达的观点，抒发出所要抒发的情感，而不是把语文教学的重点放在课文的分析上。很多中小学语文教师为了显示自己的水平，把一篇不足千字的课文分析得天花乱坠，洋洋几万言都打不住。考试的时候，就考这些他们所分析的东西，让学生揣摩作者所写的某一句子的微言大义，如果所写答案不符合他们所制定的"标答"，那就没分。至于平时作文教学，则很少见到有教师认真修改学生作文，然后花时间在课堂讲评的。结果，本应该在中小学完成的"正确说话、顺畅写作"的任务成了"烂尾工程"，延续转移到了大学阶段。这样，大学教授与博士生导师就只得担任起中小学语文教师本应担任的任务，干起了给本科生、研究生逐字逐句改论文的活儿。这种情况圈内人都了解，也有切肤之痛，但谁也没有能力改变。正是有感于此，我才狠下决定，发誓要写出这本教材，希望能起一个抛砖引玉的作用，让大家共同努力，写出一部或更多部好的"言语交际与人际沟通"课程的教材，让我们的大学生、硕士生、博士生走出校园时能够写起文章来条理清楚、文从字顺，说起话来头头是道、滴水不漏，顺利实现每一次言语交际与人际沟通的预定目标，从而开创一个美好、快乐的人生。

还有第三个原因,这就是出版社的要求。这些年各大出版社包括各个大学的出版社都想在大学通识教育教材方面有些作为。"言语交际与人际沟通",理应作为一门大学通识教育课程建立起来。但是,由于一直无人想到这个问题,更重要的是无人写出这样一部教材,所以这方面就一直成了空白。我虽有心要写这部教材,也有很多出版社跟我约了稿,但是因为这些年来我的学术研究任务比较繁忙,所带的博士生、硕士生也比较多,还有在日本、中国台湾及大陆许多高校的客座教授任务,真是分身乏术,就是一天二十四小时不眠不休,也完成不了要做的事。所以,这部教材因为不是当务之急,自然就被一拖再拖,拖了十几年都未写出来。这次之所以能够写出来,那是因为暨南大学出版社人文事业部主任杜小陆博士每天一个或几个电话"催逼"的结果。因为感于他的诚意,我与之前早就说好的两家出版社打了招呼,决意要将这部计划中的稿子写给暨南大学出版社。我相信,这部教材由暨南大学出版社精心出版,由杜小陆博士积极推动,对"言语交际与人际沟通"这门课程的建立肯定会产生积极效果的。

第四个原因,则是我的资料准备工作至此已经完成。言语交际与人际沟通这一课题的研究,国内学术界的努力一直不够。正因为如此,要想写出《言语交际与人际沟通》这部教材,不仅全书的理论体系与架构要自己建立,研究资料也要自己"采铜于山"。语言学的研究,不同于别的学科,其对语料的依赖性特别大。没有语料,简直不能说话也不敢说话。为此,我十多年来一直为此课题研究在做艰苦的语料搜集工作,特别是口语方面的语料。十几年来,我不论身在何处,都保持一个职业习惯,一遇到别人谈话,就条件反射式地用心倾听。如果觉得合适,我回家后马上记录下来,存入电脑资料库中。慢慢地,一点一滴,在书面材料足够的情况下,口语方面的材料也渐渐丰满起来了。这样,在语料有了一定底气的情况下,这才敢动手写作。

全稿杀青之后,我粗略地看了看,觉得很不如我意。但是,与出版社约定交稿的时间早就过了,一些大学已经预定了这部教材作为今年

9月开学时的教学用书,现在要作大的修改已经是不可能了。既然如此,我也就只能面对现实,暂且先把这"丑媳妇"牵出来跟"公婆"见个面吧。如果公婆觉得不好,可以"整形美容"呀!丑八怪都能整成一个大美女,我这部教材经过认真修改,难道就不能得到广大师生的认可?中国有句老话说:"世上无难事,只怕有心人。"我自认为是一个非常有心的人,也是一个用心的人,因此我相信,在这部教材的使用过程中,我会获得很多师生的意见,反思消化后,是能将之予以完善的。

最后,衷心感谢暨南大学出版社及其领导的大力支持!感谢暨南大学出版社人文事业部主任杜小陆先生持之以恒地督促!感谢本书的责任编辑和校对!衷心感谢著名语言学家南开大学教授马庆株先生!马先生1978年考取北京大学研究生,师从中国语言学界泰斗、北京大学副校长朱德熙先生和林焘先生,北大中文系认定他是做出了突出贡献的系友。他在汉语语言学、汉语修辞学的研究与教学方面,特别是在汉语语法学研究方面的杰出成就,更是为中国语言学界同仁所公认,是中国语言学界享有盛誉的大师级学者。马先生学术研究与学术交流活动非常繁忙,但是却抽出大量时间阅读我的这部小书,提出了许多宝贵的意见,并赐序对我予以鼓励。这种前辈奖掖后学的精神,实在是令人非常感动!感谢许多学界前辈与时贤多年以来对我学术研究的关注与支持!感谢在此之前读过我学术著作的广大读者多年来的厚爱与鼓励!

吴礼权
2013年7月15日记于复旦大学光华楼

第二版后记

这部小书作为复旦大学通识教育专用教材,不仅在复旦大学使用,也在全国各高校被当作"言语交际学"的教材。出版两年以来,受到包括复旦大学在内的许多大学师生的厚爱,由此得以广泛传播。2015年,超星视频还专门到复旦大学,在我上课时随堂跟拍了半年。

这部《言语交际与人际沟通》作为大学通识教育教材,实际使用时间虽然才整整两年,但是,来自我在复旦大学课堂教学上得到的反馈,以及全国各高校同行采用作为教材进行教学所回馈的信息,我越来越深切地认识到这部小书作为教材尚有许多不足,亟待修订。

众所周知,大学的通识教育是针对全校各个院系各个专业的,学生的中文学科基础参差不齐。因此,在讲授这门课程时,就需要教师通盘考虑所有学生的接受程度。不然,教学效果是要大打折扣的。在复旦大学,我是这门课程的创建者,也是主讲者,同时也是教材的撰写者。因此,对于这部教材在教学中遇到的问题我的感受是最深的。

由于"言语交际与人际沟通"这门课程是一门全新的大学通识教育课程,这方面的教材没有现成的参考文献。现今的这部《言语交际与人际沟通》小书,完全是我个人"无复傍依"而撰写出来的,难免在学科体系架构、理论体系建立等方面有思虑不周之处。这是大的方面,现在还可以姑且不论。就说与教学最直接相关的问题,也是需要我再作努力的。比方说,原书每章后面没有"思考练习",这是授课老师与选课学生都普遍反映的问题,必须补足。否则,教学效果难以保证。又比方说,原书讲理论的章节与第七、八、九三章的案例分析,绝大多数例证都是古代的。尽管书中我用古文例证都做了通俗周全的现代汉语转译,对所涉及的历史背景及相关知识点作了详尽的说明,但对于一些同学来说仍然觉得有接受上的难度。就复旦大学的学生程度来说,在中国应该说是上乘的了。但是,由于选修这门课程的学生并非都是中文系学生,而是来自全校各个院系,包括医学、理工、经济、金融、管理、政治、社科、历史、哲学等几十个院系专业。他们在人文学科素养方面本来就程度参差不齐,让所有这些学生都能接受书中所举的古代经典例证,事实上是不可能的。正因为如此,我在教学中调整了策略,上课时尽量补充现代的例证,分析现代中外的著名案例。这样,既可以照顾全体学生的学科素养实际情况,又可以贴近现代社会生活,同时还能照顾全体学生的兴趣。事实证明,这样的调整与实践是非常有效的。这门课在复旦大学开设两年,每个学期选课的学生都稳步增加,而且选课学生的专业涵盖面越来越广泛。不过,在我窃自暗喜之际,来自全国其他高校的师生的反馈意见,则又让我很快轻松不起来了。因为采用这部小书为教材的其他高校老师,他们在教学中没有我这样可以随时用以调整的大量中外现代案例可用。因此,他们在教学中就遇到了材料上的困难。得到这些反馈后,我开始思考是否要对这部小书进行修订,以期更符合大学通识教育的课程需要。加上这些年我一边教学,一边特别留意搜集有关这方面的现代案例材料,包括中国的与外国的。教学两年间,我手里积攒的材料有了相当的数量。这样,我修订本书的决心更大了。正好前不久,我在上课时不少学生来跟我反映,教材买不到,书店里断货,当当网、京东网等也断货。这样,没书的学生要么只好上课记笔记,要么找以前上过课的学长去借用过的书。到这时,我觉得无论如何,都要修订再版这部小书了。于是,我立即将此情况与自己的想法通过微信向远在英国剑桥大学访问一年的暨南大学出版社人文分社社长杜小陆先生作了汇报,他不假思索地马上答应,让我立即着手修订。于是,我立即抛开手头需要做的很多事情,集中精力两个多月对原书进行了修订。

因为修订工作是在两年来教学实践的基础上进行的,所以进展比较顺利。不过,基于现实的考虑,修订本需要在今年9月之前上市,以保证下学期教学有书可用。所以,本次修订基于现实的考量,我不敢对全书作伤筋动骨的彻底改造,而是着重在两个最迫切的方面用力。第一个方面,就是前面我们说的每章后的"思考与练习";第二个方面,就是书中理论论述的例证补充。因为这两个方面是目前最迫切的,所以这次修订就集中于此。现在修订工作已经结束,修订本是否达到预定的目标,使用的全国高校教师与学生是否满意,需要大家用过修订本才有结论。

最后,衷心感谢两年多来使用这部小书作为教材的全国各高校老师与同学,感谢大家在教与学的过程中给我反馈回来的宝贵意见!衷心感谢暨南大学出版社及其领导多年来的倾情支持!衷心感谢人文分社杜小陆社长对这部小书所倾注的满腔热情!衷心感谢本书的责任编辑与校对所付出的辛勤劳动!衷心感谢学界朋友对这部小书的关心与鼓励!衷心感谢使用这部小书作为教材之外的所有读者多年的热情鼓励!我希望在大家的关心与支持下,通过不断的努力,使这部小书逐渐成为全国所有高校大学通识教育都采用的经典教材。

吴礼权

2016年4月5日记于复旦大学

第三版后记

这部《言语交际与人际沟通》的小书，自2002年着手准备与写作，到2013年正式出版，前后倾注了我十年的心血。

关于这部小书的写作缘由，我在第一版的后记中说得很清楚，主要目的就是为了提升在校大学生的言语交际与人际沟通能力，为他们四年或若干年后走出校园、走上社会蓄能储技。大概是因为很多大学生都意识到自己在言语交际与人际沟通能力方面存在不足，同时也意识到这门课的实际应用价值，所以自这部小书面世后，立即得到了广大青年学子的欢迎。我以此书为教材，在复旦大学开设了一门全校通识教育课程，选课的同学非常踊跃。不仅文科各院系，如政治学、经济学、哲学、历史学、管理学等专业的新生、老生抢着选；理工科各院系，如物理、化学、数学、生物、航空航天、计算机等专业的学生，也是一马当先；医学院各专业的学生，特别是公共卫生学院护理专业的女生，更是趋之若鹜。甚至校外的医学生，如海军军医大学的学生，每个学期都有人到复旦选修这门课程。

看到同学们如此热情地选修这门课程，我几乎在每个学期的第一堂课上都要问他们一个问题："这门全校通识课，是早上八点的课，时间最不好，你们为什么要克服如此大的困难，挑战自己早上起床的极限？"很多同学回答说自己在此方面有欠缺，或是性格内向，见人开不了口；或是不会说话，一说话就得罪人。医学院的同学说得最实在，要解决医患矛盾问题。每次听到同学们对我这门课程寄予的希望，我都感到压力山大。因为他们寄予这门课程的希望太大了，简直是在托付人生。

也正因为如此,我也就被动地对这门课投入了更多的精力。虽然这门课并不是我的主要专业方向,只是我当年出于责任心而一时冲动,要解决大学生走上社会的困境,于是主动作为,在毫无基础的前提下,发凡起例,搜集资料,苦思冥想,将这门课的理论体系一点一点地建立起来,并建立了适合这门课程的案例分析模式,将理论与实践进行了有机结合。虽然在此期间我付出了很多心血,克服了写教材、建课程都无复傍依的痛苦,但经过近十年的教学实践,在教学中不断积累经验,跟同学们不断互动,教材经过了一次修改后,教学效果更好了。2020年疫情期间,由于要进行线上教学,跟同学们互动的模式改变了,又促成了我对教材进行再次修改的念头。正好复旦大学教务处大力推进教材建设,我这门课的教材也在资助之列。这样,就有了如今的第三版。

本教材的第一版、第二版都是由广州暨南大学出版社出版的,分别是在2013年与2016年。作为大学通识教育教材面世后,很受全国各大高校师生的欢迎,成为各校同类课程或是"言语交际学""口才学"等课程的必备教材或参考教材,每年出版社都要多次加印,网络上盗版也在公开售卖。从经济利益的角度看,暨南大学出版社不愿放弃本书的版权,应该说是在情理之中。暨南大学出版社人文分社社长杜小陆先生是我的好友,因为这个原因,我的几十部学术著作,还有"说春秋道战国"系列历史小说的出版权都签给了暨南大学出版社。也因为这个原因,今年在本书第三版修订即将完成之际,复旦大学出版社邵丹女士跟我提出要这部小书的出版权时,我犹豫了,觉得不好跟杜小陆社长开口,也觉得暨南大学出版社不可能同意。但是,耐不过邵丹女士的反复劝说,特别是她提到第三版的修订是由复旦大学教务处资助的,又是用作复旦大学同名通识课程的教材,理应由复旦大学出版社出版。况且我的《现代汉语修辞学》自2006年在复旦大学出版社出版后,历经四次修订,成为国家级规划教材,成为此一领域的经典教材,复旦大学出版社也出了很大力。还有一点是,邵丹女士是我复旦中文系的系友,长期为我的《现代汉语修辞学》费心劳力。因此,她此次提出要《言语交际与人际沟通》这部教材的版权,实在也是合情合理的。于是,我就硬着头皮给杜小陆社长打电话,坦诚以对,将邵丹女士跟我说的理由原封不动地告诉了他。没想到,他竟义气干云,十分爽快地答应了我的要求,同意将热卖中的《言语交际与人际沟通》的出版权让与复旦大学出版社,只是提出了一个附加要求:将来暨南大学出版社出版《吴礼权全集》时,这部教材的版权还是要还给暨南大学出版社的。我跟杜小陆社长都是非常讲义气的人,所以这个约定,我们并不必白纸黑字写下来,只要有口头承诺就足够了,肯定是"君子一言,驷马难追"。

这部小书历经近十年的出版周期,如今经过第二次修订,回到了原产地,也算是一种机缘吧。希望借此难得的机缘,让这部小书作为教材再有一些好的表现,为广大青年学子的人生发展提供多一点的助力。

最后,衷心感谢暨南大学出版社及其领导多年来对我个人的支持!衷心感谢杜小陆社长的友情与义气!当然也要感谢母校出版社对我的一贯支持,特别是在《现代汉语修辞学》一书的出版上所付出的努力!更要感谢责任编辑、我的复旦大学系友邵丹女士多少年如一日为《现代汉语修辞学》的编辑、修订所付出的辛劳!这次《言语交际与人际沟通》的出版权转移至复旦大学出版社,从此出版编辑这部教材的重担就托付给她了,又要让她辛苦了!

除此之外,我还要特别感谢著名语言学家、南开大学马庆株教授。感谢他长期以来在我学术成长道路上给予的倾力扶持!感谢他几十年来对我学术研究进展一以贯之的热情关注!感谢他为我的多部学术著作热情作序并鼓励有加!这次他以八十高龄,在春节期间认真阅读我的这部《言语交际与人际沟通》第三版的全稿,第三次为此书作序,让我深受感动。在此,再次表示衷心感谢!祝愿他老人家身体健康,学术宝刀不老!

吴礼权
2022 年 2 月 10 日于复旦大学

图书在版编目(CIP)数据

言语交际与人际沟通：第三版/吴礼权著.—上海：复旦大学出版社，2023.4
ISBN 978-7-309-16391-9

Ⅰ.①言… Ⅱ.①吴… Ⅲ.①言语交往-高等学校-教材②人际关系-高等学校-教材
Ⅳ.①H019②C912.11

中国版本图书馆 CIP 数据核字(2022)第 161694 号

言语交际与人际沟通(第三版)
吴礼权　著
责任编辑/张雪莉

复旦大学出版社有限公司出版发行
上海市国权路 579 号　邮编：200433
网址：fupnet@fudanpress.com　http://www.fudanpress.com
门市零售：86-21-65102580　团体订购：86-21-65104505
出版部电话：86-21-65642845
浙江临安曙光印务有限公司

开本 890×1240　1/32　印张 13　字数 249 千
2023 年 4 月第 1 版
2023 年 4 月第 1 版第 1 次印刷

ISBN 978-7-309-16391-9/H·3187
定价：45.00 元

如有印装质量问题，请向复旦大学出版社有限公司出版部调换。
版权所有　　侵权必究